Ulrich Schaffer und Waltraud Schaffer

Getrennt, zusammen

Ulrich Schaffer
Waltraud Schaffer

Getrennt, zusammen

Ein Tagebuch zu zweit

Edition Schaffer im Kreuz Verlag

Die Deutsche Bibliothek – CIP-Einheitsaufnahme

Schaffer, Ulrich:
Getrennt, zusammen : ein Tagebuch zu zweit /
Ulrich Schaffer ; Waltraud Schaffer. – Stuttgart :
Ed. Schaffer im Kreuz-Verl., 1994
ISBN 3-7831-1325-3
NE: Schaffer, Waltraud:

1 2 3 4 97 96 95 94

Breitwiesenstraße 30, 70565 Stuttgart
Telefon 07 11/78 80 30
Umschlaggestaltung: Atelier Reichert
Umschlagbild: Ulrich Schaffer
Autorenfoto: Eva Pankau
Satzschrift: Times 9½/11
Gesamtherstellung: Ebner Ulm
ISBN 3 7831 1325 3

Getrennt, zusammen

Dies ist mein fünftes veröffentlichtes Tagebuch. Es ist diesmal etwas Besonderes, weil ich es mit Waltraud teile. Es ist in erster Linie wieder nicht ein literarisches Dokument, sondern wir wollen Leserinnen und Leser an unseren Gedanken teilnehmen lassen in der Hoffnung, daß dabei für die Leser etwas Wertvolles geschieht. Beim Lesen eines Tagebuchs ist das Wichtigste, was geschehen kann, daß der Leser zu sich selbst findet. Das wünsche ich den Leserinnen und Lesern.

Dieses Tagebuch ist nicht das Nebenprodukt eines Schriftstellers. Es gibt viele Autoren, die Tagebuch schreiben, aber ihre eigentliche Arbeit besteht aus Romanen, Gedichten oder Schauspielen. Ihre Tagebücher sind Aufzeichnungen, die ihre sonstigen Arbeiten begleiten. So sehe ich meine Tagebücher nicht. Sie gehören mit zu dem Eigentlichen, was ich schreibe. Manchmal meine ich, daß ich mit den Tagebüchern meinen wichtigsten Beitrag leiste.

In meinen Tagebüchern mache ich mir bewußt, wie reich das Leben ist. Ich bin selbst immer wieder überrascht, was im Laufe eines Jahres zusammenkommt. Manchmal geht mir die Dichte des Lebens erst rückblickend auf – ein dickes Manuskript liegt vor mir, und natürlich ist das auch nur ein kleiner Ausschnitt von dem, was es insgesamt in meinem Leben gab. Vor vielen Jahren ist mir die Wichtigkeit von Kleinigkeiten aufgegangen. Seitdem erwähne und beschreibe ich sie.

Mir ist bei diesem Tagebuch noch mehr als bei früheren aufgefallen, daß ich es nicht nur für mich schreibe, sondern schon beim Schreiben manchmal Leser im Kopf zusehen und zuhören. Es ist also nicht ganz so nach innen gerichtet, wie vielleicht mein erstes »Journal«, das 1982 erschien. Das Tagebuchschreiben hat sich bei mir im Laufe der Jahre immer mehr zu einer ganz gewissen Form entwickelt. Es ist privat, aber doch nicht nur, weil ich ja schon beim Schreiben weiß, daß manches davon von anderen gelesen werden wird. Dadurch wächst die Verletzbarkeit, aber auch die Kommunikation. Dadurch, daß Waltraud mitgeschrieben hat, ist diese Seite noch verstärkt. Durch ihre Eintragungen werde ich von einer anderen Seite sichtbar und konnte nicht vorher sagen, ob mir das gefallen würde. Das war das Risiko.

Der Titel dieses Buches stammt von unseren getrennten Zeiten in den letzten Jahren. Es ist aber mehr als nur ein Titel. Uns beschäftigt schon seit langem die Frage nach der Balance in der Ehe zwischen dem erwachsenen Unabhängigsein der Partner einerseits und der Verletzbarmachung und dem Zugewandtsein andererseits. Das zieht sich dann auch wie ein roter Faden durch dieses Tagebuch.

Burnaby, im Frühjahr 1994

ulrich schaffer

Ich bin im Laufe der Jahre öfter angesprochen worden, meine Gedanken doch auch mal aufzuschreiben. Einige wollten gern die Frau von Ulrich kennenlernen, vielleicht um auch ihn besser verstehen zu können und um zu untersuchen, wie weit das, was er schreibt, im Leben eingebettet ist. Ich bin diesen Wünschen bisher nicht nachgekommen, weil ich fürchtete, das Schreiben könnte nicht meine Sache sein. Inzwischen merke ich aber, daß meine Sicht und meine Art zu erleben ein Beitrag sein kann.

Ich fand das Schreiben schwer, aber auch bereichernd. Ich weiß, daß ich keine Schriftstellerin bin, und darum geht es auch nicht in meinen Eintragungen. Ich will in meinen Eintragungen ganz direkt aufzeichnen, wie ich auf unterschiedliche Umstände reagiere. Es geht mir dabei nicht um das Entdecken allgemeiner Wahrheiten. Ich versuche, bei mir zu bleiben, mich selbst zu verstehen und Mut zu gewinnen, meinen eigenen Weg zu gehen. Wenn ich im

Zweifel über den Wert meiner Eintragungen war, habe ich mich oft daran erinnert, wie gern ich Autobiographien lese. Dann fiel es mir nicht schwer weiterzumachen.

Weil Ulrich und ich uns immer wieder stark von Europa und besonders von Deutschland angezogen fühlen, auch wenn wir beide schon über vierzig Jahre in Kanada wohnen, entschieden wir uns 1990, eine Wohnung in Deutschland zu nehmen. Besonders für mich und meine Entwicklung war das wichtig. So war ich dann von 1991 bis 1993 wiederholt für lange Zeiten allein in Deutschland. Wir waren getrennt und mußten lernen, damit umzugehen.

Ich habe bewußt Ulrichs Eintragungen nicht gelesen, um nicht von ihnen beeinflußt zu werden. Wir wollten unsere Eintragungen nicht aufeinander abstimmen, sondern sie jeweils in ihrer eigenen Form stehen lassen. So wie wir 1993 eine Zeitlang äußerlich getrennt und doch innerlich zusammen waren, so drückt unser Tagebuch aus, wie wir diese Trennung als ein gemeinsames Projekt gestaltet haben.

Burnaby, im Frühjahr 1994

Waltraud Schaffer

Die Eintragungen sind hier im Buch wie folgt voneinander abgehoben worden: Texte von Waltraud Schaffer sind immer kursiv, Texte von Ulrich Schaffer immer gerade gesetzt.

Januar

1. Januar
Zum Übergang ins neue Jahr ziehen wir alle Engelkarten. Ich ziehe zuerst »creativity« (Kreativität) und möchte wissen, wofür ich diese Kreativität brauchen werde. Ich ziehe also eine zweite Karte, und sie lautet »release« (Loslassen). Aber was soll ich loslassen? Ich ziehe eine dritte Karte, und diese heißt »communication« (Kommunikation). Da wird es mir schlagartig klar. Ich werde eine neue Kreativität finden, wenn ich eine gewisse Art zu kommunizieren loslasse. Ich kämpfe immer wieder dagegen, mich zu verzetteln, mich ablenken zu lassen, aus meiner Mitte weggezogen zu werden. Kreativität entsteht in einem Fokus.

Ich habe jetzt neun Jahre lang jedes Jahr zwei Vortragsreisen in Europa gemacht und habe dabei viel »kommuniziert«, aber vielleicht bin ich dabei von meinem Mittelpunkt abgedriftet. Es fällt mir schwer festzustellen, was von meinen verschiedenen Tätigkeiten zu meinem Fokus gehört. Ich bin nun dabei zu entscheiden, ob ich vielleicht im Frühjahr mal keine Lesereise machen sollte, um so »länger bei mir zu sein«. Das könnte ein Thema für das neue Jahr sein.

2. Januar
Sind mir nicht die Hände gebunden durch die einfache Unwilligkeit eines Menschen, sich zu entscheiden, entscheiden zu wollen? Zum tausendsten Mal reflektiere ich die Angst des Menschen vor dem Erwachsenwerden. Vielleicht ist alle Existenz nach dem Mutterleib, also außerhalb des Mutterleibes, ein Ausgesetztsein im Vergleich zu der Geborgenheit im Mutterleib. Und intuitiv, vielleicht sogar instinktiv vermeiden oder verschieben wir jedes Erwachsenwerden, solange es geht, um dieses Ausgesetztsein nicht zu schmerzhaft zu erleben. Aber so stellen wir uns direkt in den Weg dessen, was sein muß – nämlich die Reife. Schon im Mutterleib

sind wir neun Monate lang gewachsen, bis zur Geburt. Das Wachsen geht weiter, und wir verkrüppeln, wenn wir uns gegen dieses Wachstum sperren.

Ich sitze mit Ingrid, meiner Schwester, in einem kleinen Café in Kelowna und erkläre ihr (ich weiß eigentlich kaum, woher der Gedanke plötzlich so deutlich in mir hochkommt), daß ich kein Naturwissenschaftler und auch kein Psychologe bin, sondern ein Dichter und die Welt stärker aus dieser Sicht sehen will. Dabei geht es mir um das Mysterium, um das Geheimnis, mit dem das Leben durchwebt ist.

Ich spüre, nachdem ich es gesagt habe, daß es eine wichtige Erkenntnis für mich ist. Oder vielleicht ist es wichtig gewesen, es so deutlich formuliert zu haben, daß ich es selbst hören konnte.

3. Januar
Ist Bedächtigkeit der Anfang der Liebe? Und ist Bedächtigkeit nicht nur verlangsamte Leidenschaft? Mit der Verlangsamung beginnt sehr viel, vielleicht alles.

4. Januar
Jede Beziehung hat das Recht, periodisch immer wieder einmal neu betrachtet zu werden. Nichts ist endgültig. Es ist immer möglich, etwas zu beenden oder etwas neu zu beginnen.

Heute, kurz nach Mitternacht, wurde Westley Allen Dodd im Gefängnis in Walla Walla im Bundesstaat Washington in den USA erhängt. Es ist das erste Mal nach 28 Jahren, daß die Todesstrafe so ausgeführt wurde. Dodd, der drei Jungen sexuell mißbraucht und dann ermordet hatte, wollte sterben und wählte diese Todesart. Er meinte, er verdiene keinen leichteren Tod als die Jungen, die er umgebracht hatte. Die Presse war bei der Vollstreckung zugegen. Alle betonten, wie schnell es gegangen sei.

5. Januar
Heute lange Zeiten der ununterbrochenen Stille. Ich spüre dann, wie die Stille sich mit der Zeit vertieft. Es ist möglich, von der Oberfläche weg zu gelangen in eine wachsende Stille. Wie so oft habe ich auch heute das Empfinden, so in eine echtere Wirklichkeit zu kommen.

Ich wähle aus, welcher Person, welchem Gedanken oder Geschehen ich mich zuwende. Ich wähle den Ort meines Einsatzes und werde dadurch verändert. *Ich* verändere mich.

Er hat einmal etwas nicht getan. Es ist lange her. Er konnte es nicht tun, weil er nicht frei genug war, jemanden zu verletzen und sich selbst und die andere Person so zu befreien. Er tat nicht die Befreiungstat und bezahlt nun mit seinem ganzen Leben dafür. Er hat inzwischen die andere Person unzählige Male verletzt, hat gegen sich selbst gelebt, Schuldtheorien entwickelt, um Erklärungen zu finden für seine damalige Unterlassung und sein jetziges Scheitern. Jetzt lebt er in einem Gewirr von Rebellion, Schuldgefühlen und Ohnmacht. Alles ist die Konsequenz einer mißglückten Ablösung.

6. Januar
Vor den Shetland-Inseln läuft ein Tanker auf Grund, und das Rohöl läuft aus. Das Unglück ist möglicherweise doppelt so schwer wie das der Exon Valdez bei Alaska vor einigen Jahren. Es wäre vermeidbar gewesen. Einer der Bosse der Firma sagt, daß es keine Fehlentscheidung gewesen sei, den Tanker so nah an den Inseln vorbeizuführen. Wäre es nicht angebracht, diesen Leuten eine hohe Strafe zu verpassen, damit sie selbst es merken und vielleicht dementsprechend ihre Anweisungen an ihre Kapitäne ändern? Sie wohnen nicht auf den Shetlands – ihr Lebensunterhalt ist nicht gefährdet, wie der der Fischer. Alles bleibt so unpersönlich. Einer reicht dem anderen die Verantwortung weiter. In dunklen Kanälen verschwindet alles. Wir sind eine schreckliche Spezies – gleichgültig, hartherzig, unverbesserlich.

7. Januar
Zur Massage. Fast alles ist schmerzhaft. Ich schicke zu viele meiner Spannungen in meinen Körper und lasse ihn sie austragen. Ich weiß nicht, wie ich es anders machen soll, und fühle mich hilflos. Ich gehe davon aus, daß ich meine Angst, meine Unsicherheit und meine Anfälle von Sinnlosigkeit durch Gestaltung überwinde. Ich verarbeite sie schreibend, fotografierend, sprechend. Aber vielleicht reicht das nicht aus. Oder gehört die Unvollkommenheit einfach dazu?

Ortrun zu Besuch hier. Wir sprechen darüber, ob es mit der Welt allgemein besser oder schlechter geworden sei. Vielleicht wird es immer nur besser über die mühsame Arbeit des einzelnen, während es bergab auch kollektiv geht. Sich gegen Rassismus, Asylantenhaß und Bigotterie jeder Art zu wehren geht letztlich immer nur, wenn du und ich uns innerlich wirklich verändern. Aber ein zerstörerischer Akt braucht kaum einen wirklichen Einsatz des einzelnen – man braucht sich nur von einer Stimmung mitnehmen zu lassen, und schon wird ein Heim angesteckt, ein Mensch verfolgt, eine Wand mit Haßsprüchen beschmiert.

8. Januar

Die eigene Anstrengung edelt uns. Was uns zufällt, kann uns sehr leicht träge machen. Daraus bildet sich oft eine Erwartungshaltung, die der Tod unserer eigenen Entwicklung ist, weil es viele Menschen gibt, die ihr ganzes Glück darin sehen, Erwartungen zu erfüllen, besonders wenn diese sich mit Hilflosigkeit tarnen. Manch einer schafft es nicht, aus der kindlichen Hilflosigkeit zu der echten Anstrengung des Erwachsenen durchzudringen. Dieser Mensch verschleppt dann seine Kindheit für den Rest seines Lebens – erwartet alles mögliche von anderen und wird selbst immer unfähiger, sein Leben zu meistern. Woran dann natürlich alle anderen schuld sind.

Ein junger Australier von Greenpeace kommt an die Tür, und ich trete als Mitglied bei. Vor über zwanzig Jahren begann Greenpeace in Vancouver, inzwischen ist die Organisation über die ganze Welt verbreitet und arbeitet stellvertretend für uns. Ich sehe meine »Arbeit« manchmal fast wie eine Greenpeace-Arbeit an. Es geht mir darum, gewisse innere Werte und Welten zu schützen – eine Stratosphäre des Fühlens, einen Regenwald des Ahnens zu erhalten. So wie wir Gefahr laufen, uns die Grundlagen unserer äußeren Existenz zu nehmen (Ozonloch, Wasserverschmutzung, Zerstörung vieler Öko-Systeme), so gefährden wir auch eine Sensibilität und Liebe, die unser Zusammenleben nicht nur möglich, sondern auch sinnvoll machen. Greenpeace – ein grüner Friede, eine liebevolle Heilung. Im Gedanken der Arbeitsteilung fühle ich mich eingebunden in das Unterfangen, die geliebte Erde zu retten, wenigstens meinen Beitrag zu leisten, so klein oder groß er auch sein mag.

Waltraud sagt, vielleicht sollte sie auch Tagebuch schreiben, und wir spinnen ein wenig, wie es wäre, wenn wir etwas schreibend zusammen machen würden. Eine Art Tandem-Tagebuch. Es würde uns Spaß machen, eine neue Form zu entwickeln – besonders auch durch die Trennungszeiten, die in diesem Jahr vor uns liegen. Ich bin gespannt, was daraus wird.

Heute fällt Ulrich und mir ein, daß wir gemeinsam Tagebuch schreiben könnten. Je mehr wir diesen Gedanken bewegen, desto sinnvoller erscheint er uns. Ich werde darum heute gleich damit anfangen, und ich bin gespannt, ob ich es ein volles Jahr lang durchhalte. Ulrich ist mir ein großes Stück voraus, denn er hat schon einige Tagebücher veröffentlicht. Seine Erfahrung damit wird mir zugute kommen. Mich reizt der Gedanke, gemeinsam mit Ulrich Tagebuch zu schreiben, besonders weil wir ja einen beträchtlichen Teil des Jahres getrennt leben werden, Ulrich in Kanada, und ich in Deutschland.

Ich stehe mit Armen und Händen ausgestreckt und reiche nach allem, nach Vergangenem, nach Gegenwärtigem und Zukünftigem. Mir ist es wichtig, eine Lebensebene zu haben, auf der Getrenntes wieder zusammenfindet. Ich will mit alten Freunden bleiben, auch wenn die Beziehungen zu zerbrechen scheinen. Es muß eine Ebene geben, wo dies möglich ist. Ich brauche Kontinuität.

Einkaufsbummel mit Marlis Arm in Arm. Der Einkauf ist uns weniger wichtig als das »Arm in Arm«.

9. Januar

Ich habe heute meine Mitgliedschaft bei der Western Canada Wilderness Committee erneuert und gleichzeitig einen alten Baum im Regenwald des Carmanah-Tales (auf Vancouver Island, ca. 300 km von hier) »adoptiert«. Ich darf dem Baum auch einen Namen geben. Ich nenne ihn »Harcourt Giant«, Harcourt-Riese. Harcourt ist der Premier unserer Provinz. Ich schicke eine Postkarte an Mike Harcourt mit der Mitteilung, daß ich einen Baum nach ihm genannt habe und mit der Bitte, das Carmanah-Tal nicht abzuholzen. Es handelt sich da um einen wunderbaren Regenwald, erster Wuchs, bisher noch nie gefällte Bäume von über siebzig Metern Höhe und einem Durchmesser von mehreren Metern.

Ulli hat mir schon oft das passende Buch zur rechten Zeit entdeckt. Diesmal ist es »Das Tagebuch eines Yogi« von Yogananda.

Ich denke oft an meinen erneuten Aufenthalt in Deutschland ohne Ulrich. Ich trenne mich ungern schon wieder von ihm. Aber ich weiß, ich brauche die Zeit in Deutschland noch einmal. Ich will dort vieles weiter verfolgen, was ich nur in Deutschland tun kann. Für unser weiteres Zusammenleben will ich noch einmal ganz intensiv einige Dinge ohne sein Dabeisein entwickeln: auf Menschen zugehen, Tagungen besuchen und Kurse in Astrologie nehmen.

Wir liegen bis um 13 Uhr im Bett, lesen und lachen über uns.

Ein Gespräch mit O. Wir haben seit fünfzehn Jahren eine Telefonfreundschaft, obwohl wir in derselben Stadt wohnen. Nur selten haben wir etwas Gemeinsames unternommen. Wir haben beide den Wunsch, unsere Freundschaft auf andere Gebiete zu erweitern.

Als Kind und auch noch später spielte ich gern einfache Spiele, bei denen das Gewinnen wichtig war. Heute fühle ich mich nicht mehr wohl, wenn das Spiel ein Wettkampf ist. Ich bekomme ein hohles Gefühl im Magen, wenn ich mich eine Zeitlang gegen jemanden gestellt habe. O. meint, im Spiel kann man so gut seinen Ärger rauslassen. Das kann hilfreich sein. Das stimmt für O., weil sie die Neigung hat, zu »lieb« zu sein. Ich habe eine andere Geschichte. Rausgelassener Ärger baut mich nicht mehr auf, sondern raubt mir Energie.

10. Januar

Ich bin den Tag über zum Fotografieren unterwegs. Es ist kalt, und mich interessieren die gefrorenen Felswände und der dreihundert Meter hohe Shannon Falls, der zu einem Eisfall geworden ist, aber mir gelingt kaum etwas. Der Fall ist zu formlos und nicht interessant genug. Ich werde unzufrieden und stelle mir dann vor, wie gut es gewesen wäre, zu Hause geblieben zu sein und den Tag lesend und schreibend verbracht zu haben. Diese Gegenüberstellung habe ich schon oft erlebt: fotografieren oder schreiben. Ich kann mich nicht entscheiden und will es auch nicht. Am Ende fotografiere ich den Sonnenuntergang über dem Meer. Vielleicht ist es bei dieser Gegenüberstellung wie bei anderen Ergänzungen/Gegensätzen: Sie halten einander gesund.

Ich hoffe, daß, wenn ich zu mir heimkehre, ich auch wirklich zu mir heimkehre. Ich will mir nicht die Irre sein, aus der ich fliehe. Das ist ein heiliges Unternehmen.

Was wir erleben, ist, wofür wir am Leben geblieben sind. Ob es wert war, dafür zu leben, hängt davon ab, ganz davon ab, wie wir sehen, was wir jetzt erleben. Und versuchen wir es gar nicht erst objektiv zu beurteilen – es gibt keine objektive Beurteilung. Am Ende muß jede und jeder werten und überlegen, ob sie/er weiterleben will. Das wird über die Lebensqualität entscheiden.

Vor wenigen Jahren wollte ich keinen Ärger mehr zulassen, nie mehr. Ich schaffte das auch meistens und bin überrascht, welche Entwicklungen dadurch möglich wurden. In gleicher Weise will ich nun auch mit meiner Angst umgehen.

11. Januar
Ich überlege, wer »meine« Menschen sind. Mit wem ich also natürlicherweise gern zusammen bin, mit wem ich mich wohl fühle. Eine Frage nach den Kriterien für Freundschaft aus meiner Sicht. Ich weiß, daß sich mein Bedürfnis manchmal verändert, aber durch alles hindurch bleiben zwei Einstellungen mir konstant wichtig. »Meine« Menschen müssen offen sein, also nicht fertig, nicht abgeschlossen. Ich möchte mit ihnen die Welt entdecken (die Innen- und Außenwelt), oder meine Entdeckungen mit ihnen teilen und hoffen, daß sie ihre mit mir teilen. Solche, die für andere wissen, wie die Welt ist, vielleicht sogar wie die Welt zu sein hat, teilen nicht mit, sondern predigen und missionieren. Wichtig ist mir bei der Offenheit auch der Aspekt der Demut. Der offene Mensch ist so, weil er um seine Begrenztheit weiß, um all das, was er noch nicht weiß und nie wissen wird. Daraus entsteht Demut – das einfache Wort für gesunde Selbsteinschätzung. Der wahrhaft offene Mensch wird auch demütig sein. Und als zweites haben »meine« Menschen eine Bereitwilligkeit, sich hineinzugeben, sich zu begeistern, zu staunen, zu feiern, zu verweilen. Sie sind nicht übersättigt. Sie haken nicht ab, sie sagen nicht »kennen wir schon«. Sie haben keine Angst vor »leerer« Zeit. Ich merke, wie diese Seite mir immer wichtiger wird, und ich kann darum nur begrenzt Zeit verbringen mit Menschen, für die diese Einstellung nicht wichtig ist. Es ist mein Zugang zum Mysterium, zu den ge-

heimnisvollen Zusammenhängen, und ich will nicht mehr ohne dieses Mysterium leben.

Ich gehe meine Beziehungen durch, besonders die alten, die mich schon lange begleitet haben, und überlege, ob diese beiden Einstellungen für diese Beziehungen wichtig sind. Alter ist nicht wichtig, gleicher oder ähnlicher Hintergrund ist nicht wichtig, Glaubensbekenntnis ist nicht wichtig, politische Überzeugung ist nicht wichtig, gemeinsam Erlebtes ist letztlich nicht wichtig. Ich denke rigoros, vielleicht weil ich es nur begrenzt schaffen werde, Freunde so rigoros auszusuchen oder sie mit diesen für mich wichtigen Werten zu konfrontieren. Dann erinnere ich mich selbst, daß ich nur diese paar Jahre zur Verfügung habe und ich mein Leben wirklich leben will. Ich frage Waltraud, wie sie dieses Thema sieht, und sie wird darauf in ihrem Tagebuch antworten.

Ich bin mir nicht sicher, ob ich so klare Kriterien habe wie du. Ich weiß bei manchen Menschen, daß ich Kontakt zu ihnen suche. Dann ist es mehr eine Intuition, der ich nachgehe, ein Geheimnis: Ich spüre, hier ist heute Leben für mich. Und warum ich hier Leben empfinde, entdecke ich erst Stück um Stück hinterher. Für mich ist alles offen, und ich will auch alles offen lassen, mich selbst ernst nehmen, wenn ich zurückhalte, um dann wieder mit jedem neuen Tag offen sein zu können. Selbst meine Zurückhaltung erlebe ich als ein Offensein. Nichts ist endgültig.

Kira lud uns ein zu einer warmen Mahlzeit in ihrer neuen Wohnung, das erste Mal. Sie macht etwas aus ihrem Leben, und wir kommen gern zusammen.

12. Januar

Unsere blinden Flecken sind nur dann eine Begabung, wenn wir grundsätzlich davon ausgehen, daß wir blinde Flecken haben, die wir vielleicht mit Hilfe anderer überwinden können. Unser Glaube, daß wir keine blinden Flecken haben, macht uns unausstehlich. Übrigens, rein physiologisch überwinden wir den blinden Fleck im Auge, wenn wir einfach in eine andere Richtung blicken. Der blinde Fleck ist dann an einer anderen Stelle, weil die Stelle, wo der optische Nerv an die Netzhaut angeschlossen ist, auf einer anderen Stelle in unsere Umwelt fällt.

Jede Minute werden Tausende von Tieren auf der Welt auf die eine oder andere Weise aufs tiefste entwürdigt. Und wir sind der Überzeugung, die Krone der Schöpfung zu sein. Die Menschheit ist trotz all ihrer Fortschritte nur so weit, wie sie fähig ist, ihre Mitgeschöpfe zu ehren und zu würdigen, besonders auch die hilflosen. Vielleicht ist unser Fortschritt nur eine Illusion.

Waltraud und ich entdecken die körperliche Nähe wie eine Insel in der Flut dessen, was auf uns eindrängt. Sich anzufassen, vielleicht nur gegenseitig die Finger zu berühren, reicht. Die Schulter hinzunehmen, die Köpfe aneinander zu legen, sich den Rücken zu streicheln, die Arme – das ist alles wie eine zusätzliche Sicherheit. Es ist ein erfülltes Ritual. Eine Art Kräftesammeln. Die Widerwärtigkeiten verlieren etwas von ihrer Bedrohlichkeit.

Vor Jahren machte ich eine Aussage, die visionär war und mir selbst nur zum Teil verständlich. Und weil sie in einer mir wichtigen Freundschaft eine Trennung bewirkte, machte ich mir in Abständen immer wieder Vorwürfe für die Aussage. Und doch nahm ich sie nicht zurück. Sie wirkte wie ein wegweisendes Licht für mich. Noch gestern beim Schlafengehen machte sie mich wieder unruhig. Ich überlegte zum hundertsten Mal, wie ich die Aussage mildern oder ganz zurücknehmen könnte. Heute morgen wache ich auf und sehe, wie sinnvoll die damalige Aussage war.

13. Januar

Es aushalten, vor dem Leben zu stehen, ohne Projektionen und Rechtfertigungen, ohne Schuldzuweisungen und Freisprechungen. Ohne Ideologisierung und Dogmatisierung. Nur stillstehen und aushalten. Vielleicht öffnet sich dann etwas. Das heißt, ohne Trost, ohne Mitleid für mich selbst, ohne Mitleid zu erwarten, ohne in dem Moment jedenfalls eine Änderung zu erhoffen. Nur bezogen zu sein auf das vor einem liegende Leben mit seiner Unverständlichkeit.

Ich spüre schon seit einiger Zeit, wie sich eine Entwicklung in mir anbahnt. Es geht um das Überwinden von Systematik, besonders von Metasystemen. Ich habe viele Jahre mit einer Form des Systematisierens zugebracht. Ich wollte Stücke der »Weltformel« auf meine begrenzte Art finden und habe auch Stücke von ihr gefunden, über die ich glücklich bin. Sie informieren mein Leben und helfen mir zu verstehen. Aber beim Suchen der Zusammenhänge, um sie in eine Ordnung einzupassen, stoße ich in letzter Zeit immer mehr auf »die Offenheit aller Dinge«, in der sich alles gegen das Systematisieren wehrt. Unser Hang zu systematisieren ist Ausdruck unserer Unfähigkeit, das ganze komplexe Leben direkt anzunehmen und uns ihm auszusetzen.

Am Christentum stört mich immer wieder neu das ganze gedankliche Gebäude, das Übervolle, das Befrachtete, das Antwort-Haben auf alle Situationen. Daraus entsteht die schreckliche Enge, in der jede Leere wie eine Anschuldigung oder wie eine Selbstbezichtigung zu sehen ist. Dabei gibt es ja gerade im Bereich der Religion, im Spirituellen, den unendlichen Raum und eine implizite Forderung, diesen Raum zu wahren. Wenn unsere Spiritualität auch dem Erklärungszwang unterworfen ist, dann bleibt uns kein Freiraum mehr.

Ich genieße unser Beisammensein, unsere gemeinsamen Mahlzeiten, unser Schwimmen, unsere Gespräche, das Kuscheln miteinander zu den verrücktesten Zeiten, das Lesen noch spät abends im Bett, das Laufen im Schnee, die Fahrten zu Freunden und die Zeit zusammen mit den Freunden, das Schwimmen und das Ächzen auf dem Standrad und an den Turngeräten, das Lesen der Briefe am Morgen, das Wiederzusammenfinden nach einem mißlungenen Gespräch, das Schneeschaufeln, das gemeinsame Kochen, unsere Star-Trek-Abende am Fernseher. Vor 1991 konnte ich unser Beisammensein nicht so genießen. Mir fehlte hier etwas in Kanada. Darum verließ ich Kanada im Jahre 1991, ging mutig allein nach Deutschland und richtete mir/uns dort eine Wohnung ein. Nach einer kurzen Zeit zurück in Kanada, flog ich 1992 ein zweites Mal ab. Die Zeit des Getrenntseins war wichtig, auch besonders in Deutschland zu sein und so wie Ulrich etwas Eigenes zu entwikkeln. Unser Zusammensein ist dadurch noch sinnvoller und ausgefüllter, und ich habe ein neues Verhältnis zu unserer Partnerschaft entwickelt. In fünf Wochen werde ich ein drittes Mal allein nach Deutschland gehen. Diesmal habe ich vieles, worauf ich zugehe, was ich in den letzten zwei Jahren schon vorbereitet habe. Mehr und mehr spüre ich ein Zerrissenwerden. Das ist wohl der Preis. Ich will vorstoßen zu einer neuen Tiefe, einer neuen Ebene, auf der ich das Leben auf beiden Kontinenten in mir zusammen bekomme.

14. Januar
Silya kommt kurz vorbei (sie wohnt zur Zeit in dem Skiort Whistler, zwei Autostunden von hier). Ich erlebe ein wunderbares Nähegefühl. Aus dem Kind ist ein erwachsener Mensch geworden, der mich, uns, besucht, mit dem ich reden kann. Ich habe es mir früher oft vorgestellt, wußte aber nicht, wie es sein würde. Es macht mich tief glücklich und reich.

Ich habe heute mit Waltraud und Ortrun den neuen Depardieu-Film gesehen: Die siebte Saite. Dabei wuchs wieder der stille, aber tiefe Ärger über das immer noch weitverbreitete Verständnis von Kunst in unserer Gesellschaft. Ein Musiker, ein Gambenspieler, aus dem siebzehnten Jahrhundert stellt ungeheuer hohe Ansprüche an die Musik. Niemand außer ihm ist ein Musiker, alle anderen machen nur Musik. Er aber kann Musik und Leben nicht zusammenfügen. Hier ist wieder einmal das alte Klischee von der Unvereinbarkeit von Leben und Kunst. In diesem Film wird dieser Ansatz besonders hoch geschätzt – wir sollen es auch so sehen. Ich wehre mich dagegen. Kunst zu machen heißt, das Geheimnis des Lebens ein wenig sichtbarer und spürbarer zu machen – Zusammenhänge herzustellen. Es gibt so viele Künstler, die wollen ein Werk schaffen, das weiter und reifer ist, als sie selbst es sind. Sie wollen etwas schaffen, für das sie nicht mit ihrer »Lebensarbeit« bezahlt haben. Kunst ist ein Nebenprodukt des Lebens. Kunst und Leben sind somit eins. In dem Verständnis geht es dann kaum noch um Integration, sondern um Ehrlichkeit. Der Film gab sich besonders kunstvoll: kurze, prägnante, nicht ganz zu verstehende Bemerkungen, Szenen, die von Symbolik triefen, vielsagende Kamerawinkel, überraschende (sprich: unnötige) Dramatik. Insgesamt war es eine Vielzahl an Klischees, die gerade ein tieferes Verstehen des Lebens (für mich) verstellen. Verschleiern anstatt erhellen. Ich kann gut ohne solche Filme leben. Fast jeder Tag meines Lebens ist voller, interessanter, dem Leben ausgesetzter als dieses zweistündige Werk von Alain Corneau.

Heute kam A., um unser Haus zu putzen. Sie macht das jetzt seit zwei Jahren. Für mich ist es ein Lernprozeß, mich in der Rolle der Bedienten zu bewegen. In den ersten zwei Jahren nach unserer Einwanderung in Kanada (1951) haben meine zwei Schwestern und ich im Haushalt gearbeitet. Ich machte bei anderen sauber. Die *Rolle ist mir bekannt. Nun erlebe ich folgende Regungen:*

1. *»Eigentlich sollte ich es schaffen, für mich selber sauberzumachen!«*
2. *»Wie kann ich zusehen, wie eine andere meinen Fußboden auf Knien schrubbt?«*
3. *»Ob A. sich erniedrigt fühlt, so wie ich mich damals als Sechzehnjährige fühlte?« Die Situation war aber anders. Ich wurde von den sehr reichen Leuten distanziert als Bedienung behandelt, trug Uniform, Kittel und Häubchen.*

15. Januar

Alles ist ein Fahnden nach Licht. Nach langer Nacht, nach dem unerträglichen Verlust, nach dem Abschied, nach den Wolken vor der Sonne, Kamera in der Hand, nach dem Tunnel, nach der Enttäuschung über mich selbst. Ein Fahnden nach Licht.

Wir haben Besuch von Menschen, mit denen wir vor über 25 Jahren oft zusammen waren. Mich interessiert neben dem Weg, den die beiden gemacht haben, die Möglichkeit, das eigene Leben im Zeitraffer zu sehen. Ich sehe mich noch mal so, wie ich damals war. Aber ich sehe mich mit meinen jetzigen Augen und weiß, daß ich ein anderer geworden bin. Aber wie bin ich anders geworden – bin ich wirklich anders geworden? Ich nenne diese Art Begegnung bei mir »Perspektiven-Geber«, weil die Gegenwart ja immer eine Konsequenz der Vergangenheit ist. Das eine hilft beim Entstehen des anderen.

Immer wieder beschäftigt mich die Langsamkeit. Letztlich entsteht alles Wertvolle und Beständige in der Langsamkeit. Vielleicht ist noch mehr möglich, wenn diese Langsamkeit wenigstens eine Zeitlang wortlos ist.

Wer das Suchen nicht findet, findet zu viele unbefriedigende Antworten, in denen wir alle ersticken.

Könnten wir einander so würdigen, wie wir Gott würdigen, vielleicht würden wir eine neue Form von Liebe zueinander entdecken. Aber wir bleiben stecken in unserer Angst vor Gottes Eifersucht.

Nicht eine Minute an die nächste Minute, nicht eine Stunde an die nächste Stunde, nicht einen Tag an einen anderen Tag, nicht ein Jahr an das nächste Jahr, nicht ein Leben an irgendein anderes Leben verraten. In dieser Minute, in dieser Stunde, in diesem Tag, in diesem Jahr, in diesem Leben sein.

Es wird einen Moment in meinem Tod geben, da wirst du keinen Platz mehr bei mir haben. Ich werde mit ihm allein sein müssen, wollen. Manchmal gilt es, das jetzt schon zu üben, weil der Tod schon lange vor dem Sterben beginnt.

Ich war gespannt, aber doch hatte ich vor diesem Abend heute Angst. L. und K. waren befreundet mit uns in der Zeit, als wir noch in der Kirche waren. Wir haben sie seitdem nicht zu Besuch gehabt. Wie wird der Abend gehen? Werden sie uns gegenüber kritisch sein? Wieder einmal merke ich, wie offen die alte Wunde noch in mir ist, die Wunde, die Ulrich und ich erlitten, als wir aus der Baptistengemeinde ausgeschlossen wurden, da, wo wir verankert waren, wo wir unsere Freunde hatten. Noch viele Jahre nach dem Ausschluß ging ich nur ungern in die Gegend unserer Stadt, wo die Baptistenkirche steht und wo ich so vielen aus der Gemeinde begegnen konnte. Und heute abend spürte ich, wie heilend solch ein Treffen mit Freunden von damals ist. Wir sind alle gereift.

16. Januar
Die zeitgenössische südafrikanische Schriftstellerin Nadine Gordimer (Nobelpreis für Literatur 1991) schreibt: »Wenn ich die Wahrheit sage, wenn Menschen die Wahrheit lesen und die häßlichen Dinge um sie herum sehen, wird ihr Bewußtsein geweckt. Sie werden aus dem Schlaf gerissen, in dem sie Tag für Tag dahindämmern. Damit wird auch ihr Gefühl von Gerechtigkeit entwickelt.« Wichtige Sätze. Aber vielleicht dämmern viele nur dahin, weil es für sie kaum erträglich ist, die Wahrheit zu sehen. Das Dahindämmern ist ein Schutz. Zu jeder Wahrheitsaussage muß darum auch eine Art Ermunterung gehören. Das Sagen und Schreiben der Wahrheit muß einladen, die begriffene Wahrheit auch zu leben.

Es gibt Momente, wo nur unser Stummsein den Stummen eine Sprache verleiht.

Jeder zusätzlich gelebte Tag gefährdet uns. Wir laufen Gefahr, der Inflation anheimzufallen. Mit jeder Wiederholung kann alles leerer werden. Werden wir noch fühlen können, Worte noch gefüllt gebrauchen, noch lieben können, ohne Zynismus und Manipulation? Aber mit jedem zusätzlich gelebten Tag wächst auch die Möglichkeit des bewußteren Fühlens, Sprechens und Liebens. Aber es kommt nicht von selbst, es bedarf eines besonderen Einsatzes. Wenn wir grundsätzlich annehmen würden, daß wir mit zunehmendem Alter einen größeren Einsatz liefern müßten und nicht einen geringeren, wie viele zu meinen und zu leben scheinen, um wirklich lebendig zu bleiben, dann hätten wir eine echte Chance, der Gefährdung zu entgehen und die Möglichkeiten zu entwickeln, die mit dem Alter kommen.

Ich kann dich nicht sehen. Dein Dich-Vorstellen verstellt mir die Sicht. Vorstellungen sind oft Verstellungen.

Ausüben und einüben. Meistens üben wir das ein, was wir ausüben, zum Beispiel das Gleichgültigsein. Alles, was wir tun oder nicht tun, verändert zuallererst uns selbst. Es ist nicht möglich, von einem Tag zum anderen dieselbe, derselbe zu bleiben. Jede Tat, jede Unterlassung verändert uns. Was wir jetzt sind, ist die Summe unserer Taten und Unterlassungen.

Als ich heute auf meine Angst (Enge) zuging und dann Freude erlebte, dachte ich, ob Jesus, als er sagte »Gehet ein durch die enge Pforte«, die Angst gemeint haben könnte, auf die wir zugehen sollen, um sie so zu überwinden. Ich freue mich schon fast auf meinen nächsten Angstzustand, um hinterher wieder die Freude zu erleben.

Die Schneeberge, die schon einen Monat lang um unser Haus liegen, geben mir das Gefühl, mich in einem Zustand des Winterschlafs zu befinden.

Meine kleinen Großnichten, Sharon und Kayla, stehen bei meinem Bruder an der Haustür und begrüßen mich. »She's here!« rufen sie voller Freude.

17. Januar

Das bescheidene Glück ist schwerer wahrzunehmen als das große Glück. Aber es ist leichter zu finden. Und lernt man erst, wie und wo man nach ihm suchen kann, so wird es ein fester Bestandteil des Lebens. Und vielleicht, vielleicht, ist die Summe des bescheidenen Glücks, auf ein ganzes Leben gesehen, das große Glück, das aber eine ganz andere Gestalt hat als »das große Glück«, nach dem wir so oft suchen.

Schreiben: Zum Wählen ermuntern. Erst mich selbst, beim Schreiben und dann die Leserin, den Leser beim Lesen.

Wir haben heute für Margie eine Geburtstagsfeier gestaltet. Sie wurde vierzig. Fast zwanzig Jahre gehört sie zu unserer Familie. Früher war sie einmal meine Studentin, dann Freundin, dann ein Mensch, durch den ich meine Unfähigkeit und Fähigkeit zu lieben neu kennenlernte, immer Gesprächspartnerin, Freundin meiner Frau, und immer wieder meine Freundin. Eine Beziehung, ausgezeichnet durch Kontinuität, nicht ohne Schwierigkeiten und Leidenschaft, aber kontinuierlich, in einer Welt voller Flüchtigkeit, Vorläufigkeit und Abbruch. Grund zum Feiern.

Kira war heute auch zur Geburtstagsfeier da und blieb nachher. Wir sprachen über ihre Zukunft, ihr Studium, ihren geplanten Weg. Sie ist fast mit dem Psychologiestudium fertig und merkt, daß sie eigentlich viel stärker in den »offenen«, kreativeren Geisteswissenschaften zu Hause ist. Sie schreibt schon lange, malt jetzt mehr. Wir sitzen lange. Ich erlebe mit großer Dankbarkeit, daß das möglich ist. Ich erlebe das Glück fast körperlich.

Margies Geburtstagsfeier bei uns. Sie wird 40. Ulrich bereitet die Quiches zusammen mit mir vor. Ich stehe unter Zeitdruck und werde ab und zu ungeduldig und meine, die Herstellung besser als Ulrich zu beherrschen. Es gibt Spannungen. Margie hat zwei ihrer Freundinnen eingeladen, die uns noch unbekannt waren, zwei interessante junge Frauen. Ich treffe immer wieder gern jüngere Menschen, die das Leben differenziert erleben, und mir scheint, als hätte es vor dreißig Jahren weniger Menschen von der Art gegeben. Oder habe ich sie nur nicht bemerkt, weil ich stärker mit meinen eigenen Fragen beschäftigt war?

Das Buch »Autobiographie eines Yogi«, von Yogananda, gibt mir schon beim Lesen seiner Gedanken Energie.

18. Januar
Um lebendig alt werden zu können, muß man beizeiten lernen, etwas nur für sich selbst zu tun. Nicht um Ehre, Ruhm, Ansehen, Anerkennung, Lob, Zuspruch oder Unterstützung zu bekommen. Nur dann wird man noch weiter von innen her erfüllt leben können und nicht untergehen, wenn die öffentlichen Reaktionen weniger werden oder ganz verschwinden. Es geht um das In-sich-Ruhen.

Das Aufhören-Können ist ein wichtiger Teil eines jeden Anfangs. So haben wir das Ende dabei, heben die Zeit auf und sind frei.

Nach dem Schwimmen heute fällt mir ein frommes Lied aus meiner Kindheit ein: »Das Leben gleicht dem Sommertag, ist licht- und schattenreich.« Ich stimme es an, und Ulrich singt drei Verse mit mir gemeinsam. Wir lachen ab und zu und schauen uns dabei froh und belustigt an. Wir sind erstaunt, daß wir den Text noch so gut kennen. Wir müssen das Lied vor über fünfundzwanzig Jahren zuletzt gesungen haben. Nach so langer Zeit spüren wir, wie wir uns inzwischen verändert haben, wie wir den Inhalt des Liedes jetzt anders aufnehmen. Dieser Text, wie so viele andere aus der Zeit, hat uns geformt und zu denen gemacht, die wir heute sind.

Ich habe mir heute ein neues Kleid gekauft. Ulrich mag es auch gern. Dann trage ich es gleich noch lieber. Wie gut, daß ich meine Kleider oft tragen kann und nicht nur ein- oder zweimal wie Prinzessin Diana. Mit manchen Kleidungsstücken identifiziere ich mich und forme meine Persönlichkeit durch sie. Dieses Kleid werde ich bestimmt oft tragen. Es gibt viele Zeiten bei mir, da wäre ich gern eine Nonne, die jeden Morgen genau weiß, was sie tragen wird.

19. Januar
Die Worte lieber nicht sagen, in denen ich nicht bin. Aber das heißt, all die Füllworte, die Verlegenheitssprüche, die Formeln, die Worte, nur um des anderen willen gesagt, nicht zu sagen. Was bleibt dann noch? Ich, in meinen Worten.

Nach Trost zu suchen kann eine Stärke sein, aber nur wenn wir nicht so suchen, als müßten wir ihn bei anderen finden, weil wir sonst untröstlich wären. Trost zu suchen ist ein Geschenk an den

Mitmenschen, weil es eine Form der Verletzbarkeit ist, die uns zueinander führt. Aber es darf nie so sein, daß wir den Trost auch finden müssen. Dann wird es Erpressung, die uns trennt.

Es scheint uns heute schwerer zu fallen als früher, die Dinge unseres Lebens wirklich zu lieben. Ist es, weil sie kurzlebiger sind oder weil unser Leben zugeschüttet zu sein scheint mit Dingen? Ist es unsere Fülle, oder werden wir unfähiger, die Dinge zu beseelen oder sie in unsere Seelen einzulassen? Die Massenproduktion hat viele Artikel billig in der Herstellung gemacht, darum sind sie leicht ersetzbar. Ein Verlust ist kein wirklicher Verlust mehr, weil man an dem verlustig gegangenen Gegenstand nicht hängt und weil man sich für wenig Geld einen Ersatz leisten kann. Ich erinnere mich, wie kostbar eine Schleuder (selbstgemacht), ein Taschen- oder Fahrtenmesser, ein Buch, ein Rätselheft, ein Fahrrad, eine Anstecknadel für mich als Junge waren. Und etwas von dem Zauber, die genannten Sachen zu besitzen, überträgt sich für mich auch heute noch auf das, was ich besitze. Und so kann es gelegentlich passieren, daß ich in einer liebevollen Zwiesprache dasitze mit meiner Kamera, einem Füllfederhalter, einem weichen Bleistift, einem Pullover, einem Wandbehang, meiner Computer-Tastatur, einem Taschenbuch, einer Ledermappe, einem Handschuhpaar (ohne Fingerspitzen, zum Fotografieren), einem Taschenrechner, einer Lupe, einem Metallineal, einer Landkarte, einem Armband, einem Stempel mit meinem Namen und vielem mehr. Mein Leben wäre beträchtlich ärmer ohne sie und ohne diese innere Einstellung.

Etwas klar zu formulieren kann eine Situation lösen. Ulrich spürte, wie ich abwesend war und mich nicht einließ auf die Dinge, die er anschnitt. Ich hatte nichts Konkretes, was ich gerade durchdachte. Schließlich konnte ich aber formulieren, was gerade in mir geschah: »In mir ist etwas, was ganz dringlich zuerst bedacht werden will, und ich weiß nicht, was es ist. Darum habe ich Mühe, dich anzuhören.« Ulrich gab sich damit zufrieden. Ähnliche Situationen hatten wir schon oft, nur formulierte ich nicht klar, was in mir vorging.

Ich lese weiter mit Spannung in der »Autobiographie eines Yogi« und höre zum fünften Mal von der Existenz des Babaji. Ich bin kein leichtgläubiger Mensch und schaue mir Dinge prüfend an. Als ich Babajis Bild sah, war ich ablehnend und skeptisch. Dann las ich einige Male von glaubwürdigen Autoren über ihn, und vor zwei Monaten berichtete G. mir von ihrem Treffen mit ihm.

20. Januar

Heute wird William Jefferson Clinton als 42. Präsident der USA eingeschworen. Kurz vor zwölf Uhr mittags ist es soweit. Mit einer Hand auf der Bibel und der anderen erhoben, will er das Land mit Gottes Hilfe regieren. Seine Ansprache ist kurz. Abends gibt es zwölf Bälle in Washington, auf denen er und Hillary erscheinen. Natürlich muß er Saxophon spielen, mit der E Street Band, den Jungs, die früher für den Boss, Bruce Springsteen, gespielt haben. Das ganze Land ist aufgeregt hoffnungsvoll. Man erwartet Wunder von ihm. Er hat viel versprochen. Ich finde es interessant, wie viele Menschen auf einen Menschen hoffen. Die Wirtschaft liegt am Boden, die Arbeitslosigkeit ist hoch, die Städte zerfallen, die Kriminalität wächst. Alles hängt zusammen, und die Menschen meinen, einer oder ein kleines Team kann das alles verändern. Das ist Dummheit oder großes Vertrauen. Ich merke auch in mir, wie ich hoffe, daß ihm gelingen wird, was er sich vorgenommen hat, um so den ständig wachsenden Zynismus zu bekämpfen.

Schon seit einigen Wochen kommt bei uns im Bad Regenwasser ins Haus. Die schönen Holzhäuser Nordamerikas haben den Nachteil, daß sie nicht so dicht sind wie deutsche Häuser, die fest gebaut sind, Stein auf Stein. Wir haben schon mehrere Versuche gemacht, die durchlässige Stelle zu finden. Da, wo es ständig neu durchweicht, wechselt ein Stück Teppich schon die Farbe. Ich fühle mich eins mit diesem Haus, das ich von Grund auf mit gestaltet habe. Ich spüre körperliches Unwohlsein, als säße die durchlässige Stelle in mir selbst.

21. Januar

Warum meinen wir, das Recht zu haben, mehr erwarten zu können am Ende eines Tages, als daß wir an diesem Tag wieder satt geworden sind, verschont wurden vor einer bedrohlichen Krankheit, nicht verunglückt sind und vielleicht sogar ein Lächeln gesehen haben? Vielleicht ist es ja erlernbar, das wenige wieder genug sein zu lassen. Wie reich wären wir dann!

Kira ißt an ihrem 24. Geburtstag bei uns zu Mittag. Es gibt Reis mit grünen Bohnen in einer Soße, dazu grünen Salat. Danach einen Pudding mit Erdbeeren als Nachtisch. Wir genießen das einfache Essen, das wir durch unsere Einstellung zu einem Festessen machen. Es bleibt noch genug Platz für unsere Zuwendung.

Kira, jetzt eine junge 24jährige Frau, kommt zum Abend, um mit uns ihren Geburtstag zu feiern. Unsere erwachsene Tochter, die nun ihr Leben selbständig lebt, die mir berichtet, was sie liest, was heute auf ihrem Arbeitsplatz und an der Universität vorgefallen ist, die mir gern zuhört, wenn ich von meinem Leben erzähle, und die uns auch zu sich einlädt. Eine schöne Zeit.

Ich lese bei Yogananda: »Alles Physische können wir als verdichtetes oder gestaltgewordenes Licht sehen. Das ganze Leben ist eine Vorbereitung auf den Tod, zum Licht hin.« Wenn ich diese Gedanken weiterdenke, passiert es hin und wieder, daß ich mich auf meinen Tod freue und zur selben Zeit mit dieser Freude auch gern jetzt hier lebe.

Mir ist es wichtig, Gedanken, die aus dem Osten mit indischen Vokabeln zu uns kommen, mit deutschen Vokabeln weiterzusagen. Ich bin ein im Westen aufgewachsener Mensch, und ich meine, daß wir den Gedankenreichtum des Ostens erst wirklich integrieren, wenn wir unsere herkömmliche Sprache einsetzen und unseren eigenen Gedankenreichtum mit dem des Ostens verbinden. Ich möchte die Gedanken des Ostens in der Sprache des Ostens hören, sie verarbeiten und dann deutsche Worte für Swami, Guru, Chakras usw. einsetzen.

Beim Lesen versetze ich mich plötzlich in die Realität meiner Unsterblichkeit. Der Tod ist letztlich nur ein Übergang in eine andere Wirklichkeit, wie die Geburt. Ich betrete ein neues Bewußtsein.

22. Januar

Nicht vergessen: daß jeder Säugling, jedes Kleinkind und jeder Jugendliche vor dem Leben wie vor einem großen Rätsel steht und immer wieder das Empfinden hat, unbewußt und bewußt, nicht ausgerüstet zu sein, das Rätsel zu lösen. Ist es dann verwunderlich, daß es so viel Angst und Unsicherheit gibt, die sich auf die seltsamste Weise ausdrücken?

Jede Erklärung als eine Notlösung verstehen.

»Wie mag es meinem Vater mit mir gehen?« dachte ich heute früh. Er wird in diesem Jahr 90. Ich weiß, wie es ihm körperlich geht. Aber was bedeutet ihm die innere Beziehung zu mir? Ich habe so viel unternommen, um zu einer lebbaren Basis mit ihm zu finden. Ich sagte ihm, was ich mit ihm nicht weiterleben wollte, und schrieb ihm alles auf, was ich an ihm schätzte und wofür ich ihm dankbar war. Er bedankte sich für das, was ich an ihm gut fand, nahm aber keine Stellung zu den Dingen, die ich mit ihm anders leben wollte. Ich wünschte Freundschaft, nicht die Rolle Vater-Tochter. Ich bin unsicher, wie wir nach unserer Geschichte zu einer Freundschaft kommen. Was muß vorher geschehen? Ich vergebe ihm die autoritäre, gewalttätige Erziehung, aber Vergebung ist ein unklarer Begriff. Wenn ich Vater Vergebung anbiete, hört er eine Anklage. Ich warte also. Ich möchte Vater ernst nehmen als vollwertigen Menschen und respektieren, daß er so lebt, wie er es kann und will. Ich spüre in mir eine tiefe Liebe und ein inniges Zugehören zu ihm. Darum will ich auch auf mich hören und auf mich warten. Alles hat seine Zeit.

Heute suche ich nach Stoffen in »Little India«, auf der Main Street, wo etwa fünfzehn Stoffgeschäfte eng zusammengedrängt importierte Stoffe aus Indien anbieten. Eine Welt für sich. Wie ich so von Geschäft zu Geschäft gehe, fühle ich mich wie eine Ausländerin, einmal durch meine andere Kleidung mit Kostüm statt mit Sari, und dann, weil ich so viele Fragen stelle, auf die die anderen Käufer, meist Inder, bereits die Antworten wissen. Ich mag Saris. Sie haben solch einen bequemen Schnitt. Irgendwann werde ich mir mal einen besorgen.

Eben bringt Ulrich mir seine neue Erzählung: Vater und Sohn. Ich lese sie und merke, wie sie meiner Geschichte mit meinem Vater ähnelt. Gerade als ich vor einer halben Stunde meine Gedanken über Vater durchdachte, saß auch Ulrich an seiner Geschichte, und seine Gedanken ergänzen meine.

23. Januar
Ich schreibe jetzt viel an Erzählungen für einen Band, der im Herbst erscheinen soll. Ich habe das Empfinden, daß ich mich durcharbeiten muß zu meinem Stil. Was der genau ist, weiß ich nicht, aber ich ahne es. Es geht mir nicht um die Handlung in der Erzählung, also nicht um Kleists »unerhörte Begebenheit«, um die sich alles dreht, sondern um ein mysteriöses Ineinandergreifen von Umständen, Personen und Hintergründen. Daß alles zueinander steht, und wie es das tut, ist die Aussage. Das Eigentliche der Erzählung ist nicht in Worten ausgedrückt. Die Klarheit im Stil ist gleichzeitig Freund und Feind. Eine gewisse Klarheit verstellt und läßt das, was es hinter der Klarheit zu sehen gibt, nicht deutlich sehen. Aber es gibt auch eine Klarheit der Empfindung, eine Klarheit im Ahnen und Vermuten, die, wenn sie ernsthaft verfolgt wird, die transzendente Welt der Zusammenhänge sichtbar oder wenigstens ahnbar macht. Um diese Klarheit bemühe ich mich, aber sie ist immer nur so weit zu errreichen, wie sie im Schreiber schon tatsächlich da ist. Man kann sie nicht erschleichen, auch nicht erschreiben. Ich merke, daß das so ist, weil mir gewisse Bereiche und Themen leichter von der Hand gehen als andere. Da bin ich zu Hause, weil ich da schon viel gedacht, gespürt, geahnt habe. Das werden sicherlich dann die besseren Erzählungen sein.

Ein paar Stunden nach der letzten Eintragung treffe ich auf eine Aussage von Nadine Gordimer, der südafrikanischen Schriftstellerin. »Schreiben ist für mich eine Möglichkeit, den Mysterien des Lebens auf die Spur zu kommen. Ich begann zu schreiben, als ich noch sehr jung war, aus einem Gefühl der Verwunderung über das Leben heraus, einer Ahnung von den Mysterien der menschlichen Beziehungen, den Mysterien der Natur.«

Mir hilft es zu wissen, daß es Menschen gibt, die es geschafft haben, ihre Angst zu durchdringen und schon auf dieser Erde Zugang zu haben zu einer Größe, die ich noch lernen muß. Ich suche Zugang zu solchen »Heiligen«, wie Jesus einer war, die aber jetzt leben, die mir Wegweiser sein können. Und ich freue mich, daß es sie gibt. Dann suche ich immer wieder Menschen, die nur so reif sind wie ich, die manches besser schaffen als ich und die auch zugeben, daß sie manches noch nicht können, was ich vielleicht besser hinkriege.

Es hat ganz frisch geschneit. Im Dunkeln gehen wir nach draußen, um im Schnee zu laufen. Ich gehe vorweg und schaue zurück auf unser verschneites Haus mit den schneebedeckten Tannen davor und sehe die Wärme des Lichts im Haus. Was für ein schöner Anblick! Ein tiefes Wohlsein durchflutet mich. Doch gleich denke ich an andere Zeiten, wo wir in gleicher Weise vor unserem Haus standen, gemeinsam mit Freunden, die jetzt nicht da sind und zu denen der Kontakt schwächer geworden ist, und ich spüre eine schmerzende Sehnsucht nach ihnen.

24. Januar

Ich liege am späten Vormittag noch mit Waltraud im Bett, und wir reden über Gott und die Welt. Ich habe meinen rechten Arm unter ihren Kopf und Nacken gelegt, und wir sind einander zugewandt. Es ist viel Nähe zwischen uns. Und doch denke ich gerade in solchen Momenten, trotz aller Nähe und den vielen Gemeinsamkeiten in fast dreißig Jahre durch dick und dünn, daß jeder von uns eine ganz eigene Welt für sich ist. Ich erlebe die Welt sehr anders als Waltraud. Jeder von uns arbeitet an anderen Persönlichkeitsproblemen, wir haben unterschiedliche Hoffnungen, und am Ende stirbt wahrscheinlich jeder von uns allein, selbst wenn der andere danebensteht. Die räumliche Nähe, die Jahre der Vertrautheit, das innere Verstehen, die fast ständige Anwesenheit des andern täuschen uns über die Trennung und das Alleinsein hinweg.

Aber es gibt auch das entgegengesetzte Erlebnis. Ich sitze allein in meinem Studierzimmer und arbeite an einem Text, der mir nicht gelingen will. Auch wenn ich ihn zu Papier bringe, werde ich nicht so verstanden, wie ich ihn gemeint habe. Ich gehe auf meinen Tod zu, erschreckend einsam. Aber eine Etage tiefer höre ich Waltraud arbeiten, und ich weiß, ich kann fast zu jeder Zeit zu ihr gehen, mich bemerkbar machen, den Arm um sie legen und mich in den Arm nehmen lassen, ein Gespräch beginnen und meine Einsamkeit verscheuchen. Fast dreißig Jahre lang haben wir uns zueinander hingearbeitet, haben Freude und Leid geteilt und haben nicht aufgegeben, aus unserer Beziehung etwas zu machen. Was für ein Reichtum an Verbindung, Verbindlichkeit und Nähe.

Beides ist wahr, und eins bleibt nur durch die Wirklichkeit des anderen wahr. Nur eins zu denken, auf lange Zeit, ist eine Flucht vor dem anderen, eine Art Lebenslüge. Immer beides zu denken, ich bin einsam, ich bin verbunden, das macht uns zu reifen Menschen.

Beides ist wahr
Gezeichnet
mit einer Vorläufigkeit,
die ich manchmal nicht wahrhaben will,
sitze ich zwischen meinen kühnen Plänen
und ertrage das Zerfallen der Bilder,
das Verhallen der Worte,
das Verschwimmen der Entwürfe
und behalte am Ende
nur mich übrig:
Jetzt noch
bin ich unendlich viel mehr
als nur ein Hautsack
voll Knochen.

Ich lese das Tagebuch einer 30jährigen Frau. Nach einer Scheidung erlebt sie eine neue Freiheit. Sie schreibt sehr echt, und ich schaue in ein Leben, das anders ist als meins, und doch sehe ich ähnliches. Sie sucht starke und heftige Lustbefriedigung und findet sie mit mehreren Männern und auch mit einer Frau. Mich interessiert dieses grundlegende Suchen nach Einssein, das uns Menschen in unterschiedlichen Formen motiviert, miteinander Kontakt aufzunehmen, das uns auf Irrwege führt, die dann so oft zu den Wegen werden, auf denen wir neue lebensfördernde Formen der Kontaktaufnahme finden. Ich will lieber Irrwege gehen als gar keine Wege.

Heute war ein guter Tag, und es ist mir nicht klar, was ihn zu einem guten Tag machte. Ich glaube, es ist meine innere Ruhe und Gelassenheit, die alles, was mir begegnete, interessant werden ließ.

Ich denke gerade daran, wie mir vor zwei Jahren eine Frau mit einer intuitiven Begabung sagte, ich würde mich in kurzer Zeit von Ulrich scheiden lassen. Nach dieser Aussage schaute ich mir an, was ich dazu sage und was ich will. Ich ließ keine Panik aufkommen, weil ich mich nicht trennen will und weil ich fest entschieden bin, mit Ulrich zusammenzubleiben. Hin und wieder sagte ich: »Wenngleich alle mir dasselbe prophezeien, so wird doch das geschehen, was ich will. Ich werde mich nicht dem Schicksal überlassen.« Ich glaube, die Aussage der Frau vor zwei Jahren hat mir geholfen, Klarheit zu gewinnen und mein Leben entsprechend einzurichten.

Ein Gespräch mit S. Wir sind gleich mittendrin. Sie erlebt wieder einmal eine aufregende innere Entwicklung. Wie bei einem Vulkan steigen Dinge in ihr auf, die beachtet und gesteuert werden wollen. Unser Gespräch ist voller Spannung und Bewegung.

25. Januar

Dafür ist das Leben zu kurz. Wofür? Du mußt sagen wofür!

Verbogene Erwartungen, gebremste Gefühle.

Im Hallenbad. Ich beobachte ältere Männer, die offensichtlich körperliche Beschwerden haben. Aber bei einigen wirken die körperlichen Beschwerden wie ein Ausdruck einer seelischen Beschwerde. Sie demonstrieren ihre Behinderung – sie ist nicht nur manifest, sondern sie wird »gezeigt«. Zeigen, um Mitleid zu bekommen. Es gibt eine Art zu leben, bei der das Mitleid das absolute Zentrum ist. Alles dreht sich um das eigene Leid und das Leid der anderen. Lebensaufgabe ist es, Mitleid zu haben. Geheimer Wunsch (der für andere ganz deutlich spürbar wird) ist es, Mitleid zu bekommen. Es ist für diesen Menschen die direkteste Form, Beziehung aufzunehmen. Der körperliche Ausdruck davon ist das In-den-Kleidern-Hängen, ein Mit-dem-Gesicht-Trauern, während man sich im Herzen ärgert. Zu dem Ausdruck gehört auch die Abwesenheit einer wirklichen Anstrengung (nur eine Anstrengung, um zu demonstrieren, daß man sich anstrengt) und ein Nicht-bei-sich-Sein, sondern ein Sich-Umsehen, ob man in seiner Hilflosigkeit gesehen wird.

Beim Gespräch mit diesen Männern im Hallenbad und in der Sauna bemerke ich auch, daß es oft sie sind, die voller Anklagen und Vorwürfe sind – gegenüber der Gesellschaft, den Politikern, ihren Frauen und Kindern, weil niemand ihnen genug Mitleid und Fürsorge gibt. »Ihr habt es dazu gebracht, daß ich so hilflos bin. Es ist eure Schuld.« Werde ich je so sein, und werde ich es dann merken und damit aufhören? Ich weiß, daß ich zu beidem fähig bin.

Zum Tee war ich heute nachmittag bei Masami. Als ich sie vor vier Jahren beim Töpfern kennenlernte, war sie erst vor kurzem aus Japan gekommen, um hier einen kanadischen Japaner zu heiraten, ohne ihn vorher kennengelernt zu haben. »Liebe ist nicht wichtig, Hauptsache, er hat eine Existenz«, hatte ihre Mutter ihr gesagt. Sie hat sich inzwischen wieder scheiden lassen und kämpft, es allein in Kanada zu schaffen. In ihr sehe ich die neue japanische Frau im Werden. Sie ist noch ernst, sanft und auch schüchtern, aber sie nickt nicht mehr so oft wie früher und ist fester in ihrem Auftreten.

Ein Telefonat mit Ch., die es versteht, sich mitzuteilen. Dreimal versuchen wir das Gespräch abzubrechen. Jedesmal ist noch etwas, was wir uns unbedingt sagen wollen. Diese kontinuierlichen Verbindungen zu Verwandten sind mir kostbare Schätze.

Es geschieht so manches, das mich innerlich bewegt. Ich frage mich, wie meine Veränderungen sich einfügen lassen werden in mein Leben mit meinen Freunden in Deutschland, wenn ich im Februar zurückfliege. Ich nehme an, ich werde bei meiner Ankunft staunen, wie mein Erleben hier und ihr Erleben dort zusammengehört und auch zusammenpaßt, obwohl wir es getrennt erleben. Ich glaube, daß wir uns alle letztlich zueinander hin entwickeln, wenn es auch oft nicht so erscheint und vielleicht erst später sichtbar wird.

26. Januar

Das Sieb Erinnerung

Das Sieb Erinnerung
fängt sich meistens nur
die wirklichen Ereignisse,
das erstaunliche Staunen,
das Schäumen, das Brausen,
das Weltendedenken,
während sich unter dem Sieb
aus dem feinen Sand
magische Landschaften bilden,
um in ihnen zu spazieren
brauchen wir nichts weiter zu tun,
als das Vergessen abzulehnen.

Waltraud hat heute etwas bei Handke gelesen, das sie irritiert hat. Es geht um seine Enttäuschung, wenn er einer Frau begegnet und feststellt, daß sie nicht hübsch ist. Waltraud fragt mich, ob es mir auch so geht. Ich verneine. Aber ich kenne auch eine Art Erwartung. Ich gehe davon aus, daß eine Frau tief ist, nicht oberflächlich, sondern suchend und substantiell. Es gehört zu meinem Frauenbild. Ich bin enttäuscht, wenn ich eine oberflächliche, vordergründige Frau kennenlerne, und doppelt enttäuscht, wenn die Frau auch so sein will und es gut findet. Ich frage mich, ob an meiner Einstellung auch etwas von der Hochachtung ist, die Feministinnen nicht mehr wollen.

Heute beim Einkauf waren alle Verkäufer so besonders nett und zugänglich. Ich glaube, ich war heute besonders nett und zugänglich.

Ich denke daran, was es mit dem Wort auf sich hat »der Mensch lebt nicht von Brot allein«, in Verbindung mit Menschen, die angeblich jahrelang keine Nahrung mehr zu sich genommen haben und doch noch viele Jahre lebten. So wie Therese Neumann von Konnersreuth und Giri Bala aus Indien, die beide im zwanzigsten Jahrhundert lebten, oder der Mystiker Nikolaus von der Flüe im fünfzehnten Jahrhundert.

Eben rief ich bei Kira an, und als ich mein Anliegen vorbringen wollte, hatte ich es vergessen. Kira war nett und meinte, ich leide nicht unter Altersschwäche, denn Vergessen sei menschlich. Auch junge Leute tun das.

27. Januar

Ich bin gedacht worden. Zuerst in einer anderen Dimension, dann hier (wiederholt und immer wieder anders), und vielleicht werde ich weitergedacht werden, noch einmal ganz neu nach meinem Tod. Es ist mein Leben, diesem nachzukommen, trotz meiner Begrenzungen. Darin liegt das Geheimnis, das es nicht zu lösen, sondern nur zu leben gilt.

Mir will die Katze nicht aus dem Kopf gehen, die in den liebevollen Armen einer jungen Frau stirbt, die ihr die Todesspritze gegeben hat und die sie dann vorsichtig, als wäre es ein eingeschlafenes Baby, auf einen großen Tisch zu anderen Tierleichen legt. Es ist ein Tier von

47 000, die letztes Jahr in Montreal so getötet, nicht einge»schläfert«, wurden. 47 000mal Tausende Städte in der ganzen Welt.

Den heiligen Worten
einen Mund leihen,
in dem sie ihre Reihenfolge
festlegen können,
ehe sie unter uns stürzen,
schwer verständlich
wie alles,
was lebt.

Wenn ich die schwere, negative und klagende Art eines anderen Menschen spüre, dann geschieht es oft, daß ich müde werde und mich am liebsten zurückziehe. Heute wollte ich mich nicht so leicht geschlagen geben. Ich ging innerlich auf ihn zu, im Herzen liebend. Eine harte Arbeit. Vier Stunden später ging er froh nach Hause. Auch ich war froh.

Ich lese, was Menschen 1935 erlebten, noch ehe ich geboren war. Dinge, von denen ich erst heute höre und für die ich jetzt erst wirklich aufnahmebereit bin. Wie so anders wäre mein Leben verlaufen, wenn ich schon in meiner Kindheit und Jugend davon gehört hätte. Und doch sehe ich, wie alles gar nicht anders sein konnte, als es war. »Hätte« gibt es nicht. Auch heute gibt es noch so unendlich vieles, was ich nicht aufnehmen kann.

28. Januar
Es gibt viele Künstler, die über ihre Kunst eine Abkürzung zur Lebensreife suchen. Darum ist ihre Kunst künstlich. Das heißt, nicht gefüllt durch Erfahrungen.

Arbeit an Erzählungen. »Fliegende Landschaften« beginnt mit einem einfachen Gedanken und wird dann zu einem Feuerwerk von Einfällen. Ich schreibe und schreibe. Es schreibt.

Ulrich schreibt mir ein Liebesgedicht, und als ich von einem etwas aufregendem Besuch beim Arzt nach Hause komme, erzählt er mir ganz zart und tieffühlend davon. Ich bin noch nicht so zart und tieffühlend auf ihn eingestellt. Diese Realität verletzt Ulrich. Er fällt in sich zusammen und ist schmerzlich enttäuscht. Seine Enttäuschung trifft wiederum mich. Wir brauchen Zeit. Einige Stunden später gibt Ulrich mir das Gedicht zu lesen, und es kommt bei mir an.

Mehr und mehr glaube ich an den Wert der Ehe, des Ehepaars. In früheren Jahren legte ich besonderen Wert darauf, mit dem Menschen eine intensive Beziehung aufzubauen, zu dem ich mich hingezogen fühlte. So hatte ich oft wiederholt anregende Gespräche mit nur einem Teil eines Ehepaares und ging dann auch ganz bewußt auf den einen Menschen zu in der Hoffnung, daß der Partner dann auch irgendwann dazukommen würde. Das geschah aber so gut wie nie. Dann entdeckte ich meine Blindheit und auch meine Arroganz dem anderen Partner gegenüber. Ich bemerkte meine Einseitigkeit, in der ich manche Werte hochspielte und andere zuwenig achtete. Und ich merkte, daß zwei Menschen in Partnerschaft, auch solche, die in einer Symbiose leben, immer wieder Gegensätze leben, die zueinander gehören. Sehr oft lebt ein Partner eine Seite sehr ausgeprägt und übertrieben, so daß der andere das Gegenteil dann auch ausgeprägt und übertrieben lebt, fast gezwungenermaßen. Auch bei Ulrich und mir erlebte ich diese innere Gesetzmäßigkeit. Darum begegne ich jetzt einem Paar als Paar und sehe den Ausdruck des einen als Teil des anderen. Und ich merke, daß meine Beziehungen dadurch der Wirklichkeit näher kommen und ich vor Illusionen besser geschützt bin.

29. Januar

Ich war heute mit Waltraud in einer sehr schönen Ausstellung: Werke eines kalifornischen Strickers. Er strickt wunderbare Pullover, Stolen, Wandbehänge, oft mit 30, 40 oder 50 Farben, gut aufeinander abgestimmt. Waltraud hat Lust, wieder mit Stricken zu beginnen.

Das Gefühl, die Welt ginge langsam, aber stetig weiter.

Ich spüre, wie meine Fantasie durch ihren Gebrauch aktiver und bunter wird. Erfahrungen beim Schreiben der Erzählungen für den Band im Herbst. Ich verlasse mich mehr auf die Fantasie, fast als wenn sie eine andere, eigene Instanz wäre, der ich bei ihrer Tätigkeit zusehe und zuhöre. Die Person der Fantasie.

Bei einer Ausstellung von Handarbeiten spricht ein älterer Mann, der sich an einem Workshop beteiligt, in dem er das Stricken von Wandteppichen lernt. Er erzählt von seinem Erleben mit den Nadeln und den vielen bunten Farben. Er erlaubt es sich, seine Unsicherheit zu zeigen, Anfänger zu sein und etwas für ihn ganz Fremdes zu versuchen. Er ist sensibel und froh berührt wie ein Kind und läßt mich in sein Wesen hineinschauen. In mir tut sich eine warme, wohltuende Dankbarkeit auf.

30. Januar
Ich spüre mein Ungehaltensein über unseren Dünkel, unsere Vermessenheit hier im Westen, wenn wir uns mit anderen Kulturen und Religionen vergleichen.

Ein ganzer Tag, der mit Aufräumen, Vorbereiten und sonstigem Kleinkram angefüllt war. Ich habe mich darin etwas verloren. Ich verliere mich nur in dem, was ich durch meinen Umgang mit ihm erst entleert habe.

Heute habe ich das Empfinden, mich im Kern meines Seins zu befinden. Es gibt Menschen in meinem Leben, die mich auf lange Zeit begleitet haben, mit denen ich an die Stellen gekommen bin, wo es knirscht, als wäre nicht geölt worden, wo sich manche Wunden auf Jahre hin deutlich zeigen und immer wieder neu auftreten, gerade wenn ich meine, jetzt sei ich fertig mit der unfertigen Lage. Es sind Menschen, deren Leben mich ähnlich berührt, wie mich Ulrichs Leben berührt. Bei denen manche Eigenarten immer wieder auftauchen, die ich aufreibend finde, und an denen ich mich wundreibe. Und gerade diese Berührungen sind es, zu denen ich immer wieder zurückgehe, wo ich bohre und bohre. Es muß Heilung geben. Ich würde wohl mit dem Bohren aufhören, wenn ich nicht ab und zu erlebte, daß es Heilung gibt. Heute war solch ein Tag, an dem ich Heilung erlebte, eine langsame, durch Jahre hin gewachsene Heilung.

31. Januar
Fast schon ein Frühlingstag. Manche sind in kurzen Hosen unterwegs. Ich freue mich auf die Zeit draußen im Frühling und Sommer, auf die Reisen, die ich vorhabe. Überall gibt es Entfaltung. Ich muß sie nur sehen und mich von ihr finden lassen.

Den eigenen Gedanken einen Raum schaffen, in dem sie entstehen können. Eine Hand über sie halten, um sie zu schützen vor der zu frühen Entdeckung, ehe sie fertig sind, oder vor der Störung durch die Geräusche der Unruhe. Ihnen die Ruhe geben, in der sie die Tiefe erreichen, von der aus sie errettend wirken. Ihnen den Anschluß an Gott wünschen, ermöglichen.

»I'll never get to Heaven«, ein kanadischer Film mit dem »kanadischen Feeling«. Seitdem ich auf längere Zeit in Deutschland bin, schätze ich dieses Feeling, verwitterte Holzhäuser, in denen die Türen knarren. Kanada ist mir stärker zur Heimat geworden, seitdem ich öfter längere Zeit in Deutschland bin.

februar

1. Februar
Ich vertraue dem Licht mancher Worte. Wie eine Reihe Laternen führen sie durch Unwegsames.

Ich lasse los, was ich nicht bin. Und stelle dabei immer wieder fest, daß ich gerade auch das bin. So revidiere ich das Bild, das ich von mir habe. Auch so werde ich anders.

In diesen Tagen ist das, was mir dunkel und fern erscheint, das, was mich erleuchtet.

So viel Miteinander, wie wir es heute hatten: zusammen aufstehen, zusammen schwimmen, zusammmen das Haus reparieren, zusammen einkaufen, essen, Nachrichten sehen. Das hätte ich in vergangenen Jahren oft kaum ertragen. Und jetzt kann ich es genießen. Ich glaube, das wird ermöglicht durch die Zeiten, in denen wir getrennt leben, Ulrich in Kanada, ich in Deutschland.

2. Februar
Ich habe heute mindestens zehn Stunden an der Erzählung »Die Landschaft der Seele von Vera F.« geschrieben und bin glücklich über das bisherige Gelingen. Ich entdecke die Faszination auch dieser Form – der Erzählung. Beim Gedicht spüre ich manchmal, daß ich an gewisse Grenzen gekommen bin, die ich natürlich noch versetzen und hinausschieben will und werde. Aber in der Prosa fühle ich mich noch ein wenig als Neuling. Es gibt noch viel zu entdecken, auszuprobieren, zu verstehen. Aber ich bin entschlossen, da weiterzumachen.

»Höre, was du dir sagen willst«, sage ich zu mir. »Gewöhne dich nicht an deine Sprache, auch wenn sie dir vertraut ist.«

Es ist halb vier nachts. Heute nachmittag sah ich den Mond im Osten stehen. Jetzt hat er sich zum Westen herumgearbeitet und beginnt abzusteigen. Da wird es ihm möglich, in mein Westfenster zu scheinen, durch die Löcher in den Wolken. Er sieht mich in einem beglückenden Kampf mit den Worten, die ich für mich gewinnen will; mit den Ideen, die einen klaren Ausdruck suchen; mit den Gefühlen, die wünschen, in Bildern ernst genommen zu werden. Wie oft haben sich an diesem Schreibtisch schon Welten für mich aufgetan. Guter, guter Mond. Wir zwei. Noch eine Stunde später spiegelt sich der Mond auf dem Meer.

Ich wache auf, und es denkt und denkt in mir wie ein aufgezogenes Uhrwerk. Ich atme tief durch und halte still. Mein Denken verlangsamt sich eine kurze Zeit, und dann spüre ich schon wieder das unruhige Denken. Ich lege mich zu Ulrich und erlebe Geborgensein, Ruhe, tiefes Atmen. Meine Augen bewegen sich, mal hierhin, mal dahin. Schon wieder denke ich! Ich stehe auf, dusche und ziehe mich an. Mein Ziel für den heutigen Tag ist, mein verselbständigtes Denken zur Ruhe zu bringen und mit meinem Wesen und meiner Umgebung zu vereinen.

Eben erlaube ich mir, die volle Tüte im Staubsauger durch eine neue auszuwechseln, ohne hinzuschauen, ob sie es nötig hat, ob sie nicht doch ausgeleert werden könnte, um noch einmal verwendet zu werden. Gewöhnlich versuche ich eine Tüte drei- oder viermal zu benutzen, nicht aus Umweltschutz, sondern einfach aus Sparsamkeit. Die notvolleren Zeiten haben sich mir tief eingeprägt.

Beim Autoputzen und beim Fegen der Garage fühle ich mich eins mit den Dingen um mich herum. Alles stimmt mit der Welt. Beim körperlichen Arbeiten kommt das Uhrwerkdenken zur Ruhe.

3. Februar

Ich setze gern meine Lesebrille auf. Da sehe ich die einzelnen Buchstaben besser, ihren Schwung, die Spitzen ihrer Serifen, die Abstände zwischen ihnen, und bewundere, wie aus ihnen Worte entstehen, dann Sätze und Zusammenhänge. So entsteht vor mir und meiner Brille die geheimnisvoll gefüllte Welt des Menschen, der den Text vor mir geschrieben hat, der so ist wie ich und doch so anders.

Wenn es mir nicht gutgeht, suche ich oft nach Gründen in meiner Vergangenheit und finde auch immer welche. In mir lebt ein unausschöpflicher Vorrat an Mängeln, Fehlhaltungen, verletzenden Aussagen, die ich gemacht habe. Und wenn ich mich an sie erinnere, stehen sie um einiges vergrößert vor mir und drohen mich zu erdrücken. Darum habe ich vor meine Vergangenheit einen Riegel geschoben. Wenn ich jetzt rein aus Gewohnheit mal wieder in der Vergangenheit wühlen will, stehe ich vor der verriegelten Tür, lebe in der Gegenwart und erfinde die Zukunft.

Es gibt Menschen, die sich von Natur aus behaupten können, die andere sehr bald wissen lassen, was sie denken, was sie wollen, die sich selbst nur wenig hinterfragen und die Vergangenheit hinter sich lassen. Zu den Glücklichen gehöre ich nicht. Ich muß das üben, was sie von Natur aus können. Vielleicht ist mein Glück dadurch ein noch Größeres, weil ich mir das erarbeite, was ihnen zufällt.

4. Februar
Von Jahr zu Jahr scheint mir die Zeit kostbarer zu werden, mehr zu wiegen. Darum ist sie mehr zu beschützen und weniger zu vergeuden. Ich kann Menschen verstehen, die die Zeit als ihren kostbarsten Besitz empfinden. Sie wird ja auch von Tag zu Tag weniger. Zeit zu haben wird für mich auch immer mehr eine Sache, die ich körperlich empfinde. Ich spüre und erlebe die Zeit. Sie ist ein Raum, in dem ich mich bewege, frei bewege. Ich kann in dem Raum Zeit spazierengehen, die Arme heben, schnaufen, stillstehen. Das ist wie kein anderer der Raum, in dem die Fantasie zu turnen beginnt. Da gibt es Überraschungen, die beglücken. Darum beschwert mich kaum etwas so, wie zuwenig Zeit zu haben, weil dann das Glück der Fantasie und des Fantasierens verschwindet.

Waltraud und ich reden um ein Uhr nachts und springen von Thema zu Thema. Dann entschließen wir uns, eins davon schriftlich zu bearbeiten, gleich hier und jetzt. So können wir straffer, konzentrierter denken. Ich tippe etwas in den Computer und trage es ihr zwei Etagen hinunter, sie antwortet und bringt es mir hoch.
Ulrich: Waltraud, du erwähnst den Unterschied zwischen Frauen und Männern und meinst, daß Männer versorgen (provide) und Frauen sich kümmern (care). Kannst du dafür noch passendere

deutsche Worte finden? Meinst du für »care« vielleicht sogar »lieben«? Also Frauen lieben und Männer versorgen. Ich kann das auch so empfinden, spüre aber dabei auch eine gewisse Trauer, weil es zu unserer Gesellschaft gehört, uns in unserer Geschlechterrolle so zu sehen. Es ist fast, als wäre das Lieben ein Luxus, der nur möglich ist, wenn jemand an das Versorgen denkt. Die Trauer kommt dann daher, daß manchmal beides nicht geht oder nicht zu gehen scheint.

Waltraud: So wie Frauen den Begriff »sich kümmern« in ihrer traditionellen Rolle erfüllen oder vielerseits erfüllten, scheint es, als seien sie persönlicher beteiligt am Leben des anderen, als gäben sie sich stärker hinein in die Anliegen des anderen. Der Raum zwischen dem Umsorgten und der Umsorgenden verschwindet fast ganz. Beide erleben sich als eine Einheit. Das könnte man »lieben« nennen. Wie kommt es dann aber, daß so viele Männer trotzdem unter dem Eindruck stehen, ihr Beitrag sei wichtiger? Hat die Frau den Beitrag des Mannes als Versorger zutiefst in ihrem Herzen als minderwertiger eingeschätzt und damit den Mann in die Position gedrängt, sich aufwerten zu müssen gegen sie?

5. Februar

Unsere Wahrheit kehrt wieder, wenn wir sie wegschicken. Sie wegzuschicken ist eine Art Probe für die Wahrheit und für den, der sie fortschickt.

Waltrauds Unsicherheit und ihr Empfinden, daß das Leben sie heute verlasse, erlebe ich als ein Mysterium, das nicht zu lösen ist.

Kira ist traurig und beschwert über die grauenvollen Taten in Bosnien. Sie erzählt von dem, was wir auch schon wissen. Wortlos verweilen wir miteinander und halten still. Es gibt keinen Schrei, der laut genug wäre. Ich ziehe mich zurück und sehe die vielen Menschen auf der Welt, die in gleicher Weise ergriffen sind, und in Gedanken schließe ich mich ihnen an, strecke meine Hände nach ihnen aus und bete mit ihnen gemeinsam, ohne Worte, sprachlos.

6. Februar

Ich habe viel gelesen in den letzten Wochen und treffe immer wieder auf Schreibstile, in denen sich der Autor produziert. Das heißt, daß die gewählten Ausdrücke nicht in erster Linie dazu da sind, die inneren und äußeren Aussagen der Erzählung zu begünstigen oder sie in einer neuen oder besser verständlichen Weise auszudrücken. Diesen Autoren geht es darum zu beweisen, daß sie intelligent, witzig, hintergründig sind. Der Ausdruck wird Selbstzweck. Viele der gefeierten Autoren empfinde ich so.

Noch zehn Tage bis zum Abflug. Ich freue mich auf die Zeit in Deutschland und bin auch traurig, die Zweisamkeit zu verlassen. Eigentlich ein idealer Zustand, so zwischen zwei guten Lebensinhalten zu stehen.

Ein Mann, den ich meist als angenehm erlebe, macht folgende Bemerkung über ein Foto mit einer besonders gut aussehenden jungen Sängerin: »Ihre Nase ist zu lang, der Mund ist zu voll, die Augenbrauen zu breit. Sie ist häßlich. Sie hat die Anlage zum Dickwerden. In zehn Jahren ist sie eine alte Schrulle. Sie wirkt nur schön, weil sie jung ist.« Im ersten Moment schafft seine Aussage zwischen ihm und mir eine Kluft, und ich denke, wie mag er mich dann wohl sehen, mich, mit wirklichen körperlichen Mängeln? Dann überlege ich, daß seine Art sich zu äußern ja zeigen könnte, daß ihn die augenblickliche Schönheit nicht blendet und ihm im Grunde wenig bedeutet. Und er könnte damit sagen, daß eine Frau, die solch ein auffallend reizvolles Aussehen hat, irgendwann dann doch uninteressant wird, wenn sie darauf baut in ihrer Persönlichkeitsbildung. Sie ist dann nicht darauf angewiesen, ihr tieferes Wesen zu entwickeln.

Ich lerne immer besser zu verstehen, wie solche Aussagen von Männern gemeint sind, und ich höre immer differenzierter, was sie eigentlich damit sagen. Ich will grundsätzlich glauben, daß Männer die tiefe Begegnung der Seele und des Geistes suchen, auch dann, wenn ihre Art, es zu tun, für mein Empfinden dagegen spricht. Und wenn ich diesem Mann mal wieder begegne, will ich ihn mit echtem Offensein fragen, was in ihm vorging, als er diese Aussage machte.

7. Februar
Unser Fleisch, unsere Knochen, unsere Muskeln, unsere Stärke sind wie eine Uhr, die man nur einmal aufziehen kann.

Wenn ich darauf achte, mich bei allem, was ich unternehme, als Partner zu denken, als ein Mensch von zweien, dann merke ich, wie ich gesunde. Dies ist mein Weg, ganz spezifisch mein Weg. Von meiner natürlichen Veranlagung her fällt es mir leicht, allein zu sein. Als junger Mensch reiste ich sehr gern allein. Allein sein zu können ist meine Stärke. Ich komme damit aber an eine Grenze. In den letzten fünf Jahren ist mir diese Grenze bewußt geworden. Ich muß aufhören, mich dieser Stärke zuzuwenden. Ich muß lernen, mich zu zweit zu denken, und werde das wohl mein Leben lang lernen müssen. Nun merke ich aber, wie verletzbar ich mich dadurch gemacht habe. Mir fällt das Abschiednehmen jetzt schwerer. Es hat eine andere Qualität bekommen und ist jetzt tiefer und schmerzvoller. Und doch bin ich auch entspannter dabei.

8. Februar
Heute höre ich, daß Arthur Ashe, der Tennisspieler, vorgestern gestorben ist. Er war 49. In einem Interview wurde er gefragt, ob er Angst vor dem Sterben habe. Er verneinte, weil es möglich sei, sich auf den Tod vorzubereiten. Seit einer Herzoperation, für die er eine Bluttransfusion brauchte, hatte er Aids. In dem Interview habe ich die Stärke, mit der er »nein« sagte, bewundert. Als er vorgestern starb, war sein letztes Zeichen, sein Zeigefinger und Daumen zu einem Kreis geformt: »Es ist o.k.«, heißt das. Aber wie lernt man das Vorbereiten auf den Tod? Vielleicht ist es das ständige Loslassen. Loslassen, was man versteht, Menschen loslassen, loslassen, was man meint, unbedingt haben zu müssen, Loslassen des Images, das man von sich hat, Loslassen des Bildes, das andere von uns haben, Loslassen von Lehren, Dogmen, Vorstellungen. Und in all dem Loslassen nicht vergessen, sich selbst loszulassen, um sich, wenn auch nur vorübergehend, wieder festzuhalten.

Leben: Gehen auf dünnem Eis.

Das Aufhören aufhören. Das Leben (sich selbst, andere) nicht mehr erpressen mit der Drohung, etwas aufzuhören, nicht mehr mitzuspielen, womit man meistens nur sich selbst schadet.

Heute suche ich nach der Zauberformel, nach einem Gedanken, der mich aus dem Loch, in dem ich stecke, herausholen könnte. Nichts kommt. Statt dessen spüre ich Schmerzen, Stiche und Angst. Mir ist es zu solchen Zeiten egal, welcher Gedanke mich dann befreit. Alte Methoden, abgegriffene alte Anschauungen, die ich längst hinter mir gelassen habe, tauchen dann in mir auf, und ich probiere sie alle noch einmal aus. Dabei habe ich dann manchmal das Glück, etwas Erlösendes zu finden. So geht es mir heute. Ich sage: »Gott, Du bist groß, ich bin klein!« Das tut's. In dieser Haltung bleibe ich erst mal, merke, wie ich vieles, wofür ich mich verantwortlich fühle, laufen lassen kann. Das tut gut. Es ist in mir nicht die duckende schuldbewußte Haltung, die ich früher oft hatte. Viele Jahre lang war es für mich wichtig, mich selbst ernst zu nehmen, mir mehr zuzutrauen, meinen eigenen Wert zu entdecken. Diese Jahre geben meinem gegenwärtigen Leben eine Grundlage, auf der ich meinen eigenen Wert nicht verliere, wenn ich mich ausstrecke nach dem Größeren und Unermeßlichen.

9. Februar

Waltraud und ich suchen nach einem neuen Bett mit Matratze. Nach den verschiedenen Betten im Laufe unserer Ehe wünschen wir uns nun beide eins, auf dem wir gemütlich miteinander liegen können, wenn wir wollen. Es wird dann mein Bett sein, Waltraud hat ihr Wasserbett, von dessen Wärme sie sich nicht gern trennt. Wir gehen in ein Matratzengeschäft. Wir reden mit dem Verkäufer, und er meint, ich wäre vielleicht noch nicht geboren gewesen, als er schon Matratzen gemacht und verkauft hat. 1946. Ich sage ihm, ich sei damals ein kleiner Junge gewesen. Im Gespräch wirkt er fast beschränkt – vielleicht weil er sein Englisch fast systematisch primitiv gestaltet, auch wenn er Kanadier ist, oder weil alles nur um Matratzen geht. Am Ende lachen wir gemeinsam und lernen etwas von ihm und werden wahrscheinlich seine Matratze nehmen. Wie anders haben wir beide vor zwei Jahren die Bettsuche für unsere deutsche Wohnung empfunden. Wir erinnern uns beide an einen jungen Verkäufer in Aschaffenburg, der seinen ganzen Stolz hineinlegte in die Wissenschaft, die sich mit Matratzen befaßte, mit Fachausdrücken, Vergleichen, Garantien.

Es gibt Menschen, mit denen ich mich wie gefesselt fühle. Selbst wenn ich mit Ideen und Gefühlen voll bin, weiß ich nichts zu sagen.

Meinem Gegenüber geht es ähnlich. Es liegt nicht an uns beiden, nicht an einer fehlenden Bereitwilligkeit zur Begegnung, nicht an unseren unterschiedlichen Hintergründen. Ich mache darum weder mir noch der anderen Person Vorwürfe und lehne alle Vorwürfe an mich sanft ab. Am Ende komme ich immer wieder auf die Einstellung: Es ist nicht dran. »Unsere Zeit ist noch nicht gekommen.« Werde ich wach genug sein, zu begreifen, wenn dann plötzlich die Zeit da ist?

Heute ist Silya (sie schreibt sich Zilya, das entspricht der kanadischen Aussprache mehr) einundzwanzig geworden. Unzählige Väter und Mütter haben das schon vor mir erlebt. Es gibt die vielen Klischees von »Wie schnell ist doch die Zeit vergangen . . .« bis zu »unser Jüngstes ist jetzt erwachsen«. Und doch ist es für mich kein Klischee. In dem Erleben spüre ich ganz persönlich die schnelle Entwicklung. Ich bin doch gerade erst mit der Schule fertig geworden, sehe mich in meinem ersten Semester in meiner ersten Studentenbude, die so klein war, daß ich im Stehen fast alle vier Wände gleichzeitig berühren konnte, spüre meine Unsicherheit als Assistent an der Uni, erinnere mich noch, als wäre es heute, an das Gespräch, aufgrund dessen ich die Dozentenstelle am College bekam, weiß noch, wie ich durch die Sekretärin aus der Vorlesung geholt wurde, weil Waltrauds Wehen mit Silya begannen, sehe noch die Schultüte, die wir für Kira und Silya bastelten, auch wenn es den Brauch hier nicht gibt. Das ist alles gerade gewesen und schon vorbei. Ich merke dann, wie nah mir ein tragisches Empfinden für das gesamte Leben ist. Ich kann mir aber auch eine Weisheit vorstellen, in der unsere Zeitlichkeit als Segen und Gnade empfunden wird, aber diese Gedanken sind mir noch nicht so nah. Silya, du bist 21. Ich bin noch da, wenn vielleicht manchmal auch nur am Rande deines Lebens. Vorsichtig und sanft halte ich mich zurück und wünsche dir dein Leben.

So was Dummes! Da rufe ich heute früh bei Silya in Whistler an, um sie etwas zu fragen. Nachdem ich aufgelegt habe, fällt mir ein, daß sie ja heute Geburtstag hat. Sie muß enttäuscht gewesen sein, denke ich. Schnell rufe ich wieder an und gratuliere, frage sie aber auch, ob sie enttäuscht war. Sie beruhigt mich. Wir hätten doch vor vier Tagen ihren Geburtstag bei uns frühzeitig gefeiert. Ich merke, daß sie es echt so meint, und bin beruhigt. Ich möchte meine Kinder wissen lassen, daß sie mir wertvoll sind.

Ich kaufe zusammen mit Ulrich ein neues Bett und stelle manche Möbel im Haus um. Dabei merke ich, wie ausgefüllt und froh ich bin, während ich die Arbeit tue – danach auch, aber ganz besonders im Prozeß.

Zu den wertvollsten Dingen im Leben zähle ich Freundschaften. Auch an Ulrich ist mir am wertvollsten seine Freundschaft.

10. Februar

Die Qualität des Moments. Es ist immer wieder schwer, den Moment zu würdigen. Es geht dabei nicht um das Festhalten des Moments wie bei Faust. Es geht um eine Art zu erleben, zu sehen, zu reflektieren, bei der das Momentane zu leuchten beginnt und alles andere zurückfällt, auch wenn es noch da ist.

Ich sehe ein 90minütiges Interview im Fernsehen mit Michael Jackson, dem Popstar. Sein erstes Interview seit vierzehn Jahren. Er wirkt wie ein Kind. Er spricht viel über seine Trauer und seine Tränen. Oprah Winfrey, die ihn interviewt, versucht, ihn zum offenen Sprechen zu bewegen. Er begeistert sich für Michelangelo und wünscht, daß man ihn, Michael, als großen Künstler versteht und sich nicht so sehr um sein Privatleben kümmert. Mich fasziniert, daß er fast auf der ganzen Welt zu einer mythologischen Figur angewachsen ist. Für manche hat er fast einen Gott-Status. Was ist es in uns, das diese Vergötterung nötig hat? Wer von seinen Fans ist tatsächlich an Michael Jackson, an seinen Gedanken, seinen Ängsten, seinen Freuden interessiert? Sie kennen ihn von seinen Musik-Videos, kennen den Sänger und Tänzer – das ist wirklicher als der Mann dahinter. Er ist 34. Wie weit wird es ihm gelingen, älter und dann auch alt zu werden? Ich kann mir vorstellen, daß er nicht alt wird.

Wieder mal in Kafkas Tagebüchern geschnuppert und auf seinen negativen Lebensansatz gestoßen. In einem Brief an den Verleger Rowohlt schreibt er über seine mitgesandte Prosa: »Die verbreitetste Individualität der Schriftsteller besteht ja darin, daß jeder auf ganz besondere Weise sein Schlechtes verdeckt.« Fünf Wochen später schreibt er, daß er die Erzählung »Das Urteil« »... in der Nacht vom 22. bis 23. von zehn Uhr abends bis sechs Uhr früh in einem Zug geschrieben« hat. Sie ist eins seiner Meisterwerke geworden.

Nimm es an,
daß die Wege sich kreuzten,
daß die Sonne stillstand
und sich in dir regte,
was du vergessen hattest.

Nimm es an,
auch wenn es längst wieder
fort ist.
Wie der Regen von gestern,
wie der Herbst,
wie das Licht.
Es war wirklich.
Wirklich ist auch Jetzt.

Heute, wie so oft, bin ich ungeduldig, ich will mehr wissen, mehr von den Geheimnissen des Lebens erfahren, mehr beteiligt sein an der Schöpfung. Ich möchte mehr Energie haben, um heilend zu wirken. Wenn ich in dieser Weise nach mehr Lebensinhalt dränge, erlebe ich oft die Zerbrechlichkeit meines Körpers. Ich muß stillhalten und Geduld lernen.

Ich erzähle O. von meiner inneren Unruhe mitten in meinen frohen Zeiten. Sie spricht in meine Situation hinein, und ich habe den Eindruck, daß aus ihr eine höhere Weisheit spricht, die ihr im Moment eingegeben ist. Ich vertraue ihr, und mir ist wohl.

Ein Interview Oprah Winfreys mit Michael Jackson. Nach vierzehn Jahren ist es das erste Interview mit ihm überhaupt. Seine Trauer beeindruckt mich und bringt ihn mir nahe. Ich bewundere seinen Mut, sich endlich auf ein Interview einzulassen. Obwohl er noch immer gut aussieht, spüre ich seine Not mit seinem Aussehen. Er identifiziert sich selber mit dem »Elephant Man«, ein durch eine Krankheit verunstalteter Mann, dessen Leben verfilmt wurde. Das sagt er gleich am Anfang des Interviews. Er erinnert mich an den Clown, mit einer Träne im Auge. Ich bin gespannt, wie sein Leben weitergeht.

Es regnet immer noch durch. Wir haben die durchlässige Stelle immer noch nicht entdeckt.

11. Februar
Einer muß es gedacht haben, weitergesagt haben und irgendwann dann die Order gegeben haben, die muslimischen Frauen in Bosnien zu vergewaltigen, als Entwürdigung und Schändung. Und hat jemand Einspruch erhoben gegen diesen Befehl? Wo ist der Mensch jetzt, der sich das ausgedacht hat? Wie erlebt er (ich nehme an, es ist ein Mann), was nun daraus geworden ist? Wie ist der Mensch mit seiner Frau und seine Frau mit ihm?

Was könnte werden,
wenn wir den Strohhalm losließen
und glauben, daß wir fliegen können,
und tauchen und sterben und auferstehen.
Das alles ist mehr
und unserem aufrechten Gang näher,
als den Strohhalm festzuhalten,
der längst seiner Frucht beraubt wurde
und getränkt ist mit unermeßlicher Trauer.

Einen Stoff, den ich schon einige Wochen lang suche, finde ich heute. Da weiß ich, daß ich ihn eigentlich doch nicht will. Nun kann ich endlich das Suchen aufgeben.

Mich zieht es oft hinein in einen unwiderstehlichen Ernst. Ich wehre mich dagegen, schäme mich seiner, schaffe es aber nicht, ihn loszuwerden. Wenn ich dann mal Spaß mache, versteht man es nicht als Spaß, sondern als meinen Ernst. Mitunter entstehen dadurch dumme Situationen, aus denen ich mich nur selten zu meiner Zufriedenheit herausziehe. Heute gelingt es mir mehrere Male, mit meinem Humor anzukommen.

Ich merke, wie das Interview mit Michael Jackson noch nachwirkt. Ich habe mich in seinem Wesen ein Stück wiedergefunden, in seiner Schüchternheit und Angst. Er wirkt zerbrechlich wie ein kleiner Junge.

Meine Schwester, Hanna, ruft aus Portland an, und wir planen gemeinsam ein Treffen der Geschwister, um über unsere Vergangenheit zu sprechen. Wir hoffen, daß unsere anderen beiden Geschwister dazu auch Lust haben. Hanna ist freudig erregt über die

Möglichkeit eines solchen Austauschs. Sie meint, im Alter bieten sich ganz ungeahnte Dinge, die man unternehmen kann. Das Leben sei mitunter richtig spannend. Erst vor kurzem hätte sich ihre Brieffreundin aus England bei ihr gemeldet. Hanna schreibt sich mit B. schon, seitdem sie beide Teenager sind. Sie sind sich noch nie begegnet, korrespondieren aber schon 46 Jahre miteinander. Jetzt will B. aus England zu Hanna nach Portland kommen.

12. Februar
Wie doch in unserer Gesellschaft, mit ihren vielen Subformen und Rubriken, der Handelnde und Aktive als der Schuldige gesehen wird! Der Revolutionär, der das offene Wort wagt, der, der nicht mehr bereit ist, etwas zu verschweigen, das sind die Menschen, die sichtbar werden, weil sie sich aus der Masse, aus dem Status quo herausheben. Der Status quo hat in unserer Gesellschaft das Sagen. Wir schätzen das Konservieren und die konservative Kraft höher als das Verändernde, Erneuernde. Das, was ist, ist richtig, einfach, weil es existiert. Dabei vergessen wir, daß manches den Platz des Status quo auf eine sehr zweifelhafte Weise erreicht hat. Und selbst das Beste kann seinen Wert verlieren, wenn es von der Zeit überholt wird. Etwas Gutes zur falschen Zeit kann etwas Schlechtes werden. Es ist schade, daß der, der aufbricht, oft nicht für das Aufbrechen geschätzt wird, sondern erst, wenn bewiesen ist, daß das Aufbrechen sich gelohnt hat. Gewöhnlich wird es so gesehen, daß der Status quo einen Wert an sich hat, während alles andere sich erst beweisen muß. Darum ist Wandlung und Transformation so schwer unter uns – in der Politik, in der Kirche, in Freundschaftskreisen, in Familien, in Zweierbeziehungen.

Viele Zimmer auf der Welt beginnen gerade jetzt Sterbezimmer zu werden und werden es dann lange in den Gedanken der Angehörigen bleiben.

Ich erinnere mich, daß ich niemandem etwas schulde, außer denen, wo ich mich deutlich und artikuliert auf etwas eingelassen habe. Ich erinnere mich weiter, daß ich auch da, wo ich mich auf etwas eingelassen habe, nicht alle Rechte verloren habe. Ich darf meine Meinung auch ändern und mich, verantwortlich handelnd, aus dem lösen, was für mich tot und nicht lebensfördernd ist. Ich sage mir wieder einmal, daß ich nicht dazu da bin, die Wünsche und Bedürfnisse anderer zu erfüllen. Wenn ich mir das so sage, merke ich, daß ich frei bin, auch Opfer zu bringen.

Bei Freunden zum Abendbrot. Wir haben in den vergangenen fünf Jahren mehr Distanz zu ihnen entwickelt, und ich spüre den Wert dieser Distanz und daß sich zwischen uns ein gesundes Vertrauen zueinander entwickelt hat. Jeder ist mehr bei sich und erwartet weniger von dem anderen. Wir sind gemeinschaftsfähiger geworden.

13. Februar

Ich habe die Erzählung »Die dunkle Figur« noch einmal überarbeitet. Sie ist besser geworden. Aber ich muß darauf achten, daß ich sie nicht schon während des Erzählens erkläre und ihr so ihr Mysterium nehme.

Auf dem unbebauten Grundstück neben uns wurden heute morgen sämtliche Bäume, Erlen, eine große Hemlock-Tanne, Ahorn und ein alter Kirschbaum gefällt, damit der Bau begonnen werden kann. Ich glaube, man hätte an den Rändern des Grundstücks einige Bäume stehenlassen können und trotzdem genug Platz zum Bauen gehabt.

Ich lese Ulrich vor, was Nina Kandinsky in ihren Memoiren schreibt: »Wenn eine Frau einen Mann richtig liebt, dann muß sie ihm den Haushalt gewissenhaft führen und auch eine gute Köchin sein. Sie muß hinter dem Mann zurücktreten und vieles aufgeben, damit er sich entfalten und ohne Sorgen arbeiten kann. Ich habe das getan. Deshalb war unsere Ehe so glücklich, deshalb sind wir auch nicht einen Tag unseres gemeinsamen Lebens voneinander getrennt gewesen. Ich habe versucht, Kandinsky das Leben zu erleichtern.«
Waltraud: Was denkst du dazu?
Ulrich: Sie lebte das vor siebzig, achtzig Jahren. Das waren die gesellschaftlichen Gepflogenheiten. Männer und Frauen haben zum größten Teil nicht mehr erwartet. Hättest du so leben können?
Waltraud: Ich denke schon, und ich habe ja auch ähnlich gelebt, nur war ich nicht auf dich fixiert wie Nina auf ihren Mann. Ich hatte immer das Empfinden, daß auch ich mich entwickelte, in meiner Arbeit mit unseren Kindern, im Gestalten des Hauses, im Lesen, in Beziehungen zu Freunden und viel in meinem Sein mit mir selbst.

Ulrich: Was mich am meisten bei Nina Kandinskys Aussage stört, ist der Zwang, der aus ihren Worten spricht. Man »muß« so und so sein, und das ist richtig. Das ist das Rezept für eine gute Ehe.
Waltraud: Was würde Nina wohl sagen, wenn sie hören würde, daß ich jetzt schon seit zwei Jahren einen Teil des Jahres allein in Deutschland wohne, während du weiter kreativ arbeitest und wir uns auch weiterhin als Paar verstehen?
Ulrich: Nina würde das entweder nicht glauben oder unmöglich finden müssen. Vielleicht versteckt sich dahinter ihr Wunsch, benötigt zu werden, und nicht so sehr nur der Wunsch, Vassily das Arbeiten zu ermöglichen. Ich merke, daß ich gut weiter kreativ arbeiten kann, in Kanada, auch weit weg von dir.
Waltraud: Ich finde es in unserer Zeit wichtig, daß sich der eine nicht auf Kosten des andern profiliert. Ich las gerade von Einstein, der eine Frau heiratete, die ihm in der Mathematik gewachsen war, mit der er gemeinsam seine Arbeiten schrieb. Aber dadurch, daß sie die Kinder allein versorgen mußte, hatte sie wenig Zeit, sich gesellschaftlich zu entwickeln. Eines von den Kindern war behindert und nahm sie voll in Anspruch. Da war es aus mit ihrer Zusammenarbeit. Sie verkümmerte dann mehr und mehr, wurde verbittert, und später ließ Einstein sich von ihr scheiden.
Ulrich: Ja, das ist eine traurige Geschichte, die leider auch heute noch oft geschieht.
Waltraud: Und oft sind es Menschen außerhalb einer Ehe, die dazu beitragen, daß solch ein Mißstand entsteht, indem sie den einen sichtbar erfolgreichen Menschen verehren und nicht merken, wie der Partner direkt an dem Erfolg beteiligt ist.

Vor unserer normalen Aufstehzeit wurden wir schon geweckt. Schade! Nicht so sehr, daß wir geweckt wurden von dem Dröhnen einer Säge, sondern mehr, daß neben unserem Haus jetzt die Bäume abgesägt werden. Neun Jahre lang hatten wir Wald neben uns. Jetzt bekommen wir Nachbarn. Ein riesiges Haus ist geplant.

14. Februar
Ich bin seit langer Zeit mal wieder in einem Gottesdienst. Die amerikanische Lyrikerin Luci Shaw, die ich von früher kenne, spricht in einer mennonitischen Gemeinde in Vancouver. Ich lese das kleine Ankündigungsblatt, das ich an der Tür in die Hand gedrückt bekomme. Da steht: »Wir müssen betonen, daß die christliche Bot-

schaft nicht einfach nur ist, daß Gott Liebe ist; sie ist, daß Gott seine Liebe in Jesus Christus offenbart hat, und Jesus Christus ist Jesus Christus furchtbar gekreuzigt – es gibt keinen anderen.« Bei der Einleitung merke ich nach ein paar Minuten, wie weit weg ich von dem Menschenbild bin, an das hier geglaubt wird. Die Lieder, die wir singen, vertiefen das. Immer wieder ist die Rede von der Sündigkeit des Menschen. Es schwingt in allem fast eine Mißachtung des Menschen mit, die aber wahrscheinlich den Mitgliedern sehr wenig bewußt ist. Die Predigt heißt: »Fünf erwähnenswerte Frauen« und handelt von den fünf Frauen, die in dem Geschlechtsregister Jesu, laut Matthäus, aufgeführt werden. Hauptaussage der Predigt ist, daß Gott diese Frauen gebraucht hat, trotz ihres zum Teil unsoliden Lebenswandels oder ihrer nicht noblen Geburt. Thamar, Rahab, Ruth, Bathseba, Maria. Ich mag diese Art zu denken nicht, auch sie ist entwürdigend. Der Mensch ist an sich nichts und wird nur durch Gott etwas. Das so zu sehen ist für mich auch letztlich eine Entwürdigung Gottes.

Abendbrot bei Ortrun mit Freydoun und Dorle und der kleinen neunzehnmonatigen Pega (Persisch: Sonnenaufgang). Das wache Aussehen der kleinen Pega gefällt mir, und ich möchte sie gern für meine neue Menschenreihe fotografieren.

Ich schneide Ulrichs Haare. Höchstwahrscheinlich wird der Schnitt halten, bis wir uns im Sommer wiedersehen.

In dem Gespräch mit Ulrich und O. begegneten wir drei uns auf einer anderen Ebene als bisher. Langsam, vorsichtig und fast unbemerkt, aber doch durch viel Arbeit eines jeden von uns geschah die Veränderung.

Ganz für mich allein empfinde ich mich in einer Oase, deren Grün und Fruchtbarkeit von Tag zu Tag wächst. Mehrere Menschen, die zu lieben ich Schwierigkeiten hatte, ziehen in Gedanken an mir vorüber. In mir ist Freude. Etwas in mir geht liebend und voller Verständnis auf sie zu. Ich wage, noch andere Menschen, noch schwierigere für mich, an mir vorbeiziehen zu lassen. Auch sie kann ich heute lieben.

15. Februar

Ein Morgen mit klarem blauem Himmel. Dazu ist es windstill. Ich fühle mich leicht. Die Welt wirkt zugänglich und entdeckbar. Ich könnte heute Unmögliches leisten.

Das Unwohlsein durch die Grippe steigert sich heute nacht. Mein Flug ist für morgen gebucht. Ich werde wohl umbuchen.

Ich lese Ulrich vor aus dem Buch »Das Schicksal der begabten Frau«, ein Zitat von Charlotte Berend, der Frau des Malers Lovis Corinth: »Ich behaupte . . ., daß große Leistungen von einem Mann nur ausgeführt werden, wenn eine Frau neben ihm steht, ohne sich vordrängen zu wollen, nicht einen Schritt – eher noch hinter ihm mag sie verbleiben . . . Ich behaupte ferner, daß auch eine Frau mehr Leistung von Wert hervorbringen würde, wenn ein Mann so neben ihr stünde, aber – er möge mir verzeihen – dafür ist der Mann noch nicht reif! Tatsächlich, es gibt keine Frauenemanzipation – es gibt nur eine Entwicklung beim Manne, auf die zu hoffen wäre.«
Waltraud: Besonders die letzte Aussage finde ich interessant. Charlotte Berend legt hier den ganzen Nachdruck auf das, was der Mann zu lernen hat. Es ist für mich ermutigend, diesem Gedanken nachzugehen. Ich weiß, daß du willig und auch reif bist, dich hinter meine Unternehmen zu stellen. Ich hänge hin und wieder noch fest in der Vorstellung, kein Recht zu haben, meinen Interessen den Vorrang zu geben und dich zu bitten, deine Interessen zugunsten meiner zurückzustellen. Allerdings habe ich auch keine Ambitionen, eine Künstlerin zu sein. Ich habe nicht den Wunsch, mit irgendeiner Kunstform groß herauszukommen. Aber doch spüre ich den Drang, weiterhin etwas ganz Eigenes zu entwickeln, und vielleicht könnte es ja sein, daß ich dich mal bitte, deine eigene Entwicklung als Schriftsteller zugunsten meiner Entwicklung zurückzustellen. Ich glaube, daß du durch diesen Prozeß dann eine Entwicklung erleben würdest, bei der du aufblühst, du selber als Person, nicht so sehr in deinem Schaffen, aber in deiner Wirkung. Kannst du dir das vorstellen?
Ulrich: Ja, durchaus. Ich glaube, daß ich das auch schon oft mit dir erlebt habe. Vielleicht ist es noch nicht so deutlich passiert, wie du es dir vorstellst. Aber ich habe durch deine Entwicklung, auch durch die Entwicklung, die dadurch geschehen ist, daß ich dich in

gewisser Weise freigestellt habe, selbst viel gewonnen. Ich kenne genug Erlebnisse in unserem Zusammensein, wo du aus deiner meditativen Stille etwas in mein Leben hineingesagt hast, was mich getroffen und mein Leben erweitert hat.

Ich möchte noch ein Stück weitergehen: Ich glaube, daß, wenn ein Mensch sich in einer Beziehung wirklich sich selbst widmet, also nicht vor sich selbst flieht, auch nicht in die Kunst (wie das sicherlich viele Künstler tun), und das dabei Entdeckte dann mit dem Partner wirklich teilt, daß dann auch immer für den, um dessen Entwicklung es im Augenblick nicht geht, etwas dabei abfällt. Aber es geht um das echte Teilen und Mitteilen. Ich kann mir darum kaum vorstellen, daß ich mich zurückstelle und dabei etwas verliere, selbst wenn ich mal eine Zeitlang nicht soviel schreibe oder fotografiere. Aber vielleicht habe ich dich noch nicht ganz verstanden. Könntest du deutlicher sagen, was du mit dem Zurückstellen meinst.

Waltraud: Wärest du denn bereit, gar nicht mehr zu schreiben?

Ulrich: Wahrscheinlich nicht, weil ich darin nicht unbedingt eine Förderung deiner Entwicklung sehen würde. Ich wäre bereit, mich zurückzustellen, aber ich glaube, daß dann immer noch Zeit für mich wäre. Ich wäre auch bereit, mir diese Zeit von meinem Schlaf abzuziehen, um sie für mich zu haben. Ich würde versuchen, dir soviel Zeit zu geben oder dir die Dinge abzunehmen, die deiner Entwicklung im Wege stehen.

Waltraud: Angenommen, ich würde die Gabe der Heilung haben, und überall, wo ich auftrete würden Menschen gesund werden. Die Gabe verläßt mich aber immer, wenn du nicht an meiner Seite und ganz für mich da bist, weil ich den stillen Raum die ganze Zeit um mich brauche. Was würdest du dann tun?

Ulrich: Ich wäre bereit, eine Zeitlang ganz dein Handlanger zu sein, dir alles fernzuhalten, was dich hindern würde, diese schöne Arbeit zu tun. Aber auf die Dauer glaube ich, daß du an deiner Begabung arbeiten müßtest, um sie auch ohne mich ausführen zu können. Oder du mußt Mitarbeiter finden, die dir in ähnlicher Weise wie ich den geschützten Raum schaffen, in dem du arbeiten kannst. Die andere Seite ist nämlich: Ich glaube nicht, daß es auf Dauer für unsere Beziehung gut wäre, wenn ich das ganz verneinen würde, was genauso zentral zu meinem Menschsein gehört, wie dein Heilen zu dir gehört, in diesem hypothetischen Fall. Wir würden uns in eine ungute, ungesunde und nicht ganzheitliche Art zu leben begeben.

Waltraud: Leider ist dies nur ein hypothetischer Fall. Aber Charlotte Berend spricht von der Unreife des Mannes, sich so selbstverneinend hinter die Frau zu stellen, wie Frauen es jahrhundertelang zugunsten des Mannes getan haben. Könnte es nicht sein, daß sich gerade in dieser Selbstverneinung eine ganz neue Dimension für den Mann öffnen könnte, so daß es letztlich nicht eine Selbstverneinung, sondern eine neue Selbstfindung wäre? Wahrscheinlich werden wir das erst wirklich wissen, wenn wir versuchen, es zu leben.

Ulrich: Mir scheint das wie ein Rückschritt. Ich bin bereit, das Zurückstellen zu leben und meine, daß ich es auch schon getan habe, während deiner Zeit in Deutschland zum Beispiel, aber immer nur für eine gewisse Zeit. Darüber hinaus finde ich es ungesund, genauso ungesund, wie ich die Aufopferung der Frau in früheren Jahrhunderten und auch jetzt noch finde. Das Sich-Zurückstellen der Frau in unserer Gesellschaft hat zu vielen verwöhnten Männern geführt, und das möchte ich nicht im umgekehrten Fall wiederholt sehen. Ich meine, daß es jetzt dran ist, daß wir in beide Richtungen wirklich ergänzend miteinander umgehen. Ich kann verstehen, daß es eine Art Nachholbedarf gibt. Das heißt, es ist ganz wichtig, daß Männer dadurch, daß sie sich zurücknehmen, Frauen ihre Entwicklung ermöglichen und begünstigen. Aber es darf nicht wieder einseitig werden, wie es so lange war und wofür wir teuer bezahlt haben mit einer Gesellschaft, die von Männerwerten, von Karrieredenken, von Konkurrenz und Wettbewerb geprägt ist.

Waltraud: Kann es sein, daß der Mann das Konkurrenzdenken nicht verlernt, außer daß er seine eigenen Ziele verneint und dabei eine Weisheit entwickelt, die die Frau durch ihre Rolle schon lange entwickelt hat? Sie hat sich eine Überlegenheit erworben, was Beziehung in der Tiefe angeht, eine Tiefe, die dem Mann oft angst macht. Vielleicht könnte der Mann diese Angst verlieren, indem er, so wie Frauen es schon lange taten, seine Ziele verneint oder zugunsten der Frau zurückstellt und dadurch mehr Einsicht bekommt, wie die Frau diese Stärke entwickelt hat.

Ulrich: Das könnte sein, darüber muß ich weiter nachdenken.

Ich fliege nun doch eine Woche später. Die Koffer lasse ich gepackt und genieße die Zeit hier in dem Bewußtsein, schon startbereit zu sein.

16. Februar
Ich habe zu unserem Thema von gestern bei Shulamith Firestone, der amerikanischen Feministin, in ihrem Buch »Frauenbefreiung und sexuelle Revolution« eine Stellungnahme gefunden. Sie schreibt: »Die männliche Kultur ist auf der Liebe der Frauen aufgebaut worden – und auf ihre Kosten. Die Frauen lieferten den Nährboden für diese männlichen Meisterwerke, jahrtausendelang haben sie die Arbeit gemacht und die Nachteile einer einseitigen emotionalen Beziehung auf sich genommen, deren Vorteile den Männern und der Arbeit von Männern zugute kamen. Wenn es stimmt, daß Frauen eine parasitäre Klasse sind, die am Rande und auf Kosten der männlichen Ökonomie leben, so ist auch die Umkehrung wahr: *Die männliche Kultur ist parasitär, denn sie bezieht ihre Kraft aus der emotionalen Stärke der Frauen, ohne etwas dafür zu geben.*

Darüber hinaus vergessen wir häufig, daß diese Kultur nicht universell ist, sondern begrenzt, und daß sie nur eine Hälfte des möglichen Erfahrungsspektrums zeigt. Die ganze Struktur der Kultur ist selbst von sexueller Polarität durchsetzt und wird dazu in jeder Abstufung von und für die Interessen der männlichen Gesellschaft bestimmt. Die männliche Hälfte gilt als Gesamtkultur, aber die Männer haben nicht vergessen, daß es eine weibliche, ›emotionale‹ Hälfte gibt, und die leben sie eben nur heimlich aus.«

Waltraud sollte heute nach Deutschland fliegen, aber weil sie krank geworden ist, ist der Flug um eine Woche verschoben. So haben wir eine Woche miteinander geschenkt bekommen. Mehr Chancen zum Gespräch, zur gemeinsamen Hausarbeit, Zeit, einander in den Arm zu nehmen. Es sind einfache Dinge und Tätigkeiten, die uns erfüllen. Mehr ist nicht nötig.

Ich habe heute einen Brief an meinen 89jährigen Schwiegervater geschrieben. Ich spüre, daß er seiner Tochter Waltraud vor seinem Tod eine Entschuldigung schuldig ist. Die Entwürdigung muß eingestanden werden. Der Brief ist aus meiner Sicht geschrieben – ich als Schwiegersohn habe ihn als Vater meiner Frau immer gegenwärtig in unserer Ehe erlebt. Ich schreibe ihm:

»Ich habe in Waltrauds und meinem Leben von Anfang an das Empfinden gehabt, als hättest Du mir meine Frau ein Stück weggenommen. Ihre Beziehung zu Dir, all das Ungeklärte, hat sie immer wieder belastet und manchmal fast unzugänglich für mich gemacht. Immer wieder hat sie darunter gelitten, daß Ihr nicht zueinander gefunden habt. Selbst jetzt ist das zum Teil noch so.

Ich meine darum, daß es wirklich an der Zeit wäre, daß Du Dich einmal ganz direkt bei ihr entschuldigst. Und ich meine nicht, indem Du sagst, daß wir alle Sünder sind oder daß Du allgemein viel falsch in Deinem Leben gemacht hast, sondern direkt und ihr zugewandt. Es wäre wichtig, daß Du ein paar Dinge erwähnst, wo Du sie als Mensch nicht ernst genommen hast, wo Du ihre Würde verletzt hast. Du würdest damit Waltraud ein Stück ihres Lebens zurückgeben und sie für ihre und meine Beziehung stärker befreien. Du würdest auch für Dich etwas Gutes tun. Es wäre ein Ausdruck Deiner Reife am Lebensende. Ich glaube, es würde Dir das Sterben erleichtern und Du hättest im Jenseitigen weniger zu klären.

Es kann sein, daß Du diesen Brief wie ein ›Einmischen‹ in Waltrauds und Deine Geschichte erlebst. Aber Du hast Dich durch Deinen Umgang mit Waltraud ein ganzes Leben lang ganz direkt in meine Beziehung zu Waltraud ›eingemischt‹. Du warst immer gegenwärtig, ob wir über Dich gesprochen haben oder nicht. Und so finde ich es nur fair, diesen Brief zu schreiben und Dich um diesen ganz wichtigen Schritt zu bitten. Ich vermute auch, daß Dich niemand anders in dieser Weise darauf aufmerksam macht.«

Ich zeige Waltraud den Brief nicht, ehe ich ihn abschicke. Es ist eine Sache zwischen mir und meinem Schwiegervater. Für mich ist es wichtig, das zu tun, egal, was daraus wird.

Nach langer Zeit habe ich heute mal wieder gesponnen und gestrickt. Das rief alte Erinnerungen wach aus meiner Kindheit. Mit elf Jahren spann ich Zellgarn zu feinem Faden, den mein Vater auf der Strickmaschine zu Unterwäsche strickte. Alle in der Familie halfen mit, nach dem Krieg Vaters Gewerbe aufzubauen. Seine Strickwäsche verkaufte sich gut. Meistens bekamen wir anstatt Geld Nahrungsmittel von den Bauern. Als junger Mensch habe ich die Härte der Zeit nicht stark gespürt. Das gemeinsame Zupfen des Zellgarns am Abend bei Kerzenlicht und Gesang war eher gemütlich als anstrengend. Einmal stieß meine Schwester eine Kerze um, wodurch ein kleiner Teil des Zellgarns Feuer fing. Vater wurde sehr böse und streng. Ich war verblüfft, wie hart er mit ihr umging, wo sie ihm doch besonders lieb war und sie die Kerze nicht ab-

sichtlich umgestoßen hatte. Für ihn war die Zeit hart. Es war auch in der Zeit nach dem Krieg, als wir jeden Abend eine Familienandacht hatten und alle auf Knien beteten, Gott möge uns doch die Auswanderung ermöglichen. Da wir keine Flüchtlinge waren, kamen wir für die Auswanderung erst spät in Frage. Vier Jahre lang beteten wir, bis wir endlich zur Untersuchung nach Bremen vorgeladen wurden.

17. Februar

Ich hatte vor einigen Tagen Momente, in denen ich es mir vorstellen konnte, einen Punkt in meinem Leben zu erreichen, wo die Spannung, wie es wohl nach dem Tode weitergeht, die Angst vor dem Tod überwiegen wird. Vielleicht ist es leicht, das zu denken, solange es einem gutgeht und der Tod nur eine entfernte Möglichkeit ist. Aber vielleicht ist in diesem Gedanken auch eine Richtung, in die wir uns auf den Tod vorbereiten können – die Betonung auf das Neue, Unabsehbare, Überraschende zu legen. Das Bejahende an dem Gedanken zieht mich an.

Bei der Schriftstellerin Marie Luise Kaschnitz, deren Werke ich schätze, lese ich eine Formulierung der Aufgabe des Dichters. »Der Dichter soll das Erwünschte verschweigen und das Unerwünschte sagen.« Soll der Dichter aber nicht auch ermuntern? Nicht bestätigen oder nach dem Munde reden, aber Mut machen. Der Mensch, der zu seinem Mut findet, findet zu sich und zu einer ehrlichen Form seines Lebens. Ich will nicht den Status quo erhalten, aber ich möchte Menschen ermuntern, sich selbst treu zu bleiben.

Manchmal habe ich den verrückten, beängstigenden Gedanken, daß ich nur eine begrenzte Anzahl von Beschreibungen, Gedichten, guten Metaphern, Worten in mir trage. Wenn ich sie alle aufgeschrieben, aus mir herausgeschrieben habe, dann ist Schluß. Es ist wie eine Grundskepsis meiner Fantasie gegenüber. (Ich habe eben die lange Passage von der »wilden Frau« in der Erzählung »Die Landschaft der Seele von Vera F.« geschrieben und bin glücklich, daß sie mir gelungen ist. Dann die Angst, daß mir morgen oder übermorgen etwas anderes nicht wieder so gut gelingt.)

Es ist eine Erleichterung, wenn man weiß, daß man nicht weiter weiß.

Fast den ganzen Tag liege ich mit meiner Grippe im Bett. Ulrich fragt mich: »Na, wie geht's dir?« Meine erste Reaktion ist: Schlecht! Ich ändere sie aber, indem ich sage: »Mir geht's gut.« Ich merke, es gibt eine Realität, in der es mir gutgeht. Ich mache mir auch nichts vor, wenn ich sage, es ginge mir gut, sondern arbeite mich durch zu dieser Realität hin, in der ich Herr bin über meinen Körper. Wenn ich sage, mir geht es schlecht, dann geht es mir gleich noch schlechter.

18. Februar

Ich schaue mich durch einen Doppelspiegel von der Seite an und sehe eine alternde Partie meines Halses und der Backe. So habe ich mich lange nicht gesehen, und ich staune, daß dieses Aussehen auch zu mir gehört.

Waltraud: Ulrich, ich habe bei dir immer erlebt, daß du dich freust, wenn ich mich nett kleide. Ich tue das auch gern. Ich staune aber immer wieder über deine Fähigkeit, mit meinem Älterwerden umzugehen. Ich merke, daß durch meine Falten und durch den Verlust meines jungen Aussehens deine Liebe zu mir nicht getrübt wird. Wie machst du das?

Ulrich: Ich freue mich, daß du das merkst. Es ist für mich immer wieder eine Entscheidung, wie ich dich sehe. Du weißt ja, daß mich Schönheit besonders interessiert, allein von meinen beiden Berufen her schon. Schönheit in der Natur, im Kleinen und im Großen, Schönheit der Ausgewogenheit, Schönheit der Formen und Farben. Ich kann mich darum auch besonders an einem schönen Menschen erfreuen, an einer schönen Frau. Ich fühle mich dann auch angezogen, auf eine besondere Weise. Es geht da nicht um Sexualität, sondern wirklich in erster Linie um Schönheit. Aber ich stelle immer mehr fest, daß gerade auch die Schönheit einer Frau mich nicht interessiert, wenn diese Schönheit nur äußerer Art ist – also eine Schönheit, die darin besteht, daß die Gesichts- oder Körperproportionen stimmen. Ich suche immer gleichzeitig nach einer Schönheit der Seele. Das ist natürlich sehr viel schwerer zu beschreiben. Eine suchende, geduldige, ernsthafte Seele finde ich schön. Wenn sie in einem schönen Körper einherkommt, dann ist das wunderbar, wenn nicht, dann ist doch immer noch die schöne Seele da, und die ist mir dann wichtiger als nur der schöne Körper.

Waltraud: Ich erlebte aber oft bei dir, daß du ein anderes Empfinden hast für einen schönen Körper oder ein schönes Aussehen bei einer Frau als ich. Es ist schon oft vorgekommen, daß ich mal eine Frau sah und meinte, die müßtest du reizvoll finden ihres Körpers wegen, und sie ließ dich kalt. Bei dir habe ich immer wieder den Eindruck, daß es sehr bald die schöne Seele ist, die dich anzieht. Manchmal denke ich, du siehst zuerst die schöne Seele und empfindest dann auch den Körper schön. Ich nehme ja stark an, daß es gerade diese Eigenschaft an dir ist, die verursacht, daß Frauen sich in dich verlieben.

Ulrich: Ich denke, daß es wahrscheinlich gar nicht unbedingt um das Aussehen geht, wenn Menschen sich verlieben, sondern um das, was ein Mensch im anderen auslöst. Ich habe schon öfter gemerkt, daß ich eine Frau anziehend finde, weil sie eine ungelebte Seite meines Lebens verkörpert. Zum Beispiel: Eine Frau mag dadurch, wie sie sich bewegt, wie sie sich gibt, eine Art Freiheit von Regeln und Vorschriften unserer Gesellschaft ausstrahlen. Was mich dann an ihr anzieht, ist dieses Freiheitliche, weil ich das nicht so habe und mir wünsche. Das, was mir fehlt, verehre ich, und wenn das in einer Frau zu finden ist, dann ist es leicht, diese Frau zu verehren und sie auch schön zu finden. Schönheit liegt ja oft im Auge des Betrachters. Ich vermute, daß manche Frauen etwas Ähnliches mit mir erleben. Ich trage ihre Projektionen für etwas Ungelebtes in ihrem Leben.

Waltraud: Ich nehme ja stark an, daß viele Frauen es satt haben, von ihrem äußeren Charme abhängig zu sein, um einen Mann anzuziehen. Sie benehmen sich dabei leicht unecht und verspannt, um geliebt zu werden. Mich interessiert aber noch weiter, was du am Anfang sagtest über die Entscheidung. Meinst du, daß du manchmal Mühe hast mit meinem Aussehen, wenn ich müde, abgespannt, sorgen- oder angstvoll dasitze? Entscheidest du dich dann zu solchen Zeiten bewußt, weiter liebevoll auf mich einzugehen?

Ulrich: Ich finde, das ist eine schwere Frage. Ich glaube, daß ich mit deinem Aussehen wenig Mühe habe, wenn du abgespannt oder sorgenvoll bist. Zu solchen Zeiten geht es dann nicht um das gute Aussehen, sondern darum, zueinander zu stehen. Ich fühle mich dann manchmal besonders zu dir hingezogen, auch weil dein Leid sich direkt körperlich ausdrückt. Aber dann gibt es auch Zeiten, da bist du in einer Weise abgespannt, daß du aus dieser Verfassung unschön aggressiv wirst – das heißt, eine Seite deiner Seele wird sichtbar, die dich unschön macht. Zur Sache der Entscheidung: Ja, es ist eine Frage der Entscheidung, wie ich dich sehen will, wobei es mir zu manchen Zeiten leichter fällt, mich für dich zu entscheiden.

19. Februar

Ich lese in letzter Zeit Autoren wieder, die ich früher gemocht habe, und stelle häufig fest, daß sie mir weniger gefallen als früher. Warum? Es hat mit ihrer Zugewandtheit und Liebe zum Leser zu tun. Ich entdecke Saloppheit, Distanz, Trennung zum Stoff und damit auch zum Leser. Der Autor ist zu sehr mit sich selbst beschäftigt und zuwenig mit dem Stoff und dem Leser involviert. Es ist die Art zu schreiben, als gehöre der Autor nicht wirklich dazu und habe sich herausgenommen aus den Bezügen. Die Literatur wird mehr ein Vorsetzen und nicht so sehr ein Kommunikationsakt. Und wenn Liebe da ist, so wird sie getarnt und nicht eingestanden.

Ich lese die Autobiographie von David Suzuki, Kanadas bekanntem und populärem Genetiker. Er schreibt ehrlich und offen über seine Erfolge und Niederlagen, über seinen Weg als Wissenschaftler und über sein Versagen als Ehemann und Vater. Ich merke, wie ich oberflächlicher über seinen Weg als Wissenschaftler hinweglese, während ich Berichte über seine wachsende Beziehungsfähigkeit mit Interesse aufnehme. Für mich ist das Gelingen und der gesunde Lauf der wissenschaftlichen Forschung direkt und ganz eng verknüpft mit unserer Fähigkeit, Ehe zu leben oder im ehelosen Zustand verantwortlich Freund oder Freundin zu sein. Ich erlebe meinen Nachdruck auf Beziehung als Wettlauf mit dem Fortschritt der Wissenschaft, mit Fortschritten, die von übereifrigen Eigenbrötlern betriebsblind und anerkennungshungrig vorangetrieben werden auf Kosten von Beziehungen, Ehen und Kindern. Obwohl Suzuki in meinen Augen versagt hat, bin ich ihm zugetan, weil er schonungslos mit seinem eigenen Versagen abrechnet. Schon als Kind genoß er eine Sonderstellung als einziger Sohn von vier Kindern in einer japanisch-kanadischen Familie. Sein Vater und er brauchten nur, ohne ein Wort zu sagen, am Tisch ihre leere Reisschale hochzuhalten, und schon wurde sie von einem weiblichen Mitglied der Familie aufgefüllt.

20. Februar

Ich gebrauche das Wort »übrigens« in meinem Schreiben. Es entspricht oft meiner Einstellung zu dem Geschriebenen. Es handelt sich nicht um Wichtiges, sondern mehr um Nebensächlichkeiten. »Und übrigens . . .« Aber je älter ich werde, desto mehr stelle ich fest, daß die Nebensächlichkeiten mitunter einen ungeheuren Einfluß auf das Wichtige ausüben. So können die Nebensachen durch ihren Einfluß zu den Hauptsachen werden. Daß ich es so erlebe, ist eine Sache des genauen Hinsehens.

Ich lerne, mich daran zu gewöhnen, daß mir manches möglich ist, was ich früher aus Geld- oder Zeitmangel nicht tun konnte. Ich könnte heute eine Reise nach Patagonien, wohin es mich schon lange zieht, buchen. Ich habe die Zeit und das Geld. Auch würde ich dort natürlich fotografieren und dadurch die Reise finanzieren helfen. Was es zu überwinden gilt, ist die Gewöhnung an eine gewisse Art und einen gewissen Zustand. Es ist schwer, mit sich selbst mitzukommen, man ist sich meistens voraus. Aber wer ist das, der vorneweg ist?

Manchmal ist der äußere Rahmen einer Geschichte oder Erzählung ganz unwichtig. Wichtig ist nur, daß ein Mensch zu einer gewissen Zeit an einem gewissen Ort ist. Das verändert alles. Wie der Mensch dahin gelangt ist und gerade zu der Zeit, ist die Geschichte eines ganzen Lebens. Es gibt aber Situationen, da spürt man, daß das ganze Leben eines Menschen nur dazu gedient hat, daß er/sie zu der Zeit an dem Ort ist. Alles andere verblaßt dagegen.

Ich überlege, wie es mir wohl gehen würde, wenn Ulrich vor mir sterben sollte. Erst mal würde sein Fehlen mich treffen, und natürlich würde ich trauern um den Menschen, der den entscheidenden Platz in meinem Leben eingenommen hat. Sicherlich würde ich sehr bald eine Form seiner Gegenwart wahrnehmen. Vielleicht würde ich einen Ort im Haus einrichten, wo ich ihm nahe bin. Und dann würde ich mich einrichten auf ein Leben ohne ihn. Mir ist es wichtig, schon jetzt immer mal Möglichkeiten des Lebens ohne Ulrich zu entwickeln. Manchmal passiert es mir, daß meine Vorstellungen, wie es sein könnte, recht reizvoll erscheinen. Das ist nicht eine Aussage gegen das Leben zu zweit, sondern eine Aussage für die Fähigkeit, allein leben zu können. Solche Vorstellungen brauche ich, um mich jetzt angstfreier auf die Gegenwart mit Ulrich einzulassen.

21. Februar

Waltraud und mir fällt es schwer, uns bald auf fünf oder sechs Monate zu trennen, aber wir haben beschlossen, es zu tun. Was es schwermacht, sind die vielen Kleinigkeiten, die wir dann nicht mehr miteinander teilen können. Wie das Leben sich ja sowieso hauptsächlich aus Kleinigkeiten zusammensetzt.

Ich ereigne mich. Ich bin ein Ereignis.

Manchmal kostet es unsere ganze Lebensenergie, nicht müde zu werden. Wach zu bleiben ist darum schon genug in diesem Kampf. Wir brauchen uns nicht mehr abzuverlangen zwischen den vielen Schläfern.

Ich lese die Autobiographie von Isadora Duncan. Jahrelang haben ihre verschiedenen Liebhaber viel Zeit mit ihr verbracht, ihr Gedichte vorgelesen, sich auf langen Spaziergängen spannend mit ihr unterhalten, und keiner hatte eine sexuelle Beziehung zu ihr. Sie war weder lesbisch noch sexuell uninteressiert. Das wird deutlich an ihrem Bericht von ihrer ersten Liebe, der sie sich dann sexuell hingab. Das war vor 75 Jahren. Wie anders leben die meisten in unserer Gesellschaft heute, wo die Sexualität oft schon beim ersten Ausgehen dazugehört. Ich glaube, wir haben etwas verloren.

Ulrich und ich gehen nach langer Zeit mal wieder die Straße entlang, wo unser ehemaliges Haus steht. Wir haben es gebaut, als unsere zweite Tochter gerade geboren war. Seit neun Jahren wohnen dort nun fremde Menschen. Wir gehen nur bis an die Auffahrt und schauen uns im Garten um. Die inzwischen riesig gewordenen Tannen und Rhododendren haben wir vor zwanzig Jahren gepflanzt. Gern würden wir einfach hochgehen und die Zimmer betreten. Mir kommen Erinnerungen, und ich merke, daß ich nun auch zu den Menschen gehöre, die der schönen Zeit, als die Kinder noch klein waren, nachtrauern. Und doch möchte ich die Kinder nicht wieder klein haben.

Ulrich hat meinem Vater einen Brief geschrieben. Schon die Tatsache, daß er sich damit hinter mich stellt, tut mir gut.

22. Februar
Unstimmigkeiten zwischen Waltraud und mir. Ich merke, wie tief eine Kritik bei mir geht, wenn ich das angerührt empfinde, was mich ausmacht. Ich erlaube mir den Ort des Verwundetseins und will darauf achten, daß dadurch niemand anders unter Druck gesetzt wird.

Beim Literaturkritiker Blöcker lese ich: »Je ungreifbarer die Welt in ihrer Gesamtheit ist, desto verzweifelter richtet sich unser Blick aufs Detail.« Ich spüre bei mir aber keine Verzweiflung in meinem Blick auf Details, weil ich weiß, daß die Gesamtheit auch im Detail steckt.

Ich habe mir Madonnas Dokumentarstreifen »Truth or Dare« angesehen. Bei all ihrer ekelhaften Offenheit und der Sexualisierung aller Aspekte ihres öffentlichen Lebens ist sie doch prüde geblieben. Eine gewisse Art Überbetonung des Sexuellen deutet auf einen prüden Menschen hin. Die Sexualität des Menschen gehört nicht zum Alltäglichen dazu und muß darum immer besonders salopp und unbefangen behandelt werden, damit man dadurch beweist, wie man darüber steht. Diese Einstellung gilt für viele Hollywood-Filme, bei denen im letzten Moment etwas dann doch nicht gezeigt wird, aber es wird so angedeutet, daß es dadurch besonders betont wird.

Mein letzter Tag in Kanada. Weil Silya nicht mehr bei uns wohnt, war es heute morgen eine Überraschung, sie im Haus in ihrem ehemaligen Zimmer im Bett zu finden. Ich legte mich zu ihr, und wir tauschten uns aus. Ein schöner Abschied!

23. Februar
Der Vormittag steht ganz unter dem Zeichen von Waltrauds Abreise. Diesmal wird es eine lange Zeit sein. Es fällt uns beiden schwer. Als sie die letzten beiden Jahre wegflog, »paßte« es besser. Diesmal scheint es »nicht nötig« zu sein. Ich glaube, daß es nur die Gefühle dieser Momente sind. Für Waltraud ist noch soviel in Deutschland zu tun, soviel noch weiterzuverfolgen, was sie in den letzten Jahren begonnen hat. Und ich werde aus dieser Trennung das Loslassen lernen und üben, mich umzustellen und den Dingen nachzugehen, die für mich »dran« sind. Ich merke, mir fehlen heute die Worte für die Vorgänge. Aber auch ohne Worte sind sie wirklich. Der Abend jetzt ist leerer, ich kann nicht nach unten gehen und Waltraud am Computer vorfinden oder lesend im Bett, wo sie die letzte

Woche mit ihrer Grippe viel zugebracht hat. Wir werden nicht zusammen Essen kochen, wie wir es fast täglich die letzten Monate getan haben.

Ich mache erste Entwürfe für ein neues Buch. Etwas über die Aufmerksamkeit, mit dem Arbeitstitel »Das Glück des Moments« – über das Wahrnehmen des Details. Es werden Gedanken sein, mit denen ich schon lange lebe, die ich aber noch nie so zusammenhängend gedacht habe.

Manchmal ist es schwer, die Wege zu erkennen, gegen die man sich wehrt, schon ehe sie sich deutlich abzeichnen.

Letztes Jahr hat man Kolumbus gefeiert. 500 Jahre, seitdem er das schreckliche Trauerspiel begann auf diesen beiden Kontinenten. Fast noch schrecklicher ist, daß wir es feiern können und kaum merken, wie groß die Zerstörung ist. Haben wir etwas gelernt?

In ein paar Minuten landest du in Deutschland nach deinem neunstündigen Flug. Ich hoffe, daß es dir einigermaßen gegangen ist und du dich dort wieder schnell einfindest. Erinnere dich, daß es einen Sinn hat. Vielleicht wird er erst rückblickend ganz zu erkennen sein.

Wir versuchen nur, das Unbewältigbare zu bewältigen. Was wir »Bewältigen« nennen, ist, unsere Erwartungen zu reduzieren. Wir brauchen nur wenig genug wollen, und alles ist zu schaffen.

Auf dem Flughafen meint Ulrich, es scheine unnötig, daß ich überhaupt so allein losziehe. Mir kommt es auch unnötig vor, aber wir wissen beide auch gleich wieder, daß es wichtig ist.

Vor vierzig Minuten startete das Flugzeug und flog über Burnaby. Es war diesmal ein sehr anderes Abschiednehmen. Die ersten beiden Male startete ich, abenteuerlustig auf das Neue zugehend. Ich war sicher und fest im Abschiednehmen. Mir waren die Gefühle anderer Menschen, die ich beim Abschied weinen sah, fast ganz fremd, wie eigentlich schon immer. Heute ging ich noch einmal durchs Haus, nahm ein letztes Mal die Pflanzen und mir liebe Gegenstände in mir auf und nahm meine nassen Augen wahr. Unseren Kater nahm ich liebevoll auf den Arm. Ich spürte meine trauri-

gen Gefühle, und zur selben Zeit war ich froh, diese Gefühle zu spüren. Renate, die oft große Mühe hat mit dem Abschiednehmen, wird sich freuen, wenn ich ihr davon erzähle.

Ohne zu sprechen sitze ich an meinem Fensterplatz, neben mir ein Mann, etwas jünger als ich. Vielleicht ist er ja auch beträchtlich jünger als ich. Ich muß mir ab und zu vergegenwärtigen, daß ich schon 56 bin und daß Menschen mich als 56jährige sehen. Wenn ich an mich denke, bin ich ganz einfach ich. Ich könnte mit dem Mann neben mir ein Gespräch beginnen, aber mir ist nicht danach. Ich lese ein Buch, er auch. Ich überlege aber doch noch, ob er enttäuscht sein könnte, solch eine stumme Frau neben sich zu haben.

24. Februar

Ich bin erstaunt über die allgemeine Reaktion auf Clinton. Er bietet eine Steuererhöhung an, und man jubelt ihm trotzdem zu. Die meisten Amerikaner sind begeistert. Man traut ihm zu, daß er es ehrlich meint. Man wünscht ihm, daß seine Pläne gelingen.
Waltraud ruft an, daß sie gut in Deutschland gelandet ist. Es ist immer wieder ein seltsames Gefühl, gerade noch miteinander gesessen zu haben, sich berührt zu haben, diese Abschiedszeremonie auf dem Flugplatz, die wir schon so oft erlebt haben, und plötzlich – es wirkt manchmal, als wäre es nur Minuten später – ist Waltraud nur eine Stimme, mehrere tausend Kilometer entfernt.

Beim Landen in Frankfurt steht Wilhard, um mich abzuholen. Er und seine Frau Kristin gehören zu meinem Leben. Wir haben viel miteinander erlebt.

Auf meinem Kaffeetisch in unserer deutschen Wohnung steht eine Keramikfigur von Kristin. Mir ist es warm innen und außen. Wir beide wissen, was diese Figur aussagt. Sie hat eine Geschichte, die Kristin und mich verbindet.

Ich begrüße die Wirtsleute und merke, hier bin ich nicht fremd, hier bin ich zu Hause. Später am Abend kommt Marianne mit einer Kartoffelsuppe und Salat. Wir tauschen uns aus und planen Neues. Als sie wieder geht, spüre ich zum ersten Mal mein Alleinsein in der Wohnung, und ich merke, es wird gut sein so. Auch hier ist Leben für mich. Ich nehme kurz noch Kontakt auf mit Ulrich und höre mit einem wohligen Gefühl, daß ihm das Haus am ersten Abend ohne mich trüb erschien.

Ich bin gespannt, was sich in den nächsten fünf bis zehn Monaten entwickelt, ob wir die Zeit der deutschen Wohnung dann zu Ende gehen lassen, oder ob sich eine sinnvolle Fortsetzung für uns anbahnt. Zur Zeit erlebe ich die Leben an zwei Stellen schmerzhaft zerreißend und doch wichtig für meine Entwicklung. Ja sogar sehr wichtig. Ich lerne verstärkt, auf meine innere Stimme zu hören und ihr nachzugehen. Ich komme deswegen nach Deutschland. Dieser Aufenthalt hat sich in mir über viele Jahre hin vorbereitet. Angefangen hat es bei meiner Auswanderung vor zweiundvierzig Jahren, als ich fünfzehn war. Ich fühlte damals einerseits eine starke Abenteuerlust bei dem Gedanken an Kanada, und andererseits erlebte ich die Entwurzelung als schmerzhaft. Ich lebte mich nur langsam ein, und je älter ich wurde, desto mehr spürte ich es als meine persönliche Aufgabe, die Kontinente mit ihren unterschiedlichen Kulturen in mir miteinander zu verbinden. Ich habe mich mein ganzes erwachsenes Leben lang als Bindeglied zwischen dem alten Europa und dem neuen Nordamerika gesehen. Das lebe ich jetzt in meiner Dachwohnung in der Unteren Sonnenhalde in Oberkessach, während meine Gedanken immer wieder zum Pandora Drive in Burnaby gehen. Durch die Trennung verbinde ich.

25. Februar

Wieder ein Fototag, bei dem nicht viel herauskam. Außer, vielleicht zu lernen, Dinge zu tun, bei denen nicht viel herauskommt.

Auf der Straße nach Whistler, die ich heute fuhr, wurde gebaut. In einer Kolonne wartete ich zwanzig Minuten und schlief dabei sitzend im Auto ein. Die vor mir fuhren an, die hinter mir fuhren um mich herum und davon. Ich merkte von allem nichts. Als alle weg waren, weckte mich die junge Frau, die uns angehalten hatte, und ich fuhr weiter. Niemand hatte gehupt oder gerufen. Ich mußte lachen, daß es das auch noch gibt in unserer hektischen Zeit.

Ich habe zuviel geopfert. Jetzt muß ich es mir mühsam wieder zurückholen, damit alles weitergehen kann, aber auf der Basis, wie es wirklich ist und wie ich bin, und nicht, wie es zu sein schien.

Wenn ich mich schwerelos mache, kommen die Dinge, die über sich berichtet haben wollen.

Wenn du dir Steine in den Weg legst, nimmt Gott sie nicht weg.

Ich schaue in den Spiegel und sehe eine 56jährige Frau. Ich versuche mich in ihr vorzustellen und mich selbst durch die Augen anderer zu sehen. Ich bin nicht die, die mich aus dem Spiegel anschaut. Ich bekomme die Person im Spiegel und die Person, die ich in mir bin, nicht überein.

Ich erinnere mich an eine Frau im Fernsehen, die mit Cerebral Palsy im Rollstuhl saß, deren Glieder sich unkoordiniert und selbständig zu bewegen schienen. Ihre Sprache brachte sie gepreßt und mit großer Mühe hervor. Sie sagte: »I am not what you see!«, und ich merkte bald, daß ihre Aussage stimmte und sie viel mehr war als das, was man von ihr sah. In ihrem Vortrag kam ihre Person stark, seelenvoll und tief zum Ausdruck. Ich konnte in ihr eine Heldin sehen. Ich spüre eine ähnliche Diskrepanz in mir, und es tut mir immer wieder gut, daß es Menschen gibt, die an der Erscheinung vorbei mein Wesen sehen.

Ich fühle mich mal wieder wie ein denkendes Scheusal, ernst, bohrend, nicht locker lassend. Wie eine Blinde suche ich nach neuem Leben. Ich lese in Paul Bruntons »Die Philosophie der Wahrheit« und wünsche mir eine neue Entdeckung, einen Weg, den ich einschlagen kann. Aber wenn man unter Jetlag leidet, weil die Seele hinter dem Flugzeug herhinkt, sollte man sich selbst nicht allzu ernst nehmen.

26. Februar

Ich habe heute Ortrun gebeten, meine Erzählungen zu lesen. Ich fühle meine Unsicherheit: Wie gut ist, was ich schreibe? Ist es verständlich? Ist es nur für eine kleine Anzahl Menschen? Wie gehe ich mit der Kritik um? Ich spüre, daß ich im Prosa-Schreiben etwas will, was es wenig gibt. Die Kombination von liebendem Wahrnehmen und scharfem, mutigen Hinsehen. Und ich will nicht dem Hang zu »literarisieren« nachgeben.

Mein erster Gang ins Dorf: Die Sonne strahlt, es ist krachend kalt. In der Bank begrüßt mich Frau M. und schwätzt vertraut mit mir, wie ich es von der Bank in Burnaby nicht kenne. Sie ist ja auch die einzige Kraft am einzigen Schalter. Dann kommt die junge Frau Sch. von der Autofirma, die mitten im Dorf liegt, begrüßt mich freudestrahlend und fragt mich einiges wegen meiner Rückkehr.

Beim Bäcker, gleich neben der Bank, grüßen alle zurück, und einige Gesichter sind mir bekannt. Auf der Straße liegt die Stimmung der Nachmittagsstille. Ich beneide die Menschen, die hier aufwachsen, im Dorfleben, wo man sich kennt und wo man von dem Schicksal des einzelnen weiß. Im Dorf entwickeln Menschen eine gesunde Distanz, die sie sich erlauben können, weil sie einander oft begegnen. Was für ein Kontrast zu dem anonymen Leben in den Randgebieten der Großstadt.

Herr M., unser Versicherungsagent, erscheint an der Tür, ganz von sich aus. Er hatte gehört, ich sei wieder da. Bei unserer letzten Rückkehr von Kanada hatte er vor unserer Ankunft in der Kreisstadt das Auto angemeldet und die Plaketten angebracht. Unser Geldangebot für seinen Einsatz nahm er nicht an. Ich bin beeindruckt vom Dorfleben und von den persönlichen Bezügen.

Eine alte Frau, warm angezogen, läuft mit Stock vor ihrem Haus hin und her. Sie spricht mich strahlend an wegen des kalten Wetters.

Ich habe auch dunkle Seiten im Dorf mitbekommen, weiß von Menschen, die schon seit vielen Jahren im Streit liegen, von jemandem, der alle paar Wochen zu irgendeinem Dorfbewohner ausfällig wird. Ich sah auch die alte Frau, die ungeduldig und verärgert dem Altarjungen den Kollektenkorb aus den Händen riß, um ihn dort weiterzureichen, wo sie es für angebracht hielt. Ohne diese dunklen Seiten würde wohl etwas nicht stimmen.

27. Februar
Immer wieder geschieht es, so zum Beispiel letzte Nacht, daß mich ein Traum weckt, kurz nachdem ich eingeschlafen bin. Schon ganz oft habe ich festgestellt, daß es ganz genau 18 Minuten nach dem Einschlafen passiert. Es ist schon fast eine Routine. Was verbirgt sich hinter dieser Zahl 18? Was für ein seelischer Mechanismus läuft da immer wieder ab?

Die Mischung von Nähe und Distanz im Dorf ist wohltuend. Hier darf ich bekannt werden und brauche mich nicht zu sorgen, es könnte mir jemand zu nahe kommen. Ich rätsele daran herum, was es eigentlich ist, was mich so entspannt in den Begegnungen im Dorf. Ich weiß, ich werde wahrgenommen und komme sicherlich auch vor in manchen Gesprächen am Kaffeetisch, bestimmt in keiner übertriebenen Weise. Ich kann hier gekannt werden und doch still meinen einsamen Weg gehen. Diese Kombination ist heilsam.

28. Februar

Mir gelingt die Erzählung »Die Durchsuchung« auf Anhieb. Glücksgefühle. Ich merke, daß ich weiter versuche, die geheimnisvollen Zusammenhänge sichtbar zu machen. Es ist, als wenn alle Stränge unseres Lebens auf irgendeine Weise weiterlaufen. Nichts geht zu Ende. Vielleicht beginnt ja auch nichts, auch wenn wir meinen, daß es gerade begonnen hätte. Vielleicht hat alles in einer unfaßbaren Vergangenheit begonnen und geht in eine endlose Zukunft weiter. Das eigene Leben ist nur ein Stück Bewußtwerdung in diesem Kontinuum. Der Gedanke allein hat eine Art Verzauberungsfähigkeit. Nichts ist das, was es zu sein scheint. Alles ist viel mehr.

Hildegard, der ich meine Erzählungen zu lesen gegeben habe, hat mir heute eine erste Rückmeldung gegeben. Sie ist begeistert. Das tut mir richtig wohl, weil ich mir an so manchen Stellen unsicher war.

Langes Telefonat von Waltraud. Wir lassen es uns etwas kosten. Immer wieder dieses Suchen nach dem Weg. Allein und zu zweit. Nichts läßt sich festlegen, manchmal nicht einmal für ein paar Monate.

Meine Grippe ist noch mal aufgebrochen. Ich habe den ganzen Tag keinen Menschen gesehen, nur geruht, gebadet, geschrieben, gelesen, drei Gespräche am Telefon gehabt. Trotzdem war es ein interessanter und ausgefüllter Tag hier in meiner Dachwohnung.

März

1. März
Immer wieder gibt es plötzlich Momente, wo mich nur eine dünne Wand trennt von dem Erleben meiner eigenen Sterblichkeit. Es ist anders als meine frühere gedankliche Auseinandersetzung damit. Jetzt spüre ich etwas, denke es nicht nur. Das ist ein ungeheures Potential zum Reifen.

Ich telefoniere mit Jack Dykinga in Arizona. Wir haben uns voriges Jahr in der Wüste kennengelernt. Er fotografiert ganz ausgezeichnet mit einer Großbildkamera. Wir unterhalten uns über die Wüstenblüte, die sich jetzt vorbereitet. Sie verspricht dieses Jahr ganz besonders gut zu werden, wegen des vielen Regens in diesem Winter. Ich werde dann in Südkalifornien, Arizona und Utah sein. Aber keiner weiß, wann es wirklich soweit ist.

Meine Arbeit an den Erzählungen geht weiter. Ortrun hat sich eingelesen und scheint sich an den meisten Stücken zu freuen. Das festigt mich. Ich staune ab und zu selbst, wie unsicher ich bin.

Ich spüre eine größere Sicherheit Ulrichs Lesern gegenüber. Ein Grund, ohne Ulrich nach Deutschland zu gehen, war, um zu erfahren, wie ich den Menschen begegne, die sich uns aufgrund von seinen Texten nähern. Meine Zeit allein hier trägt dazu bei.

Wenn in meinem ersten Jahr in dieser Wohnung der Kühlschrank in der Küche brummte, wurde ich oft unruhig und konnte nicht einschlafen. Dann entdeckte ich das Obertonsingen. Jetzt übe ich mich, in dem Gebrumme die wohlklingenden Obertöne zu hören. Nun kann ich auch beim Kühlschrankgebrumme einschlafen.

2. März

Daß ich etwas weiß, ist manchmal nur eine Funktion eines Bedürfnisses. Ich halte die Unsicherheit, nicht zu wissen, nicht länger aus und bilde mir dann ein, etwas zu wissen.

Es wird geschehen

Du wirst die Hände vors Gesicht halten
und deine Tränen fühlen.
Oder du wirst gehen,
still, Fuß vor Fuß,
durch den Park,
am Rand einer Nacht,
die du nur mühsam zurückhältst.
Und plötzlich wirst du merken,
daß es nicht mehr weitergeht,
daß die Auswege, die Erklärungen,
die Hilferufe nichts mehr erreichen.

Wenn du dir dann erlauben kannst,
die Hände erleichtert
in den Schoß zu legen,
dann fällt die Mauer,
die dir den Weg
versperrt hat,
in deine nächste Wohnung,
die größer ist
als alles,
was du bisher
bewohnt hast.

In letzter Zeit lese ich sehr oft Gedichte von dem 79jährigen amerikanischen Lyriker William Stafford. Ich fühle eine starke innere Verwandtschaft zu ihm. Ich würde ihn gern treffen. Wenn ich in die Wüste fahre, könnte ich einen Abstecher zu ihm machen. Er wohnt in Lake Oswego bei Portland, Oregon. Es ist jetzt 2.30 nachts, und ich will dem Gedanken gleich nachgehen. Ich lasse mir von der Auskunft Staffords Telefonnummer geben. Es ist so einfach. Schwerer wird es sein, meine Scheu zu überwinden. Ob ich es schaffe, mich bei ihm zu melden? Ich hoffe es.

Von Isadora Duncan, der amerikanischen Tänzerin, will ich lernen, daß man auch spontaner leben kann, als ich es tue, und daß man auf kurze Zeit planen und sich schnell mal für eine Sache entscheiden kann. Ich will die schönen Betten und alle Dinge, die ich uns hier in Deutschland anschaffte, genießen, jetzt, wo ich sie benutze, auch wenn ich sie eventuell bald wieder abgeben muß. Ich bin es gewohnt, Anschaffungen mit viel Überlegung zu machen. Sie müssen praktisch und haltbar sein, weil ich sie ja auf lange Zeit gebrauchen werde. Der Gedanke, diese Wohnung eventuell bald wieder auflösen zu müssen, ist für mich eine Herausforderung, mich zu ändern. Isadora lebte sehr anders als ich. Sie lebte aus ihrem innersten Gefühl, aus ihren Instinkten heraus – für heute, frei und großzügig, oft unüberlegt und chaotisch. An vielen Stellen lebte sie dadurch vielleicht lebendiger als ich, aber auch unverbundener und haltloser. Ich habe das Empfinden, daß Künstler in unserer westlichen Gesellschaft heute integrierter leben als früher. Sie tragen wohl auch nicht mehr so stark die volle Last, lähmende Ordnungen beleben zu müssen. Viele Durchschnittsbürger machen auch mit. Ich habe heute ein anderes Verständnis von einem »Künstler«, als man es früher hatte. Ich verherrliche nicht den weltfremden Maler, Musiker, Tänzer in einer Weise, wie man es früher tat. Ich sehe Kunst in vielen anderen Unternehmungen sowie in der Gestaltung des Hauses, in der Zubereitung der Mahlzeiten und dem Decken des Tisches, im Umgang mit Kindern, zu Hause und in der Schule. Ich möchte die Künstlerin in mir integriert leben. Ich möchte eine Lebenskünstlerin sein.

3. März

Ich habe Vorfahren, die Steinzeitmenschen waren. Ein seltsamer Gedanke. Meine Wahrnehmung reicht nur hundert Jahre zurück. Schon den Vater meines Großvaters kann ich mir nicht mehr vorstellen, und doch trage ich ihn in mir. Er ist ein Teil des Mysteriums, das ich bin.

In den Fernsehnachrichten wird von einem Ehepaar mit einem etwa elfjährigen Sohn berichtet. Sie haben eine Geldbörse mit 2400 Dollar gefunden. Die Familie ist arm, sie hat keine Wohnung, Vater und Mutter sind beide arbeitslos. Aber sie geben die Geldbörse bei der Polizei ab. Der Eigentümer bedankt sich, gibt ihnen aber keinen Finderlohn. Die Familie nimmt es ihm nicht übel. Die ganze Geschichte dieser Ehrlichkeit kommt heraus, wird über Radio mitgeteilt, und jetzt kommen von überall Briefe an diese Familie, die meisten mit Geld. Inzwischen sind es 15 000 Dollar. Man bietet dem Vater eine Arbeit an, und die Familie bekommt eine Wohnung für sechs Monate umsonst. Ein Happy-End. Passiert das so selten, oder hören wir es nur nicht, weil die Medien auf Katastrophen fixiert sind?

Heute hatte ich mal wieder schöne und schmerzhafte Begegnungen. Ich stellte erneut fest, daß Visionen von einer hell strahlenden Zukunft, in der wir einander lieben, manchmal erst Dunkelheit und Verzweiflung auslösen. Nichts erfüllt sich so leicht, wie es erst scheint. Aber ich entscheide mich, an dieser Vision festzuhalten, und langsam, Stück um Stück, verwirklicht sie sich. Ich muß Geduld mit mir haben.

4. März
Den anderen Menschen ansehen, ohne etwas zu wollen. Null wollen. Am Ende auch loslassen, des anderen Bestes zu wollen. Was dann bliebe, wäre wenig, in vielen Beziehungen vielleicht nichts, aber das ist Würdigung.

Bei Hesse gelesen: »Das Amt des Dichters ist nicht das Zeigen der Wege, sondern vor allem das Wecken der Sehnsucht.« Schön, den Begriff »Sehnsucht« so bei Hesse zu finden. Er ähnelt meinem sehr.

In einer New-Age-Zeitschrift entdecke ich eine ganzseitige Anzeige. Die obere Hälfte besteht aus dem Bild einer Frau mittleren Alters. Sie ist vom Bauchnabel ab zu sehen, nackt, und ihre rechte Brust ist ihr amputiert worden. Wo die Brust war, ist ein Ast von wenigstens dreißig Zentimeter Länge tätowiert. Die Frau hat die Arme ausgebreitet und den Kopf zurückgeworfen – sie wirkt, als feiere sie das Leben. Darunter steht ein Gedicht von ihr. Sie, Deena Metzger, ist Lyrikerin, ich kenne ihre Sachen seit Jahren. Ich schneide die Seite vorsichtig aus und hänge sie auf. Hier ist die Übersetzung des Gedichtes:

Baum
Ich habe keine Angst mehr vor Spiegeln,
in denen ich das Zeichen der Amazone sehe,
die Pfeile schießt.

Eine dünne rote Linie lief über meine Brust,
wo ein Messer eingedrungen war,
aber jetzt windet sich ein Ast um die Narbe
und geht von meinem Arm bis zum Herzen.
Grüne Blätter bedecken den Ast,
Trauben hängen da, und ein Vogel wird sichtbar.
Was jetzt in mir wächst, ist lebenswichtig
und verletzt mich nicht.
Ich denke, daß der Vogel singt.
Ich habe einige Narben losgelassen.
Ich habe meine Brust entworfen mit der Sorgfalt,
die man einem mittelalterlichen Manuskript zukommen läßt.
Ich schäme mich nicht zu lieben.
Liebe ist ein Kampf, den ich gewinnen kann.
Ich habe den Körper eines Kriegers,
der weder tötet noch verwundet.
Auf dem Buch meines Körpers
habe ich auf Dauer einen Baum eingezeichnet.

Ihr Gedicht, das Bild (den Mut zu dieser Offenheit) und ihr Leben scheinen eine wunderbare Einheit zu bilden. Sie schämt sich dieser Operation nicht, sondern sie feiert sie, trotz der Bedrohlichkeit, die damit verbunden ist. Wie viele Frauen haben die Wertmaßstäbe der Männer, die perfekte Körper von ihnen fordern, zu ihren eigenen gemacht und leiden nun darunter. Vielleicht kann ein Text wie dieser ihnen Mut machen, aufzubegehren gegen diese männliche Oberflächlichkeit und da nicht mehr mitzuspielen.

Günter war eben bei mir, und wir sind gemeinsam auf Leben gestoßen, das wir noch entdecken können. Er sagte: »Noch bis zum Tod wird es neues Leben zu erfahren geben, und es gibt nichts, was es nicht gibt.«

5. März
Ein kurzer Anruf von einer Leserin aus Hannover, die sich bedankt für die Aussagen in meinen Büchern. Ich freue mich darüber und versuche zu verstehen, was da in jemandem vorgeht.

Ich spüre deutlich, daß Waltraud weg ist, nun schon zehn Tage, und doch ist sie auf seltsame Weise anwesend – als eine Wirklichkeit in mir. Daß dies so ist, ist nicht einmal abhängig davon, daß ich an sie denke oder sie denke. Es passiert auf einer anderen Ebene, ist aber nicht selbstverständlich im Sinne der Gewöhnung.

Eben habe ich sie angerufen und ihr eine Frage zum Beantworten im Tagebuch gegeben.

Wir werden gezähmt. Das Leben zähmt uns, wir zähmen einander und nennen es Sozialisation.

Ich versuche kritikloser zu leben, einfach wahrzunehmen und Menschen und Dinge so zu nehmen, wie sie sind. Ich glaube, ich habe mir diese Position verdient und laufe nicht Gefahr, blind durchs Leben zu gehen. Ich habe vieles kritisch hinterfragt und viel aufs Spiel gesetzt. Jetzt will ich mit mehr Nachdruck eine andere Art zu sehen entwickeln. Vielleicht werde ich ja mein bisheriges Leben als Blindheit betrachten, aber sicherlich, nein ganz bestimmt, hätte ich es nie ertragen, wenn ich weniger kritisch gelebt hätte.

Gerade komme ich zurück vom Frauengebetstag in der katholischen Dorfkirche. Immer wieder staune ich über die Anzahl der Menschen, die in Deutschland zur Kirche gehen, die von Generation zu Generation die alten Traditionen fortsetzen. Das ist für mich eine Welt, die ich besser kennenlernen möchte.

Ich erinnere mich an Gebetstage vor 35 Jahren in der Baptistengemeinde in Vancouver. Mit tiefem Ernst beteten wir laut auf Knien reihum ein freies Gebet. Hin und wieder wurde jemand recht persönlich mit seinen Anliegen. Hier in der Dorfkirche haben wir uns nach einem vorgeschriebenen Ablauf des Gottesdienstes gerichtet. Vieles wurde abgelesen. Weil ich damals so ernsthaft dabei war, interessiert mich diese andere Art, den Tag anzugehen.

6. März

Ich habe heute den halben Tag mein Bilderarchiv durchsucht nach den passenden Fotos für einige kleine Neuerscheinungen. Tausende Bilder. Was haben diese Augen schon alles gesehen und sind damit reich beschenkt worden. Sie haben entdeckt, angesehen, wahrgenommen, gewürdigt. Die Welt des einen Moments – und nichts von dem Gesehenen und Fotografierten ist jetzt noch so wie auf dem Bild. Alles hat sich längst verändert.

An manchen Tagen rutscht mir das Leben mehr durch die Finger als an anderen. Alles ist von Vorläufigkeit gezeichnet, und das innere und äußere Auge läuft über die Dinge auf der Suche nach Halt. Alles wirkt wie eine bewußte Täuschung, eine Selbsttäuschung. Dann ist dieses Gefühl vorbei, und alles wird wieder wertvoll und einmalig. Das Leben spielt sich in und zwischen diesen beiden Erlebniswirklichkeiten ab.

Ein Gedanke in einem anderen und die beiden in einem dritten. Alles eingepackt in meinem Leben, das ich zu verstehen suche.

Ulrich stellt mir am Telefon die Frage: Wenn ich mir als Frau drei Sachen wünschen könnte, die ich bei Männern verändert sehen wollte, welche drei wären das? Ich freue mich, daß Ulrich mir diese Frage stellt, denn ich hatte schon oft viele Vorstellungen, wie ich mir Männer anders wünsche. Jetzt, wo die Frage auf mich zukommt, weiß ich im ersten Moment nicht, was ich antworten kann. Ich habe mich daran gewöhnt, Veränderungen in mir selbst zu finden. Dabei habe ich meine Wünsche an »die Männer« in den Hintergrund gestellt und Männer so genommen, wie sie sind. Aber es ist gut, daß Ulrich mich fragt.

1. Ich wünsche mir, daß Männer sich mit ihrem Bedürfnis, sich zu profilieren, mehr zurücknehmen. Oft nehmen sie damit den Raum so breit ein, daß die Frauen, mit denen sie sprechen, ganz in den Hintergrund treten, weil diese sich nicht aggressiv oder verletzend gegen das starke Bedürfnis des Mannes wehren wollen. Kritischer wird es dann, wenn nach solch einem Mißverhältnis die Männer auch wirklich glauben, sie seien wichtiger, denn die Frauen hätten ja kaum etwas Wertvolles zu melden gehabt. Sie merken nicht, wie gerade ihr Auftreten verhinderte, daß Frauen ihren Beitrag brachten. Ich wünsche, daß Männer lernen, leiser und einfühlsamer aufzutreten.

2. Dann wünsche ich mir, daß Männer den Mut aufbringen, sich zu entschuldigen. Dafür müssen sie erst mal erkennen, wie sehr sie oft Frauen mit ihren Übergriffen entwürdigen. Sie erwarten Gehorsam und Abhängigkeit von Frauen, nur weil sie sich ihnen körperlich und finanziell überlegen fühlen. Ich bin immer wieder erstaunt, wie sonst liebevolle Männer gerade ihre finanzielle Überlegenheit nutzen, um einer Frau die Entwicklung zu erschweren. Ich glaube, viele Männer haben sich ihre vertrauens- und lie-

bevollen Beziehungen zu Frauen dadurch verdorben. Einsichten und Entschuldigungen von seiten der Männer könnten manch eine Beziehung wieder zur Heilung bringen. Ich glaube, daß, wenn Frauen ihren Männern zu schnell vergeben, dadurch zwar eine gewisse Entspannung eintritt, aber letztlich für die Beziehung kaum etwas gewonnen wird.

3. Weiterhin wünsche ich mir, daß Männer ihr zwanghaftes Bedürfnis zu lehren aufgeben, daß sie mehr zuhören, mehr fragen, mehr lernen wollen, auch besonders von Frauen und Jüngeren, statt so übermäßig viel Anweisung zu geben.

7. März

Ich lese über Deutschland, über die Entwicklungen dort und spüre jetzt manchmal die Tendenz, mich davon abzukehren, mich damit nicht zu identifizieren. Dann ist mir Kanada willkommen – der Abstand ist ein Schutz. Noch vor ein paar Jahren waren mir diese Gedanken fremd. Da wollte ich mittendrin sein, selbst wenn es schwierig oder gefährlich sein sollte. Heute erlebe ich mein Bedürfnis, mich zurückzuziehen. Ganz vage vermute ich, daß das Bedürfnis, mich zurückzuziehen, auf eine schwer verstehbare und mysteriöse Weise der Wunsch ist, auf einer tieferen Ebene mittendrin zu sein.

Unsere ganze Zeit ist begierig auf Information. Wer etwas auf sich hält, will informiert sein oder wenigstens informiert scheinen. Aber was machen wir mit der Information? Sie verpflichtet uns auch, doch das wird weniger betont. Es scheint mir manchmal, als wenn es in unserer Gesellschaft wichtiger sei, sich weiter zu informieren, als der Information entsprechend zu handeln. So wird das Sammeln von Information zu einem Fluchtmechanismus. Dann belügen wir uns selbst, wenn wir glauben, daß wir noch mehr Information brauchen, ehe wir handeln können. Ich überlege mir schon seit einiger Zeit, ob ich mir nicht eine Informationssperre auferlege, und tue es auch schon ab und zu. Es ist, als wenn das Handeln so weit hinter dem Wissen komme wie das Fühlen hinter dem Denken.

Ich habe heute über vier Stunden mit Ortrun, Helmut und Hildegard meine Erzählungen durchgesprochen. Eine nach der anderen – jeder kam zu Wort. Es war mir besonders wichtig, die ersten Eindrücke und Erlebnisse mit den Erzählungen zu hören. Ich merke, daß ich manchmal fast zu dicht an meinem Geschriebenen bin – mir fallen dadurch Kleinigkeiten nicht auf, die die Geschichten beeinträchtigen könnten.

Ich spüre heute die Schwere der Welt. Auch über Deutschland liegt eine Depression, die mich an den Beginn des Golfkrieges 1991 erinnert. Ich war damals gerade im Flugzeug über dem Atlantik, und wir alle hörten die Nachrichten von dem ersten Angriff auf Israel. Heute ist kein spezifischer Anlaß für diese Schwere, aber ich spüre sie trotzdem.

8. März
Heute ist Vollmond. Ich fahre auf den nächsten Berg, Mt. Seymour, um den Mond durch möglichst klare Luft zu fotografieren, als Umschlag für ein kleines Heft zu dem Lied »Der Mond ist aufgegangen«.

Wendy ruft an. Sie stammt aus Utah und studiert jetzt hier. Sie wird ab und zu von einem richtigen Wüstenfieber heimgesucht. Dann muß sie in die leere Weite und in die Wärme. Ich bin ihr letztes Jahr in einem der Canyons von Utah begegnet, wo sie mit ihrer Mutter wanderte. Wir kamen gleich ins Gespräch, über griechische Philosophie und Plotin, über den sie ihre Doktorarbeit schreibt. Es war sonderbar, dort in der Hitze, Trockenheit und Abgelegenheit des Canyons, in dem ich später einer Klapperschlange begegnete, über Gott und die Welt mit einem fremden Menschen zu sprechen. Sie ruft heute an, weil sie vermutet, daß es mich zu dieser Zeit wieder in die Wüste zieht. Sie hat recht, aber ich fahre zuerst in die Wüste von Kalifornien zur Blüte. Eben rufe ich dort in Anza Borrego noch die »desert flower hotline number« an, auf der genau der Stand der Blüte auf Tonband abzuhören ist. Durch den vielen Regen ist alles später dran, sonst müßte ich jetzt schon dort sein.

Kristin und Marianne waren die ersten zehn Tage meines Hierseins nicht da. Ich vermißte sie. Jetzt, wo sie da sind, spüre ich die Fülle, die durch sie entsteht. Ich merke, wie die Zeit ohne sie auch wichtig war. Ihre Abwesenheit macht mich dankbarer für ihre Gegenwart. Dadurch bin ich vorsichtiger mit unserer Beziehung.

9. März
Ich koche eine besondere Bohnensuppe, fange mit einem kleinen Topf an und muß dann zweimal in größere Töpfe umfüllen, bis die Suppe fertig ist. Es würde gut für vier reichen. Vier waren wir einmal. Jetzt esse ich allein. Manchmal spüre ich den Schmerz, nicht mehr so eine Familie zu sein: Waltraud in Schöntal, Silya in Whistler, Kira in Vancouver und ich hier in Burnaby. Und doch ist es auch befreiend, wie jede und jeder dem eigenen Wege nachgeht und wir uns dann ab und zu wieder alle treffen und austauschen.

Ich wache auf und fühle mich in mir gefangen. Jeder Mensch lebt mit seinen eigenen Umständen. Auch wenn ich andere berühre und am Leben anderer teilnehme, bin ich immer noch ich, in meinen Umständen. Wenn ich heute einen Tag in Bosnien zu Besuch wäre und dann wieder in meine Lebensumstände zurückkehrte, würden sich meine Freuden und Ängste relativieren. Sie relativieren sich schon, wenn ich für kurze Zeit an die Möglichkeit solch eines Besuchs denke. Darum will ich heute wenigstens das, was möglich ist, tun und mich in das Leben einiger Menschen hineindenken. Immer wenn ich ein Geburtskosmogramm zeichne und es dann mit dem betreffenden Menschen bespreche, denke ich mich in das Leben des anderen ein. Auch dann bleibe ich noch immer ich in meinen Umständen, aber ich fühle mich nicht mehr so gefangen darin.

10. März
Wenn wir einander Brot wären, würden wir uns gegenseitig vor dem Verhungern retten können.

William Stafford hat einen neuen Gedichtband herausgebracht. Er ist ein sanfter Dichter, aber nicht ohne inneres Feuer. Bei einem seiner neuen Gedichte spüre ich, daß ich auf einer großen, weiten Ebene stehe und alles stimmt, alles stimmt. Ich lasse das Mysterium stehen. Immer und überall gibt es Ansschlußstellen zum Unendlichen.

Wahrgenommen
Daß zwischen alten Bäumen
die Zeit langsamer vergeht.

Deine Bewegung durch den Raum,

von jenseits des Ozeans,
durch den Raum,
in dem ich still sitze.

Ein Gedanke,
der neu ist
und sich entfaltet,
dem ich nachgehe,
trotz meiner selbst.

Daß sich das andere hält,
auch ohne die Worte,
die den Dingen sonst
Wirklichkeit verleihen.

Etwas ist bestellt,
mich zu retten,
aber noch erkenne ich es nicht.

Nach einem Gespräch mit einem mir lieben Menschen, das Schmerzen auslöste, scheint alles dagegen zu sprechen, daß wir einander verstehen und zueinander finden werden. Aber ich entschließe mich, auf ihn zuzugehen. Darum werden wir einander verstehen und zueinander finden. Einen Weg zurück will ich mir nicht erlauben.

In einem Gespräch entdecke ich heute, daß meine inneren Mahnstimmen nicht die Stimmen meiner Eltern sind. Die Stimmen meiner Eltern sind nicht mehr so stark für mich wie die Stimmen der Gesellschaft. Aber auch über diese habe ich lange nachgedacht, sie abgewogen, bewertet und zum Teil in mein Leben übernommen. Dies ist ein Prozeß, in dem ich tagtäglich stehe. Darum sind letztlich alle Stimmen meine eigenen. Ich übernehme die Verantwortung für sie.

11. März

Ich rufe zu einer ungewohnten Zeit bei Waltraud an, um ihr etwas Schönes mitzuteilen, und merke dabei, wie kostbar es ist, so miteinander verbunden zu sein.

Wir bezahlen für unsere Fehler, indem wir eine Weisheit bekommen, die uns abwechselnd erschreckt und beruhigt, wie wir es brauchen, wie wir es absolut nicht wollen.

Manchmal läuft der ganze Tag so ab, als hätte jemand im Hintergrund alles gut vorbereitet. So war er heute. Die Sonne schien. Eine hilfsbereite Frau sagte mir von einem Platz, wo ich den ganzen Tag frei parken könne, und fuhr dann durch die halbe Stadt, um mich dorthin zu führen. Der Einkauf gelang. Mit festem Herzen lief ich beschwingt durch die Stadt. Ich kam nach Hause und sah auf dem Anrufbeantworter das Licht blinken. Ich spürte Freude. Da wartete etwas auf mich – wie ein Geschenk!

12. März
Bin ich hier? Hier, jetzt in diesem Bleistift auf dem Papier, in dem unentwegten Fluß der Gedanken durch den Kopf, in dem Tisch, an dem ich schreibe, in der Dunkelheit, die beim Fenster beginnt und ins Unendliche führt? Oder betrüge ich mich und die Gegenwart damit, daß ich woanders bin und an anderes denke?

Ich habe heute den großen Sprung gewagt und mir eine neue Hasselblad gekauft. Meine alte habe ich vor fast zwanzig Jahren gebraucht gekauft. Sie war lange Jahre ein treuer Begleiter – aber ich werde es genießen, mit einem neuen Gehäuse und drei neuen Objektiven zu fotografieren. Die Entscheidung, dafür Geld auszugeben, fällt mir immer noch schwer, auch nach all den Jahren, in denen ich immer wieder Geld fürs Fotografieren ausgeben mußte. Wahrscheinlich ist es die tiefe Prägung von der ersten Nachkriegszeit, in der wir alle sparen mußten.

Ich habe mir sechs neue CD's gekauft: Neil Young, Harvest Moon; Townes Van Zandt, Townes Van Zandt; Mary Chapin Carpenter, State of the Heart; Rosanne Cash, Hits 1979–1989; The Rankin Family; Rita MacNeil, Thinkin of You.

S rief an. Durch ihre eindringliche Art, mit der sie normal gesteckte Grenzen ungeachtet überschreitet, lehrt sie mich, gelassener meinen eigenen Weg zu gehen und dies nicht als lieblos zu empfinden, wenn ich nicht auf sie reagiere.

Ein Einkaufstag mit Gudrun in Heilbronn, so richtig spannend, wie ein Einkaufstag zu zweit sein kann, mit einem Bummel von Geschäft zu Geschäft, Kleidung anprobieren, Schuhe anpassen, alles zu teuer finden, immer weiter suchen. Ein Buch kaufen. Plötzlich ein Halstuch entdecken und es mitnehmen, im Bistro Salat essen, am Kuchen vorbeigehen und weiterbummeln. Auf einmal passen gleich drei Paar Schuhe. Das Kleid, das wir für Gudrun suchten, fanden wir nicht. Der Tag zu zweit war aber gelungen.

13. März
Durch meine Aufmerksamkeit rufe ich die Dinge ins Leben. Durch meine Ohren beginnt die Welt zu klingen. Wenn ich meine Augen öffne, beginnen die Dinge zu leuchten. Wenn ich gleichgültig werde, beginnt die Welt zu leiden und zu sterben.

Ich spüre eine beinah erotische Beziehung zu einer gewissen Form der Stille. Es ist nicht die Stille an sich, sondern meine Liebe bezieht sich auf die Welt, die sich in dieser Stille manchmal öffnet. Alles wird durchsichtig und einfach, und unsere ganzen Unternehmungen wirken nur noch wie unklare Vordergrundgeräusche.

Mit Überlegung wähle ich mein Kleid zu Mirjams Verlobungsfeier. Ich falle ungern auf. Noch kurz vor der Ankunft halte ich an einer Raststätte und wechsele von schlichten Hosen in Festkleidung. Als ich ankomme, merke ich, daß man schlichte Hosen trägt. Nun übe ich auszuhalten, daß ich auffalle.

14. März
Gestern und heute abend war ich mit der Kamera unterwegs auf der Suche nach einem Fenster mit einem gewissen Ambiente. Es soll warm und einladend sein, als Umschlagmotiv für meinen Band mit Erzählungen, der »Einsam, nachts« heißen soll und im Herbst herauskommt. Ich bin erstaunt, wie wenig Häuser es noch gibt mit einem richtigen Fensterkreuz und einem Wohnzimmer dahinter. Ich habe immer nur ein paar Sekunden, um mit der Kamera auf dem Stativ ein Bild zu machen, ehe mich jemand sieht. Einer, der mit Teleobjektiv erleuchtete Fenster fotografiert, ist Grund genug, die Polizei zu rufen.

Auf dem Weg nach Hause sah ich auf unserer Straße ein Tier auf der Straße liegen. Am Geruch merkte ich sofort, daß es ein Stinktier war – dieser starke, süße Geruch. Ich fuhr vorbei, drehte aber nach ein paar hundert Meter um und fuhr zurück. Ich mußte sofort an die Geschichte »Die Katze« denken aus dem Erzählungsband, an dem ich jetzt schon seit Monaten sitze. Ich wollte feststellen, ob das Stinktier tot war. Es war tot. Was für einen wunderbaren Pelz es hatte. Ich legte es neben die Straße, damit nicht Auto um Auto drüberfährt und es breitwalzt. Auch im Tod wünsche ich den Tieren noch eine würdevolle Behandlung.

Heute ist einer von den Tagen, an denen nichts passiert und ich auf etwas zu warten scheine. Ich lese und warte, ich ordne meinen Schreibtisch und warte, ich lese die Gebrauchsanweisungen zu einem Blitzlichtgerät und warte, ich nehme mir eine Kassette auf von meiner liebsten Musik für meine bevorstehende Reise und warte, ich esse und warte, ich sitze über den Landkarten von Kalifornien und Arizona und warte. Wie schon so oft, läuft parallel zu dem, was ich wahrnehme und tue, etwas ab, aber ich komme nicht dran. Ich bewege mich wie benommen und am Rand einer tiefen Traurigkeit.

Ich mag nicht gern viel besitzen. Für alles, was ich habe, muß ich geeignete Plätze finden, muß die Dinge pflegen und sehen, daß sie erhalten bleiben. Es ist mir immer eine Wohltat, wenn ich etwas, was ich nicht mehr brauche, einem anderen Menschen geben kann. Ich mag aber Dinge, die mir lieb sind, um mich haben. Ich gestalte gern meine Umgebung so, daß ich darin eintauchen kann, darin denken und ruhig werden kann.

15. März
Ich genieße das Frühlingswetter wie etwas Inwendiges. Vielleicht hängen unsere Seelen stärker an dem Wetter, als wir uns eingestehen wollen.

Ich lese mich ein in die »Autobiographie eines Yogi« von Yogananda – was für eine Welt ist das, in der schon der Achtjährige und dann der Jugendliche keine größere Leidenschaft kennt, als seinen Guru zu finden, um auf seinem Weg zu Gott Weisung zu erhalten. Wie seltsam arm ist unsere Gesellschaft, in der diese Leidschaft sogar unter Erwachsenen selten ist.

Es gibt Momente, da denke ich, daß ich nie etwas Großes, Wichtiges schreiben werde, weil mein Leben nicht so stark heimgesucht ist von menschlicher Dramatik. Alles an mir wirkt klein und alltäglich, wenn ich mich zum Beispiel mit Dostojewski vergleiche. Aber will ich seine Spielleidenschaft haben, seine Unstetigkeit, um daraus große Kunst zu schaffen, und ist Kunst nur möglich in dem Rahmen? Vielleicht hängen wir zu sehr an einer engen Vorstellung von dem, was Kunst ist. Es gibt auch Kunst, die nicht nur Schilderung des Dramas und Traumas ist. Vielleicht brauchen wir heute eine Kunst, die Wege aus dem Trauma schildert, wobei ich mich nicht als der empfinde, der den Weg für andere weiß. Vielleicht ist es heute wichtig, auf eine gewisse Kunst zu verzichten und das Alltägliche in einer neuen Weise zu durchdringen. Vielleicht brauchen wir heute mehr denn je Lebenskünstler.

Anruf von Louise aus den USA. Sie möchte sich mit mir in der Wüste treffen, um einige lange Wanderungen zusammen zu machen. Wir schwelgen ein wenig in dem Gedanken an die Canyons, die Weite, die Wärme, die Farben.

In einem Kurs bei Caroline in Hochheim mache ich in der langen Pause einen Bummel, laufe über die Brücke, die über die Autobahn führt, und entdecke dort Schrebergärten, die es in Kanada nicht gibt. Ganz gemächlich gehe ich die schmalen Wege zwischen den Gärten entlang und schaue durch die Zäune hindurch. Ich sehe kleine Häuschen mit Gardinen, gemütliche Terrassen, Schaukeln, Zierbrunnen, Obstbäume, Blumenbeete. Hier haben Menschen, die in Hochhäusern wohnen, eine Möglichkeit gefunden, noch Zugang zur Natur zu haben. Ich gehe ein Stück weiter und entdecke Hühner, Hasen, Puten, Vögel und sehe ein Schild: »Kleinviehzuchtverein«. So was gibt's auch! Ich staune.

16. März

Wie die Worte erschrecken, wenn ich sie gebrauche, ohne ihre Tiefe zu meinen. Schweigen will ich lernen mit der Ehrlichkeit der Steine. Es fällt mir leichter, wenn ich allein bin, wenigstens ohne Menschen, die meinen, ich hätte etwas für sie.

Dies ist eine seltsame Zeit. Ich komme mir wie ein Zuschauer meiner selbst vor. Die Tage gehen dahin, meistens gelingt es mir erst abends, wirklich etwas zu schaffen. Ich spüre, daß meine Zufriedenheit eng verbunden ist mit meiner Kreativität.

Waltraud und ich telefonieren eine halbe Stunde lang. Wir sagen uns, daß wir einander vermissen. Wir tauschen uns aus über unseren starken Hang, seßhaft zu werden. Es ist schon fast witzig, daß es uns gerade jetzt so geht, wo Waltraud weit weg in Deutschland ist und ich unmittelbar vor einer langen Reise in die Wüste stehe. Aber vielleicht entsteht das eine durch das andere.

Vielleicht ist es wichtig, auf eine gewisse Größe zu verzichten. Vielleicht ist das eine neue Größe, oder diese Art zu denken liegt jenseits von den Gedanken an Größe und Wichtigkeit.

Ich spüre ganz direkt, wie meine körperlichen Beschwerden im Magen und am Herzen mit emotionalen Ängsten verbunden sind, und ich bin froh. Ich weiß, ich kann zur Lösung beitragen.

Ein Spaziergang zu zweit. Zwischen uns und gemeinsam mit anderen ist viel Emotionales abgelaufen, und wir sind auf innere Nöte gestoßen. Wir spüren beide die Schwere und gehen nur vorsichtig an Themen heran. Wir sind beide betroffen und dadurch einander neu und tief zugetan.

17. März
Ich kenne einen fast körperlich schmerzhaften Wunsch, noch so lange zu leben, bis unsere Töchter so alt sind wie wir. Ich möchte dabeisein, möchte sie begleiten und das weiterführen, was wir begonnen haben. Es ist der Wunsch nach Kontinuität, nach Dauer. Wenn der Wunsch wach wird, spüre ich die Unsicherheit und Gefährdung des Lebens noch zugespitzter. Es kann jeden Moment aus sein, wir sind nicht geschützt.

Ich sitze an der letzten Überarbeitung der Erzählungen. Anstrengend ist das ständige Wählen: Ist der Satz besser so, paßt das Bild, müßte noch etwas hinzukommen, etwas weggestrichen werden? Und dahinter steht der ständige Versuch, etwas über das Leben auszusagen, bei dem der Leserin und dem Leser etwas neu und wichtig wird.

Bei Ulrich lief manches schief, und er vermißt mich. Ob er mich auch vermißt, wenn alles glatt läuft? Ich hätte ihn fragen sollen.

18. März
Ich lebe weiter in dem »Raum der Verletzbarkeit«. Das ganze Leben scheint unter einer Gefährdung zu stehen. Ich spüre schon seit einigen Jahren, daß diese Seite meiner Wahrnehmung wächst. Wie gehe ich damit in Zukunft um? Wie achte ich darauf, daß sie nicht sentimental oder maniriert wird? Ich merke, daß diese Wahrnehmung mich nicht davon abhält, mein alltägliches Leben zu leben. Ich zerfließe nicht, sehe aber manches unter einem anderen Vorzeichen.

Sonnenblume, ich
Die Wege verzweigen sich,
und auf jedem geht etwas
von mir weiter.
Näher auf mich zu,
weiter von mir weg.
So spreche ich zu mir,
so berate, erschrecke
und bestätige ich mich.

Wie eine Sonnenblume
strahle ich.
Aber je mehr mein Licht zunimmt,
desto schwerer ist es,
den Kopf hochzuhalten
mit dem Gewicht der Kerne,
ehe ich ganz verblühe
in dem Kranz welker Blütenblätter.

Auch wenn ich sie nie verlassen habe, kehre ich doch zur Dankbarkeit zurück wie zu einem Rettungsanker. Mir eine Dankbarkeit zu erhalten, die unabhängig ist von dem, was mir passiert, ist mein höchstes Ziel. Darin liegt eine Form von Sicherheit.

Man meint oft, eine persönliche Beziehung zu jemandem habe man gerade dann, wenn man mit seinem Gegenüber so frei und spontan lebe, als gebe es die anderen Menschen nicht. Ich glaube, das ist nur die halbe Geschichte. Es scheint mir, daß Beziehungen gerade dann langweilig und oberflächlich werden, wenn wir andere ausschließen. Wir müssen unsere eigenen und die Beziehungen unseres Gegenübers mitdenken und mit einbeziehen. Dann können wir unsere Zweierbeziehung vertiefter und persönlicher erleben, so wie sie es im Grunde auch ist. Wir beide sind jeweils mehr als das, was zwischen uns abläuft. Wir sind auch unsere anderen Beziehungen und Kontakte. Es geht darum, uns von diesen anderen Beziehungen unseres Gegenübers berühren zu lassen und unsererseits die Beziehungen, in denen wir stehen, den anderen spüren zu lassen. Ich glaube, es gibt keine Zweierbeziehung zu zweit.

19. März
Als trauten sie sich bisher nicht, kommen jetzt langsam und schüchtern Glücksgefühle über meinen Erzählungsband in mir hoch. Als käme ich aus einem Tunnel von Selbstzweifeln. Lange war ich unsicher, wie gut mir die Geschichten gelungen waren, aber jetzt glaube ich, daß sie ein Beitrag sind. Aus ihnen werden Menschen Mut schöpfen. Sie werden zum genaueren Hinsehen ermuntern, und sie werden die Sanftheit unterstützen. Sie ähneln meinen Gedichten, und ich erkenne mich in ihnen wieder. Ich bin froh, das Wagnis eingegangen zu sein, und wünsche mir jetzt nur noch Leser, die mitgehen.

Ich denke an einen Mann aus unserem Bekanntenkreis, zu dem ich mich nicht spontan hingezogen fühle. Ihm gegenüber muß ich lieben lernen. Wir kennen einander schon lange, sind uns oft begegnet, aber nur wenig nahegekommen, und doch gibt die Länge des Kennens unserer Beziehung eine wertvolle Festigkeit.

20. März
Nichts weiter, als für das Numinose einen Namen zu suchen.

Zurückgehen zu dem Zeitpunkt, als alles einfach war. Vorwärtsgehen auf den Zeitpunkt zu, an dem alles wieder einfach wird. Dazwischen liegt etwas Auflösbares.

Aus jedem Gesicht wird irgendwann eine Maske, aber aus jeder Maske wird auch irgendwann ein Gesicht. Genau hinsehen und liebend achtsam sein.

Die Worte sind es nicht
Es gibt Worte dafür,
aber ich finde sie nicht.
Darum nähere ich mich dir
und den Dingen selbst.
Merkst du,
daß wir uns durch keine Buchstaben
durchschlagen müssen?

Ein Auge ist kein Buchstabe.
Eine Begegnung ist kein Wort.
Ein Kuß ist kein Alphabet.
Atmen ist nicht buchstabieren.
Lieben ist nicht schreiben.
Wie gut ist es,
manchmal die Worte nicht zu finden.

Gespräch mit Margie am Telefon, bei dem wir mehrmals aufhören wollen, aber weiterreden – der Ausdruck einer fast zwanzigjährigen Freundschaft.

Ich wohne in einem Zimmer, dessen Wände, Decke und Fußboden aus Gedanken bestehen.

Ich habe mit Friedrich über den Umschlag zu »Einsam, nachts« gesprochen. Er bietet mir an, etwas dafür zu malen, weil ich mit meinen fotografierten Fenstern nicht zufrieden bin.

Es gibt eine Andacht, bei der man abhebt und sich von der Wirklichkeit des Alltags löst. Das will ich nicht. Und es gibt eine Andacht, bei der ich im Stillestehen erlaube, daß die Wirklichkeit des Alltags durchflutet wird mit dem vollen Leben und Getrenntes zueinander findet. Dem gehe ich nach.

21. März
Ich stelle mich immer wieder an unsere Haustür, die zum Wald hinweist. Ich stehe da, als ob ich etwas erwarte, aber bewußt erwarte ich nichts. Vielleicht ist das der auf ein Minimum reduzierte Ausdruck des Lebens überhaupt: stehen und warten und es selbst nicht mehr wahrnehmen.

Mir fällt auf, daß ich mir einen neuen Raum eröffnen kann, wenn ich lerne, mich innerlich ehrfürchtig vor Menschen zu verneigen.

22. März

Ich spüre ein Unwohlsein, weil meine Aufmerksamkeit geteilt ist. Einerseits hänge ich ganz in der letzten Überarbeitung der Erzählungen und auch in der Gestaltung des Umschlages. Andererseits mache ich mich für meine Wüstenreise fertig. Zu beidem brauche ich ganz unterschiedliche Fähigkeiten. Ich erlebe das Ganze wie eine existentielle Unordnung. Vielleicht ist dieses Geteiltsein Ursprung von viel Unzufriedenheit – und durch ihre Anforderungen zwingt uns unsere Gesellschaft ja geradezu, ständig geteilt zu sein.

Es gibt Lehrer, die verbauen mir den Zugang zu meinem Wissen, indem sie es mir vorwegwissend einreden. Es gibt Lehrer, die ermöglichen mir den Zugang zu meinem eigenen Wissen, indem sie im rechten Moment zurücktreten und mich selbst weiter formulieren lassen. Zu den letzteren entsteht eine innige Liebe.

23. März

Ich schicke Waltraud vier Anfangsfragen zu großen Themenkreisen, über die ich mich mit ihr per Post und Telefon unterhalten möchte. Mit der großen Entfernung zwischen uns ist das etwas mühsam, aber vielleicht geschieht es so letztlich gewissenhafter, als wenn wir nur mal so im Vorbeigehen darüber sprechen. Das schriftliche Festlegen ist ein commitment, eine innere Klärung.

Als die Frau von ihrem Lesbischsein sprach, dachte ich, daß mein Verheiratetsein den Zugang zu ihr erschweren könnte. Werden wir es schaffen, uns gemeinsam auf unser Menschsein zu konzentrieren und daran Freude zu haben?

24. März

Die Überarbeitung der zwanzig Erzählungen für »Einsam, nachts« ist fertig. Ich bin insgesamt zufrieden mit dem Buch.

Mein neues Hasselblad-Objektiv ist endlich nach drei Monaten gekommen. Jetzt kann ich es doch noch in die Wüste mitnehmen. Es liegt wunderbar in der Hand, ist aber sehr schwer. Ich bin gespannt, wie es die Welt abbilden wird.

Meine Reise verschiebt sich – ich laboriere noch an einer Erkältung. Wenn die besser ist, will ich los. Ich merke schon wieder den Druck, den ich mir mache. Vielleicht sollte ich mich zwingen, hier zu bleiben. Ich komme mir kleinkariert vor.

Waltraud am Telefon gibt mir noch eine große Frage mit auf die Reise. Ich werde auf den langen Straßen viel über sie nachdenken können.

Mir fällt auf, daß man in Deutschland viel mehr fährt als bei uns in British Columbia. Das kulturelle Leben spielt sich für die Bewohner der Stadt Vancouver und Umgebung hauptsächlich in dieser Gegend ab. Nur wenige Menschen fahren mal zu einem Vortrag oder einer Oper nach Victoria, der nächstliegenden Stadt von Vancouver. Die nächste Stadt in der Größe Vancouvers wäre Edmonton in Alberta, 14 Stunden Autofahrt. Das kommt gar nicht in Frage. In Deutschland begegne ich Menschen, die von einer Stadt zur anderen flitzen, zu Tagungen, zu Vorträgen, zu Konzerten, zu Opern. Und ich scheine hier auch eine von denen zu werden. Heute hier, morgen da. Gestern fuhr ich fast zwei Stunden zur Gruppe nach Hochheim, und morgen will ich schon wieder die eineinhalb Stunden Fahrt nach Karlsruhe machen und nächste Woche zu einer Tagung drei Stunden nach München. In Kanada spielt sich mein Leben monatelang im Raume Vancouvers ab.

In der Großstadt sind wir überflutet von einem Riesenangebot von Begegnungen in Gruppen. In deutschen Städten ist das Angebot noch weitaus größer, als ich es von Vancouver gewohnt bin. Ich spüre eine gewisse Resignation, mich wirklich in den Prozeß hineinzugeben, und merke, wie die anderen sich auch nicht stark hineingeben. »Wenn mir diese Menschen nicht liegen, versuche ich eine andere Gruppe«, scheinen viele zu sagen. Menschen sind austauschbar. Es ist leicht, auszuweichen, wenn Begegnungen tiefer werden und anfangen zu schmerzen.

25. März
Wie schwer es mir doch immer wieder fällt, einfach das Telefon aufzunehmen und jemanden anzurufen. Aber eben habe ich es geschafft – ich habe den amerikanischen Lyriker William Stafford an-

gerufen. Er war sehr nett, und wir haben uns für übermorgen verabredet. Ich bin sehr gespannt.

Waltraud erzählt mir am Telefon von ihrer Sitzung mit der Astrologin, mit der sie arbeitet, und über meine zunehmende Verletzbarkeit im nächsten Jahr, die aber auch gerade meine Stärke sein wird.

In einem Gespräch fällt mir auf, wie wichtig mir in einer Liebesbeziehung Freundschaft ist. Ich sehe immer wieder, daß viele Frauen meinen, sehr gut leben zu können, wenn der Mann, mit dem sie zusammenleben, nur ihr Liebhaber und nicht auch ihr Freund ist. Ich glaube, Frauen in solchen Beziehungen können es vielleicht besser vertragen als ich, wenn ihre Beziehung auseinandergeht.

26. März

Ich schreibe einen schweren Brief zu Ende und schicke ihn ab. Die feine Unterscheidung zwischen Mir-selbst-treu-Sein und Den-anderen-nicht-vor-den-Kopf-Stoßen.

Am Nachmittag breche ich endlich zu meiner Reise in die Wüste auf. 550 km die erste Etappe, bis nach Portland, Oregon, wo ich bei Verwandten ein letztes Mal in einem richtigen Bett schlafen werde. Morgen früh treffe ich William Stafford.

Ich schaue mir an, welche Fäden sich durch mein Leben ziehen und wie es dazu kam, daß ich jetzt gerade hier in Oberkessach bin. Wilhard und Kristin, die hier im Dorf wohnen, kenne ich schon seit meiner späten Kindheit. Sie sind es auch, die mich mit diesem Dorf bekannt gemacht haben. Von Kristin hörte ich schon als Neunjährige von meinen Geschwistern, die mit ihr zusammen in einer Jugendgruppe waren. In den Gottesdiensten sah ich sie oft auf Diestanz und bewunderte sie. Wilhard erlebte ich in Einbeck fünf Jahre nach dem Krieg, als ich vierzehn war. Sein Anliegen, zu einem entschiedenen, wahrhaften und offenen Leben zu ermutigen, hat mich als Teenager tief beeindruckt. In meiner Suche nach lebendigem Glauben blieb mir Wilhards Arbeit in Erinnerung, als meine Eltern 1951 mit mir nach Kanada auswanderten. Dann heiratete ich Ulrich, und es war mir eine besondere Freude, als er sich mit Wilhard und Kristin befreundete. Wir haben viel mit ihnen geteilt, Ulrich mehr als ich. Und jetzt bin ich in Oberkessach und habe die Gelegenheit, diese Freundschaft zu vertiefen. Es sind mehr als vierzig Jahre, in denen mein Weg immer wieder den Weg von Kristin und Wilhard kreuzte.

27. März

Was für ein voller Tag! Schon um neun Uhr rufe ich bei Stafford an und hoffe, daß es nicht zu früh ist (später höre ich, daß er regelmäßig um vier Uhr aufsteht, um zu schreiben), und er sagt, ich könne sofort kommen, und gibt mir seine genaue Adresse in Lake Oswego an. In einer halben Stunde bin ich da. Er ist 79. Ich sehe ihn von draußen im Wohnzimmer sitzen, den Rücken mir zugewandt, mit weißen Turnschuhen und die Füße auf dem Kaffeetisch. Wir begegnen uns, und es ist, als kennten wir uns schon lange. Eine Zeitlang fragt er mich mehr als ich ihn. Ich habe ihm eines meiner englischen Bücher, »Growing into the Blue«, mitgebracht und mein neues Buch »Zerbrechlich wie ein Mensch« mit dem Gedicht über ihn. Er liest meine Übersetzung. Viele Jahre lang war er Professor. Wir tauschen ein wenig aus über unser Unterrichten, jeder an einem College. Man merkt ihm nirgends auch nur den Anflug von etwas Professoralem an. Seine Gedichte sind auch alles andere als Professorenlyrik. Er führt mich in sein Arbeitszimmer, in ein Durcheinander, für das er sich nicht im geringsten entschuldigt. Er erzählt von seinen Kindern, von seinem Sohn, der ebenfalls Professor und Schriftsteller geworden ist. Er zeigt mir seine Dunkelkammer, ein kleines Badezimmer, das dazu umfunktioniert ist. Nach zwei Stunden verabschiede ich mich. Wir haben keine tiefen, weltanschaulichen Probleme gewälzt, wir haben beide keinerlei Bedürfnis gehabt, einer dem anderen Wissen oder sonstwas zu beweisen. Wir sind nur beieinander gewesen – zwei Menschen, die sich aneinander freuen. Er verkörpert das, was ich am amerikanischen Leben und Menschen wohltuend finde – eine Unkompliziertheit, die nicht aus Oberflächlichkeit stammt (wie manche Europäer denken, die die Amerikaner nicht kennen), sondern aus einer Heilheit, die oft auch schwer erarbeitet wurde. Er war Kriegsdienstverweigerer, als er 1942 in den Krieg sollte, was damals keine einfache Sache war – er mußte vier Jahre in Lagern für Kriegsdienstverweigerer zubringen. Später haben er und seine Frau eines ihrer vier Kinder verloren. Fast als Witz zeigt er mir am Ende ein Bild, auf dem er mit dem jetzigen Präsidenten Clinton vor siebzehn Jahren zusammensteht. Er wußte nicht, daß er ihn damals in Arkansas getroffen hatte, bis ihm jemand das Bild zeigte. Ich gehe, weil er sich noch vorbereiten muß für eine Lesung heute nachmittag in Salem, der Hauptstadt von Oregon.

Um zwei Uhr geht es weiter. Von der Lesung wird ein Fernsehprogramm gedreht. Es wird mit einer Art Interview begonnen. Der Interviewer ist etwas steif, aber Stafford schafft es immer wieder, die Atmosphäre aufzulockern. Der Interviewer fragt ihn unter anderem auch, welche von seinen Literaturpreisen und Auszeichnungen er am höchsten schätzt. Stafford erzählt, daß er als Erstkläßler von der Schule nach Hause gekommen sei und seiner Mutter so spannend erzählt habe, daß diese etwas auf dem Bügelbrett habe anbrennen lassen. Das wäre die höchste Auszeichnung gewesen, die er bekommen habe, danach sei es nur noch bergab gegangen. Dann liest und kommentiert er seine Gedichte. Ich merke, wieviel Humor in seinen Texten steckt. Manchmal kann man den Unterschied zwischen seinen Gedichten und dem Kommentar nicht erkennen – die Gedichte sind so einfach und wahr und so wenig »gedichtet« und nicht dramatisch. Und doch steckt in fast jedem eine tiefe Einsicht und eine Liebe zum Leben in all seinen Formen.

Als das Interview gerade zu Ende ist und er mit der Lesung selbst beginnt, kommt eine Frau und geht bis ganz vorn in den zu zwei Dritteln leeren Saal, setzt sich neben mich und fragt mich flüsternd, wie weit die Lesung sei. Ich antworte ihr, daß sie nur ein dürftiges Interview verpaßt habe. Später erzählt sie mir, daß sie in einer Lesegruppe mit Staffords Tochter sei. Sie sagt noch: »Es muß schön sein, so jemanden als Vater zu haben.« Nach der Lesung setzen wir uns in der wunderbar warmen Sonne auf eine Zementmauer und beginnen zu erzählen. Wir beginnen bei Stafford und seinem Schreiben und finden dann immer mehr zu uns selbst. Ich schenke ihr ein Exemplar von »Growing into the Blue«, den Band, den ich für solche Überraschungsbegegnungen mitgenommen habe. Schon bald sind wir bei Überlegungen, was wohl Spiritualität heute bedeuten kann, und sie erzählt mir, daß sie fünf Jahre lang Nonne gewesen sei, von ihrem 18. bis 23. Lebensjahr. Aber sie mußte dieses Leben verlassen, weil es ihr zu eng war. Ich entdecke viele Ähnlichkeiten und sage es ihr. Zwei Stunden sitzen wir so, erzählen über uns selbst, unsere Ehen und Partner, über Gott und die Welt. Wir tauschen Adressen aus, und sie lädt mich noch zum Abendbrot in ihre Familie ein. Ich überlege, sage dann aber ab. Ich möchte das Gewesene nicht zuschütten mit noch mehr. Als ich zu meinem Auto zurückkomme, habe ich ein Strafmandat an der Windschutzscheibe – ich habe meine Parkuhr

total vergessen, aber 5 Dollar für ein gutes Gespräch, das ist nicht teuer. Dann verlasse ich Salem tief in Gedanken und glücklich über die Begegnung mit Carol Greer. (In Goethes »Märchen« gibt es den Dialog zwischen dem König und der Schlange:
»Was ist herrlicher als Gold? fragte der König.
Das Licht, antwortete die Schlange.
Was ist erquicklicher als Licht? fragte jener.
Das Gespräch, antwortete diese.«)

Nun stehe ich hier schon seit zwei Stunden auf einem Rastplatz südlich von Salem an dem Interstate 5, der Straße, die von Kanada bis an die mexikanische Grenze führt. Ich habe mir eine Suppe gemacht und meine innerlich gesammelten Schätze zu Papier gebracht. Meinen VW-Bus halte ich warm, indem ich die Kochflamme anhabe – sonst ist es fast zu kalt. Vielleicht mache ich auf dieser Reise öfter so detaillierte Aufzeichnungen von dem, was mir über Tag passiert ist. Das ist die wunderbare Dichte des Lebens – es beginnt nicht erst, wenn ich an meinem Ziel, in der Wüste, bin. Der Weg ist das Ziel.

Es gelingen mir sogar einige Gedichte. Ich bin überrascht über die Tiefe der Dankbarkeit in mir. Es ist jedesmal wieder ein Wunder, und ich darf zusehen, dabeisein, wenn das entsteht, das ich nicht wußte und kannte – und an dem ich doch schon mein ganzes Leben gearbeitet habe, manchmal wie verrückt, manchmal, indem ich alles Arbeiten losgelassen habe. Und da ist es, das stille, unaufdringliche Resultat. Es ist schlicht wunderbar. So füllt sich ein Leben bis zum Bersten mit nichts anderem, als was jeder hat: mit Leben.

Gültig
Es beginnt irgendwo,
du hast es nicht bemerkt,
und plötzlich befindest du dich mittendrin.
Vielleicht ist es dir zu eng,
du hast Angst und willst aussteigen.
Aber es geht nicht.
Um dich siehst du die andern,
heimisch in ihrem unverwechselbaren Leben.

Was hindert dich zu sagen,
daß du es so willst,

wie es ist,
genau wie es ist?
Und dann zu begreifen,
mit Händen und Sinnen,
daß alles, was du tust,
gültig ist.
Jetzt.

Ab heute werde ich Ulrich nicht telefonisch erreichen können, weil er in der Wüste ist. Damit fängt ein anderes Getrenntsein an.

28. März
Ich schlafe gut aus und starte erst gegen acht Uhr. Ich kämpfe immer noch mit der hartnäckigen Grippe der letzten Tage. Ich schlafe am Tag mehrere Male kurz und schaffe heute nur 937 Kilometer. Ich bin noch weit weg von der Wüste. Es ist einfach ein Riesenland, an dessen Ausmaße ich mich noch nicht gewöhnt habe, auch wenn Kanada fast doppelt so groß ist. Den ganzen Tag gehen mir die Begegnungen von gestern noch nach. Stafford stellt jetzt nach unserer Begegnung noch stärker eine andere Wirklichkeit dar. Diese Wirklichkeit ist schwer zu beschreiben. Sein Schreiben ist ganz zentral informiert von dem Empfinden, daß alles gut ist, wie es ist. Er will die Welt nicht verändern, sondern sie gedanklich durchdringen. Wobei »gedanklich« nicht irgendein logisches Erfassen bedeutet, sondern ein inneres Wahrnehmen. In seinen Gedichten sieht er erst nach außen und dann nach innen. Das reicht. Ich kenne keine deutsche Dichterin und keinen Dichter, die/der das so kann. Der Karlsruher Dichter Walter Helmut Fritz kommt dem manchmal nah. Meine Gedichte haben auch den Charakter, aber ich habe diese Art zu denken noch nicht so verinnerlicht, daß sie immer da wäre. Aber weil da soviel Ähnlichkeit ist, hat mich Staffords Schreiben in den letzten zwei Jahren so angezogen.

Im Auto, in der warmen Morgensonne, esse ich eine Orange, die noch die Kühle der Nacht in sich trägt und die Zähne schmerzen läßt. Ich bin über Karten gebeugt, um zu sehen, wo mein Weg weitergeht.

Den ganzen Tag bringe ich im Haus zu, mit Körperübungen, Mahlzeiten, Nähen bei Musik, einem Astrologie-Gespräch auf

Kassette. Mit der Außenwelt verbinden mich zwei Gespräche. Mein Innerstes ist dunkel und schwer. Ich mag nicht unter Menschen gehen.

29. März

Ich überquere die Grenze nach Kalifornien und fahre dann endlich ab von dem breiten Interstate 5 Highway und danach dann auf kleineren Straßen zu dem Gebiet, wo in guten Jahren hunderttausend Mohnblumen blühen – California Poppies, klein und orange. Es gibt sogar ein Reservat für die Blume, um sie zu erhalten. Aber ich vermute, daß es dieses Jahr nicht so gut sein wird, weil es einfach zu viel geregnet hat – dann wachsen bestimmte Gräser zu gut und ersticken die Mohnblumen. Aber ich entdecke einen kleinen Hügel, ca. vierzig Meter hoch, übersät mit owl clover, einem Klee, den es in der Wüste viel gibt, der wunderbar blaulila blüht. Erst fahre ich vorbei in der Annahme, noch besseren zu finden. Dann fahre ich wieder zurück. Ich erinnere mich an das erste Gesetz des Landschaftsfotografen: Man muß das fotografieren, was im Moment gut aussieht, es nicht verschieben. Ich fotografiere den Hügel erst nur mit meiner 6x6-Kamera, dann hole ich noch die 9x13 mit den Verstellungsmöglichkeiten. Es wird wahrscheinlich kein »winner«, aber ein durchaus brauchbares Bild. Auch wollte ich endlich mit dem Fotografieren beginnen. Ich werde sonst unruhig dabei, mit Filmen und Kameras nur durchs Land zu fahren. Abends rufe ich Waltraud an – es ist schön, diesen Kontakt zwischendrin immer wieder pflegen zu können.

Mir ist es wichtig, mein Leben über den Tod hinaus und zeitlos zu denken, immer im gleichen Alter. Ich merke oft, daß ich hinter meinem alternden Gesicht noch immer ich bin. Ich bin gewachsen, habe mich verändert, aber im Kern bin ich ich. Ich merke auch die Lebenskraft, die ich bekomme, wenn ich sage: »Es gibt keinen Tod.« Ich glaube, daß hier ein Geheimnis liegt, und das will ich noch mehr entdecken.

30. März

Ich verbringe den ganzen Tag im Joshua Tree Monument, dem Wüstenpark. Man kann hier eigentlich nur früh morgens oder kurz vor Sonnenuntergang fotografieren. Für den Morgen bin ich zu spät, weil ich noch anreisen mußte. So konzentriere ich mich auf den

Abend und fotografiere eine Felswand, deren Risse jetzt im Seitenlicht der späten Abendstunde Schatten werfen.

Ich gehe den ganzen Tag einer stillen Schwere in mir nach und verstehe sie doch nicht ganz. Vielleicht ist es auch nur die Einsamkeit, mit der ich hier meinen Fotounternehmen nachgehe. Aber ich will es kaum jemandem zumuten, diese Art zu reisen mit mir zu teilen. Wenn ich an die Einsamkeit denke, dann immer im tieferen Sinne – die großen Schwierigkeiten der Gefangenschaft, in der eigenen Haut zu stecken und sie nie wirklich verlassen zu können.

Immer wieder verlange ich mir zuviel ab. Ich weiß, daß ich besonders froh bin, wenn ich mich kreativ betätige. Darum kann ich dann manchmal kaum aufhören, zu fotografieren oder zu schreiben. Aber so bringe ich mich auch in eine Zwickmühle. Wenn ich glaube, genau das richtige Maß gefunden zu haben und zufrieden sein zu können, werde ich gierig und meine, ich hätte mehr leisten können, und schon wieder bringe ich selbst mich um meine Zufriedenheit. Aber ich gebe nicht auf, mich zu ändern.

Ich lese Staffords Gedichte, und erst später, als ich darüber nachdenke, merke ich, daß ich in jedem Gedicht erneut nach einer Zeile suche, die mich retten könnte. Retten heißt, Zusammenhänge deutlich machen. Und wenn ich schreibe, habe ich ein ähnliches Ziel.

Menschen zu erleben ist mir immer wieder das Schönste, was es gibt. Es sind nicht auffallende Menschen oder gewisse Größen, die ich suche. Mich faszinieren die alltäglichen Wendungen, das Originelle an einem Menschen, vielleicht auch das Verborgene und das Stille.

31. März
Um 5 Uhr 30 ist der ganze Himmel getönt, und ich bin schnell aus meinem Schlafsack, um nach einem Vordergrund für ein Sonnenaufgangsbild zu suchen. Ich fotografiere Sonnenauf- und -untergänge nicht besonders gern, tue es aber trotzdem immer in der Hoffnung, daß etwas Besonderes dabei herauskommt. Heute finde ich gewaltige Felsen, die übereinandergetürmt daliegen und den blauen Himmel durchscheinen lassen. Es macht mir viel Spaß, diese fast abstrakten Formen zueinander zu stellen in einer Bildkomposition.

Zum Sonnenuntergang fotografiere ich noch mal die Felsen, die ich gestern abend schon aufgenommen habe. Sie erinnern mich an Gemälde von René Magritte. Als ich fast fertig bin, läuft und klettert mir ein Mann ins Bild. Ich rufe ihm zu, er möge die Arme ausbreiten, und so fotografiere ich ihn aus etwa sechzig Meter Entfernung auf der Felswand. Er hilft mir, meine Kameras zum Auto zurückzutragen und lädt mich zu einem Feuer bei seinem Camper ein. Er erzählt mir von seinem Leben, von seiner Scheidung, seinem Versuch zu schreiben. Am meisten beschäftigt ihn ein Tumor in seiner Niere. Die Ärzte meinen, es sei Krebs. Er hat hier in Joshua Tree die letzten fünf Monate in seinem VW-Bus gewohnt. Er sagt, er ziehe Unglück an. Ich frage ihn viel, und er erzählt gern. Am Ende des Abends merke ich, daß er mir keine einzige Frage gestellt hat. Er heißt Tom.

Der Ranger des Parks, Tom und ich reden über die Landschaft und schwärmen von den Blumen. Wäre das in Deutschland möglich – dieser Enthusiasmus erwachsener Männer für eine Landschaft?

Ich verbuche es als eine Art Erfolg, daß ich heute nicht weitergefahren bin und mir Zeit gelassen habe bei diesen schönen Steinen. Morgen will ich aber wirklich nach Anza Borrego.

Irgendwann fing ich an zu überlegen, ob ich mich als »Hausfrau« ausnutzen lasse. So im Sinne der allgemeinen Emanzipation fing ich an, manches nicht mehr zu tun. Dann merkte ich, daß ich mir ja selbst mehr damit nehme, als ich gewinne. Ich packe gern, räume gern um und gestalte gern die Wohnung. Auch alles, was mit den Kindern zu tun hatte, gab mir Erfüllung. Ich mag diese Arbeiten. Das habe ich erst richtig gemerkt, als ich sie nicht mehr im gleichen Maße tat. Ich mußte mich dann noch gründlicher fragen, was ich, Waltraud, will und mag, anstatt mich einerseits danach zu richten, was »Frauen tun sollen«, oder andererseits gegen etwas zu rebellieren, nur weil es angesagt war. Beides kann von außen geleitet sein, und genau das will ich nicht.

april

1. April

Ich bin wieder früh auf und fahre in die aufgehende Sonne hinein. Frühstücken kann ich an einer richtigen Oase, wie ich sie mir immer vorgestellt habe. Eine Quelle speist ein kleines Tal mit zwanzig bis dreißig Meter hohen Palmen, und überall höre ich Vögel. Das Hintergrundgeräusch ist das Gluckern des Wassers.

Am späten Vormittag bin ich in Borrego Springs in dem Wüstenpark Anza Borrego, Kaliforniens größtem Park. Ich habe mir etwas Genaues vorgestellt, und mit allem, was ich über die Gegend gehört habe, ist mein Bild kompletter geworden. Es war eine Wirklichkeit in mir, und jetzt ist alles ganz anders. Ich merke, wie ich auch jetzt noch nicht bereit bin, mich von meinem Bild zu trennen. Ich suche immer weiter nach dem, was ich mir vorgestellt habe. Es ist mir wie ein Sinnbild. So geht es uns auch mit Menschen. Sie leben anders, als wir sie uns vorgestellt haben, aber wir wollen es nicht wahrhaben.

Ich fotografiere wenig. Die Wüstenblüte ist wirklich enttäuschend dieses Jahr. Der Regen hat die Samen weggeschwemmt. Im Visitor's Center ist der Besucherandrang sehr groß. Mir sind das schon wieder zu viele Menschen. Bald bin ich wieder in der Natur. Einige Ocotillo-Kakteen reizen mich mit ihren roten Blüten gegen den blauen Himmel. Später zieht eine dünne Wolkenschicht an. Außerdem bläst der Wind ständig, und das Fotografieren von Blumen ist fast unmöglich.

Ich habe heute unterwegs drei Grapefruits direkt vom Baum am Straßenrand gepflückt. »Mundraub« haben wir das früher genannt. Ich esse sie wie Orangen, und sie schmecken wunderbar.

In der Wüste

Daß die Leere so voll ist,
erschreckt mich manchmal.
Als traute ich ihr nicht zu,
das zu sein,
was sie unabänderlich ist.
Als hätte ich Angst,
verlorenzugehen
für mich selbst.

Die Geschichte eines großen unterirdischen Stromes schreiben, der ab und zu nach oben kommt und die Menschen beglückt und versorgt. Kindergeschichte für Erwachsene.

Ich denke gerade daran, wie wir im Januar 1992, kurz vor meiner zweiten Abreise nach Deutschland, ein fast noch fremdes Ehepaar bei uns zu Besuch hatten. Wir sagten ihnen, daß ich wieder allein nach Deutschland gehen würde. Der Mann, etwa 70, riet mir sehr besorgt ab. Wir sollen doch nicht so getrennt leben. Ich freute mich über seine Besorgnis. Ich spürte sein mitfühlendes, weiches Herz, versuchte aber trotzdem, ihm zu erklären, was die Trennung für uns bedeutet. Am nächsten Tag rief er an, um sich zu entschuldigen. Er hätte doch gar kein Recht, seine Nase in unsere Angelegenheiten zu stecken. Ich dankte ihm aber dafür, daß er es tat. Und als ich heute an ihn dachte, wurde es mir ganz warm, einfach wegen der Tatsache, daß er Ulrich und mich weiter zusammen sehen möchte.

2. April

Ich versuche, fotografisch etwas aus dieser fast blumenlosen Wüste zu machen. Es ist schwer. Kurz nach Sonnenaufgang gelingen mir einige Hügel mit Seitenlicht. Das war allerdings nicht das, wofür ich über zweitausend Kilometer gefahren bin. Es ist einfach ein schlechter Frühling. Ich entschließe mich, in den Süden von Arizona zu fahren, um wenigstens gute Saguaro-Kakteen aufnehmen zu können. Am Nachmittag komme ich auf meiner Route nach Arizona an dem Algadone-Dünengebiet vorbei und fotografiere zwei Stunden lang in den großen Sanddünen. Es ist nicht sehr windig, sonst würde ich es nicht wagen – der fliegende Sand kommt in die Objektive, und schon nach kurzer Zeit knirscht alles. Auf einer Düne ziehe ich meine Wanderschuhe aus und fotografiere sie auf der ansteigenden Düne mit dem blauen Himmel dahinter. Ich hätte Lust, ein Heft zu machen mit dem Titel: »Wenn dein Herz eine Wüste ist.«

Am Nachmittag rufe ich den Fotografen Jack Dykinga in Tucson, Arizona, an, mit dem ich letztes Jahr schon unterwegs war. Er erzählt mir, daß er selbst schon fast überall war, wo es normalerweise eine gute Wüstenblüte gibt, und auch nichts Rechtes gefunden hat. Ich muß das erst überwinden, nachdem ich mich zu Hause sozusagen losgerissen habe zu dieser Reise. Aber das ist manchmal das Los des Landschaftsfotografen. Ich muß nun alles umstellen. Ich werde besser in die Canyons mit ihrem wunderbaren Licht reisen und hoffe, daß es da dann nicht gerade regnet.

Ich will mich von dem Gedanken lösen, daß meine Zeit so kostbar ist. Das ist sie zwar, und das ist auch mein Erlebnis und mein Gefühl, je älter ich werde. Aber ich vermiese mir mit der Einstellung zuviel. Alles wird so wichtig, und es entsteht ein Druck dadurch. Dabei würde ich jetzt zu Hause vielleicht auch einige Tage nichts tun. Warum nicht souverän einige Rückschläge auf dieser Reise einstekken? Ich will es lernen – kann es schon besser als vor einigen Jahren.

Ich habe schon wieder das Bedürfnis, Waltraud anzurufen. Ich bin einsam. Aber dann müßte ich bis 23.00 Uhr aufbleiben, um sie in Deutschland nicht zu wecken, und hier auf der Reise bin ich meistens schon um 21.00 Uhr im Schlafsack – zu einer Zeit, wo ich zu Hause erst richtig mit der Arbeit beginnen würde.

Die unwichtigen Gedanken locken manchmal die wichtigen Gedanken hervor. Es ist darum wichtig, die unwichtigen Gedanken ernst zu nehmen. Vielleicht gibt es für die wahrhaft Erleuchteten keine Rangordnung der Gedanken mehr.

Ich fahre durch die kleinen Orte Wellton, Tacna und Mohawk, die so aussehen wie alle anderen Orte hier im Wüstenwesten. Aber dies ist eine besondere Gegend. Hier versuchen seit Jahren, Nacht für Nacht, Mexikaner in das gelobte Land zu gehen. Sie starten zwischen 50 und 100 Kilometer südlich in Mexiko, je nachdem, in welchen Winkel sie auf den Interstate Nr. 8 im Norden zugehen. Hier gibt es keine Straßen, keine Grenzposten, eigentlich nichts Menschengemachtes. Sie beginnen früh morgens oder auch abends, bepackt mit Wasser und etwas Essen, und gehen und gehen, gegen die heiße Sonne, gegen die Klapperschlangen und gegen die hoffnungslose Verarmung in ihrem Land. Manche schaffen es, manche verdursten, manche werden von Schlangen gebissen, manche gehen verloren, manche werden geschnappt, nachdem sie es durch die Wüste geschafft haben. Sie werden zurückgeschickt und versuchen es vielleicht irgendwann wieder. Von einem Mann wird berichtet, daß er es mit seinem Sohn und seinem Neffen versuchte. Die beiden Jungen starben auf der Wanderung. Er wurde geschnappt und zurückgeschickt. Eine Woche später wurde er wieder geschnappt – diesmal war er mit einer jungen Frau unterwegs. Inzwischen hat man ihn fünfzehnmal zurückgeschickt. Jede Nacht sind neue unterwegs. Anfang der achtziger Jahre waren es schon 250 pro Monat. Jetzt werden es viel mehr sein. Über die, die verdursten, erscheint selten etwas in der Zeitung – sie gehören zu den Statistiken, die zwischen armen und reichen Ländern existieren. Es sind Mexikaner, und Mexiko ist ein Land der dritten Welt. Die Schätzung ist, daß in den letzten zehn Jahren wenigstens 200 es nicht geschafft haben. Die amerikanischen Patrouillen, die die Gegend absuchen, sind auch wenig interessiert, die Leichen zu finden. Die billigste Beerdigung kostet den Staat immer noch 500 Dollar.

Beate kommt mich besuchen. Dies ist unsere erste richtige Begegnung. Sie ist einundzwanzig Jahre jünger als ich. Der Altersunterschied ist unwichtig, und wir finden schnell zueinander. Es gibt eigentlich nichts Schöneres als die Begegnung und ein gutes Gespräch mit einem anderen Menschen.

3. April

Ich bin den ganzen Tag im Organ Pipe Cactus Monument im Süden von Arizona. So wie hier habe ich die Wüste nicht gekannt. Am schönsten ist es, abends in die Ajo Mountains zu fahren und die Hänge mit Kakteen in der untergehenden Sonne zu sehen. An einem Hang komme ich neben einem fotografierenden Paar zu stehen und meine, sie von Bildern zu erkennen. Ich frage sie, ob sie das Ehepaar Ulrich sind. Sie bejahen. Larry Ulrich ist einer der bekanntesten Fotografen Nordamerikas. Ich habe zu Hause seine Bücher und habe sie schon oft durchgeblättert. Seine Frau ist dafür bekannt, daß sie ihren Mann überallhin begleitet und ihm hilft, sein Großbild-Kamerazeugs zu tragen. Wir sind auf dem gleichen Campingplatz, und sie laden mich ein, sie später zu besuchen. Es sind noch zwei andere Fotografen/Schriftsteller mit den Ulrichs. Der eine arbeitet für National Geographic. Der andere hat gerade ein Buch über den Alaska Iditarod (das jährliche Schlittenhundrennen) geschrieben. Er ist erst vor vier Tagen per Flugzeug aus Alaska gekommen und muß sich noch eingewöhnen. Wo er wohnte, ist es noch zwanzig oder dreißig Grad unter Null. Hier ist es bereits dreißig Grad über Null. Nach dem Essen fragt Tom, der in Flagstaff, nicht weit vom Grand Canyon, wohnt, warum die Deutschen, wenn sie hier unterwegs sind, so wenig glücklich und zufrieden aussehen, als würde es ihnen nicht gefallen. Ich versuche ihm zu erklären, daß Deutsche (eine schreckliche Verallgemeinerung) in einer Art kindlichen Begeisterung und Freude fast eine Schwäche sehen und es für sie wichtig ist, sich darum nicht zu sehr zu begeistern.

An dem Abend mit den anderen Fotografen habe ich oft darüber reflektiert, wie weit ich wohl zu ihnen gehören könnte. Sie kennen sich natürlich untereinander, haben ihre eigenen Witze, sind alle Fotografen, die viel in der Welt herumkommen. Wie kann ich dazugehören, wenn ich nicht Amerikaner bin? Und daran schloß sich die Grundüberlegung an, daß wir viel Zeit damit zubringen, darüber nachzudenken, ob wir dazugehören, wo wir sind, eine jede und ein jeder von uns.

Beim Wandern durch die Landschaft muß ich sehr auf die Kakteen achten. Trotzdem ist es heute zweimal passiert, daß mich ein Teddybär-Cholla-Kaktus »angegriffen« hat. Die Stacheln sind spitzer als eine Stecknadel und so schnell so tief in der Haut drin, daß ich einige nur mit einer Zange entfernen konnte. Das Blut strömte nur so den Arm hinunter. Die Cholla pflanzen sich fort, indem ein Stück des Kaktus abbricht und mitgenommen wird, von mir oder von einem Tier, und dann dort anwächst, wo es hinfällt. Sie werden auch »Jumping Cholla« genannt, weil sie einen fast anspringen, wenn man vorbeigeht.

Als ich im Dunkeln zu meinem Campingplatz zurückkehre (es ist das erste Mal in zehn Tagen, daß ich bezahlen mußte), ist mein Platz belegt von zwei deutschen Frauen in meinem Alter, die ein Jahr lang in Nordamerika unterwegs sind. Wir teilen uns den Platz.

Larry und Donna Ulrich erzählen, daß sie eine Reihe Freunde eingeladen haben, mit ihnen in kleinen Ruderbooten den Colorado durch den Grand Canyon zu fahren. Das würde mir auch Spaß machen.

Heute kann ich nichts schreiben, keine Beobachtung formulieren, auf nichts eingehen. Mir fällt nichts ein, was wert und passend wäre, aufgeschrieben zu werden. Ulrich sagte mir vor einigen Tagen, er laufe auch auf dem Trockenem. Nichts mehr in der Hand zu haben, hat auch seinen Sinn, im Loslassen und im Ausruhen.

4. April
Viel gewandert und gefahren und sicherlich hundert Bilder geschossen und von keinem Jumping Cholla angefallen worden. Ein guter Tag.

Was für ein Wahnsinn, daß wir die Wüste unbedingt zu einer für uns bewohnbaren Landschaft machen wollen. Wüste soll Wüste bleiben. Unsere Vermessenheit, daß wir die Wüste »blühen« machen wollen, als blühte sie noch nicht. In der Sonoran-Wüste, in der ich jetzt bin, gibt es eine Fledermausart, die Tadarida brasiliensis mexicana. In einer Höhle, nicht weit von hier, gibt es noch 25 000 Mexican freetails – so werden sie hier genannt. Aber 1965 gab es nach guten Schätzungen in der gleichen Höhle zwischen fünfzig und hundert Millionen Fledermäuse. In weniger als fünf Jahren waren sie auf 25 000 reduziert. Zwischen fünfzig und hundert Millionen sind durch unsere Pestizide umgekommen. Es soll damals ein gewaltiges Schauspiel gewesen sein, die Fledermäuse jeden Abend aus der Höhle fliegen und morgens wieder zurückkehren zu sehen. Es dauerte drei Stunden für den Auszug und drei Stunden für die Rückkehr. Der Himmel war dunkel von Fledermäusen. Sie fingen pro Nacht etwa zwanzig Tonnen Insekten und leisteten so einen wichtigen Beitrag. Durch unsere Dummheit haben die Fledermäuse und viele andere Tiere (hundert Gattungen sterben jeden Tag aus) leiden müssen. Fledermäuse sind Säugetiere, Warmblüter wie wir. Es gibt eine Reihe Pflanzen, einige Kakteen, Bananen, Pfirsiche, die nur durch Fledermäuse befruchtet werden können.

Ich stehe unter einem klaren Wüstenhimmel und rede mit Waltraud am Telefon. Schön.

Ein Traum: Ich bin in einer Gruppe unter Freunden und fühle mich wohl. Mein Vater kommt dort hinein und soll sprechen. Ich finde das gut. Er wird gern gehört. Dann höre ich ihn sagen: »Tochter, segne mich!« Ich bin verwirrt und verstehe zuerst, daß er mich segnen will. Das will ich nicht, und ich ziehe mich zurück in eine stille Verzweiflung. Dann fällt mir auf, was er ja wirklich gesagt hat. Ich nehme diese Aussage langsam in mir wahr und kann wieder froh auf ihn zugehen. »Mein Vater will, daß ich ihn segne.« Hier endet der Traum. Für mich stimmt das Ende. Meinen Vater segnen, das kann ich, und das tue ich gern. Ich glaube, hier öffnet sich mir ein neuer Zugang zum Mann.

5. April

Ich stehe an einem Felsenberg, umgeben von Kakteen: Cholla, Saguaro, Ocotillo, Organ Pipe und dem gelben Brittlesbush, der so aussieht wie kleine Sonnenblumenbüsche. Es war bis jetzt absolut windstill, aber mit der aufgehenden Sonne beginnt die Luft sich zu bewegen. Ich sehe es in den sich bewegenden Blumenblüten und in dem Paloverdebaum mit seiner grünen Rinde. Die Pflanzen reagieren auf den leichtesten Luftzug. Wir müßten ganz stillstehen und uns konzentrieren, um ihn wahrzunehmen.

Ein Kaktus, auf den ich im Papago Indianerreservat zufahre, wirkt bis zum letzten Moment wie ein alter gebeugter Mann. Saguaro-Kakteen kommen mir in diesen Tagen sowieso immer wieder sehr menschlich vor, besonders die umgestürzten.

Weil der Himmel wieder eine hohe, dünne Wolkendecke hat, fotografiere ich wenig und entschließe mich, nach Tucson zu fahren und den Fotografen Jack Dykinga und seine Frau zu besuchen. Ich lade die beiden zum Essen ein, und wir lernen uns besser kennen. Jacks Fotografien sind so gut, daß sie mich manchmal einschüchtern – etwas, was ich versuche zu verstehen. Ich kämpfe dann mit dem Gefühl, mittelmäßig zu sein, wenn ich doch gern wirklich gut wäre.

Tagebuch schreiben und veröffentlichen ist für mich eine riskante Sache. Ich gebe so leicht Dinge von mir, die man gewöhnlich geheimhält. Mir scheint aber der Zusammenhang und der Sinn zu fehlen, wenn ich solche Dinge nicht auch aufschreibe. Ich habe manchmal Bedenken wegen der Kritik, die kommen kann. Es hilft mir, daß ich zusammen mit Ulrich schreibe, und auch der Gedanke, daß unsere Lektorin alles durchliest.

6. April
Ich bin kurz nach Sonnenaufgang an einigen Steinen, die von den Papago-Indianern, die hier in der Gegend um Tucson zwischen 900 und 1400 v. Chr. gelebt haben, bemalt und geritzt wurden. Keiner weiß, welchem Zweck sie dienten, ob sie ein Teil der Riten waren oder ein persönlicher, vielleicht künstlerischer Ausdruck eines Indianers, oder ob sie etwas anderes bedeuten. Ich fotografiere zwei der Spiralen, die einen Durchmesser von etwa 70 cm haben, und ziehe dann mit einem Finger die Spirale von außen nach innen und dann von innen nach außen nach. Das sind die zwei großen Wege, die wir immer wieder gehen. Ich wünsche mir, daß etwas Energie durch diese Handlung zu mir fließt. Im Hintergrund höre ich Kojoten. Ihr Heulen ist die akustische Untermalung für das, was ich sehe.

Als ich von Tucson nach Norden fahre, sehe ich plötzlich neben der Straße das Schild BIOSPHERE 2. Ich habe davon gehört, und es interessiert mich, die ganze Sache zu sehen. So mache ich den kurzen Abstecher. Biosphere 2 ist ein Experiment. Man versucht, in einem total abgeschlossenen Raum ein sich selbst versorgendes System zu entwickeln. Zur Zeit sind acht Menschen, vier Männer und vier Frauen, bereits seit achtzehn Monaten in ihrer eigenen Welt. In großen Gebäuden, zumeist mit Glasdächern für Solarenergie, hat man fünf Klimazonen der Welt nachgebildet und sie mit entsprechenden Pflanzen und Tieren besetzt. Insgesamt gibt es 3800 Spezies. Die acht Menschen haben einen großen Garten angelegt, in dem sie alles anbauen, was sie brauchen. Alles Wasser wird recycelt. Es geht also nichts in diese Biosphäre hinein, und es kommt nichts heraus. Man hat ihr die Nummer zwei gegeben. Unsere Erde ist die Biosphäre 1. Unser ganzer Planet ist ein auf sich gestelltes System. Wenn das Experiment gelingt, dann wird man es vielleicht einmal im Weltenraum einsetzen. Das Ganze hat etwas sehr Futuristisches. Der Grundgedanke gefällt mir: die Welt als Einheit zu sehen, in der alles mit allem verbunden und voneinander abhängig ist. Es hat bisher etwa 150 Millionen Dollar gekostet, wird aber privat finanziert. Nach etwa fünfzehn Monaten hat es ein Problem gegeben. Der Sauerstoffgehalt der Luft ist auf 14% gesunken, anstatt bei ca. 21% zu sein. Die acht waren nach einiger Zeit fast nicht mehr fähig, ihren

Arbeiten nachzugehen. Bei 14% Sauerstoff ist es, als wenn man auf etwa vier- bis fünftausend Meter Höhe wohnt. So wurde Sauerstoff in das geschlossene System gepumpt.

Ich habe heute meinen ersten Kojoten nicht nur gehört, sondern auch gesehen, diese Tiere, mit denen ich mich auf merkwürdige Weise verbunden fühle. In meinem Studierzimmer hängt ein großes Plakat mit einem Kojoten, der direkt in die Kamera sieht und weise auf mich wirkt.

Bei der einfallenden Dunkelheit habe ich am Gila River in einer sehr einsamen Gegend angehalten. Ich merke, daß mir dabei immer nicht so ganz wohl ist – wirklich in der Wildnis zu stehen wäre kein Problem. Aber hier könnten irgendwelche Verrückten vorbeikommen und jemanden im erleuchteten Camper sehen und sich einen »Spaß« mit mir erlauben. Wenn ich aber die Tür aufmache und mehr Kontakt nach außen habe, besonders mit der Landschaft, dann ist es leichter. So sitze ich jetzt in der offenen Seitentür, und über dem Fluß geht der Mond auf.

Bei einer Geburtstagsfeier begegne ich einer Runde Menschen aus dem Dorf. Ich mag solche Gelegenheiten, den Menschen näherzukommen. Ich bin normalerweise zurückhaltend. Der Dialekt, in dem man sich hier im Dorf unterhält, ist erfrischend und heiter, selbst wenn es ernst wird. Mir tut es immer wieder wohl zu erleben, wie die alten Leute überall im Dorf dazugehören. Mir macht es Spaß, wie ein alter Herr seine vielen verschlüsselten Fragen an mich richtet, mit denen er versucht, über Ulrich und unsere Beziehung zueinander Auskunft zu bekommen.

7. April
Ich spüre, daß sich durch diese langen Reisen etwas in mir entwikkelt. Allein durch die Zeit der Stille, der Sammlung und auch des Aufgehens in der Landschaft entwickele ich eine größere Fähigkeit, in Beziehung zu leben. Auch glaube ich, daß ich auf die Beziehungen, in denen ich lebe, empfindsamer reagiere und sie mit mehr Respekt angehe. Ich komme aus der Stille in die Begegnung, und die Begegnung ist eingebettet in diese Stille und dieses Sorge-Tragen. Ich glaube, daß es nicht möglich ist, hektisch zu leben, immer verplant zu sein und darin dann noch wirklich empfindsam Beziehung

zu gestalten. Wenigstens ist es für mich nicht möglich. Ich habe heute morgen einen ganz ruhigen Anfang gehabt, habe das Morgenlicht genossen, ohne zu fotografieren, habe Musik gehört und gelesen und bin immer wieder mit dem Blick über die Landschaft geschweift.

Sehnsucht nach Weisheit

Ich bin froh, daß ich auf dieser Reise bisher noch kein Tier überfahren habe, was hier leicht passieren kann. Es gibt so viele Hasen, jack rabbits, besonders im Organ Pipe National Monument. Da springt alle paar hundert Meter ein Hase vor dem Auto über die Straße oder läuft auch zwanzig oder dreißig Meter hakenschlagend vor dem Auto her.

mich ständig befreien von den freiwillig gesteckten Zielen

Gerade hatte ich die vorletzte Eintragung gemacht, als ich auf der Gegenfahrbahn wieder ein totes Tier sah. Ich zwang mich umzukehren, um das Tier von der Straße zu räumen. Ich »zwang« mich, weil es mich immer tief trifft, weil ich Tiere als unschuldig ansehe und außerhalb stehend von dem, was für uns gilt, und trotzdem werden sie durch unsere Handlungen so direkt betroffen. Als ich zurückfuhr und neben dem toten Tier hielt, sah ich die Böschung hinunter an einem sonnigen Platz einen Kojoten liegen, eingekringelt, außerhalb der Sicht der vorbeifahrenden Autos. Leider sprang er sofort auf, als ich anhielt. Er lief ein paar Meter, hielt dann inne und sah mich an. Dann ging er die nächste Böschung hinunter. Ich fuhr dreißig Meter weiter, um ganz von der Straße herunterzukommen, und ging ihm vorsichtig nach. Da stand er still. Ich redete freundlich sanft mit ihm und streckte meine Hand vorsichtig aus. Aber er lief davon und verschwand in einem kleinen Gebüsch, wovon es hier viele gibt. Es gelang mir nicht, die Kommunikation mit ihm aufzunehmen. Dann räumte ich das tote Tier von der Straße, es war ein Hase, der schon steif war. Ein Lauf war gebrochen, und sicherlich ist er an innerlichen Verletzungen gestorben. Als der Wind durch das Fell blies und ich ihn streichelte, sah er noch fast lebendig aus. Die wunderbar großen Ohren leuchteten rosa, als die Sonne durch sie schien. Dann ging ich die Böschung hinunter zu der Stelle, wo der Kojote gelegen hatte. Ich kniete mich nieder und versuchte ihn noch zu riechen, da er doch erst vor zwei oder drei Minuten hier gelegen hatte. Aber ich roch nur das Gras. Dieser Sinn ist uns in dieser Differenziertheit verlorengegangen. Ich wünsche mir oft, daß wilde Tiere spüren könnten, daß ich ihnen nichts Übles will. Ich spreche einen Wunsch in die warme Luft:

»Mögen wir uns versöhnen miteinander,
Mensch und Tier,
Land und Wasser,
Himmel und Erde,
das Alte und das Neue
und Mensch und Mensch.«

An der Straße sehe ich ein Schild, das darauf hinweist, daß man jetzt auf ein Apachen-Reservat fährt, und etwas später dann ein großes Schild, auf dem ein MacDonald's-Schnellimbiß soundso viele Meilen weiter angekündigt wird. Wieviel Geld sie wohl den Indianern gegeben haben, um das Schild dort aufrichten zu dürfen? Eine subtile Entwürdigung.

Ich habe heute fast den ganzen Tag im Salt River Canyon zugebracht. Jack Dykinga in Tucson hatte ihn mir als »kleinen Grand Canyon« empfohlen. Dabei ist mir folgendes passiert: Nach etwa fünf Kilometern schlechter Straße auf dem Apachen-Reservat kam ich an einen Fluß, vor dem man mich schon gewarnt hatte. Er war durch den überdurchschnittlichen Regenfall so angeschwollen, daß er die Straße weggewaschen hatte. Wenn man weiter in den Canyon wollte, mußte man ihn durchqueren. Ich hielt zunächst, watete durch den Fluß, um zu sehen, wie tief er und wie stark die Strömung war, und meinte, daß mein Wagen es nicht schaffen würde. Dann aß ich etwas, fotografierte, merkte aber die ganze Zeit, daß ich innerlich total mit der Durchquerung des Flusses beschäftigt war. Das Wasser reichte mir bis zum Knie, war etwa 45 Zentimeter tief, und die Strömung war recht stark. Ich beobachtete Lastautos, die ihn durchquerten. Ich wußte, daß, wenn ich hier steckenbliebe, es eine sehr kostspielige und aufwendige Sache sein würde, wieder herauszukommen. Der nächste Ort wäre Globe, und ob es da überhaupt einen Abschleppwagen gab, wußte ich nicht. Aber plötzlich, nach etwa eineinhalb Stunden, war ich soweit, setzte mich ins Auto, steuerte schräg gegen die Strömung in einem Fährenwinkel und fuhr durch.

Dabei war es nicht so sehr eine Mutprobe für mich, das Auto mußte ja die Arbeit leisten, sondern es ging mir darum, zu wissen, was ich dem Auto zumuten konnte, auch für zukünftige Fälle. Es ging alles problemlos, auch auf dem Rückweg. Danach fühlte ich mich doppelt wohl. Das Stück des Canyons, das ich durch die Durchquerung zu sehen bekam, war besonders schön.

Ich übernachte auf etwa 2000 Meter Höhe. Heute nacht wird es kalt werden.

Hin und wieder überlege ich lange, was ich wohl zu einem gewissen Treffen tragen könne. Am wohlsten ist mir da, wo ich von vornherein weiß, man gibt kaum etwas auf Kleidung. Die Frauen, die auf Tagungen in schlichter Kleidung erscheinen und drei Tage ständig dasselbe tragen, tun mir gut, und ich finde sie mutig.

8. April
Meine Vermutung hat gestimmt. Beim Aufwachen sehe ich, daß meine Fenster innen zugefroren sind. Ich komme hier immer höher, und die Vegetation nimmt zu. Hier gibt es mehr Niederschlag, und dann wachsen Kiefern und etwas höher sogar Espen.

Weil ich seit einer Woche Schwierigkeiten mit einer Kamera habe, fahre ich heute nach Phoenix zu einer Reparaturwerkstatt. Der Chef ist ein Deutscher, der 1958, achtzehn Jahre alt, ausgewandert ist. Er ist hier heimisch geworden und könnte weder in Deutschland noch sonstwo außerhalb der Wüste wohnen, sagt er mir.

Phoenix verlasse ich, so schnell ich kann – mit Großstädten möchte ich auf dieser Reise so wenig zu tun haben wie möglich. Mich zieht es zum Oak Creek Canyon, weiter im Norden von Arizona. Zum Sonnenuntergang bin ich in Sedona und habe gerade noch genug Zeit, um einige der gewaltigen Sandsteinformationen zu fotografieren. Sedona hat sich verändert in den fünfzehn Jahren, seitdem ich das letzte Mal hier war. Es hat mehr Geschäfte, vierzig Kunstgalerien und viel mehr Menschen. Der Schweizer Surrealist Max Ernst hat vor über fünfzig Jahren gesagt, daß er nur an zwei Orten der Welt wohnen möchte: Paris und Sedona. Es ist auch wunderbar gelegen, und einige New-Age-Leute glauben, daß hier ganz besondere Energiepunkte des Planeten liegen. Viele

Filmstars haben hier ein Wochenendhaus. Man sagt, daß von den etwa 12 000 Einwohnern 1500 Millionäre seien.

Ich parke mein Auto auf einem Berg, mit dem Blick auf die Stadt, und höre beim Einschlafen immer wieder die Musik der Kojoten.

Ich bin in der Nähe von München zu einem Meditationswochenende. Etwas abgespannt und unruhig komme ich bei Gerda an, bei der ich übernachte. Sie empfängt mich mit beruhigender Musik, mit Tee und viel Wärme. Ich brauche mich auf keine anstrengenden Gespräche einzulassen. Ihre Wohnung lädt mich förmlich ein zur Entspannung und Ruhe. Kurz darauf kommt Hans Gerhard, dem ich das erste Mal begegne. Er hat eine ähnliche Vergangenheit wie ich, ist im Pietismus aufgewachsen, hatte eine Ausbildung als Theologe, kam in eine Glaubenskrise und sattelte um auf Psychologie in seiner Suche nach einer neuen Spiritualität. Unsere ähnliche Vergangenheit bringt uns schnell in ein gegenseitiges Verstehen. Glücklich gehe ich schlafen.

9. April

Ich bin früh auf, um an einer Jeep-Tour teilzunehmen. Brenda fährt mit ihrem rosa Jeep die unmöglichsten Wege oder auch nur über nackte Felsen. Sie erzählt uns, wie viele Reklamefilme hier schon für Geländewagen geschossen wurden. Um neun Uhr sind wir wieder zurück, und ich widme mich dem hellstämmigen Bergahorn, den es hier überall gibt, aber ich merke, daß ich ausgepumpt bin. Ich weiß, daß diese Reisen anstrengend sind, will es aber immer wieder nicht wahrhaben.

Roop Verma aus New York leitet die Meditationen und spielt hin und wieder auf seiner Sitar. Nach der ersten Sitzung gehen wir alle stillschweigend essen. In Stille verzehren wir die Mahlzeit. Das kam meinem Wunsch entgegen. So habe ich mir das Essen in Gruppen schon oft gewünscht, so ein stilles Miteinander, wenn Menschen sich noch nicht gut kennen. Ich führe so ungern Gespräche beim Essen mit Menschen, die ich gerade erst kennenlerne. Wenn essen, dann essen. Wenn reden, dann reden.

10. April

Ich wandere heute den westlichen Arm des Oak Creek entlang. Auf dem Rückweg entdecke ich eine Felswand, die im Schatten liegt.

Hier packen die meisten ihre Kameras wahrscheinlich nicht mehr aus, aber die Wand ist zauberhaft, gerade im Schatten. Dadurch gibt es sehr intensive Blau- und Silbertöne. Das könnte das bisher schönste Foto der Reise werden.

Am Nachmittag bin ich in den San-Francisco-Bergen bei Flagstaff. Ich erinnere mich an die weißstämmigen Espen in diesem Gebiet. Ich fahre so hoch ich kann, auf fast 3000 Meter, und laufe dann im Schnee zwischen den weißen Espen mit dem tiefblauen, fast violetten Himmel dahinter. Es ist ein Fest für die Augen. Und für die Seele. Als ich eine abgelegene Straße versuche, geht es bald wegen Schnees nicht weiter. Als ich umdrehen will, kommt mir eine Frau von vorn entgegengelaufen und sagt, daß sie und ihre zwei Begleiter im Schnee steckengeblieben sind und ob ich sie mitnehmen könnte. Sie müssen ihren Truck stehenlassen, und ich fahre sie die sechzig Kilometer nach Flagstaff zurück. Damit ist meine Reiseroute entschieden. Ich fahre nicht an den Südrand des Grand Canyon, sondern nach Page, mit dem Umweg über Sunset Crater.

Ich merke, wie in den letzten Tagen das Tagebuchschreiben durch das Äußere verdrängt wird. Das Erleben wird vorrangig, und zum Reflektieren ist kaum noch genug Energie übrig. Allerdings habe ich heute beim Autofahren immer wieder an einem möglichen Roman gesponnen: Ein deutscher Fotograf um vierzig reist durch den Südwesten der USA und nimmt eine dreißigjährige Amerikanerin mit. Sie reisen zwei Wochen zusammen, und der Roman beschreibt, was sich da ereignet und wie der Deutsche sich verändert. Seit vielen Jahren beschäftigt mich schon die Begegnung zwischen dem alten Europa und dem neuen Amerika.

Roop Verma sprach über ein interessantes Phänomen. In den Bergen in Indien hätten Menschen schon seit Hunderten von Jahren durch ihr Meditieren Energien hinterlassen. Dadurch seien die Berge nun voll gespeichert davon. Wenn er dort hingeht, kommt er schon in eine meditative Stille, wenn er sich noch gar nicht hingesetzt und darauf eingestellt hat. Die höheren Schwingungen würden ihn gleich mitnehmen und ihn in den Zustand tiefer Meditation bringen. Er meint, wir im Westen könnten uns auch solche Orte schaffen.

11. April

Ostersonntag. Ich muß schmunzeln über Waltraud und mich. Ich krabble heute die meiste Zeit auf einem Vulkankrater in Arizona herum, und Waltraud besucht dieses Wochenende in der Nähe von München einen Yoga-Kurs mit einem Schüler des Sitaristen Ravi Shankar. Früher wären wir auf jeden Fall zusammengewesen und hätten einen Sonnenaufgangsgottesdienst besucht: zum Sonnenaufgang auf den höchsten Punkt in der Gegend und dann anschließend zum Frühstück in der Kirche und danach zum offiziellen Ostergottesdienst. Das war schön, meistens. Es war unser Leben, so wie dies jetzt unser Leben ist. Was wir jetzt getrennt erleben, tragen wir in unser gemeinsames Leben, auch wenn es immer wieder schwer ist, so lange getrennt zu sein.

Ich habe heute auf dem Parkplatz zu den Wupatki-Indianerruinen den Roman »The Bridges of Madison County« von Robert James Waller, den ich mir vor einer Woche in Tucson gekauft hatte, zu Ende gelesen. Ich kann mich nicht erinnern, daß ein Buch so etwas mit mir gemacht hat. Ich war wie aufgelöst. Die Tragik der Liebesgeschichte hat mich zutiefst mitgenommen. Ich kann nicht einmal sagen, was es war – eine undefinierbare Tragik der menschlichen Existenz. Dazu kam, wie ein Anfall, die Frage, ob nicht letztlich alles sinnlos ist und von einer Willkür überwältigt wird, gegen die wir nichts zu setzen haben. Das, was ich ohnehin oft spüre, die Verletzbarkeit des Lebens, war in einem gesteigerten Maße da. Andererseits wehrte sich etwas in mir gegen diesen Roman, gegen seine zu einfache Darstellung, gegen seine Manipulation des Lesers, genau das zu fühlen, was ich offensichtlich fühlte. Auch geht der Roman von einer Vorstellung von Liebe aus, die ich nicht teile. Aber das half mir alles nicht, ich konnte mich nicht vor der Traurigkeit des Romans retten.

Heute abend stehe ich, wie schon so oft, wieder einmal am Lake Powell. Der mehrere Kilometer lange Sandstrand darf einfach »bewohnt« werden. Die Plumpsklosetts sind über einen Kilometer vom Wasser entfernt. Sie waren einmal näher am Strand, aber weil es in den letzten Jahren so wenig geregnet hat, ist der Spiegel des Sees um über fünfzehn Meter gesunken. Ich stehe mit meinen Vorderrädern fast im Wasser. Der Mond ist noch nicht aufgegangen, aber das Licht der Sterne reicht, um den großen Felsen, Lone Rock, im See zu sehen.

Eine Freundin kennt mich schon mehrere Jahre, und wir lernen einander immer mehr schätzen. Sie sagt mir, daß sie erst langsam feststellt, was ich an Reichtum in mir habe. Ich sei ein Mensch, der wenig im Schaufenster ausstellt, dafür aber viel im Laden auf Lager hat. Das macht mich froh.

12. April

Ich bin wieder früh auf, fahre am Strand ein Stück weiter, bis ich allein bin, ziehe mich ganz aus und wasche mich in dem noch kalten See. Ich fühle mich wunderbar frisch danach.

Den Tag über bin ich wieder einmal im Antelope Canyon. Ich denke, ich habe die meisten interessanten Stellen schon fotografiert, aber das wunderbare Licht in diesem Sandstein-Canyon zieht mich immer wieder an. Er hat etwas von der natürlichen Weihe einer Kathedrale. Ich finde es schön, manche Orte immer wieder zu besuchen, weil ich ihnen so näherkomme. Es passiert nicht beim einmaligen Sehen. Abends fahre ich zu dem Stück Welt, das ich das geheime Tal nenne, was ich in meinem Buch »Geheimnisvolle Zusammenhänge« mit Fotos und Texten beschrieben habe. Ich werde mich dort mit Louise Harris, mit der ich dieses Tal vor zwei Jahren zuerst bewandert habe, treffen. Ich habe sie seit dem letzten Herbst nicht gesehen und freue mich auf das Wiedersehen mit ihr. Unser letztes Treffen war, als sie das von uns bestellte und von ihr gearbeitete Quilt brachte, eine kunstvoll gesteppte Decke, die aus über 2400 Stücken besteht und jetzt unsere Wohnzimmerwand schmückt. Ich freue mich auf unsere Gespräche.

Ehe ich in Page losfahre, sehe ich ein Paar, die gerade eine 1100 ccm Honda Gold Wing besteigen, mit Kennzeichen aus Wyoming. Es herrscht ein wilder Wind, der mir in meinem Auto schon fast angst macht. Ich bewundere die beiden und spreche sie an. Sie wollen trotz einfallender Dunkelheit noch bis zum Grand Canyon.

Ich bin gut angekommen, und hier am Ende der Welt steht ein heller VW-Bus. Ich parke so, daß meine Schiebetür der des anderen Busses gegenübersteht. Louise weiß, daß ich es bin. Wir begrüßen uns mit einer Umarmung und sind schon bald in tiefen Gesprächen. Unter anderem sagt sie mir, daß es ihr in der Begegnung mit mir vor zwei Jahren gelungen sei, ihre alten Muster Männern gegenüber zu durchbrechen, und es ihr darum möglich ist, einfach eine gute Freundschaft mit mir zu haben. Ich schätze ihre Offenheit, mir das so zu erzählen. Das sind kostbare Momente. Dann erzähle ich ihr von dem Buch, das ich gerade gelesen habe, und schon nach ein paar Sätzen, ohne daß ich den Titel des Buches erwähnt habe, sagt sie, daß es sicherlich das Buch von Waller sei. Ich bin überrascht, daß sie darauf getippt hat unter all den Büchern, die ich hätte gelesen haben können. Ihr sei es ähnlich gegangen mit dem Buch, sagt sie. Ich bin überrascht, und wir unterhalten uns im Zusammenhang mit dem Buch über den Begriff »passion« (Leidenschaft).

Ich bin in Gedanken bei Ulrich und begleite ihn in der Wüste. Wo magst du wohl jetzt gerade herumstreichen? Du hast mich mit deinem Enthusiasmus angesteckt, und ich wäre jetzt gern bei dir. Mein schönstes Erlebnis im vorigen Jahr war das Bereisen und das Bewandern der Wüste mit elf Freunden und Freundinnen. Mit dir zusammen und in Gemeinschaft mit Freunden gehe ich gern in die Wüste. Allein, so wie du, würde ich dort nicht sein wollen. Mich hat die große Weite Nordamerikas oft beängstigt, und ich reiste nur selten auf diesen Kontinent, aber du hast mir geholfen, diese Angst zu überwinden, und hast mir das Reisen dort schmackhaft gemacht.

Ich weiß, du wanderst in diesen Tagen mit Louise. Ich wünsche euch eine gute Zeit miteinander.

13. April

Ich lasse mir heute Zeit und bin nicht schon zum Sonnenaufgang in der Landschaft. Am Vormittag ziehe ich mit Louise in unser geliebtes geheimes Tal los, das inzwischen immer mehr Fotografen entdecken und von dem auch mehr Bilder gedruckt erscheinen. Fast wie von einem Magnet angezogen, zieht es uns wieder zu dem Punkt, den wir »Center of the World« (Mitte der Welt) nennen. Es ist einfach eine wunderbare Stelle mit viel Energie. Wir fotografieren beide die Reflexionen in einem kleinen Teich, der sich dort, wenn es mal regnet, zwischen Steinen bildet. Ich übe Geduld – ich stehe sicherlich zwei Stunden an dem Teich und warte auf die Beruhigung seiner Oberfläche, um die Spiegelung scharf zu haben. Es ist eine Verlangsamung des eigenen Lebens. Die allerletzten Sonnenstrahlen treffen eine Steilwand, die sich in dem Teich spiegelt. Bei einfallender Dunkelheit begeben wir uns endlich auf den Rückweg und sind im Dunkeln wieder an unseren Campern – ganz erschöpft, verschwitzt, aber glücklich und erfüllt mit dem Gesehenen. Ich habe kaum Energie, Tagebuch zu schreiben.

Ich freue mich mal wieder über die Einrichtung des Anrufbeantworters. Jonathan und ich haben regelrecht einen Dialog auf unseren Apparaten.

14. April
Gestern abend um 23.00 Uhr kamen noch drei Fotografen und parkten ihre Autos neben unseren. Zwei kennen wir von 1991, als wir zum ersten Mal hier waren. Auch sie zieht es immer wieder hierher zurück.

Ich bin heute lange vor Sonnenaufgang unterwegs. Ich habe eine Stunde zu wandern, um zu dem Punkt zu gelangen, den ich mir für das erste Licht vorgenommen habe. Unterwegs sehe ich ein anziehendes Motiv: zwei grünende Bäume, die einzigen weit und breit, in der braunen und roten Landschaft, dahinter tiefrote Pyramiden-Formen. Das könnte gut genug für meinen Kalender sein – und der Tag hat kaum begonnen.

Mir fällt heute besonders auf, wie intensiv diese Tage sind. Die vierzehn Stunden Tageslicht sind vollgepackt mit sehen, wählen, weitergehen, anhalten, wählen, sehen. Fast alles dreht sich ums Fotografieren. Für diese Zeit bin ich einseitig. Ich mache allein heute fast 200 Fotos, ächze immer wieder neu mit meinem schweren Rucksack die steilen Steine empor, gönne mir keine Ruhe, weil ich weiß, daß oft nur Sekunden über gutes Licht entscheiden. Ich denke heute ab und zu an die Betrachter meiner Kalender und frage mich, ob sie wissen, mit was für einem Aufwand manchmal ein gelungenes Bild verbunden ist. Und am Ende des Tages gibt es keine Dusche. Hier gibt es nirgendwo fließend Wasser, auch keinen Bach. Es ist Wüste.

Ich zeichne das so für mich auf, weil ich manchmal beim Betrachten der Bilder, wenn ich wieder zu Hause bin, das alles auch vergesse, es aber bewahren möchte, weil es zu dem Bild dazugehört. Meine Tagebuchaufzeichnungen am Ende des Tages noch zu machen bedarf schon meiner ganzen Entschiedenheit.

Ich sehe im Himmel über dem geheimen Tal plötzlich ein »W« und ein »U« aus Wolken gebildet, sehr klar zu erkennen, also keine Einbildung oder Wunschvorstellung. So denke ich an dich, Waltraud.

Heute ging ich wegen meinem Magen zu einer Heilpraktikerin. Ich hatte ihre Stimme schon am Telefon gehört und spürte, daß ich es mit einer selbstbewußten Frau zu tun hatte. Als ich ihr dann begegnete, trafen sich unsere Augen, und ich hatte das Empfinden, in eine Tiefe einzutauchen, in der ich von Wärme und Offenheit empfangen wurde.

15. April

Ich mache heute einen freien Tag, fahre nach Page zum Einkaufen und versuche meine Lektorin in Stuttgart zu erreichen. Das ist immer noch etwas Seltsames – hier in der Wüste zu stehen und mit Stuttgart zu telefonieren. Ich habe kein Glück. Waltraud erreiche ich, und wir tauschen uns aus über die neuesten Entwicklungen in unserem Leben. Louise und ich treffen Jeff, Charlie und Frank wieder und gehen zusammen mit ihnen Pizza essen und unterhalten uns über Fotografie. Charlie holt einige zauberhafte Vergrößerungen seiner Bilder aus dem Auto. Er arbeitet mit einem Dia-Transfer-Verfahren, bei dem er die Farben beeinflussen kann. Nach der Pizza stehen wir zu fünft auf dem Parkplatz und hören den Wetterbericht. Frank hat ein Radio, aus dem nichts anderes kommt als nur der Wetterbericht. Wir lachen über unsere Verrücktheit, uns von dem Wetter abhängig zu machen und an nichts anderes zu denken als an das richtige Licht.

Der gestreifte Stoff Rohseide sah wunderschön aus. Jetzt nähe ich mir ein Kleid daraus, und nun stören mich die Streifen. Das Kleid wirkt wie ein Arbeitskittel. Der Schwung zum Nähen ist fort. Ich mache aber weiter und hoffe, daß es mir am Ende doch noch gefällt. Und wenn es mir nicht gefällt, dann werde ich mich darüber hinwegsetzen und das Ganze nicht als Fehler bezeichnen.

16. April

Ich bin wieder im geheimen Tal und liege mit nacktem Oberkörper auf den Steinen, in denen ich klettere. Sie tragen noch die Kühle der Nacht in sich. Ich tausche mit den Steinen die Hitze und Kühle aus. Es ist noch früh am Vormittag und absolut windstill. Manchmal ist einige Minuten lang kein Geräusch zu hören, dann wieder höre ich die Vögel in der Wüste. Aber Straßen hört man nicht. Ich klettere heute in Ecken des Tales, in denen ich noch nie war. Im Dunkeln komme ich wieder zum Auto zurück. Meine Beine halten gerade soweit durch. Den ganzen Tag lang sehe ich immer wieder Charlies Bild von gestern vor mir.

Es gibt einige Motive im geheimen Tal, die mich regelrecht verfolgen. Es ist fast eine Obsession. Ich weiß, wie ich sie auf den endgültigen Bildern haben will, aber es scheint mir nicht zu gelingen – das Licht ist nie so, wie ich es erhoffe, oder es ist nicht windstill. Ich habe sie heute wieder geschossen und denke nun, daß ich sie »los« bin, auch wenn sie nicht optimal gelungen sind. Ich habe mich frei fotografiert.

Louise hat heute nur eine kleinere Wanderung gemacht und ist eher zurück. Sie hat etwas von ihrem Abendbrot übrigbehalten und bietet es mir an. Ich nehme es gern an. Ich habe nach vierzehn Stunden unterwegs mit dem großen Rucksack kaum Energie, mir noch etwas zu kochen. Rucksack absetzen, Kamera entnehmen, Stativ aufbauen, Objektive wechseln, Ausschnitt entscheiden, Objektive wechseln, scharf denken, um bei der Belichtung keinen Fehler zu machen, kompensieren, versuchen, den Charakter eines Bildes, einer Landschaft zu erfassen, abdrücken, alternativ belichten, Film wechseln, alles im Rucksack verstauen, Rucksack wieder aufsetzen, wandern, klettern, Rucksack absetzen, Kamera entnehmen – und das zweihundert- oder dreihundertmal am Tag. An einer Stelle beim Klettern saß ich fest – es war so steil, daß ich immer wieder zurückrutschte, dabei mit der Kamera aufschlug, aber nur ein Filter verbog.

Eine Woche lang habe ich mit einer Freundin nicht gesprochen, nachdem sie verärgert von mir fortging. Ich lerne, sie gehen zu lassen, das ist nicht leicht für mich. Früher hätte ich schon längst mal bei ihr angerufen, um alles wieder einzurenken.

17. April

Louise und ich sitzen auf dem Rasen eines Parks in Page und essen einen Salat, als ein Indianer sich zu uns setzt und sich bedankt, daß wir als Weiße gekommen sind, weil er sonst noch mit Pfeil und Bogen jagen und in Leder und Fellen angezogen herumlaufen würde. Wir fragen ihn, was denn Negatives durch die Weißen gekommen sei. Seine Antwort: Krankheiten, und daß jetzt am Navajo Mountain (der heilige Berg der Navajo Indianer) nach Erzen gebohrt wird. Am Ende kommt dann seine Bitte um Geld. Ich merke, wie es mir leid tut, weil ich mich an dem Gespräch gefreut hatte. Jetzt scheint es nur wieder ein Trick gewesen zu sein, um am Ende zu betteln. Kaum ist er gegangen, setzt sich ein anderer zu uns. Diesmal sind wir vorsichtiger, und es kommt erst gar nicht zum Betteln.

Ich komme heute durch zu meiner Lektorin in Stuttgart, und sie teilt mir mit, daß mein neuer Erzählungsband aus dem Herbstprogramm gestrichen und aufs Frühjahr verlegt wurde. Ich merke, wie mir das zu schaffen macht. Ganz nah beieinander liegen die Gefühle der Unsicherheit über die eigene Unfähigkeit und die Festigkeit, mit der ich etwas will. Die Lektorin kann nicht sagen, warum der Verleger das Buch verschoben hat. Gefallen ihm manche meiner Erzählungen nicht? Was mag er nicht? Es dauert eine Zeit, ehe ich es verarbeitet habe.

Am Abend fahren Louise und ich in Richtung Kaiparowits Plateau. Ich frage jemanden in Big Water, wo die Straße abgeht. Er sagt es mir und meint, wenn es regnet, dann werde ich den Rest meines Lebens dort bleiben müssen, so schlecht sei die Straße. Ich habe schon gehört, daß die Straße dort zu Schmierseife wird. Aber wir wollen es wagen. Wir fotografieren gelbe Blumen gegen graue Felsen, ein wunderbarer Kontrast. Als es immer mehr nach Regen aussieht, entscheiden wir uns, einen Teil der Strecke zurückzufahren. Falls es nachts zu regnen beginnt, können wir uns gleich ans Steuer setzen und das letzte Stück zurückfahren.

Ich bin so gern bei mir.

18. April

Es gibt Gedanken in mir, die wie dunkle Wolken sind, die Schatten werfen. Und dann kann der Schatten fast von einer Minute zur anderen weg sein. Fast, als wäre eine Zeit abgelitten, abgearbeitet, abgedacht. Ich vermute, daß es mit einer Art Symmetrie in der Welt zu tun hat. Etwas wird möglich, weil etwas anderes unmöglich oder möglich geworden ist. Das geschieht nicht nur in mir, sondern auch zwischen mir und den Menschen, mit denen ich zusammen oder verbunden bin, aber vielleicht auch mit denen, die um mich sind und die ich nicht kenne. Ich glaube, daß wir alle auf eine unfaßbare Weise miteinander verbunden sind.

Es hat gestern abend nicht geregnet, und kurz nach sieben heute morgen sind wir gestartet und haben viel Blumen in der mondartig wirkenden Landschaft fotografiert. Felder mit gelben Blumen vor »bentonite« (graue Felsen), auf denen rote Steine in großen Blöcken (manchmal mehrere Meter groß) liegen. Es ist eine interessante Farbkomposition der Natur. Wir fahren über das Kaiparowits Plateau. Wir brauchen sechs Stunden für die 150 Kilometer und treffen kein einziges Auto. Wir haben das ganze Plateau für uns. Am Nachmittag sind wir dann in Escalante. Dort haben wir eine gemeinsame Bekannte, die im Ort eine kleine Galerie betreibt. Der Schlüssel liegt unter der Matte, wir lassen uns selbst ein. Wir bleiben nicht lange, dann zieht es mich auf den Boulder Mountain, zu den Espen. Dort liegt noch viel Schnee – und als wir bei Sonnenuntergang die so weißen Stämme fotografieren, beginnt es leicht zu schneien. Der Berg ist fast dreitausend Meter hoch, und beim Abfahren leuchtet die Wüste noch einmal rot auf, davor der Schnee.

Ich vermisse Ulrich. Den ganzen Tag war ich allein mit mir. Ich wollte es so, aber es wäre schön gewesen, wenn Ulrich im Hintergrund dabeigewesen wär, nur im Hintergrund.

19. April

Ich ziehe heute allein los. Ich habe mir Harris Wash vorgenommen, einen Nebencanyon des Escalante. Wie bei so vielen Canyons beginnt man in einem trockenen Flußbett, wash genannt, und langsam kommen die Felswände von den Seiten immer näher, bis man eingeschlossen ist, manchmal von Sandsteinwänden, die über hundert Meter hoch sind. Oft muß ich im Wasser gehen, aber es ist meistens nur knöcheltief. Obwohl es Wüste ist, ist der Bachlauf mit Weiden übersät. Ich gehe etwa zwanzig Kilometer. Bis zum Escalante-Fluß schaffe ich es nicht, dafür ist mein Rucksack mit den Kameras zu schwer. Ich halte oft an und fotografiere die Cottonwoods, eine Art Pappel, vor den roten Steinwänden. Etwa zehn Meter an einer Wand hoch entdecke ich eine Art Grotte mit einem Busch mit gelben Blüten, der ganz intensiv nach Bienenwachs riecht. Das Muster an der Decke der Grotte erinnert mich an mittelalterliche Malerei. Ich denke an Hieronymus Bosch. Der Sandstein scheint aus leckenden Flammen zu bestehen. Das könnte gut genug für ein Kalenderbild sein. Am Ende des Tages bin ich wieder ganz erschöpft. Ich habe meinem Körper viel abverlangt und bin froh, daß er mitgemacht hat.

Das Nähen am Seidenkleid macht mir wieder Freude. Mir ist eine Idee gekommen, wie ich einen einfarbigen Stoff mit einarbeite.

20. April
Am Morgen vor dem Losfahren mache ich eine falsche Bewegung und tue mir am Rücken etwas – die Muskeln verkrampfen sich, wahrscheinlich ist es der Ischiasnerv. Vielleicht geht meine Reise jetzt nicht weiter wie erhofft. Aber im Long Canyon, der östlich von Boulder, Utah, liegt, fotografiere ich vorsichtig weiter, besonders in einem Nebencanyon mit dem schönen Namen »God's Pocket«, Gottes Tasche. Der Canyon ist orange-rot, wo die Sonne ihn trifft, und ab und zu höre ich oben Raben. Zu gerne würde ich einen Raben fliegend in dem kleinen Dreieck des blauen Himmels fotografieren. Ich warte lange, krächze zwischendurch wie ein Rabe, aber keiner kommt. Dann kommen plötzlich drei hintereinander, und ich drücke dreimal ab. Ich weiß nicht, ob ich sie habe, weil alles so schnell geht.

Ich habe den Long Canyon schon öfter fotografiert, auch zu verschiedenen Tageszeiten. Aber heute ist er besonders schön. Ich bleibe etwa sechs Stunden im Canyon und beobachte, wie sich die gemaserten Felswände von Stunde zu Stunde verändern. Ich nehme am Leben des Canyons teil, bis die Sonne ihn nicht mehr erreicht. Die letzten Bilder mache ich ohne Sonne, in einem besonders milden und sanften Licht. Der Stein wirkt jetzt nicht mehr hart, sondern fast wie Fleisch. Weil es keine Schatten mehr gibt, werden die Felswände nicht so zerschnitten. Die Beziehung zu dieser Landschaft wird durch den langen Kontakt tiefer. Und morgen bei Sonnenaufgang werde ich weitermachen.

Ich hätte richtig Lust, Waltraud schon wieder anzurufen, ihre freundliche Stimme zu hören und die Festigkeit zu spüren, mit der sie ihren Weg geht. Aber hier gibt es kein Telefon. Ich wünsche dir, jetzt, 9000 Kilometer entfernt, einen schönen Tag, der bei dir gerade beginnt, während ich mich hier in der Lautlosigkeit der Umwelt schlafen lege.

Louise will morgen wandern gehen, ich kann mit meinem Ischias nicht. Vielleicht trennen wir uns hier. Es stimmt schon, was sie sagt, daß es für sie Urlaub ist, während es für mich auch Arbeit ist.

Heute habe ich schwer zu tun, mir zu sagen, daß mein Gefühlszustand wirklich nur mein Gefühlszustand ist. Um mich herum sind viele Menschen, die mir nahe sind, und doch fühle ich mich einsam. Ich spüre eine Stelle in mir, an die niemand herankommt. Ich könnte jetzt Kontakte aufnehmen, könnte schreiben, lesen, den Fernseher einschalten, aber nichts kann diese Einsamkeit aufheben. Sie muß ausgehalten werden. Mutig warte ich, gehe nicht nach meinen Gefühlen, lasse mich nicht in ein Loch fallen und nehme trotzdem Kontakte auf. Aus der Vergangenheit weiß ich, wie sich solche leeren Zeiten dann doch schließlich füllen.

21. April
Ich bin vor Sonnenaufgang auf, aber Wolken verdecken die Sonne. Milchiges Licht – mein ärgster Feind, dann habe ich lieber Regen.

Ich höre hier in der Landschaft die Musik von Constance Demby, »Set Free«, und spüre, wie beides, die Natur der Landschaft und die Musik, selbst wenn sie zum Teil auf Synthesizern gemacht wird, »natürliche Phänomene« sind.

Das sanfte Licht der Landschaft bietet und biedert sich nicht an. Man muß es finden. Das Dramatische ist aufdringlicher und schafft dann auch die dramatischen Bilder. Aber das Sanfte muß gesucht werden, und zwar in der Sanftheit in einem selbst.

Auch in der Natur ist alles eine Frage der Beziehung. Bei einem guten Bild ist es eine Frage des Standes der Elemente zueinander. Wie steht der Baum zu dem Stein und der Stein zu dem Himmel? Wie stehen die Größen zueinander und wie die Farben? Das zu sehen, meine ich, müßte auch eine größere Beziehungsfähigkeit in dem Sehenden schaffen.

Wie oft gehen meine Gedanken zu dir, und ich spinne die beiden Seiten eines Gesprächs, und vielleicht machst du etwas Ähnliches. Dann reden eigentlich vier: ich, wie ich mich sehe, und ich, wie du mich siehst. Und dann du, wie du dich siehst, und du, wie ich dich sehe. Wenn wir uns wieder treffen, müssen wir die Bilder, mit denen wir geredet haben, wieder loslassen.

Wenn nichts mehr zu verlieren ist
Die Wüste
macht vor mir halt,
sie verschluckt mich nicht.
Sie hat schon längst
ihre Weite
in mich eingesät,
und die Saat geht auf.

Nun warte ich nur noch
auf die Weisheit,
die kommt,
wenn nichts mehr
zu verlieren ist.

Ich kann heute mit meinem Ischias schon fast normal gehen und fotografiere weiter. Ich habe gehört, was mein Körper mir sagen will, und verspreche ihm, die schwere, mehrtägige Wanderung in den Paria Canyon am Ende der Reise nicht zu machen. So will ich meinen Körper gütig stimmen.

Heute arbeite ich viel ohne direktes Sonnenlicht und bin gespannt auf die Farbintensität. Ich muß im Schatten noch besser sehen lernen. Die Nuancen im Schatten sind geringer, das gibt empfindsame Bilder und subtile Farben.

Hier sind die Indianer lautlos vorbeigeschlichen und haben nicht an uns gedacht.

Endlich scheint wieder die Sonne! Mein Körper und meine Seele sind ausgehungert und brauchen Sonnenschein und frische Luft. Wir haben so lange darauf warten müssen. Im Garten ernte ich mit Marianne Spinat und lege mich dann splitternackt unter die Sonne. Mein Nacktsein ist mir schon von Kind an etwas Natürliches, das habe ich meiner Mutter zu verdanken.

Die Konfrontation zwischen der Polizei und den Mitgliedern des Kultes in Waco, Texas, ist zur Explosion gekommen. Eine amerikanische Politikerin berichtet, wie sie ihr Bestes getan hat, um solch ein Ende zu verhüten. Dann kommt die sachliche Durchsage, sie hätte ihr Amt niedergelegt. Was für ein Drama mag sich dahinter abspielen? Früher habe ich wenig für Politiker empfunden. Ich sah mehr ihre Macht. Jetzt werden sie für mich immer menschlicher, und ich sehe auch ihre Hingabe, die Opfer, die sie mitunter bringen, und wie sie sich auch aussetzen und verletzbar machen.

22. April

Ich habe heute etwa vier Stunden in God's Pocket gestanden, habe den Kopf zurückgelegt, bis mir der Nacken geschmerzt hat, und in das kleine Dreieck im Himmel gesehen und auf einen Raben gewartet. Das mögliche Bild hat mich gefangengenommen. Aber die Raben kommen nicht auf Befehl. Ich muß lange warten. Um der Komposition des Bildes gerecht zu werden, müssen sie genau in ein paar Quadratmeter Luft hineinfliegen, die Flügel gerade an der richtigen Stelle ausgebreitet haben, und ich muß genau im richtigen Moment abdrükken. Es ist eine Frage von Bruchteilen einer Sekunde. Als ich morgens mit meinem Warten beginne, ist es noch ganz still. Kein Wind geht. Da höre ich plötzlich aus hundert Meter Entfernung das Schlagen von Flügeln, auch wenn ich den Vogel in der engen Schlucht noch nicht sehen kann. Und da sind sie, erst einer, dann noch einer, ich warte eine Sekunde und drücke dann ab, spanne wieder, aber es ist schon zu spät für ein zweites Bild. Da kommt dreißig oder vierzig Minuten nichts. Ich halte den Drahtauslöser so weit gedrückt, daß nur ein kleiner Druck ihn ganz auslöst. Mein ganzer Körper ist angespannt. Zwischendurch bitte ich die Raben zu kommen und in meine Quadratmeter Luft zu segeln. Einmal sehe ich für zwei Sekunden auf meine Uhr, und gerade in dem Moment fliegt einer durch den idealen Raum. Meine Reaktion kommt zu spät. Es ist hier im Canyon so dunkel, daß ich mit offener Blende arbeiten muß, nur so kann ich mit $^{1}/_{125}$ Sekunde schießen, und dann wiederum dürfen die Raben nicht zu schnell fliegen, sonst werden sie nicht scharf. Ich habe das Empfinden, daß die Raben mich sehr genau wahrnehmen, vielleicht sogar schon mein Auto erkennen, jedesmal, wenn ich wiederkomme und halte. Ein paarmal gelingt es mir zu ahnen, wann wieder ein Rabe kommt, und im nächsten Moment steht er lautlos in der Luft. Zwischendurch muß ich immer wieder mein Objektiv reinigen, weil der Wind von dem Canyonrand, etwa 60 Meter über mir, immer wieder Staub und Sand in die Schlucht bläst. Auch in die Augen bekomme ich es, traue mich aber kaum, die Augen zu reiben, weil ich vielleicht gerade in dem Moment wieder etwas verpasse.

Das Ganze ist unvorstellbar spannend. Ich bin so involviert, daß ich fast alles sonst vergesse oder es mir unwichtig wird. Ich werde leidenschaftlich in die Vorgänge verwickelt und freue mich jetzt rückblickend beim Aufschreiben, daß das möglich ist. Für manche ist es sicherlich übertrieben. Aber so wie ich ein Gedicht oft überarbeite, so gehört diese Arbeit zu einem guten Foto. Das alles gehört zu der Art meines Fotografierens dazu. Am Ende ist nur das fertige Bild da, und für den Betrachter hat es keine Geschichte, während für mich die Geschichte sehr wichtig ist. Manchmal wünsche ich, dieses den Betrachtern meiner Bilder etwas mehr vermitteln zu können.

Louise ist heute allein losgefahren. Ich habe sie gestern dazu ermuntert. Ich glaube, daß sie ohne mich ihren Urlaubsrhythmus besser findet. In einer Woche wollen wir uns sowieso mit Jack treffen und zwei Tage zusammen etwas unternehmen.

Ich denke viel über die »wahrheitsgetreue« Abbildung der Natur nach, besonders über die Verstellmöglichkeiten der Großbildkamera, die es möglich macht, gleichzeitig den Vordergrund und den Hintergrund scharf zu bekommen. Ist das Wirklichkeit, sehen wir so? Ich brauche meine Großbildkamera auf dieser Reise fast nicht und fotografiere meistens nur mit meiner 6x6. Was ist wahrheitsgetreu? Wenn wir das, was wir sehen, wiedergeben, oder wenn wir das, was wir angesichts einer Landschaft fühlen, ausdrücken?

Ich stehe heute abend ganz allein in der weiten Landschaft und vermute auf viele Kilometer im Umkreis sonst niemanden mehr. Um mich herum ist die Waterpocket Fold, eine interessante geologische Formation. Und unendlich viel Stille.

Marianne fängt heute mit mir zusammen eine Frauengruppe an, in der wir eine Mischung von Körperarbeit, Gespräch und Meditation anstreben. Wir wollen ganz offen sein, die Richtung Schritt für Schritt zu entdecken.

23. April

Ich bin wieder vor Sonnenaufgang wach und schaue den Himmel an. Er ist absolut klar und schon leicht blau getönt. In weniger als fünf Minuten bin ich unterwegs. Während ich warte, daß die Sonne aufgeht, höre ich einen Kojoten in der Nähe. Als er still ist, rufe ich ihm meine schlechte Imitation eines Kojoten zu. Er antwortet, ich antworte, so geht es mehrere Male hin und her. Andere Kojoten gesellen sich dazu, bis es sich wie vier oder fünf anhört. Ein wunderbares Morgenkonzert in der kompletten Stille der weiten Landschaft.

Der Sonnenaufgang ist wenig fotogen, weil es keine Wolken gibt. Dafür finde ich wenig später eine wunderbare Komposition – ein Berg von 100 Meter Höhe bekommt wegen seiner Form nur an einer kleinen Stelle die erste Morgensonne. An seinem Fuß gibt es rotes Gestein, auf dem ein Wacholder steht. Der Wacholder und nur die Ränder des Steins sind im Licht. Es gibt eine wunderbare Korrespondenz zwischen den hellen Stellen. Das ist das Bild für den Tag.

Ich bin heute in den Henry Mountains. Dort treffe ich zwei Cowboys, die nach verlorengegangenen Kühen suchen. Sie sagen mir, daß es hier eine große Büffelherde gibt und ich sie eventuell weiter oben in den Bergen antreffen könnte. Die Büffel würden mit der zurückgehenden Schneegrenze immer höher ziehen. Aber ich habe kein Glück. Außerdem reicht der Schnee noch so tief, daß ich bald umkehren muß. Ich wußte nicht, daß man die Henry Mountains in dieser Jahreszeit nicht überqueren kann. Noch immer fasziniert mich die Kombination von Wüste und Schnee. Unterwegs stoße ich auf ein sogenanntes Cowboy-Camp – lauter junge Leute, die einen großen Karren mit ihren Isomatten, Schlafsäcken usw. ziehen und schieben. Sie reparieren Zäune und sehen hier nach dem Rechten.

Am Nachmittag bin ich im Capitol Reef Park mit seinen imposanten Felswänden. Ich fotografiere ganz subtile Muster unter einem bedeckten Himmel.

Das Reden der Menschen ist das Ausatmen der Erde. Die Stille ist das Einatmen. Darum brauchen wir Orte der Stille, sonst ersticken wir. Aber so manche haben Angst vor der Stille und Einsamkeit und atmen nur einseitig.

Da habe ich doch schon wieder das Dachfenster im Wohnzimmer aufgelassen, und als der Sturzregen kam, regnete es rein. Zum Glück hat der Hauswirt es rechtzeitig entdeckt und zugemacht. Diese Art von Vergeßlichkeit macht mir manchmal angst.

24. April
Heute hatte ich einen langsamen Start. Ich stolperte sozusagen über meine eigenen Füße. Dabei war endlich mal wieder ein klarer Morgen. Erst als ich zwei alte Cottonwoods in Fruita entdeckte und sie ausgiebig fotografierte, kam ich in Fahrt. Ab Mittag war ich dann auf einer 120 Kilometer langen Schleife, die durch die Valleys of Cathedrals führt. Um sie anzutreten, muß man durch den Fremont-Fluß fahren. Dieses Jahr hat er viel Wasser und ist etwa zwanzig Meter breit, aber nur knietief. Nach dem Salt River Canyon vor zwei Wochen traue ich es mir zu. Wenn man nicht am Anfang oder Ende der Schleife durch den Fluß fahren will, muß man die ganze Strecke wieder zurückfahren, das wären drei oder vier Stunden reine Fahrtzeit. Kein Wunder, daß ich unterwegs so wenig Autos antreffe – in sechs Stunden nur fünf Autos. Dies ist wieder eine andere Art Wüste, trockener, zerklüfteter. Spektakulär sind die beiden Täler der Kathedralen. Beim unteren Tal bin ich zum Sonnenuntergang und widme mich den Sandsteinformationen, die sich »Tempel des Mondes« nennen. Ich versuche, die überirdische Atmosphäre, die von ihnen ausgeht, abzubilden. Erst bei völliger Dunkelheit komme ich aus dieser fast beängstigenden Andersartigkeit dieser Landschaft heraus.

Idee zu einem Kalender: Die Langsamkeit des Wachstums.

Ich bin immer wieder versucht, mein Denkvermögen auf geologische Zeit anzusetzen. Ich fahre schon seit Wochen an Tausenden von Steinen vorbei, die auf Geröllfeldern rechts und links der Straße liegen. Ich muß mir immer wieder sagen, daß so manch ein Stein, der da einfach liegt, als wäre er gerade erst gestern dorthin gerollt, vielleicht schon dort lag, ehe es überhaupt Menschen gab.

Ein Freund von mir war, so lange ich ihn kenne, nie krank. Er hatte hauptsächlich immer die Rolle des Helfers, des Gesunden, der anderen beisteht. In den letzten Wochen war er durch eine Krankheit ungewöhnlich stark geschwächt. Dadurch tat sich eine Seite an ihm auf, die ihn veränderte. Ich merke, ich bin ihm in diesem Zustand noch nie begegnet. Ich entdecke, wie in mir etwas heil wird, wie Kräfte in mir mobil werden, die vorher nicht sein durften ihm gegenüber. Seine Schwäche stärkt mich.

25. April
Wieder ein milchiger Morgen, als ich noch einmal den Anfang der Schleife von gestern fahre. Ich mache einige Aufnahmen von dem »Bentonite«, einem Stein oder eigentlich einem Sand, mit einer sehr taktilen Oberfläche.

Jetzt muß ich mich langsam wieder auf den Weg zum Süden begeben, weil ich mich für morgen mit Jack Dykinga aus Tucson und Louise an einer gewissen Stelle verabredet habe. Unterwegs, noch weit weg von dem verabredeten Ort, treffe ich Louise zufällig wieder. Wir finden es beide lustig, daß auf all den Straßen, auf denen wir sein könnten, wir genau zur gleichen Zeit beide auf Boulder Mountain sind. Wir essen einen Salat in Escalante und fahren noch bis Kodachrome Basin. Dort treffe ich ein österreichisches Ehepaar, dem ich vor drei Wochen im Organ Pipe Park begegnet bin, wieder. Da wirkt die Welt klein.

Das Kleid ist fertig, und ich mag es.

Ich gehe in die winzige Leutekirche bei Kloster Schöntal. Der Gottesdienst ist schon vorbei. Ich setze mich eine halbe Stunde in Stille auf eine Bank, ganz für mich allein. Hier spüre ich die gespeicherte Kraft, die es mir leichtmacht, in mir ruhig zu werden.

26. April
Ich fahre in diesen Morgen hinein und sehe es als ein besonderes Vorrecht, erleben zu können, mich in die Landschaft hineinzugeben und hineinzufühlen, zu spüren, wie die Landschaft langsam zu einem Bestandteil meiner Seele wird. Das Fühlen der eigenen Lebendigkeit, vom Leben durchdrungen zu sein. Einfach nur zu sein.

Wenn ich so über die Natur und Landschaft nachdenke, dann kommt es mir manchmal wie ein seltsamer Widerspruch vor, daß ich eigentlich ein städtisches Leben führe und z. B. die Lieder von Cohen mit auf die Reise genommen habe. Cohen ist kein Landschaftsdichter. Aber es gehört für mich alles zusammen, und ich erlebe es nicht wie einen Widerspruch in mir, in meinem Gefühl.

Ich fahre den Cockscomb (Hahnenkamm, wahrscheinlich wegen der roten, gezackten Steine), eine sehr abgelegene Schotter- und

Dreckstraße, die sich bergauf und bergab durch das Land schlängelt. Und wieder, wie schon so oft, beschäftigt mich das Thema des Weges. Der Weg zeigt die Möglichkeiten der Zukunft an, aber auch die bereits zurückgelegte Strecke.

Auf dieser Reise geht es mir besonders auf, wie die Fotografie eine Frage der Wachheit ist, der geistigen, seelischen, mentalen Wachheit. Zu sehen, wie die Dinge, die uns umgeben, zueinander stehen, oder sie kreativ, innovativ zueinander zu stellen. Andere Belichtungen, Blickrichtungen, Kamerawinkel und Objektive ausprobieren kann man nur, wenn man wirklich wach ist.

Am frühen Nachmittag mache ich noch einen kurzen Stop in der Galerie des jungen Fotografen Fatali in Page. Er fotografiert die »großen« Bilder. Daneben komme ich mir immer wie ein Anfänger vor, weil ich viele »Gebrauchsbilder« schieße, also nicht die großen Bilder, die man in einer Galerie aufhängt.

Am Nachmittag Treffen mit Jack und die Fahrt in eine ganz abgelegene Ecke dieser Wüste. Louise bleibt mit ihrem Camper immer wieder mal stecken, und wir schleppen sie durch. Zum Abendlicht wandern wir zu den Steinformationen und fotografieren. Das Licht ist zauberhaft. Abends sitzen wir in Jacks Camper und unterhalten uns lange über viele Themen.

Ulrich ruft an aus der Wüste und erzählt mir von seinem Liegen auf dem Stein, wo er in den Wolken ein großes »U« und ein großes »W« sah. Ulrich und Waltraud. Und ich kann mich daran auf der anderen Seite der Welt freuen.

27. April
Wir sind wieder vor Sonnenaufgang in den Formationen, aber leider ist wieder etwas milchiges Licht. Außerdem fühle ich mich unwohl – ich habe etwas geträumt, bei dem es mir schlechtging. Ich bin froh, als ich erwache und merke, daß mein Leben weitergeht. Ich fotografiere einige Sachen, aber die besondere Konzentration, die für gute Bilder nötig ist, fehlt mir. Um kurz nach acht sind Jack und ich fertig und kehren zu unseren Campern zurück. Am späten Nachmittag sind wir zum Abendlicht wieder da. Die letzten Minuten Sonnenlicht sind etwas hektisch. Jack und ich schießen die gleiche Forma-

tion, er nach Norden, ich nach Westen. Nur einer von uns kann arbeiten, weil der andere jeweils im Wege ist. Etwa zwei Minuten vor Sonnenuntergang kommt Jack zu mir und entdeckt, daß ich die besseren Wolken im Hintergrund habe. Wir lachen und machen Witze und hoffen, daß wir beide gute Bilder im Kasten haben. Louise sieht uns zu und fotografiert uns. Es ist eine gute Atmosphäre. Es ist schön, mit den beiden zu sein.

Ab und zu rede ich mit Jack über die Ehrlichkeit in der Fotografie, ein Thema, das mich in letzter Zeit besonders beschäftigt. Ich befasse mich in diesen Tagen immer wieder mit der Überlegung, doch mehr Großbildfotografie zu machen. Ich beherrsche die Technik noch nicht ganz, aber ich will nicht aufgeben und alles lernen, was zu lernen ist. Das Thema hat mich sehr intensiv im Halbschlaf und vielleicht auch im Traum beschäftigt. Es macht mich unruhig, weil eine größere Entscheidung ansteht.

Ich höre von Jack, daß er manchmal vier oder fünf Mal zur selben Stelle zurückkehrt, bis ihm ein Bild zu seiner Zufriedenheit gelingt. Ich wußte nicht genau, ob es andern auch so geht, oder nur mir.

Im Fernsehen sehe ich die Nachrichten und erfahre von dem UN-Blauhelm-Soldaten, der eine muslimische Familie total verkohlt in ihrem Haus vorfindet. Ich bin ihm dankbar dafür, daß er sich berühren läßt und seine Tränen offen zeigt.

28. April
Es ist noch ganz dunkel, als ich Jack in seinem Camper neben mir höre. Er geht bei Sternenlicht los. Seine Konsequenz, so früh zu starten, hat mich von dem ersten Tag an, wo ich ihn kennenlernte, beeindruckt. Er setzt etwas ein für ein gutes Foto. Ich bin zwanzig Minuten hinter ihm. Zum Sonnenaufgang bin ich auch in den Sandsteinformationen. Um sieben Uhr sind wir beide fertig. Die Sonne steigt so schnell und steil auf, daß das Licht flach und langweilig wird, aber auf dem Weg zurück zum Camper sehe ich noch etwas: ein Muster im Sandstein in Gelb und Rot, mit einer toten Wurzel und schwarzem Vulkangestein. Es ist eine wunderbare Komposition. Ich widme mich ihr ausgiebig und schieße sie von allen Seiten. Bei den Campern macht Louise ein Bild mit Selbstauslöser von uns dreien, und danach fahren wir die zwanzig Kilometer wieder zurück in die

Zivilisation. Wir brauchen eineinhalb Stunden – der Sand ist sehr tief.

Zum Abend bin ich im Zion Park und entspanne. Ich merke erst jetzt so richtig, wie geschafft mein Körper ist. Es ist gut, sich jetzt auf den Heimweg zu begeben.

Ich denke noch mal an Ulrichs Erlebnis mit dem großen W und U im Himmel vorgestern. Ich erinnere mich an unsere schöne Zeit des Kennenlernens und lasse manche Bilder an meinem inneren Auge vorbeiziehen. Dabei ist Ulrich mir gegenwärtig. Ulrich, erinnerst du dich noch, wie schon ganz zu Beginn in unserer Beziehung das Getrenntsein eine wichtige Rolle spielte? Weißt du noch, wie du gleich am Anfang schon wieder zum Norden gingst und in der schrecklich heißen Fabrik gearbeitet hast? Aber dadurch haben wir das Briefeschreiben für uns entdeckt. Ich sehe noch die vielen Illustrationen in unseren Briefen. Wir wurden immer einfallsreicher. Manchmal bastelte ich dir Bilder, in denen ich die Stoffe verwendete, aus denen ich mir gerade ein Kleidungsstück nähte. Und du schicktest mir einen Brief von 50 Seiten mit einem chinesischen Schreibpinsel. Oft saß ich an meinem Schreibtisch und fühlte mich besonders wohl, dir so über meine inneren Gedanken mitzuteilen. Wären wir nicht so lange getrennt gewesen, dann hätten wir viel verpaßt, und unsere Beziehung wäre ärmer gewesen. In der Trennung haben wir einander besonders gefunden.

29. April
Auf der großen Wüstenebene von Nevada sehe ich den Schatten einer Wolke liegen. Ich schätze, daß der Schatten etwa zehn Kilometer lang ist. Man sieht ihn unverzerrt und ununterbrochen, weil die Ebene, auf der er liegt, leer ist.

Das Beeindruckende dieser weiten Landschaft ist auch das Einschüchternde.

Ein Stück Straße ist zehn Kilometer schnurgerade, nach einem kleinen Knick geht es noch mal 31 Kilometer ganz geradeaus.

Ich hatte Zion mit dem Plan verlassen, direkt nach Hause zu fahren, die 2400 Kilometer in eineinhalb Tagen abzuschnurren. Aber ich wollte schon länger mal zum Great Basin National Park, dem jüngsten Park der USA. Dies ist meine Chance. Ich ändere meine Pläne und fahre zum Wheeler Peak, dem hohen Berg im Park. Auf der Straße wird angezeigt: 8 % Steigung auf 16 Kilometer. Man muß von etwa 1500 m (die Wüstenebene) bis auf 4200 m in den 16 Kilometern aufsteigen. Faszinierend ist dieser Wechsel von der Wüste zum Hochgebirge im Schnee, alles in ein paar Kilometern. Hier beginnen die Bäume erst bei 2000 Meter und nehmen nach oben hin zu. Anders als in Europa, wo die Baumgrenze nach oben bei 2400 m liegt.

Heute bei den langen Fahrten durch eine sehr leere Landschaft habe ich im Kopf viel an einem neuen Roman geschrieben – über den deutschen Fotografen, der im Südwesten der USA eine Amerikanerin trifft, die sein Selbst- und Amerikaverständnis völlig verändert.

Ich schlafe im Upper Lehman Creek Campground, Platz Nr. 24, auf 2400 Meter Höhe. Es ist der höchste Campingplatz, der offen ist, die andern sind noch im Schnee. Ich höre und sehe niemanden sonst. Die Stille dehnt sich aus bis zum Mond, der über mir steht. Und darüber hinaus.

Man spricht so oft von dem störenden Kikeriki der Männer, von ihrem Bedürfnis, sich zu profilieren. Heute höre ich auch das störende Gegacker der Frauen. Wir stehen den Männern manchmal nicht weit nach. Wir Frauen wollen auch oft unsere Positionen sichern. Wir spielen gegenseitig unsere Reize aus und zeigen eine sentimentale Anteilnahme. Ich glaube, wir gebrauchen oft verstecktere Methoden, die aber auch wirklichen Begegnungen im Wege stehen.

30. April

Am Morgen muß ich bis 9 Uhr warten, um eine Führung der Lehmann Caves (Höhlen) mitzumachen. Höhlen haben mich nie so richtig angezogen, aber ich meine, ich dürfe mir dies nicht entgehen lassen. Auf ihre Weise sind sie wunderbar, mit ihren Stalaktiten und Stalagmiten, mit den zarten Formationen, die sie sich durch Jahrtausende gebildet haben. Aber ich bin nicht wirklich angezogen von dem, was ich sehe, als gäbe es in mir keine Kontaktstelle für diese unterirdische Welt. Ich fahre heute 1000 Kilometer, um morgen nicht so viel fahren zu müssen und es doch noch nach Hause zu schaffen.

Die Berge hier in Nevada, ohne Bäume, aber durch den vielen Regen hier und da grün, erinnern mich an Island. Vielleicht machen es auch die tiefhängenden Wolken.

Heute halte ich wieder bei einem toten Tier. Diesmal ist es ein Kojote, der erste, den ich auf dieser Reise tot auf der Straße gesehen habe. Sie sind sonst zu schlau und sehr vorsichtig. Er hat die Augen geschlossen, als wollte er nicht sehen, was ihm am Ende passiert. Sein Kopf, sein Rückenfell, seine Beine sind unversehrt, als wäre ihm nichts passiert, aber sein Bauch ist aufgerissen, die Eingeweide sind auf der Straße verteilt. Ich hoffe, daß er schnell gestorben ist. Er berührt mich wieder tief, dieser tote Bruder.

Ich sehe heute zum ersten Mal in den fünf Wochen Frühnebel. In der Wüste ist zu wenig Luftfeuchtigkeit, Nebel ist darum selten. Mir fällt auf, wie schön der Nebel ist.

Ich merke, wie auf dieser Reise meine ganze Energie in das Sehen gegangen ist und alles, was das Sehen fördert. Ich habe kein Gedicht geschrieben in den letzten vier Wochen, weil es eine andere Energie benötigt oder eine anders gebündelte und konzentrierte Energie, und ich habe mich entschlossen, alles in das Sehen zu stecken.

Auch das Fotografieren ist letztlich ein Bewältigen der eigenen Vergangenheit.

Es gibt immer wieder mal den Lernprozeß für mich, wo ich es schaffen muß, ohne gewisse Menschen, ohne ihr Wohlwollen glücklich zu sein. Das ist heute dran bei mir. Wenn es auch schmerzhaft ist, macht mich doch die klare Erkenntnis, daß ich in einem Lernprozeß stehe, schon wieder ein Stück glücklich.

mai

1. Mai

Alle echten Reisen gehen nach innen. Was wir außen suchen, finden wir in uns.

Die wunderbaren Vorhersagbarkeiten: die Sonne, die Freundin, die jeden Morgen wieder aufgeht und mich begleitet; die Reaktion des Autos auf gewisse Handgriffe, tausendmal gemacht auf dieser Reise; mein Vertrauen in meine Kamera, die ich einstelle, die auch nach Tausenden von Malen das Bild so belichtet, wie ich sie eingestellt habe, um später diese Erinnerung im Bild zu sehen und die Reise noch einmal zu machen und sie andern vermitteln zu können; die Reaktion meines Körpers auf die besonderen Belastungen.

Das Wissen, daß ich die ganze Zeit incommunicado bin, geht jeden Tag mit mir mit. Niemand kann mich erreichen, und ich melde mich auch nicht jeden Tag. Während ich ahnungslos durch die Landschaft fahre, kann viel passiert sein. Meine Mutter ist 86, meinen Kindern oder Waltraud kann etwas passiert sein, ich wüßte es nicht, oder würde ich es irgendwie spüren?

Hier in Oregon gibt es jetzt wieder Flüsse und grüne Wiesen, die schon in Idaho begonnen haben, nicht mehr die Wüste. Auch das ist eine schöne Vorhersagbarkeit, je weiter ich in den Norden komme.

In den USA werden 80% allen Rindfleischs östlich von Mississippi produziert. 20% nur in diesem großen Westen mit seiner ganzen Western-Mythologie, die nie wirklich gestimmt hat, die aber geglaubt und weitererzählt wurde. Dabei ist Florida der Staat, der am meisten Rindfleisch produziert. Aber der Mythos lebt weiter, und die Menschen leben diesen Mythos auch. So wird die Prärie weiter zur Steppe und die Wüste weiter zerstört.

Zwei Antilopen neben der Straße mit ihren schönen Geweihen.

Ich habe viel Zeit zu denken bei diesen langen Fahrten. Vorhin kamen mir meine frühen Schreibereien in den Sinn, als ich 17, 18, 19 war. Ich denke da an ein experimentelles Gedicht, in dem es heißt: »endlich sinkt des mastes klinge/ aus stahlblauer scheibe/ himmel/ springt/ hervor/ alleine/ zählt die Stunden/ heller nächte/ wie sandgläser/ in die hand.« Wie weit habe ich mich davon entfernt. Alles ist einfacher geworden und doch komplizierter, weil ich versuche, das Leben in meinen Gedichten wirklich zu erfassen, nicht nur mit Worten zu experimentieren.

Es ist halb sieben Uhr morgens, und ich bin wieder in einem stillen Wettrennen mit der Sonne. Ich will, ehe die Sonne zu hoch ist, in den John Day Painted Hills sein, einem Park mit interessanten Maserungen in der Erde – mein letzter geplanter Stop auf dieser Reise. Ich bin nun schon sehr viel nördlicher (der Breitengrad hier ist ca. 44 ½, das entspricht etwa Genua in Europa), und die Sonne steigt langsamer und steht auch nicht ganz so hoch mitten am Tag.

Basalt-Kolumnen mit gelben Flechten und davor eine Ponderosa-Kiefer, wie ein Gruß der Landschaft an mich.

Immer wieder dieses Erschrecken, wenn ich etwas auf der Straße liegen sehe – es könnte ein verwundetes oder totes Tier sein.

Ich stelle mir die verfallenen Häuser hier in Ost-Oregon neu vor und sehe die damit verbundenen Träume – die Einweihung des Hauses, das Glück der Besitzer, ihr Stolz, und dann jetzt das verfallene Haus und das Schild vor der Tür, das das Haus zum Verkauf anbietet. So werden unsere Träume kleiner, wirklicher und verhaltener, bis sie erreichbar werden, oder wir sterben. So lernen wir weniger zu werden. Aber wer weiß, was weniger ist?

Ich schneide mir etwas getrockneten teasel (Kardedistel heißt sie auf deutsch, glaube ich) am Wegrand, vielleicht ein Geschenk für Kira für ihre Wohnung.

Ich weiß, daß ich in diesem Reisetagebuch allerhand Eintragungen gemacht habe, die vielleicht anderen unwichtig erscheinen, aber ich möchte sie trotzdem drinlassen, weil sie mir wichtig sind, um meine eigene Erinnerung zu stützen und um das von mir darzustellen, was ich bin und was mir wichtig ist. Ich habe in den letzten Monaten mit Erschrecken festgestellt, daß ich auch engen Freunden mit einer ganzen Seite meines Lebens unbekannt bin.

Um 22 Uhr bin ich zu Hause. Diesmal sind es 11 200 Kilometer geworden. Ich bin reich, und in mir verdichtet sich die Liebe zur Landschaft noch mehr.

Ein goldener Tag mit einem Mai-Spaziergang mit Günter schon früh am Morgen auf den Feldwegen. Immer wieder zeigt er mir, was auf den Feldern sprießt, und er klärt mich auf über die Praktiken des Bauernbetriebes. Mit seiner Wahrnehmung werde ich mir bewußt, daß ich weniger stark mit dem Ablauf des Jahres verbunden bin, und das tut mir leid. Als ich die Zuckerrüben sehe, wie sie in guten Abständen dastehen, erinnere ich mich an meine Kindheit vor mehr als 40 Jahren. Damals hatte ich mehr Kontakt zum Land, als ich zusammen mit Klassenkameraden Zuckerrüben zog. Auf Knien rutschten wir die Reihen entlang. Von etwa fünf Pflanzen jeweils in einer Gruppe ließen wir die stärkste stehen. Ich hatte Spaß an dem gemeinsamen Unternehmen.
Ganz überraschend entdeckten wir beide einen Segelflugzeugplatz. Wir schauen den aufsteigenden Flugzeugen zu, und wir, beide über fünfzig, fühlen uns wie zwei Kinder, die auch gern segeln würden.

2. Mai
Ein Tag der Entspannung. Ich spüre jetzt nach der Rückkehr auch die seelische Anspannung, die ich auf der Reise geleistet habe. Es ist ein Eingestelltsein auf die Dichte des Lebens um mich, hauptsächlich auf die Natur in ihren Verwandlungen, in ihrem Licht, in ihrem Rhythmus. In den Rhythmus habe ich mich hineingegeben, habe mit ihm und durch ihn gelebt. Das verändert sich nun wieder, wo ich zu Hause bin und mich nicht an den Lauf der Sonne, sondern an Uhrzeiten und gesellschaftliche Gepflogenheiten halte.

Ich bewege mich langsamer, als wollte ich die Verbindung zu der Landschaft der Wüste noch nicht brechen.

Ich bin zu Besuch bei Gerhild in ihrer Wohnung, die sie neu bezogen hat, und sage zu ihr: »Es ist schön bei dir«, und ich spüre dabei eine innere Berührung. Ich merke, ich meine sie ganz persönlich, weil sie die Wohnung ohne Partner bewohnt. Eine ähnliche Berührung erlebe ich auch, wenn mich jemand in Oberkessach besucht, und ich bin beglückt, mir dieses Erleben in dieser Phase meines Lebens ermöglichen zu können.

3. Mai

Ich habe heute meine Filme ins Labor gebracht und lasse sie damit auch ein Stück los. Manches wird auf dem statischen Bild nicht so aussehen, wie ich es mit meinem Gefühl und Engagement im Moment des Aufnehmens erlebt habe. Das weiß ich schon, wenn ich das Bild mache, aber irgendwie versuche ich doch die Einschränkungen des Filmes zu überwinden und etwas von dem Erlebten abzubilden. Morgen werde ich die Resultate sehen.

Meine Lehrerin, die mich in ihre Sicht der Astrologie einführt, sagt mir, wie gern sie mit mir arbeitet. Meine Fragen bringen sie auf Neues, und ihre Antworten machen mir neue Zusammenhänge deutlich. Kurz danach mache ich allein einen Spaziergang durch die Schrebergärten und spüre meinen beschwingten Gang. Ich bin froh darüber, daß ich gemeinsam mit anderen mitten in einer neuen Bewußtwerdung stehe. Die psychologische Astrologie, so wie sie heute praktiziert wird, ist ein spannendes neues Gebiet. Sie hat mit Zeitungsastrologie so gut wie nichts gemeinsam. Es ist schade, daß viele Menschen die Astrologie immer noch nach dem beurteilen, was sie einmal über die Horoskope in Zeitungen und Zeitschriften gedacht und gehört haben. Es ist etwa so, als wenn man das Christentum nur nach seinen Auswüchsen und Verirrungen, wie die Kreuzzüge oder die Inquisition, beurteilte.

4. Mai

Ich habe die Filme wieder, meine vielen Bilder, und bin enttäuscht, mehr als sonst. Meine Erwartungen an meine Fotografie wachsen von Jahr zu Jahr, aber meine Fähigkeit zu fotografieren wächst langsamer. Vielleicht hängt es auch damit zusammen, daß ich die Situationen, in denen ich die Bilder mache, so intensiv erlebe. Diese Intensität ist nicht auf einem Bild einzufangen. Ich muß mich damit begnügen, sie in mir als Erinnerung zu tragen. Was heißt »begnügen«? Das ist mein innerer Reichtum. Es geht ja nicht um die Bilder. Aber natürlich meldet sich dann auch eine Stimme in mir, die sagt, daß aber leider nur wirklich gelungene Bilder in einen echten Kalender hineingenommen werden können. Erinnerungen, innere Bilder, kann man nicht drucken. Ich bin dabei zu lernen, meinen Frieden damit zu machen, daß mir etwas nicht so gelungen ist, wie ich es mir vorgestellt habe.

Mit dem Tagebuchschreiben habe ich mir eine harte Disziplin auferlegt, die mich aus einer alten Gewohnheit herauszieht. Ich bin es gewohnt, an vielen Stellen Ulrich das Überbringen der Nachrichten, das Vermitteln und das Berichten zu überlassen. Er kann das gut, und es war mir jahrelang eine Wohltat, vieles, was mir wichtig war, nämlich das Weitergeben von Gedanken, durch Ulrich erfüllt zu bekommen. Ich kann das auch, aber bei mir kamen oft so schnell noch unverarbeitete Inhalte hinein, die leicht Konfusion entstehen ließen. Das hat sich bald am Anfang unserer Beziehung bemerkbar gemacht, und wir haben uns nun so aufeinander eingespielt, daß ich schnell mal Ulrich das Erzählen überlasse. Nun ist inzwischen viel gewachsen, und die unverarbeiteten Inhalte sind mehr und mehr verarbeitet. Von innen her drängt es mich, selbst mehr zu berichten. Aber die Gewohnheit und alte Erinnerungen hängen mir an und halten mich zurück. Ich weiß, daß mein Lebendigwerden davon abhängt, daß ich diese alten Gewohnheiten loswerde und daß ich selber spreche. Mitunter fordert es tagelang meine ganze Willenskraft, dranzubleiben und nicht in mich zurückzufallen. Zu wissen, daß ich heute wieder eine Tagebucheintragung machen werde, hilft mir dabei.

5. Mai

Ein Paar
Sie gehen zusammen,
er immer ein Stück vor ihr.
Sie hält öfter,
taucht ein in die Dinge,
entdeckt, erschrickt,
möchte am liebsten jetzt noch
zeichnen lernen.
Sie hat die Form

eines sich bewegenden Fragezeichens.
Er dagegen,
hat nicht vor anzuhalten,
eilt, auch ohne Ziel,
will nicht wissen,
wie alt die Steine sind,
wie der Salamander
in der Sonne auf dem Weg heißt
und warum seine Frau
kaum noch leben kann
an seiner Seite.

Ich spreche mit der amerikanischen Frau meines Neffen am Telefon und freue mich über ihre Fortschritte mit der deutschen Sprache. Sie ist erst zwei Jahre in Deutschland. Wenn ich bei ihr anrufe, fragt sie mich gleich »Wie geht's?«, und obwohl sie die Wahl hat, englisch mit mir zu sprechen, macht sie weiter so und radebrecht mutig in deutsch. Sie lernt die deutsche Sprache schnell, weil sie sich nicht scheut, Fehler zu machen. Ich lasse mich von ihr anstecken und lerne, mich weniger von meinen Fehlern abhalten zu lassen.

6. Mai
Ich war heute abend zu einer Lesung des Schriftstellers Brian Moore, der aus seinem neuen Buch »No Other Life« vorgelesen hat. Sein letztes, viel gelesenes und dann auch verfilmtes Buch war »Black Robe« (»Schwarzrock«). Er las die Hälfte eines Kapitels, beantwortete einige Fragen, und nach 45 Minuten war alles vorbei. ich kaufe mir das neue Buch und lasse es mir auch signieren. »To Ulrich, Brian Moore« schreibt er hinein. Eine wirkliche Verbindung zwischen Autor und Zuhörer ist nicht zustande gekommen. Ich merke, daß ich unter einer Lesung etwas anderes verstehe.

Der späte Abend gehört mir. Ich höre nach innen, und da melden sich Gedichtfetzen, die ich dann hervorlocken und zu ganzen Gedichten machen kann. Eine halbe Stunde nach Mitternacht ruft Waltraud an, und in ihre Angst und ihren Selbstzweifel hinein lese ich ihr das neue Gedicht »Das Kind« vor. Es ist um 23.00 Uhr fertig geworden. Sie ist überrascht, weil es auf sie wirkt, als wäre es für sie geschrieben. Ich spreche es ihr auf ihren Anrufbeantworter, und sie kann es sich dann abschreiben, als Stärkung und Unterstützung. Auch die anderen Gedichte sind ihr bedeutsam in ihrer Situation. Ich staune über diesen »Zufall«, diese Gleichzeitigkeit. Es gibt ein Verbundensein, das wir manchmal nicht sehen.

Das Kind
In ihr wohnt das Kind,
das kein Beischlaf geschaffen hat.
Es hat Arme und Beine,
mit denen es manchmal tritt.
Sie hat es auch schon singen hören,
dieses stille Summen,
noch ohne Worte,
mit einer uralten Melodie,
Töne aus Erde,
mit dem Planeten vernabelt.

Demnächst wird es auch reden
und mehr wissen als sie,
und sie wird versuchen ängstlich wegzuhören,
aber es wird wie eine Axt
in sie dringen und sie spalten
vom Scheitel bis zur Sohle.
Und manchmal wird es sie
durch ihre Augen ansehen,
voller Weisheit,
wie aus einem himmlischen Spiegel.
Dann wird sie
die kleinen Hände ergreifen
und sich hineinziehen
ins Leben dieses Kindes,
in ihr eigenes,
und endlich an sich glauben.

Ich kenne eine Frau, die Puppen macht, die sie lebenden Kindern nachgestaltet. Sie sehen sehr echt aus, mit dem individuellen Gesichtsausdruck des jeweiligen Kindes. Drei von ihren Originalpuppen wurden vervielfältigt und in Spielwarengeschäften verkauft. Die »Sancha« gefiel mir besonders gut. Sie hat ein ängstlich verscheuchtes Gesicht, das aber dem Leben trotzt. Ich sehe mich in ihr. Heute kaufte ich sie mir. Sie steht nun in meinem Wohnzimmer. Ich habe das Empfinden, ein echtes und vertrautes Wesen bei mir zu haben.

7. Mai
Die Erinnerung an Waltrauds Freude über das neue Gedicht von gestern ist wie ein stilles, tiefes Glühen, in dem ich lebe. Beim Händeausstrecken auf die Seele des andern zu stoßen.

Ich bin beschwert und fühle mich nicht wohl. Ich rufe Ulrich an, und er sagt mir, daß er ein Gedicht geschrieben hat, und spricht es mir auf meinen Anrufbeantworter. Er meint, es könne mir vielleicht etwas bedeuten. Ich bin beglückt über dieses Gedicht und überrascht, daß es für meine Situation so passend ist.

8. Mai
Den ganzen Tag bringe ich damit zu, die Dias der Reise zu sortieren. Ich stehe immer wieder an der Stelle des Bildes und sehe dann, was ich beim Fotografieren hätte besser machen können. Loslassen, loslassen, was nicht zu ändern ist. Das fällt mir immer wieder schwer. Es hängt dann alles an dem Fehler.

Ich bin viel bei Waltraud mit meinen Gedanken – und der Schwere, mit der sie zu kämpfen hat in dieser Zeit. Ich bewundere ihren Mut und die Konsequenz, mit der sie sich nicht entwürdigt in einer gewissen Situation. Bleib dir treu!

Ich lese bei Rilke: »Der Geist, der uns vereinsamt, will völlig sicher sein, uns zu vereinen.« Ich denke dabei an die vielen Situationen, in denen ich durch Streitigkeiten von Menschen getrennt worden bin. Mir fällt auf, daß diese Trennungen immer wichtig waren. Ein jeder hatte Gelegenheit, seinen eigenen inneren Streit mit sich allein auszukämpfen. Dadurch entstand mehr Fortschritt als im Streiten miteinander. Früher schien mir das Streiten wichtiger, um dadurch Dinge ans Licht zu bringen und das offen anzusprechen, was störte. Das ist mir zwar heute auch noch wichtig, aber ebenso wichtig scheint mir zu sein, daß wir lernen, Dinge, die uns selbst angehen, mit uns selbst zu klären. Heute gelingt es mir besser, zu unterscheiden, was wann dran ist.

9. Mai
Ich lese »Bringers of the Dawn« (»Boten der Morgendämmerung«) von Marciniak. Ein Buch, das durch »chanelling« entstanden sein soll. Eine Gruppe Weiser von den Plejaden melden sich zu Wort und erklären der Schriftstellerin die allernächste Zukunft der Menschheit. Aber was soll man insgesamt von diesen Sachen halten? Ich bleibe offen – fast alles kann ich mir als möglich vorstellen, aber um es zu glauben, muß ich etwas damit erleben.

An diesem Sonntag treffe ich mich zum ersten Mal mit Daja. Wir haben beide eine Stunde Autofahrt und treffen einander auf halber Strecke in Dinkelsbühl. Im Aufnehmen der schönen alten Stadt begegnen wir einander und genießen die Reife, die ein jeder mitbringt. Im Älterwerden ist vieles möglich. Begegnungen werden tiefer, ausgeglichener, gelöster.

Spät am Abend ruft Silya aus Kanada an und gratuliert zum Muttertag. Mir geht auf, wie weit ich von meinem Muttersein entfernt bin, bin aber froh, daß sie mich daran erinnert.

10. Mai
Die Lichter der Stadt erleuchten die Wassertropfen auf der Fensterscheibe. Eine Fliege, nach der ich früher ohne viel zu denken geschlagen hätte, fliegt schon seit zwanzig Minuten im Kreis von der Lampe über den Drucker zum Fenster und zurück. Auf das Dach fallen Regentropfen, die auch kleine Füße sein könnten. Alles, außer mir, scheint bei dem zu sein, was es ist. Ich jedoch schwärme aus, fantasiere, imaginiere, warte und gehe dann innerlich dem nach, was mich wie aus einer anderen Welt kommend beschäftigt. Ich lebe hier, aber nicht nur. Ich bin anderswo geboren und lebe immer noch ein wenig dort.

Ich habe heute von Wolfgang eine Analyse meiner Handschrift bekommen, in der ermutigende, aber auch beunruhigende Dinge zu lesen sind. Wie weit drückt meine Handschrift das aus, was ich an mir gearbeitet habe? Wie lange dauert es, bis sich die Veränderung in einem Leben in der Handschrift ausdrückt?

Ich lese »A Natural History of the Senses« (»Eine natürliche Geschichte der Sinne«) von Diane Ackermann und »The Moon by

Whalelight« (»Der Mond bei Wal-Licht«) auch von ihr – zwei wunderbare Bücher über natürliche Phänomene, über die Wunder der Welt um uns und in uns. Dann »No Other Life« (»Kein anderes Leben«) von Brian Moore und »Inventing the Hawk« (»Den Habicht erfinden« – Gedichte) von Lorna Crozier. Und dann noch je ein Buch über die »Jäger im Zwielicht«, über Wölfe, Kojoten, Füchse und Fledermäuse von dem Experten auf dem Gebiet, Merlin Tuttle. Was für eine reiche, bunte Welt kommt mir aus diesen Büchern entgegen!

Margie hat heute Schwarzweißbilder von mir gemacht, für das Journal 6, das im Herbst erscheinen soll. Immer wieder die Frage: Will ich so aussehen, wie ich aussehe?

Ich laufe wieder durch die Schrebergärten und sehe, was alles seit meinem letzten Spaziergang gewachsen ist. Ich sehe die Sorgfalt, mit der Menschen ihren abgegrenzten kleinen Teil Natur pflegen und dabei den Zugang zu einem Stück Heil haben, ein Stück Stillehalten in der Enge. Ein Schrebergarten ermöglicht, nach innen zu schauen, sich abzugrenzen und innerhalb der Grenzen die Weite und Fülle innen zu entdecken.

11. Mai

Ich bin zum Babysitting bei Margies Kindern. Alexis ist elf und Simone neun. Aber sie wirken manchmal schon wie Teenager. Die Scheidung hat sie mit vielem konfrontiert, mit dem sich Kinder eigentlich nicht beschäftigen müßten. Sie wünschen sich, daß ich mich in das große Bett in die Mitte lege, und sie rechts und links von mir. So lese ich ihnen das Kinderbuch vor, das ich mir aus der Wüste mitgebracht habe: »The Girl who loved wild Horses« (»Das Mädchen, das wilde Pferde liebte«).

Um 23 Uhr kommt Margie zurück, und wir reden noch bis zwei Uhr morgens, auch wenn wir morgen beide früh aufstehen müssen. Ich versuche ihr zu vermitteln, wie ich ihre Zwanghaftigkeit und Wahrheitsliebe erlebe, und sie gewinnt dadurch eine alternative Sicht für eine Freundschaft, die sie mit einer anderen Frau verbindet.

Ich gehe mein Adreßbuch durch und ändere alle Postleitzahlen der deutschen Adressen, und denke, wie hier und da in ganz Deutsch-

land andere Menschen gerade genau dasselbe tun wie ich. In den ganz alltäglichen Tätigkeiten gibt es eine Solidarität unter uns.

12. Mai

Mit Margie unterwegs, um ihr ein Mountain Bike zu suchen. Wir fahren Räder zur Probe und entscheiden uns für eins. Es ist sommerlich warm. Ich nehme die Luft wahr, die Offenheit der Möglichkeiten, die Herausforderungen. Ohne direkt an unsere Freundschaft zu denken, ist sie doch eine Kostbarkeit, die wenige Menschen über eine so lange Zeit so erleben.

Der Priester am Ort führt heute eine Neuerung ein und gestaltet einen Krankensalbungs-Gottesdienst. Jeder in der Gemeinde ist eingeladen. Weil ich mich krank fühle, gehe ich auch. Da sitze ich nun unter all den Katholiken und nehme teil an der Salbung und am Abendmahl. Früher hätte ich erst mit dem Priester meine Position klären wollen. Ich bin doch kein Glied der Gemeinde. Kann er mich akzeptieren mit dem, was ich glaube? Heute hatte ich nicht das Empfinden, ich müßte irgend etwas klären. Ich bin ein Kind Gottes, so wie alle anderen, und da, wo ein Altar steht, da sind wir alle in Gottes Haus. Ich gehöre dazu. Ich bin mir bewußt, welch ein ereignisvoller Augenblick diese Handlung für mich ist. Immer wieder schlucke ich, wegen meinem inneren Berührtsein. Mit festem und sicherem Glauben nehme ich meine Heilung an, mein Dazugehören. Ich bin nicht allein.

13. Mai

Hildegard ist den Abend über bei mir zu Besuch. Fast alle wichtigen Themen kommen im Laufe des Abends dran. Fast dreißig Jahre kennen wir uns, seit 21 Jahren sind wir Nachbarn. Immer wieder verwandelt sich unsere Beziehung, auch durch unsere beiden Partner. Diese Wandlung ist etwas Lebendiges. Am Ende des Abends zeige ich ihr die Dias von meiner Reise in die Wüste.

Ich habe den neuen Roman von Brian Moore »No Other Life« ausgelesen. Es ist ein einfacher, direkter Roman ohne viel Mysterium. Aber gerade das macht mir Mut, selbst an meinen längeren Erzählungen weiterzumachen. Im stillen kämpfe ich immer wieder mit Gefühlen der eigenen Unzulänglichkeit.

Meine Freundin steht zu sich. Wir kommen beide miteinander an Schwieriges. Wir sagen, was wir wirklich empfinden und denken, und erleben dabei Druck und Schwere. Dann sind wir still und konzentriert und versuchen nicht, etwas zu lösen. Eine jede steht zu sich, geht ihren ganz eigenen Weg, und wir gehen miteinander. Wir bleiben beieinander und erleben Liebe. Dadurch, daß sie zu sich steht, habe ich Gelegenheit, mich zu finden und meinen Beitrag mir gemäß zu bringen.

14. Mai
Von Moment zu Moment, von Zimmer zu Zimmer, von Gespräch zu Gespräch, von Kilometer zu Kilometer existieren die Zusammenhänge, die unsichtbaren Verbindungen, und ich übe nichts so sehr, wie diese Zusammenhänge wahrzunehmen. Es ist eine Aufgabe, die ein Leben lang anhält.

Nach meinem Erleben mit meiner Freundin wird mir deutlich, daß, wenn mich ein Mensch so nimmt wie ich bin, ich dies als Geschenk bekomme, etwas, was ich nicht fordern kann. Es gibt eine Entscheidung, den anderen Menschen so zu nehmen wie er ist, was nicht heißt, daß ich das schon können muß. Es heißt, daß ich mich für einen Prozeß entscheide, daß ich dabeibleibe und lerne, die anderen so zu nehmen, wie sie sind.

15. Mai
Ich bin zu Besuch bei meiner Mutter, meine Schwester ist auch gekommen mit ihrer Tochter, und mein Bruder wohnt hier. Mutter ist sehr froh, manchmal fast den Tränen nahe, daß wir bei ihr sind. Sie ist glücklich, daß wir ihre Kinder sind. Sie ist 86, hat viele Schmerzen, möchte am liebsten sterben. Viel kann sie nicht mehr tun, auch wenn sie noch ganz klar denken kann. Ich spüre, wie gegenwärtig die Möglichkeit des Todes ist. Der Tod ist nicht anwesend, aber seine Möglichkeit, von Minute zu Minute.

Ich verliere so ungern. Ich muß begreifen, daß ich eigentlich immer gewinne, wenn ich den inneren Weg gehe. Dann verliere ich vielleicht ein Spiel und habe weniger Kirschen in meinem Eimer als andere. Ich habe aber Spaß am Dabeisein, an dem Menschen, mit dem ich spiele, mit dem ich Kirschen pflücke, und auch am Erklettern des Baumes und an den Kirschen selber. Ich habe entdeckt, daß mir Scrabble am meisten Freude bringt, wenn alle Spieler gemeinsam jeden Zug miteinander ausklügeln, gemeinsam nach den besten Anlegemöglichkeiten suchen und dann am Ende des Spiels schauen, was uns alles gemeinsam möglich war. In dieser Weise etwas zu erreichen gibt mir Kraft. So möchte ich spielen.

16. Mai

Heute sind wir als Familie am Okanagan-See. Es ist fast ein Sommertag. Wir haben Mutter im Rollstuhl zwischen uns gestellt, wir essen zusammen, sehen viel auf den See, beobachten die Wellen, die Wolken, gehen unseren eigenen Gedanken nach – unser Gespräch treibt zwischen uns hin und her. Wir sind zu neunt – drei Generationen, und jeder erlebt anders als der andere, auch wenn der See, die Bäume, die spielenden Kinder um uns so eindeutig und faßbar sind. Für einige ist die Welt weit und offen, für andere reduzieren sich die Möglichkeiten, aber dadurch können die gewählten intensiver werden. Für Mutter schließt sich diese Welt immer mehr, und eine andere tut sich mehr und mehr auf, und nach dieser sehnt sie sich.

Ich freue mich, Menschen zu sehen, die zu sich stehen. Bei einer Reportage im Fernsehen höre ich, daß der Sponsor des Tennisspielers Ivan Lendl ihm eine Million zusätzlichen Einkommens zugesichert hat, wenn er ab und zu vor, nach oder während des Tennisspiels mal lächeln würde. Er sagte darauf, er verzichte lieber auf die Million. So möchte ich zu mir stehen, zu meinem inneren Ernst, der mich hin und wieder mit Macht überfällt.

17. Mai

Ich habe mich den ganzen Tag über auf ein Telefongespräch mit Waltraud gefreut. Um ein Uhr nachts rufe ich endlich an. Aber schon nach ein paar Minuten sind wir bei einem Thema, bei dem es schwierig wird. Dabei geht es gar nicht um uns, sondern um dritte, die wir noch zudem etwa ähnlich sehen. Es wird schwerer, und wir werden beschwerter, aber irgendwie gelingt es uns nicht, das Gespräch in eine andere Richtung zu lenken. Es ist, als wenn wir durch andere in etwas hineingezogen würden. Wie leicht wäre es jetzt, einander Vorwürfe zu machen, aber wir tun es nicht. Wir würden wahrscheinlich uns selbst nicht glauben. Wir legen auf, ohne das Gespräch »gerettet« zu haben. Mir wird wieder einmal deutlich, wie wichtig es ist, das eigene Leben nicht von anderen bestimmen zu lassen – darum ging es im Gespräch – um gewisse Menschen, denen wir uns in der Vergangenheit zu sehr ausgesetzt haben und worunter wir dann miteinander in unserer Ehe gelitten haben. Du, ich denke an dich, weit weg in Deutschland, und es ist alles okay, auch wenn wir mit schwerem Herzen aufgelegt haben.

Ich bin überrascht über meine starke Reaktion heute, als ich die Erinnerung an etwas Vergangenes mit zwei Freunden aufrolle. Ich fühle mich durch das Gespräch über das Geschehen damals jetzt im Moment nochmals so unter Druck wie vor Jahren. Und am Telefon bekommt Ulrich die Wucht meiner Gefühle zu spüren. Das macht mir jetzt zu schaffen. Ich hoffe, er kann trotzdem gut schlafen.

18. Mai
Ich würde weit gehen, um das zu finden, was gefunden werden will. Von mir. Das ist das Stück des Puzzles, das mir noch fehlt. Aber wenn ich das habe, fällt mein Augenmerk auf eine sich gerade bildende Lücke, in die zwei oder drei neue Stücke passen werden. So geht die Reise weiter. So lebe ich auf das komplette Bild zu, das ich in mir trage.

Ich habe heute den Film »Somersby« mit Richard Gere und Jodie Foster gesehen. Es hat mir gefallen, wie der Film die mittelalterliche Geschichte der Rückkehr von Martin Guerre in das neunzehnte Jahrhundert in den USA übertragen hat. Es ist die alte Frage nach unserer Identität. Sind wir das, was wir jetzt sind, oder das, was wir in unseren früheren Handlungen waren?

Im Dorf an der Post fragt mich ein älterer Herr, ob er mich mal fragen könne, wo ich denn wohne. Ich gebe ihm Auskunft, und er meint, nun wisse er doch endlich, wo er mich hinstecken kann. Er wollte doch mal wissen, wer diese freundliche Frau sei. Das tut mir wohl. Ich wirke also nicht nur ernst auf Menschen.

19. Mai
Neben uns wird seit drei Monaten gebaut – ein Einfamilienhaus mit 750 Quadratmetern. Ich trauere dem Wald nach, der neun Jahre lang an der Seite unseres Hauses stand. Jetzt soll ich die Bäume neben unserem Haus verpflanzen, weil sie ein paar Zentimeter über die

Grenze stehen. Wir haben die Tannen einmal alle aus dem Wald geholt, unter Hochspannungsleitungen war es erlaubt, sie auszugraben, und hier gepflanzt. Jetzt sind sie über fünf Meter hoch, und ich hoffe, daß sie wieder gut anwachsen.

Ich denke an die »Verpflanzungen«, die ich mir manchmal zumute. Ich bin fünfzig und verpflanze mich ab und zu – in neue Gedanken, Situationen, Umstände. Ich bin entschlossen, weiter zu wachsen, auch in einer neuen Umgebung.

Ich habe heute die Hälfte zu dem neuen Heft »Wenn dein Herz eine Wüste ist . . .« geschrieben. Ich merke, wie tief die Wüste in mich eingedrungen ist in den letzten Jahren.

Gespräch über die Ehe

Ulrich: Ich mache mir immer wieder viele Gedanken über die Ehe der Zukunft. Wie werden die Menschen nach uns die Ehe sehen, und werden sie sie überhaupt noch als wertvoll betrachten? Was für eine Chance hat die Ehe in der Zukunft? Es scheint fast, als wenn viele sie für überholt halten.

Waltraud: Ich denke, daß gewisse Vorstellungen über die Ehe und wie sie zu leben ist, überholt sind. Aber die Ehe selbst, gekoppelt mit einer größeren Bewußtwerdung, ist auf keinen Fall überholt. Ich denke, daß die Ehe immer neu entdeckt werden muß, als ein Weg, in Geheimnisse vorzudringen, die für manche Menschen im Alleinstand schwerer zugänglich sind.

Ulrich: Meinst du, daß manches uns nur durch die Ehe zugänglich ist?

Waltraud: Nein, ich glaube, wir können sowieso nicht von uns als »alle Menschen« sprechen. Ich bin überzeugt, daß auch Menschen außerhalb der Ehe zu ebenso tiefen Einsichten kommen. Ich glaube allerdings, daß die Ehe, die dann auch oft zu einer Familie wird, das persönliche Wachstum des einzelnen sehr fördern kann, wenn sich die Beteiligten darauf einlassen.

Ulrich: Ich glaube auch, daß etwas ganz Besonderes geschieht, wenn zwei Menschen sich über Jahre hin einander anvertrauen und sich auch einander aussetzen.

Waltraud: Ich sehe auch gerade in der Bindung eine Chance zu einer größeren Tiefe, die wir leicht umgehen.

Ulrich: Warum entsteht durch Bindung Tiefe?

Waltraud: Durch die freiwillige Bindung entscheide ich mich für die Herausforderung, die der Partner mir ist. Ich gebe ihm Festigkeit und Vertrauen. Auf diesem Hintergrund kann mein Partner mich mit Verständnis und innerer Ruhe spiegeln. Ohne Bindung hätte er vielleicht Angst, sich diese Ehrlichkeit zu leisten.

Ulrich: Du betonst das Wort »freiwillig«.

Waltraud: Ganz bewußt tue ich das. Die Tiefe kann nicht erreicht werden, wenn Zwang herrscht. Es gibt doch das schöne Wort, daß Liebe ein Kind der Freiheit ist. Wo Zwang herrscht, auch in seinen subtilen Formen, stirbt die Liebe.

Ulrich: Vielleicht gibt es darum auch so viele Ehen, die an einem Punkt stehenbleiben und nicht vorzudringen scheinen in diese Tiefe, von der wir sprechen. Sie versuchen es mit Zwang, oder sie versuchen es gar nicht und werden sich dann gleichgültig.

Waltraud: Allein schon mit dem Begriff »sich binden« wollen die meisten Menschen heute nicht viel zu tun haben.

Ulrich: Ich finde das englische Wort »commitment« da besonders gut. Es enthält Begriffe wie Versprechen, Zuwendung und Festlegung.

Waltraud: Ich kann gut verstehen, daß viele Menschen kein commitment wollen, weil es sich wie der Verlust von Freiheit anfühlt. Sie erleben oft, wie sie unter dem Druck von Erwartungen die Freude am Miteinander verlieren. Ich finde es auch wirklich unangenehm, von Erwartungen geplagt zu sein.

Ulrich: Genau da liegt die Kunst. Einerseits Erwartungen abzuschaffen, ohne dabei einander gleichgültig zu werden; und andererseits intensiv dem anderen zugewandt zu sein, ohne dadurch zu bedrängen.

Waltraud: Schon allein sich in die Spannung dieses Prozesses zu stellen macht die Ehe sehr wertvoll.

Ulrich: Wo stehst du in diesem Prozeß ganz persönlich, und hast du das Empfinden, daß du in den letzten Jahren Fortschritte gemacht hast?

Waltraud: Ja, ich habe das Empfinden, Fortschritte gemacht zu haben. Ich habe viele Erwartungen und alte Vorstellungen abgebaut und kann dadurch besser auf dich zugehen und dir echter begegnen.

Ulrich: Ich erlebe den Prozeß ähnlich wie du. Ich stelle fest, daß aus der erfüllten Bindung im Laufe der Zeit eine Verbindung wird. Die gemeinsame Geschichte, die wir in über dreißig Jahren geschrieben haben, hat uns ganz tief geprägt und ein Verbundensein geschaffen.

20. Mai

Ohne Halt
Manchmal,
wenn ich in Umstände gerate,
die ich nicht deuten kann,
oder in ein Gespräch,
aus dem die Sinnlosigkeit
immer wieder feindlich angreift,
dann verschwindet der Halt,
den die Ordnung
mir früher gegeben hat.
Dann spüre ich nicht mehr die Kraft,
die alles in eine glaubbare Mitte zieht.
Dann existiert alles
nur in einer undurchschaubaren Willkür,
in einer tödlichen Unordnung.
Aber auch daran wachse ich,
auch wenn ich im Moment nicht weiß,
wohin.

Ulrich und ich haben mal wieder mehr als eine Stunde am Telefon gesprochen. Wenn es das Telefon nicht gäbe, dann wäre ich bestimmt nicht so lange ohne ihn hier in Deutschland. Wir beide können eine Trennung lange aushalten, wenn wir die Möglichkeit haben, weiter miteinander zu kommunizieren.

21. Mai
Wie viele der Werte, die ich hochhalte, erfinde und entwickele ich, weil ich es nicht aushalte, ohne sie zu sein? Vielleicht alle. Noch immer steckt in mir (und in den meisten Menschen, vermute ich) der Glaube, daß Werte, die von außen kommen, von einem System, von unseren Vorfahren oder aus heiligen Schriften, wertvoller und »richtiger« sind als die, die ich und du uns erarbeitet haben. Die meisten haben gelernt, Außen mehr zu trauen als Innen. Das hat verheerende Konsequenzen: So werden wir hörig, so sind wir leichter anfällig für eine Ideologie (und dazu gehören auch gewisse religiöse Richtungen), so »verlernen« wir, was wir selbst glauben, so spüren wir unsere Gefühle nicht mehr, so glauben wir etwas, was wir eigentlich nicht glauben, und werden uns dabei selbst fremd.

Heute sehe ich einmal wieder mit Schmerzen ein, daß ich durch meine Fehlerhaftigkeit schuldig werde. Und dann fällt mir auf, daß es in Ordnung ist, schuldig und unfertig zu sein. Es ist ja überhaupt hochmütig, zu meinen, ich müßte ohne Fehler sein. Dumm ist es. Ich könnte mir Schmerzen sparen, wenn ich mir Fehlendes anschauen und bereitwilliger und selbstverständlicher als zu mir gehörig sehen würde. Ich will diese Seiten von mir mit einbeziehen. Wenn ich ohne Fehler sein will, dann will ich im Grunde andere nicht nötig haben wollen.

22. Mai
Ich will den Antworten widerstehen, besonders meinen eigenen, den zu schnell gefundenen, und ihnen mißtrauen, weil sie vielleicht ein Ausdruck meiner Unfähigkeit sind, die Antwortlosigkeit auszuhalten. Und dann doch noch aufbauend und heilend leben. Aber es durch Handlungen tun, nicht durch Systematisieren und übertriebenes Denken.

schreibend mir selbst die Ausflüchte nicht glauben und mir selbst die Fluchtwege versperren

Ich möchte ganz bewußt lernen, allein in ein Restaurant zu gehen oder auch allein spazierenzugehen. Ich möchte allein dasitzen, selbstbewußt und stark. Ich möchte sagen: »Schaut mich an, hier bin ich allein, nicht abgehängt, ungewünscht oder unnütz, sondern hier bin ich mutig, wichtig, still, in mir ruhend, allein. Mit mir zusammen gehen Scharen von Menschen diesen Weg, Frauen und Männer. Sie sitzen alle ungesehen hinter mir, neben mir und vor mir. Sie geben mir Kraft, und ich gebe sie ihnen. Gemeinsam bauen wir an einer starken Gesellschaft von Menschen, die allein sein können, und weil wir allein und stark sein können, brauchen wir niemanden zu manipulieren und zu bekriegen. Weil wir allein sein können, wissen wir, wie wir alle zusammengehören. Und wir erfahren den unerschöpflichen Reichtum, den andere uns geben können.

23. Mai
Heute vor vierzig Jahren bin ich mit meinen Eltern und Geschwistern in Quebec gelandet. Ich war damals zehn Jahre alt, und die Welt schien ungeheuer groß. Ich erinnere mich noch an die ersten

Eindrücke von dem Land. Schon oft hab ich mich gefragt, wie wohl mein Leben verlaufen wäre, wenn ich in Deutschland aufgewachsen wäre. Wäre ich der, der ich jetzt bin? Macht uns die Umwelt zu den Menschen, die wir sind, oder gibt es einen Kern in uns, der sich entwickelt, gleich, wo wir wohnen und wen wir kennenlernen?

Seit 21 Jahren genieße ich den Blick aus meinem Arbeitszimmer auf das Meer und die Berge. Heute war ein besonders klarer Tag und ein wunderbar getönter Abendhimmel, wie selten an den Tausenden von Abenden, die ich hier schon am Fenster gesessen habe. Am Horizont wird der Himmel jetzt orange, darüber ist er mittelblau. Das Wasser darunter wird lila, eine Reflektion der beiden Himmelsfarben. Über allem, noch hoch am Himmel, steht ein Sichelmond. Der Ahorn vor meinem Fenster bewegt sich kaum. Es ist eine überirdische Stille. Jetzt müßte sich der Himmel auftun, so wie sich mein Herz auftut.

Ich wache auf und erlebe wenig Gutes an mir und sehe Sinnlosigkeit im Leben. Ich stehe aber trotzdem auf, mache mich trotzdem fein, koche mir trotzdem einen gesunden Brei und gehe trotzdem auf Menschen zu. Heute abend sehe ich wieder Sinn. Ich mag mich wieder und strahle.

24. Mai

Ich habe heute einige Stunden in der Küche gestanden und 170 Bratlinge aus sechs Sorten Bohnen, Sonnenblumenkernen und so manchem anderen fabriziert und eingefroren. Ich bin extra Gewürze einkaufen gegangen: Salbei, Dill, Thymian, Paprika, Basilikum, Cayennepfeffer. Es ist eine schöne Arbeit, bei der ich am Ende genau sehen kann, was ich geschafft habe. Vielleicht gefällt mir auch das Kreative daran so – ich arbeite nicht nach einem Rezept, sondern rein nach Geschmack, Textur und Aussehen.

Ich ruhe aus in dem Gedanken, daß Ulrich und ich uns in den Jahren unserer Ehe gut aufeinander eingestellt haben. Wir können schnell miteinander entspannen. Ich weiß, er mag meine Nachtkleidung, und meine wilden Haare stören ihn nicht. Wir sind uns gern körperlich nahe. Ein wenig Körper- oder Schweißgeruch stört uns beide nicht. Wir können uns beide auch mal in schmutziger Arbeitskleidung wohl fühlen. Die Gedanken daran begleiten mich und geben mir auch im Getrenntsein noch ein inneres Heim.

25. Mai
Kira überrascht mich mit einem Besuch, und auch wenn sie nicht lange bleiben will, reden wir doch zwei Stunden. Was ist das für eine kostbare Zeit! Da lohnt es sich, alles andere liegenzulassen. Kaum ist sie gegangen, da kommt Silya, und auch wir unterhalten uns, bis es dunkel wird und sie endlich nach Whistler zurückfahren muß, wo sie wohnt. Die Inhalte unserer Gespräche sind wichtig, wir tauschen wichtige Informationen aus, aber gleichzeitig ist es auch der Austausch selbst, das Anhören des Gegenübers, das Gewähren von Einblick, das Vertrauen, um das es geht. Auch wenn ich dieses Glück meistens sehr deutlich spüre, habe ich doch das Bedürfnis, es noch bewußter zu erleben, fast, als wollte ich es festhalten, was ich aber nicht will. Aber irgendwie möchte ich es mir noch deutlicher machen, falls es mal eine Zeit geben sollte, wo es nicht mehr so ist, oder falls ich es vergesse oder gleichgültig dafür werde, was ich nicht hoffe.

Auf der zweistündigen Fahrt nach Hochheim krame ich meine alte Kassette vor, »My favorite Vocalists«, die ich mich eigentlich satt gehört hatte. Jetzt lege ich sie ein, und jedes Lied geht mir ein wie eine leckere Nachspeise. Ich höre Judi Collins, Joni Mitchell, Anne Mortifee, Simon and Garfunkel, Neil Diamond, Leonard Cohen und andere. Diese Sängerinnen und Sänger gehören zu meiner Vergangenheit, die mich bis heute begleitet. Ich ruhe aus in dem, was ich an Bekanntem als Grundlage in mir trage. Ich finde es schön, eine unauswechselbare persönliche Geschichte zu haben.

26. Mai
Heute habe ich die Bäume zwischen uns und dem Nachbarn versetzt. Ich hatte gedacht, daß er froh sein würde, daß schon etwas zwischen uns angelegt ist. Ich hoffe nur, daß die Bäume das verkraften. Es wäre schade, sie zu verlieren. Mich beschäftigt täglich die »Gewalt«, mit der nebenan gebaut wird – die Form des Landes, der Berg, an dem wir wohnen, wird nicht gewahrt. Alles muß verändert werden. Im Augenblick werden zwei Mauern gebaut, die zusammen über fünf Meter hoch sind, nur damit es kein abschüssiges Gelände gibt. Auf diese Mauern müssen Nachbarn, die vorher auf Wald gesehen haben, jetzt blicken.

Herr S., der Inhaber der Tankstelle, fragt mich, was die Sterne sagen, ob die Botschaft gut oder schlecht sei. Ich sage, das hänge ganz von unserer Interpretation ab. Letztlich gebe es keinen guten oder schlechten Stand der Sterne. »Ah«, meint er, »Ihr Wort in Gottes Ohr!« Ich mag diesen Ausdruck, »Ihr Wort in Gottes Ohr«.

27. Mai

Ich war heute vormittag mit Margie zwei Faltboote testen, von der in Vancouver ansässigen Firma Feathercraft. Meinen Klepper Aerius habe ich vor dreißig Jahren gebraucht gekauft. Den möchte ich ersetzen. Ich möchte ein Boot haben, mit dem ich mich im Sommer irgendwann einmal zwischen die Wale an der Küste von British Columbia trauen kann oder auf einen abgelegenen Fluß in Alaska. Auch so möchte ich lebendig bleiben.

Ich habe heute Liv Ullmanns Film »Sofie« gesehen. Es ist der erste, in dem sie Regie führt. Er war wunderbar. Vielleicht ist es der beste Film in dieser Art, den ich je gesehen habe – ich kann mich an keinen besseren erinnern. Er wirkte auf mich wie ein Film, den wahrscheinlich nur eine Frau so drehen kann. Besonders eindrucksvoll ist die Hauptdarstellerin Lise-Karen Mynster. Gegen ihre schauspielerischen Fähigkeiten, besonders den Wechsel von für den Betrachter »verständlich« zu »unverständlich«, von »ausgelassen glücklich« zu »vom Geheimnis heimgesucht«, wirken Stars wie Meryl Streep und Jessica Lange und auch Hanna Schygulla beinah grob und vordergründig. Ullman hat auch immer wieder den Mut, die Unverständlichkeiten und Widersprüche des Lebens weder zu erklären noch aufzulösen. So bleibt vieles geheimnisvoll und damit wirklich. Sie läßt die Vielseitigkeit des Lebens bestehen – sie glättet nicht und scheint keine Angst zu haben, daß so manche Kinobesucher einiges nicht verstehen werden. Besonders mutig finde ich auch die langen Nahaufnahmen, während der nicht gesprochen wird. Und diese Nahaufnahmen wirken für mich nie obszön, wie so oft in Hollywood-Filmen. Obszön, im Sinne eines Einbruchs in das Leben der Figur, der dem Betrachter nicht zusteht. Auch der Schnitt des Films ließ für mich nichts zu wünschen übrig. Er betonte das Fragmentarische des Lebens, anstatt mit gekonnten Übergängen manches zu verschleiern. Sie hat mit diesem Film das erreicht, was ich mir immer von den späten Filmen von Ingmar Bergman erhofft und gewünscht habe. Bergman ist in Ullmanns Regie hier und da zugegen, und es wäre verwunderlich, wenn das nicht so wäre, haben sie doch Jahre ihres Lebens miteinander geteilt. Aber Ullmann hat den Einfluß von Bergman verarbeitet und ist weitergegangen. Für mich erreichte der Film am Ende eine verhaltene Intensität (vielleicht war er darum doppelt stark), die für mich an die Grenze des Erträglichen ging. Hier wird das gesamte Leben eine Frage, eine offene Wunde, und ich habe nicht abgeschaltet, weil ich mir keinmal manipuliert vorkam. Mir wurde nicht gesagt, was ich fühlen sollte. Ich freue mich, mal wieder einen Film gefunden zu haben, den ich uneingeschränkt gut finde.

Der Film von Liv Ullmann hat mich bestärkt, meine Betonung der Kleinigkeiten weiter beizubehalten. Ich sehe darin fast so etwas wie eine »Sendung« in meinem Schreiben. Manchmal habe ich Angst, daß schon die Generation unserer Kinder nicht mehr fähig (und/oder willig) sein wird, die subtilen Nuancen wahrzunehmen, weil alles in unserer Kultur auf die unterschiedlichste Form brutalisiert wird. Was früher mit einem Blick ausgedrückt wurde, muß heute mit einer Handlung getan werden, und wo früher eine vorsichtige Handlung schon sehr viel bedeutete, muß heute eine extreme, damatische Tat her. Wir leben in einer Inflation des Ausdrucks und entwerten damit viel Wertvolles. Wenn ich das so formuliere, komme ich mir fast wie ein alter Mann vor, der nicht mehr mit der Zeit mitgeht. Aber ich glaube, das ist es nicht. Es ist Ausdruck meiner Sehnsucht nach einer Sanftheit, in der das Leben wieder einen unaussprechlichen Wert bekommt und in der wir nichts beteuern und betonen müssen, um glaubwürdig zu sein. Ich werde darum auch weiter Tagebücher veröffentlichen, um diese Aufmerksamkeit zu betonen und dem Kleinen, Sanften, Vorsichtigen eine eigene Wirklichkeit zu geben.

Eine Begegnung ohne Worte. Der zwölfjährige D. spielt Federball mit mir. Wir merken beide, daß wir gern miteinander spielen. Unsere Augen begegnen sich einige Male und drücken Freude und Dankbarkeit aus. Dies ist Gewinn beim Spiel.

28. Mai
Während ich an sie denke, verwandelt sie sich in einem fort in mir. Ich haste hinter den Verwandlungen her, auch wenn sie von meinen Gedanken ausgehen. Aber vielleicht stammen sie nicht von mir.

Kann es sein, daß ich nur das freisetze, was in dem anderen schon längst angelegt ist?

Es gibt viele Menschen, die sich selbst fremd leben. Das schafft eine Art innerer Empörung, die sie aber nie ausdrücken, weil sie meinen, dazu kein Recht zu haben. Darum gibt es eine Art Ersatz-Empörung – sie regen sich über alles mögliche auf, aber das erleichtert nur momentan ihren inneren Druck. Sie sind sich des ganzen Prozesses nicht bewußt. So leben sie ein Leben der Unzufriedenheit. Nichts wird sie letztlich befreien, als zu ihrem eigenen Leben zu finden.

Im Dorf wird heute eine Frau beerdigt, die drei Jahre jünger war als ich. Sie arbeitete im Rathaus, und ich bin ihr mal kurz begegnet. Ich beneide sie dafür, daß sie in diesem Dorf sterben und beerdigt werden kann. Wieder fällt mir die Anonymität des Lebens in der Großstadt auf. Wenn ich in Vancouver sterbe, werden sicherlich gute Freunde und Bekannte zu der Trauerfeier kommen, und viele Freunde die weit weg wohnen, werden von meinem Tod erfahren und trauern. Sie sind mir auch besonders lieb. Aber die Menschen, die in den Geschäften arbeiten, wo ich meine Einkäufe mache, von Safeway, vom Bäcker, von der Bank, von der Autowerkstatt, werden gewiß nicht dabeisein, so wie sie hier am Ort dabei sind. Ich überlege, was mich an dieser Art des Bekanntseins so fasziniert.

29. Mai
Begreifen: daß das, was ich nicht tue, nicht sage, nicht schreibe, auch ein Gestalten des Lebens ist. Ich bin nicht nur die Summe meiner Taten, sondern auch die Summe meiner Unterlassungen. Was ich nicht tue, prägt mich. Die Leere formt mich genauso wie die Fülle. Die Stille gibt mir eine Gestalt genauso wie die Worte. Ich spüre, daß mit dem zunehmenden Alter das Unterlassen, das Aussparen, das Nichthandeln als Form des Handelns immer wichtiger werden wird. Ich werde lernen, mich auch durch das, was ich nicht getan habe, zu definieren.

Ich bin heute tief berührt von dem Tod der fünf türkischen Frauen in Solingen. Und ich freue mich über einen Kommentar gleich bei den Nachrichten. »Die Mörder sind unter uns« ist das Thema des Ansagers. Er weist darauf hin, daß die Mörder nicht nur die in So-

lingen sind. Da, wo wir über Ausländerwitze lachen oder sie selbst verbreiten, da schüren wir den Ausländerhaß. Das glaube ich auch. Und ich denke, neben dem Schrecklichen, das passiert ist, auch an die Menschen, die sich ganz aktiv einsetzen, Ausländern ein Leben hier zu ermöglichen, an Menschen, die sich selbst gefährden und auf Hoffnung bauen.

30. Mai
Zwei Sichtweisen:

1. Alles, was uns begegnet, hat Bedeutung. Es begegnet uns, weil es uns etwas zu sagen hat.

2. Alles, was uns begegnet, begegnet uns nur, damit wir es überwinden, auf die eine oder andere Weise.

Das Verrückte ist, daß beides wahr ist, auch wenn eins das andere auszuschließen scheint. Ansehen, lernen, loslassen, überwinden, ansehen, lernen, usw.

Nicht mehr heimlich
Ganz alltäglich legt sich der Wind
auf uns, die wir still am Meer
wagen, uns zu zeigen.
Wir machen es uns heimisch
in den Worten,
die wir sagen und verschweigen.
Wir sind heimlich die,
die wir wirklich sind,
auch wenn wir immer eine Spur
größer von uns reden oder schweigen.

Wir beobachten die Wellen,
die sich brechen,
weil ihre Zeit gekommen ist
und weil unter ihnen die Felsen
gegen sie laufen.

Wenn wir es wagen würden,
weniger von uns selbst zu erwarten,
wir könnten leichter die sein,
die wir sind,
und es nicht mehr heimlich sein.

Bei dem sonst so komplizierten, anspruchsvollen englischen Lyriker W. H. Auden lese ich: »We must love one another or die.« (»Wir müssen einander lieben oder sterben.«) Es ist gut, manchmal alles auf das Einfachste zu reduzieren und nichts zu qualifizieren, einzugrenzen oder abzuschwächen. Solche Aussagen können wie Glokkenschläge sein, die uns aufwecken.

Heute kommt B. mich besuchen. Es ist unser erstes Treffen. Sie ist 21 Jahre jünger als ich, wir erleben uns aber wie Schwestern miteinander, und der Altersunterschied wird unwichtig. Ob es den Männern auch so gut geht in ihrer Selbstfindung wie vielen von uns Frauen?

31. Mai
Ich schreibe für das Journal 6 einen Text über das, was mich gerade viel beschäftigt. Da formuliere ich: »Ich glaube, daß wir in unserer Kultur vor einem wichtigen Entscheidungsschritt stehen und daß unsere ganze Energie gefordert ist, um diesen Schritt zu schaffen.« Ich schreibe es als Vision, als Ahnung, als Hoffnung. Ich werde selbst lernen, wie die Worte zu füllen sind in den nächsten Jahren.

Am Nachmittag gelingt mir ein Gedicht für Kinder. Wenn es doch möglich wäre, Kinder im frühen Alter schon davon zu überzeugen, daß Gewalt nichts löst, selbst wenn man gewinnt. Nur Sanftmut entknotet, verwandelt, heilt.

Heute ist es kalt
Heute ist es kalt.
Jemand hat die Liebe abgestellt.
Vielleicht
(wer weiß das so genau)
müssen wir,
du und ich,
und du auch (du darfst dich nicht drücken),
für die anderen mitlieben,
die ihre Liebe abgestellt haben
oder es nicht mehr können.
Sonst erfrieren wir.

Ich zappe durch die Fernsehprogramme und bin mal wieder gründlich gelangweilt von dem gewalttätigen Verhalten, von der Schießerei, von den offenen Bettszenen, denen die Spannung fehlt und bei denen das Geheimnis abwesend ist. Dann stoße ich auf eine sehr zarte Familiengeschichte, bei der zum Teil das Geschehen gelesen vorgetragen wird. Ich bin froh, mal wieder so etwas zu entdecken, und schaue mir das Stück bis zum Schluß an. Am Ende höre ich den Titel des Dramas: »Eine ungeliebte Frau« von Hedwig Courths-Mahler. Ich erinnere mich, daß der Name der Autorin immer mit Kitsch und Sentimentalität in Zusammenhang gebracht wurde. So hatte ich also Gefallen an Kitsch. Es ist mir recht. Mir tat der »Kitsch« gut. Und wer sagt überhaupt, was Kitsch ist?

Juni

1. Juni

Ich lese einen Gedanken bei dem Philosophen Jaspers und denke an Bosnien. »Das letzte Wort bleibt: Die Voraussetzung des Friedens ist die Mitverantwortung eines jeden durch die Weise seines Lebens in Wahrheit und Freiheit: Die Frage des Friedens ist nicht zuerst eine Frage an die Welt, sondern für jeden an sich selbst.«

Alles beginnt im Kleinen. Alles beginnt bei mir.

Ein Tanzwettbewerb im Fernsehen. Alle Paare sind wirklich gute Tänzer. Mir macht es Spaß, diesen Könnern zuzuschauen. Der Ansager weist dann auf die etwas zu weit gespreizten Beine bei dem einen Paar hin, bei dem anderen entdeckt er einen Ausrutscher, bei dem nächsten eine zu frühe Beinbewegung, alles Dinge, die ich gar nicht bemerkt hatte. Und ich stelle fest, daß mir das Zuschauen mehr Spaß machte, als ich diese Fehlerchen nicht bemerkte. So entscheide ich mich, den Tanz nicht zu bewerten, sondern mich einfach daran zu erfreuen. Perfekt sein zu wollen verdirbt mir die Freude.

2. Juni

Es gibt immer mehr Talkshows im Fernsehen, in denen die Nöte und Leiden der Menschen wie ein Spiel behandelt werden. Eben habe ich »Geraldo« gesehen. Er selbst ist etwa vierzig, ein Rechtsanwalt, aber schon lange beim Fernsehen und bekannt dafür, daß er heiße Eisen anfaßt. Er interviewt heute verschiedene Familien, in denen der Vater, zum Beispiel, mit der Freundin seines Sohnes geschlafen hat (sie war 16, der Vater 45). Der Sohn, der auch auf der Bühne sitzt, haßt seinen Vater und will nichts mehr mit ihm zu tun haben. Die Zuschauer zeigen ihre Abscheu vor dem Mann, der abwechselnd sich wehrt und dann wieder reumütig dasitzt. Ich habe das Empfinden, daß für die meisten Zuschauer die Menschen da vorn keine wirklichen Menschen sind – es sind Figuren, über die sie sich aufregen und ärgern können, die sie verachten oder bemitleiden können. Die Atmosphäre ist wie in einem Zirkus, in dem es um Leben und Tod geht. Ich denke an die Zuschauer und Gladiatoren im römischen Zirkus. Aber warum kommen diese Familien und tragen ihre Familienprobleme und sexuellen Indiskretionen vor Millionen von Zuschauern aus? Sind sie selbst Figuren in einem Spiel, auch wenn es um ihr eigenes Leben und Glück geht? Sie wirken seltsam dumpf (selbst wenn sie sich ärgern), als nähmen auch sie ihr eigenes Leben nicht ernst.

Ich sehe in dieser Entwicklung eine der größten Gefahren für unsere Kultur überhaupt. Wir verlieren die Fähigkeit, wirklich ernst zu sein. Wenn wir überhaupt ernst sind, dann ist es oft mehr eine Verbissenheit als eine sachliche und/oder gefühlte Beschäftigung mit dem Leben. Das ganze Leben wird zu einem Klischee. Die große Abstumpfung geht um. 18 000 Tote im Fernsehen sieht ein durchschnittlicher Jugendlicher bis zu seinem 18. Lebensjahr. Selbst der Tod, eines der ernstesten Themen, die den Menschen seit eh und je beschäftigt haben, ist nur noch ein Spiel.

Ich habe mir heute ein gebrauchtes 500-mm-Objektiv für meine Hasselblad gekauft. Ich habe es ausprobiert, die Resultate gefielen mir, und da habe ich den Schritt gewagt. Es kostet mich immer noch eine Überwindung, auch wenn ich weiß, daß mir dadurch als Fotograf neue Räume erschlossen werden. Was ist so vorsichtig in mir?

Heute schicke ich mein Foto an die Lektorin im Kreuz Verlag für meine erste »Veröffentlichung« im kleinen Journal, in dem ich dieses Tagebuch ankündige. Fotos von mir habe ich in Kanada gelassen. Nur zwei habe ich zur Auswahl. Keins trifft mich, wie ich mir vorstelle, daß ich wirklich aussehe. Es tut mir gut, mich darüber hinwegzusetzen und das Ganze nicht so ernst zu nehmen. Auch mit der Ankündigung des Tagebuchs lege ich mich fest, und obwohl ich alle meine zurückhaltenden Gefühle wahrnehme, wage ich es.

3. Juni

Ich genieße die Autobiografie von Jörg Zink (»Sieh nach den Sternen – gib acht auf die Gassen«) und entdecke so manche Gedanken, die ich bei mir kenne. Besonders berührt hat mich die Naturverbundenheit des Waisenjungen im ganz frühen Alter und die tiefe Suche und Bedingungslosigkeit des jungen Zink im Krieg. Heute lese ich in dem Kapitel über die dunkle Nacht der Seele: »Je mehr einer ein Mensch ist, um so verletzlicher wird er sein, offener für Angst und Trauer. Die Trauer aber ist ein Tor zur Weisheit und zur spirituellen Reife.«

Vor ein paar Tagen, ehe ich diese Zeilen gelesen habe, habe ich in einem kleinen Aufsatz formuliert, daß ich mir wünsche, daß meine Gedichte in Zukunft noch »menschlicher« sein mögen. Ich weiß, daß ich mich damit verletzbarer mache.

Ganz tief in mir spüre ich, daß ich geliebt bin. Ich sehe mich an im Spiegel und mag mich, meine Augen, meine etwas auffällige Nase, meine Falten, alles an mir, auch meine hageren Beine, die ich oft nicht so gut finde.

4. Juni

Von Heilung zu Heilung
Geheilt
von meinen Vorstellungen,
beginnen die Dinge
und die Undinge
sich ihrer Verständlichkeit
zu entledigen,
und ich werde frei,
nicht mehr in dem Raster
zu denken,
das wie eine mathematische Formel
zuschnappt.

Bis ich
wie eine Spinne
neue Fäden ziehe,
dünner als früher,
aber genauso unzerreißbar,
bis zur nächsten Heilung.

In den Jahren, in denen ich dreißig und vierzig war, ging ich durch viele einsame Zeiten. Und rückblickend kann ich sehen, welche Seiten an mir es verursachten, daß ich einsam wurde. Es scheint mir, als wenn es gerade diese Seiten an mir sind, die jetzt, im Älterwerden, anziehend wirken. Da lese ich bei Rilke: »Gerade die Einsamsten haben den größten Anteil an der Gemeinsamkeit. – Je mehr Einsame, desto feierlicher, ergreifender und mächtiger ist ihre Gemeinsamkeit.«

5. Juni

Heute vor 25 Jahren wurde Robert Kennedy erschossen. Inzwischen ist sein Sohn selbst prominenter Politiker geworden. Ich höre ihn und eine Schwester über ihren Vater reden und wie die Menschen damals Robert Kennedy bei öffentlichen Auftritten einfach nur berühren wollten (ähnlich wie es uns von Jesus berichtet wird), weil sie meinten, daß er als Politiker noch heilend in das Landesgeschehen eingreifen könne. Heute gibt es fast nur noch Zynismus gegenüber Politikern.

An diesem Wochenende gibt es ein Erinnerungsfest an die damalige Zeit. Clinton wird auch dabei sein. Aretha Franklin wird singen. Ich hole ein Gedicht hervor, »der tod des senators«, das ich damals geschrieben habe, und spüre dem etwas nach, was ich damals gefühlt habe. Ich war 25 Jahre alt. Kennedy wurde von Sirhan Sirhan, einem 24jährigen Jordanier, ermordet.

der tod des senators
schwarze punkte durchlöchern die sonne
sonnenflecken von ungewöhnlicher jahresdauer
protuberanzen unseres triebes

lege deine gegenwehr ab
deine frage an den anderen
und ziehe die ruhelosigkeit an

sprachlos stehe ich und blutüberströmt
denn auch ich bin 24
und jordanier

wasche mich
wasche mich
der du die sonne mit ihren flecken hältst

Meine Nichte Sara hat mich zu einer Party eingeladen, die sie mit ihrer Familie einmal im Jahr gibt. Sie laden besonders viele Bergsteiger ein und solche, die gern extreme Abenteuer unternehmen. Ich entschließe mich, die 2½ Stunden bis fast nach Seattle, Washington zu fahren, um diesmal dabeizusein. Sara sagt mir, daß Musiker den ganzen Abend gestalten werden. Wir sind draußen unter freiem Himmel, umgeben vom dichten Regenwald. Ich merke bald, daß es nicht »meine« Leute sind. Fast alle haben eine Bierflasche oder -dose in der Hand, und besonders die Männer reden großspurig. Es ist recht »laut«, und das vorsichtige Herantasten aneinander ist kaum möglich. Aber mir tut es nicht leid, daß ich diesmal gekommen bin. Ich finde es wichtig, mich dem auszusetzen. Auch mag ich Sara gern. Was mich am meisten stört, ist, daß man in einer solchen Atmosphäre kaum an Menschen herankommt und sie kennenlernt, wie sie wirklich sind. Auch mich lernt hier kaum jemand kennen.

Ich versuche die ganze Zeit, mich mit Black Point, dem großen Hund (er wiegt 40 Kilo) von Sara und Chris anzufreunden. Er ist halb Wolf und halb Dogge und sehr scheu, sieht sehr edel aus. Ich spüre wieder, wie stark es mich zu Tieren hinzieht und wie ich dem gerne nachgehe. Kira geht es ähnlich.

Um Mitternacht führe ich noch ein Gespräch mit einem Studenten, den Kira aus Vancouver mitgebracht hat. Al studiert Volkswirtschaft und spezialisiert sich auf Analysen, wie Firmen in Zukunft strukturiert sein werden. Unter anderem sagt er, daß in Zukunft viele Menschen nicht nur einen Beruf, eine Karriere haben werden, sondern sieben. Sie werden also ein Großteil ihres Lebens mit Umschulung und Training in der einen oder anderen Weise zu tun haben. Wir gehen in eine ganz andere Welt hinein, tragen aber noch die Vorstellungen der bereits vergangenen Welt in uns. Werden wir uns anpassen können? Ich gehe um 1.30 Uhr in meinem Camper schlafen. Das Fest rauscht weiter. Die Musiker sind noch voll im Gange. Die Kinder springen noch auf dem Trampolin und scheinen überhaupt nicht müde zu sein.

Es gibt Zeiten, in denen ich spüre, daß ich einen ganz entscheidenden Fortschritt gemacht habe in meiner Fähigkeit, mich mit dem »Mann« einzulassen, mit ihm zu fühlen und ihm als zartem Menschen zu begegnen. J. war heute mit seiner Frau hier. Sein Wesen kommt mir entgegen und erleichtert mir, das Zarte im Mann zu entdecken. Ich glaube, ich kann wieder ein Stück mehr bei anderen

Männern vertrauensvoll und vorsichtig auf ihre zarten Seiten zugehen.

6. Juni

Einige von uns versuchen uns an der Kletterwand, die Sara und Chris immer aufgebaut haben. Es ist eine absolut vertikale Bretterwand, auf der Steine als Halt angebracht worden sind. Von unten sichert uns jemand, falls wir uns nicht mehr halten können. Es ist eine gute Übung, auch im Loslassen von der Wand, wenn es nicht mehr geht.

Ich komme heute Black Point langsam näher. Er läßt sich ab und zu streicheln, ist aber immer noch sehr scheu. Wahrscheinlich trägt er von seiner Wolfsvergangenheit eine Ahnung von dem in sich, was Menschen Wölfen zugefügt haben. In den USA hat man in einer kurzen Zeit den Wolf fast ganz ausgerottet. Es gab vorher etwa eine Million Wölfe. Mit vergiftetem Fleisch hat man das zumeist gemacht. Aber es gibt eine Schätzung, daß, um die Million Wölfe zu töten, mindestens 500 Millionen Tiere insgesamt umgekommen sind, darunter auch viel Schlachtvieh. Der Bison wurde von »kultivierten Weißen« von 60 Millionen Exemplaren auf 541 Tiere im Jahre 1889 reduziert. Die meisten wurden aus fahrenden Zügen zum »Spaß« geschossen. Was für ein Riesenfriedhof ist das! Wir Menschen sind schon eine horrende Spezies.

Ich lese über das Leben von Frieda Kahlo, einer mexikanischen Künstlerin. Sie hatte über ihrem Bett ein Skelett als lustige Erinnerung an ihre Sterblichkeit. Sie wollte den Tod als einen Prozeß sehen, als einen Weg oder Übergang in ein Leben anderer Art. Der Todestag ist dann kein Trauertag, sondern ein Feiertag. Ich wünsche mir, daß es mir gelingt, diese Einstellung dem Tod gegenüber jetzt schon zu lernen. Ich stelle mir das manchmal vor, wie meine Familie an meinem Sterbebett steht und wir alle den Abschied und das Neue feiern.

7. Juni

Manche Körperbewegungen oder -tätigkeiten lösen Einsichten aus, wenn wir den Körper nicht nur als Behausung für unsere Seele und unseren Geist verstehen.

Gutes Schreiben macht sichtbar, was wir alle sehen und doch nicht wirklich sehen. Analog: Man sieht eine Landschaft durch eine unscharf eingestellte Kamera und sieht nur schemenhaft die Bäume, die Berge, den Himmel. Dann stellt der Fotograf die Kamera scharf, und jetzt sehen wir, was für Bäume es sind, wir sehen den Schnee auf den Bergen, die Steilhänge, und am Himmel nehmen wir wahr, daß ein Gewitter aufzieht. So ist das Schreiben. Aber es gibt auch Schreiber, die stellen die Kamera durch ihre Werke noch unschärfer und nennen es tiefgründige Kunst.

Waltraud: Mich beschäftigt immer wieder unser Verständnis von Freiheit in Beziehung und unser Verständnis von Sexualität. Wir haben uns jahrelang von alten Tabus befreit, reden offen und ohne Scheu über Sex, und im Fernsehen werden Filme gesendet, die der Fantasie nur noch wenig übriglassen. Auf diesem Gebiet gibt es kaum noch ein Geheimnis. Ich sehe dies als eine wichtige Stufe in der Entwicklung unserer Gesellschaft, die wir nicht überspringen dürfen, wenn wir zu dem Geheimnis, das hinter allem liegt, vorstoßen wollen. Ich bin darum auch immer froh, wenn Menschen sich von ihren dogmatischen Vorstellungen befreien. Für viele Menschen heißt das, ihre Sexualität ungebunden zu leben. Das hat für viele eine befreiende Wirkung. Oft kommt es dann zu schmerzhaften Auseinandersetzungen, besonders, wenn der Ehepartner damit Not hat und von ihm oder ihr erwartet wird, auch einfach noch befreiter und offener leben zu lernen. Ich glaube, daß diese Art von Freiheit wenig mit wirklicher Freiheit zu tun hat. Ich sehe sie als vordergründig und als Ausdruck eines unbewußten Lebens an. Aber das Leben fordert uns durch Schwierigkeiten immer wieder neu heraus, bewußter zu werden. Es ist meine Erfahrung, daß ich Freiheit am tiefsten leben kann, wenn ich mich entschieden einem Menschen zuwende und mich binde. Für mich, als Verheiratete, heißt das, dem Menschen, für den ich mich entschieden habe, sexuell treu zu sein.

Ulrich: Ich glaube, das ist keine moralische Entscheidung, sondern ein Ausdruck von Zuwendung und Freiheit. Es sieht zwar aus wie eine Bindung, und das ist es auch, aber gerade diese Bindung setzt auf einer tieferen Ebene frei. Weil ich meine Energie auf eine Stelle konzentriere, eben auf diese Beziehung, werde ich fähig, größere Widerstände und Schwierigkeiten in dieser Beziehung zu überwinden. Gerade durch diese Konzentration wird mehr Energie freigesetzt, und ich bin mir selbst und meinen vordergründigen Wünschen nicht so stark ausgeliefert. Ich bin frei von mir selbst und dadurch frei für mich selbst. Ich bin auch frei von meinem Partner und damit frei für meinen Partner. Ich lebe nicht mehr unter dem Gesetz der Nötigung sondern in der freien Entscheidung. Meine Beobachtung ist, daß Menschen, die nicht bereit sind, sich zu binden, gerade auch sexuell, dazu neigen, ihre Beziehungen oberflächlich zu leben, weil es immer schwieriger wird, sich mit der ganzen Leidenschaft und Gefühlsintensität mehreren Menschen zu schenken. Sie nehmen sich überall zurück, und alle Beziehungen leiden. Das ist nicht die Freiheit, die ich mir wünsche.

Waltraud: Ich habe den Eindruck, daß das Pendel der sexuellen Freiheit in unserer Gesellschaft sich jetzt wieder in die entgegengesetzte Richtung bewegt. Die ungebundene Form von Freiheit scheint uns mehr und mehr zu langweilen und uns die Zufriedenheit, die wir uns von ihr versprochen haben, nicht zu geben.

8. Juni

Gerade durch den Abstand wird die gute Nähe möglich. Und diese erlaubt uns wieder den Abstand, den wir genauso nötig brauchen wie die Nähe. Das eine lebt vom anderen. Ich traue den Weisen, die in uns wohnen, daß sie uns aushalten.

Das System war der Fallschirm, mit dem er sich immer wieder vor der Freiheit seiner Gedanken rettete. Er traute dem freien Fall seiner Gedanken nicht.

Eine Freundin habe ich mehrere Wochen nicht gesehen. Es stand einiges zwischen uns. Ich glaube, wir können eine neue Basis miteinander finden, wenn wir versuchen, nichts zu lösen. Wir hatten ja auch schon so viel gesagt und sind an Grenzen gestoßen. Es ist jetzt spannend, mal andere Formen zu finden und nichts lösen oder ändern zu wollen.

Ich fühle mich richtig erwachsen, mit solchen Grenzen doch weiter in Beziehung leben zu können.

9. Juni

Du, weit weg
Ich komme bei dir vorbei,
so still,
daß du es nicht merkst.
Ich schleiche in deine Küche,
ich bin schattenfrei und gewichtslos
und verursache nur einen kleinen Luftzug.

Ich bringe dir
etwas von dem Schweigen,
in dem ich lebe
wie in einem Haus,
seit du weg bist.

Und plötzlich
denkst du an mich,
fliegst in meine Gedanken
und umarmst die geduldige Luft.
Und schon tanzen wir
wie die Engel,
die alles einfädeln,
auch uns,
immer neu.

Käthe-Kollwitz-Ausstellung im Kloster Schöntal. Während ich mir die Radierungen und Zeichnungen ansehe, gehen meine Gedanken 28 Jahre zurück, als Ulrich mir einen kleinen Bildband mit ihren Arbeiten schenkte, zu denen er Gedichte geschrieben hatte. Ich staunte über seinen Ernst und über seine Fähigkeit, sich in Leid einzufühlen. Hier fing bei mir die besondere Liebe zu ihm an.

10. Juni
Ich habe heute lange an der Kindergeschichte »Der Junge, der mit den Walen schwamm« geschrieben und fühle mich stark hingezogen zum Schreiben für Kinder. Wie schön ist es, schon im frühen Alter einige Weichen zu stellen, die dem Kind den Zauber des Lebens erhalten. Ich möchte sehr gern Kindern helfen, noch zu fühlen,

noch empfindsam zu bleiben, damit sie den ungeheuren Reichtum, der in dem einfachsten Leben steckt, entdecken und leben können. Ich möchte ihnen behilflich sein, daß sie ihre Begeisterung behalten, damit sie sich noch wirklich freuen können und nicht schon als Teenager zynisch werden und nichts und niemandem mehr trauen und darum auch nicht lieben können. Ich möchte sie ermutigen, ihr Innenleben kennenzulernen und ernst zu nehmen, damit sie in einem ständigen Kontakt zu sich selbst stehen und so nicht manipulierbar sind, weil sie nicht willig sind, sich selbst zu verlassen und mit sich machen zu lassen, was jemand anderem gefällt.

Mich zieht an diesem Schreiben die Direktheit an, und ich weiß, daß sie auch mich verändert, wenn ich mich ihr aussetze. Eine gewisse literarische Ambition hat hier keinen Platz.

Meine Freundin brachte ihre fünfzehnjährige Enkelin mit aus Kanada. In mir wird durch sie etwas angesprochen, etwas Unbekümmertes, Hoffnungsvolles und Sinnvolles. Sie weiß, was sie will, und tut es. Sie lebt sehr früh schon aus ihrer inneren Stille. In der Zeit, als wir Teenager waren, war diese Art zu leben seltener. Es scheint, als wenn die Eltern damals festere Vorstellungen hatten von dem, wie ihre Kinder leben sollten. Und wenn die Kinder sich dagegen wehrten, dann wurde von den Eltern Druck ausgeübt, besonders vom Vater. Ich stelle mir manchmal vor, was für ein Mensch ich wohl geworden wäre, wenn ich freier erzogen worden wäre. Ich habe mir immer mehr Vertrauen von meinem Vater gewünscht und hatte auch das Empfinden, daß er wirklich guten Grund hatte, mir zu vertrauen. Auch er wäre reicher durchs Leben gegangen.

11. Juni

Ich höre von einem Ehepaar, wo er sagt, daß er es nicht mehr aushalte mit seiner Frau. Nur kann ich mir ihn nicht allein lebend vorstellen, und darum habe ich das Empfinden, daß er diese Drohung als Erpressung gebraucht. Das legt einen ungeheuren Druck auf die Ehe, und ich weiß nicht, ob die Frau das je so erfüllen kann, wie er es sich vorstellt. Ich habe bei ihm das Empfinden, daß es ein Ausdruck seines Unwillens ist, wirklich für sein Leben verantwortlich zu sein. Er schiebt es auf seine Frau ab, wie er es sonst auch auf andere schiebt, wenn etwas nicht klappt.

Wir sind in nichts so erfinderisch wie darin, Verantwortung nicht zu übernehmen. Und nichts nimmt uns das Leben auf Dauer so wie dieses Zurückschrecken vor Verantwortung. Es ist das Schwerste, aber auch gleichzeitig das einzig Mögliche, um den Prozeß des Erwachsenwerdens in Gang zu bringen.

Ich habe mir wieder eine Tonbandcassette gemacht mit den Liedern, die mir etwas sagen, mich begleiten und mich auch oft inspirieren. Über die Jahre hat sich das auch immer wieder verändert, und ich bin den vielen Sängern, Gruppen und Instrumentalisten dankbar für die Einblicke in ihre und meine eigenen Gefühle. Auf dieser Cassette sind: ein neues Lied von Peter Gabriel (Blood of Eden), ein Lied von Daniel Lavoie, dem Francokanadier, dann ein Lied von der neuen Platte von Valdy. Ich erinnere mich noch an die Begegnung mit ihm vor über zwanzig Jahren, als er noch unbekannt war, keine Platte herausgebracht hatte und für uns auf der Saltspring-Insel singen kam. Dann hörten wir lange nichts von ihm, und plötzlich war er viel im Radio, und in kurzer Zeit war er einer der beliebtesten Sänger in Kanada. Dann ein paar Lieder von Luka Bloom, dem Iren, und ein Lied von der neuen Cohen-Platte.

Wenn ich allein lebe, lese ich viel weniger, obwohl ich mehr Zeit hätte, es zu tun. Ich brauche den Austausch über das Gelesene. Jetzt, wo O. einige Tage bei mir ist, lese ich auch wieder mehr. Allein die Gegenwart eines Menschen regt mich an zu lesen.

Meine Freundin aus Kanada schaut sich gemeinsam mit mir die Vorlage zu einem Blumenteppich bei Frau M. an und ist, wie auch ich, angetan von dem Feiern des Fronleichnamsfestes im Dorf und davon, wie Menschen gemeinsam dazu beitragen, daß die schönen Blumenteppiche entstehen. Ich staune, daß Menschen in Deutschland sich ihre Glaubensform erhalten haben, in der diese Bräuche wichtig sind. Es ist mit der modernen Zeit und mit unserem Aufgeklärtsein so vieles verschwunden, was uns gesund erhalten kann.

12. Juni

Wir brauchen eine Art der »Liturgie des Handelns« im Bereich des Alltäglichen. So wie die Liturgie Menschen in sich birgt, sie geleitet und trägt, so brauchen wir einen Ablauf gerade im uns Geläufigen, der uns in ähnlicher Weise tragen könnte. Es wäre ein Zelebrieren der Kleinigkeiten, und genau in dieser Feier wären wir aufgehoben. Aber es dürfte nicht das Außergewöhnliche gefeiert werden und auch nicht auf eine außergewöhnliche Art, sondern es müßte das Alltägliche sein, das uns in sich birgt und uns trägt. Wir würden eine Liturgie leben!

Heute sammelte ich zusammen mit den Frauen aus dem Dorf Blumen für die Teppiche: rote Rosen, Jasmin, Holunderblüten, Raps, und blaue Phacelien. Letztes Jahr war ich auch dabei. Schon beim Sammeln denke ich, daß ich diese Gelegenheit nicht mehr oft haben werde, und ich wünsche mir, mich mehr mit anderen Menschen auf solch eine gelockerte Weise zu treffen. Ich möchte in Gruppen nicht auf Krankes ausgerichtet sein, sondern feiern, spielen, arbeiten und anbeten. Ich will davon ausgehen, daß wir gesund sind. Ich finde manchmal, daß wir einander zu viel therapieren.

13. Juni
Ein historischer Tag in Kanada. Kim Campbell ist Chefin der Progressiven Konservativen Partei geworden und wird damit auch in etwa zwei Wochen Premierministerin von Kanada. Zum ersten Mal bekleidet eine Frau diesen höchsten Posten im Land, und auch zum ersten Mal ist es eine Politikerin aus dem Westen des Landes, aus British Columbia.

Es lohnt sich, zu lieben
Es lohnt sich, zu lieben:
die tiefer werdenden Falten,
die verengten Blutgefäße,
die ausgefransten, flimmernden Nerven,
die Brände in den Verstecken des Körpers,
die Trägheit der Augmuskeln,
das Zittern, die Vergeßlichkeit,
die porösen Knochen,
die Kurzatmigkeit.

Ohne diese Liebe
wäre die Vernachlässigung noch größer,
und wir hätten nicht die Kraft,
gegen das aufzubegehren,
was wir lieben.

Ich habe den Sprung gewagt und werde mir in der nächsten Zeit jeden Tag ein gewisses Pensum an Arbeit an dem neuen Roman abverlangen, wenigstens eine Druckseite. Ich werde mir keine Ausflüchte mehr erlauben und glauben.

Schon vor vier Uhr standen die Frauen auf, um den Blumenteppich zu gestalten. So entstand ein Pelikan mit seinen Jungen inmitten bunter Kreise. Dahinter wurde der Altar gerichtet für den Gottesdienst. Ganz tief weiß ich, ich gehöre dazu, und ich merke, daß die Frauen ein offenes Herz für mich haben. Sie wollen mich dabei haben. Meine Schüchternheit läßt mich nur teilweise dabei sein. Und doch stelle ich wieder fest, daß die Gemeinschaft im Dorf Ausdruck der großen Weltgemeinschaft ist, zu der wir alle gehören.

14. Juni
Das Leben zu einem Kunstwerk machen. Ich spüre, daß noch immer zuviel Abstand zwischen meinem Leben und meiner Kunst ist. Die beiden müssen identisch sein. Aber wie sieht das aus? Das Leben noch mehr gestalten, ihm Formen geben, Farben, den Rhythmus noch mehr wahrnehmen und im Detail alles liebend beachten. Die Minuten, die Stunden, die Tage und die Jahre als Bewegungen sehen, als Muster, als Sätze einer Sinfonie. Nicht das, was wir hinterlassen, sondern das, was wir leben, ist das Kunstwerk.

Zögernd
Zögernd
umschreibe ich,
daß ich dich liebe,
weil Worte mißverständlich sind
und ihr Gewicht verlieren
zwischen Sagen und Hören.
Und weil ich mir nicht traue
und ich nicht weiß,
ob ich durchhalte
in den Zeiten,
wenn das Licht und die Wärme
wieder gehen,
darum zögere ich.
Aber auch das ist eine Form von Liebe,
weil ich dich nicht enttäuschen will.

Beim Spaziergang allein begegnet mir ein alter Mann aus dem Dorf, der auch auf dem einsamen Weg allein spazierengeht. Ich sehe in seiner Hand ein Sträußlein Walderdbeeren und spreche ihn darauf an. Er sagt mir, wo er sie gefunden hat. Wir gehen weiter entgegengesetzte Wege, und ich suche nach Walderdbeeren, finde aber keine. Ich gehe zurück und begegne wieder demselben Mann. Er reicht mir die Beeren und sagt: »Da! Die sollen Sie haben, ich habe zu Hause niemanden, der sie bekommen kann.« Ich strahle ihn an in aufrichtiger Freude und bedanke mich. Das kleine Lächeln, das über sein Gesicht huscht, erfrischt mich und beschwingt meinen Tag.

15. Juni

Am Ende ist nicht so wichtig, was wir gedacht haben, auch nicht, wie wir zu welchen Schlüssen gekommen sind und welche Beeinflussungen wir dabei erlebt haben, sondern lediglich, ob wir das gelebt haben, was wir gedacht haben, und ob wir die Gedankengebäude, die relativ leicht zu errichten sind (besonders wenn man nicht vorhat, in ihnen zu wohnen), aus dem Bereich der Hypothesen und des »Es wäre schön, wenn . . .« herausgeholt und mit der Intensität und Konsequenz des eigenen Lebens gelebt haben. Die Welt ist voll von Menschen, die wissen, was zu tun wäre, die aber nicht bereit sind, die Unannehmlichkeiten auf sich zu nehmen und verantwortlich mit dem zu leben, was sie begriffen haben. Etwas zu denken und nie vorzuhaben, es zu leben, ist gefährlicher, als es nie gedacht zu haben.

Sie hatte Sehnsucht nach Zorn, weil sie spürte, daß sie nur im Zorn das Fremde, das sich ihrer bemächtigte, loswerden würde. Nur im Zorn würde sie rein werden. Aber sie fand nichts, an das sie ihren Zorn legitim heften konnte. Da richtete sich der Zorn mehr und mehr gegen sie selbst.

Während ich auf dem Bahnhof stehe, um Walli abzuholen, bin ich ganz da, wo ich bin, ganz hier, wo ich bin, in der Gegenwart, und ich weiß, daß ich immer in der Gegenwart lebe. Ich bin jetzt, bin immer jetzt, unendlich jetzt. Ich weiß, ich bin in meinem Tod jetzt, und auch danach jetzt. Die Gegenwart ist die Ewigkeit. Als ich Walli von meinem Erleben erzähle, sagt sie: »Eine Gegenwart reiht sich an die andere.« Ich habe das Empfinden, dieses Erleben nicht in Worte fassen zu können, und doch war es wichtig für mich.

16. Juni
Ich höre dich kommen mit der Überzeugung von Millionen. Aber je mehr deine Überzeugung teilen, desto weniger weiß ich, was du denkst.

Am Fernsehen sehe ich einen israelischen Journalisten, der sich in deutsche Neo-Nazi-Gruppen eingeschmuggelt hat und jetzt darüber berichtet. Er betont mehrmals, daß die Mitglieder dieser Gruppen nicht nur Skinheads und Außenseiter der Gesellschaft seien, sondern auch Rechtsanwälte, Ärzte und Menschen des Mittelstandes. Er sagt auch wiederholt, daß es viel mehr seien, als man gewöhnlich denkt.

Ein medizinisches Wunder in Vancouver. Eine Frau hat Drillinge – das erste der drei wurde bereits vor 45 Tagen geboren, jetzt folgten das zweite und dritte. Alle drei sind wohlauf.

Vor zweieinhalb Jahren verließ ich Kanada, um mir/uns diese Wohnung in Deutschland einzurichten. Ich habe es nicht bereut. Am Anfang war es auch nicht schwer, so allein meinen Weg zu gehen. In mir lebte eine Abenteuerlust, die mich sicher und stark machte. Jetzt gibt es Tage, da staune ich über die Sicherheit von damals. Es war gut, daß ich so viel Mut hatte und von manchem, was auf mich zukam, nichts wußte. Ich bin aber froh, daß ich es damals wagte. So habe ich mich selbst überlistet und mich auf einen guten Weg gebracht.

17. Juni
Silya ist von Whistler zu Besuch und trägt mir einen Wunsch vor: Sie möchte am liebsten mit einer Freundin noch diesen Sommer nach Europa. Ich merke meine gemischten Gefühle. Einerseits freue ich mich über ihren Wunsch und möchte ihr helfen, ihn zu erfüllen. Andererseits finde ich die Reise nicht gut genug geplant (auch wenn ich viel von Spontaneität halte), und auch die Angst steigt sofort in mir auf – zwei junge Frauen allein in Ländern, die sie nicht kennen, ausgesetzt, unsicher. Wir sprechen ausgiebig darüber, ich rufe Waltraud in Deutschland an, um ihre Meinung zu hören (ihr geht es ähnlich wie mir), und bewege es hin und her in mir.

Als ich nachdachte, was ich heute wohl in mein Tagebuch schreiben könnte, kam mir lange nichts. Silyas mögliche Europareise hat mich zwar den ganzen Tag beschäftigt und auch beschwert, aber es fiel mir nicht ein beim Tagebuchschreiben. Ich frage mich, wie oft ich die Dinge, die mich intensiv beschäftigen, nicht wirklich ansehe. Es ist eine seltsame Blindheit für das, was mich ganz direkt angeht. Ich schweife mit meinem Blick viel weiter und sehe das an, was nicht so wichtig ist.

Meine Hauswirtin spricht mit mir über das Wachsen des Dorfes, das bisher fast beständig seit 1949 nur 1300 Einwohner hatte. In den drei Jahren, in denen ich hier wohne, kamen etwa 20 neue Häuser hinzu, und 45 weitere Bauplätze werden demnächst zum Verkauf angeboten. Mehr und mehr Menschen, die keinen Bezug zur alten Tradition haben, ziehen ins Dorf. Die Veränderung ist rapide. Nicht mehr jeder kennt jeden. Durch solche Entwicklungen werden wir mehr und mehr gefordert, auf tieferer Ebene kontaktfähig zu werden.

18. Juni

Morgen spielt Deutschland Fußball gegen England in einem Stadion in Detroit, USA. Es ist ein großes Ereignis für die USA, zwei so renommierte Mannschaften antreten zu sehen. Man versucht, bis zur Weltmeisterschaft 1994, die in den USA stattfindet, Fußball etwas bekannter und beliebter zu machen. In dem überdachten Stadion in Detroit hat man für das Ereignis eigens einen Rasen angelegt, den man nach dem Spiel wieder wegschaffen wird. Kostenpunkt: Eine Million Dollar. Und das in unserer Welt.

In Vancouver, das manchmal das Hollywood des Nordens genannt wird, weil hier so viele Hollywood-Filme gedreht werden, ist gerade eine Straße im alten Stadtteil für einen Film umfunktioniert worden. Sie soll eine Straße um die Jahrhundertwende in Helena, Montana darstellen. Diese Szene, die hier geschossen wird, wird im fertigen Film vier Minuten dauern. Kostenpunkt für die Umänderungen der Straße: 1,4 Millionen Dollar.

Ich sehne mich nach dem täglichen Miteinander mit Ulrich, nach dem gemeinsamen Aufstehen, dem Frühstücken und dem Besprechen des unwichtigen Kleinkrams.

19. Juni
Gute Schriftsteller sind auch gut, weil sie etwas nicht sagen. Das, was sie aussparen, macht sie aus. Sie verfallen nicht in die Klischees, über die andere nicht hinauskommen.

Hartwig ist mit seiner Familie aus Göteborg in Vancouver zu Besuch. Nachdem ich sie alle in ihre Wohnung gebracht habe, sitzen er und ich noch vier Stunden im Auto und reden, wie wir es früher oft getan haben. Die große Frage, die uns bewegt, ist: Wie kann man dem Guten, Aufbauenden, Positiven helfen, daß es mehr wahrgenommen wird in der Welt und sich nicht alles auf die negative Presse konzentriert? Wir sind alle anfällig für die Gewöhnung, die Abstumpfung, den Zynismus.

Hinter meinem Erleben stehen geheimnisvolle Zusammenhänge, die ich nur ansatzweise ahne. Ich spüre, wie in mir eine Blockade weicht. Ich kann heute etwas, was ich vor einigen Wochen noch nicht so konnte und hier in Deutschland lerne. Deswegen bin ich ja in dieses Dorf gekommen. Ich kann einer Qualität von Zuneigung und Zugehörigkeit Ausdruck geben, wie es mir in Kanada nicht möglich war. Dies gibt mir eine Verankerung, die ich für meinen weiteren Weg brauche.

20. Juni
Ich erlebe es als tiefes Glück, wieder in mein Zimmer, in meinen äußeren Raum, der auch gleichzeitig ein Innenraum ist, zurückkehren zu können. Je älter ich werde (ist es eine Funktion des Alterns?), desto mehr wächst das Bedürfnis in mir nach diesem Raum.

Heute arbeite ich an meinem Tagebuch und tippe die Eintragungen der letzten beiden Monate ab. Ich lasse mein Erleben dieser Zeit noch mal an mir vorüberziehen. Dabei entdecke ich Zusammenhänge, die mir vorher in dem jeweiligen Geschehen nicht deutlich waren. Ich sehe, was aus manchen engen Situationen geworden ist und wie diese schon die Vorbereitung zu einer größeren Weite waren. Ich sehe, wie manche Fragen schon die Antworten in sich trugen. Manches zunächst Unsinnige entpuppt sich jetzt als sinnvoll.

21. Juni
Es ist erschreckend, zu denken, daß alles seinen Gang gehen muß in der Welt. Ist der Konflikt in Bosnien zu stoppen? Oder müssen die Parteien sich erst ausgehaßt, ausgekämpft, ausgeblutet haben? Gibt es eine Abkürzung in der Entwicklung, oder müssen wir alle durch alles hindurch, was uns reifer macht?

Ich erlebe diese Tage in einer gewissen Benommenheit. Mir gelingt es oft stundenlang nicht, mich wirklich zu konzentrieren auf das, was ich tun will. Es ist, als wenn ich zu müde bin, vielleicht innerlich zu müde. Aber was heißt das? Auch wenn ich es nicht erklären kann, will ich den Zustand ernst nehmen.

Was wir teilen
Manchmal fühle ich deine Gedanken
nach mir suchen.
Schwimmend bewegen sie sich
durch die Bilder,
die ich mit dir teile,
in denen wir uns entfaltet
und ein Haus gebaut haben.

Zartfingerig
strecke auch ich mich aus.
Ich will nichts zerstören
mit einer falschen Erinnerung
und nichts erheben
mit grellen Farben.

Tastend
verlangsame ich mein Leben,
um dem Flüchtigen eine Heimat zu geben.
Das, was wir teilen,
verdoppelt und vervierfacht sich
in den Momenten der Liebe.
So wird es eine bewohnbare Landschaft
unter dem Licht unserer leuchtenden Augen.

Ich spreche mit der jungen C. am Telefon. Sie spricht so ungeschützt und direkt mit mir, wie ich es vor dreißig Jahren auch oft tat. Ein Glück, daß ich mich noch so gut an meine Art in der Jugend erinnern kann. Sonst wäre ich jetzt vielleicht verletzt. Nun fühle ich mich ihr aber nahe und freue mich über ihren jungen Mut.

22. Juni
Ich habe heute den neuesten Wim-Wenders-Film gesehen, »Bis ans Ende der Welt«. Was mir daran gefallen hat, ist, daß nicht alles so logisch entwickelt wird. Es gibt zwar eine Geschichte, aber sie ist nicht immer zwingend. Das ist die Freiheit, assoziativ zu denken und Bildern nachzugehen.

Rede die Wege nicht. Schweige die Wege nicht zu.

Ich vermisse mal wieder unseren Kater, Mozart. Wenn er in Burnaby ein Zimmer betrat, in dem wir als Familie versammelt waren, dann schaute er sich um und suchte nach mir. Ich fühlte mich geehrt, die Auserkorene zu sein. Wir haben oft geschmust. Er setzte sich auf meinen Schoß und stampfte mit den Vorderpfoten, um sich ein »Nest« zu schaffen. Dann wurde er immer vertrauensvoller, bis er sich schließlich ganz an meinen Körper schmiegte, während ich ihm den Hals kraulte. Er hat auch einige Stellen, seinen Bauch zum Beispiel, die ich nicht berühren darf, sonst schnappt er zu. Durch ihn ist mir der Zugang zum Tier geöffnet worden. Seitdem wir den Kater vor zehn Jahren, als er sechs Wochen alt war, zu uns nahmen, habe ich auch die Angst vor Hunden verloren. Ob er mich auch vermißt?

23. Juni
Es gibt Menschen, die fordern mit einer Stille, die sie einsetzen wie Sprengstoff. Sie wollen etwas, aber sie schweigen, bis man etwas für sie will, weil man die Stille nicht aushält. Geht es dann schief, was man für sie will, ist es nicht ihre Not, weil sie ja nichts gewollt haben. Ich muß lernen, die Stille auszuhalten, durch die Peinlichkeit hindurch und über sie hinaus. Ich muß mich nicht verlassen.

Ich kann mit Frauen eine so spannende, aufregende, erfüllende Begegnung erleben wie auch mit Männern. Darüber freue ich mich, denn ich weiß, die wirkliche Spannung liegt in der Begegnung zweier Menschen.

24. Juni
Ich schreibe nach langer Zeit mal wieder ein englisches Gedicht und merke dabei, wie die Sprache mir auch gefällt.

I am attached
to the light
flowing from every muscle and tendon,
down to the bones,
which hold me erect.

I will not neglect
the endless stream of thoughts,
which surround my body
like a loving coat.

I am the lover
and the loved one
passing through the incomprehensible qualities
of the world,
as life tears me to itself.

Ich bin verbunden
mit dem Licht,
das von jedem Muskel und jeder Sehne fließt
bis zu den Knochen,
die mich aufrecht halten.

Nicht vernachlässigen werde ich
den endlosen Strom der Gedanken,
die meinen Körper umgeben
wie ein liebender Mantel.

Ich bin der Liebende
und der Geliebte,
während ich mich
durch die unverständliche Beschaffenheit
der Welt bewege,
und das Leben mich an sich reißt.

Lange habe ich jetzt den Druck in mir gespürt, der mir das Atmen erschwert, habe herumgerätselt, was mich da wohl drückt, welche Denkmuster ich ändern sollte, was ich loslassen müßte, auf welche Menschen ich zugehen sollte. Aber der Druck verstärkte sich nur. Heute früh wehrte sich mein ganzes Wesen. Eine unbändige Kraft brach auf. Sie kam durch als Lebenswille und fühlte sich an wie Wut. Ich wußte, ich darf diesen Lebenswillen nicht als Wut verkennen, obwohl er ihr ähnelt. Er scheint zerstören zu wollen. Er ist aber meine ganz eigene Lebenskraft, die Altes und Unnützes verbrennt. Wichtig und entscheidend ist jetzt mein Glaube an das Gesunde dieser Kraft. Er lenkt dieses feurige Leben in mir. Soll verbrennen, was mich am Leben hindert.

Wenn ich so mitten in dieser Kraft stehe, überlege ich, was andere Menschen tun, wenn es bei ihnen so stark durchbricht. Bei mir ist es zu solchen Zeiten wichtig, allein mit meinem inneren Kampf zu sein, um damit nicht jemanden ungewollt zu verletzen.

25. Juni

Ich beobachte mich, wie ich mich fast jeden Tag, Jahr für Jahr, immer wieder dem Schreiben von Gedichten zuwende. Es ist ein zähes Commitment, eine fast kompromißlose Entschiedenheit und eine Bereitwilligkeit, es immer wieder mit den Widerständen aufzunehmen, um über die Worte an die Wahrheit zu kommen, an eine Wahrheit (oder an die vielen Schichten der Wahrheit), die sich nicht in Worten erschöpft, sondern die Worte erfüllt, ausdehnt, dann sprengt und zu Handlung werden läßt. Morgens fange ich oft gleich an, versuche es über den Tag immer wieder, und abends dann besonders, bis ich wiederholt einschlafe, den Bleistift in der Hand oder die Finger auf der Tastatur meines Schreibcomputers. Ich weiß nicht, wie viele andere Schriftsteller es gerade mit dieser Form so ernst nehmen.

Der Einwand, den einige Leser, Buchhändler oder Kritiker äußern, daß ich zuviel schreibe oder veröffentliche, erreicht mich wie von weit her. Sie scheinen davon auszugehen, daß ich schreibe, um wieder ein Buch zu machen. In dem Fall würde ihre Kritik vielleicht zutreffen, aber dann würde ich mich nicht so quälen (natürlich nicht nur) und mich nicht so abrackern und nicht immer wieder versuchen, zu verstehen. So wie ich arbeite, wirkt der Einwand seltsam und unpassend.

Hinter unserem Haus

Hinter unserem Haus
ist ein Berg,
auf dessen Höhe
der Tod auf mich wartet.
Einmal werde ich zum letzten Mal
den Weg durch die Erlen,
die Fichten und Tannen gegangen sein.
Und ich werde es nicht wissen,
wenn ich Fuß vor Fuß setze.
Aber ich weiß,
daß oben der Tod wartet,
und das macht mich frei,
den linken Fuß vor den rechten zu setzen,
in der Unaussprechlichkeit meiner Liebe
zu dem Weg, zu den Bäumen und Büschen,
zu den Geräuschen der Tiere,
zu der Wölbung des Blau
mit seinen Wolkenschiffen.
Ohne die Dinge
wäre ich nur eine Hülle,
weil ich meine Liebe nicht üben könnte.

Wenn der Moment kommt,
werde ich alles abstreifen,
auch mich selbst,
um dann im Frühjahr
in den hellgrünen Spitzen der Tannenäste
und den Kätzchen der Erle wiederzukommen,
unsterblich.

Seitdem ich ganz fest entschlossen bin, mich nicht mehr zu ärgern, entdecke ich die vielen Ausformungen des Ärgers, und wie weit diese in mir verbreitet sind. In so vielen Regungen äußert der Ärger sich. Aufregung, Angst und auch Selbstmitleid scheinen alle eng mit ihm verbunden zu sein. Immer wieder nehme ich das Leben nicht so, wie es ist. Ich bin ungehalten über meine Unfähigkeit, es zu ändern. Meine Entscheidung, mich nicht mehr zu ärgern, bedeutet, daß ich meinen Willen einsetze, es so zu nehmen, wie es ist.

26. Juni
Clinton hat heute 23 Tomahawk Cruise Missiles nach Bagdad geschickt als Rache für den geplanten, aber nicht ausgeführten Angriff auf Ex-Präsident George Bush in Kuwait im April. Es enttäuscht mich. Wahrscheinlich ist es eine politische Entscheidung – so kann er bei den Republikanern, zu denen Bush gehörte, gut wirken. Oder ist die Welt noch nicht so weit, daß es tatsächlich möglich ist, von Gewalt abzusehen?

Stürzender Regen
Stürzender Regen
und darin, in der zunehmenden Dunkelheit,
das Winken der Äste
des Ahorns,
der über unser Haus wacht.
Er winkt,
als wolle er von mir
gesehen werden
wie ein Kind,
wie ein Alter.
Und ich sehe ihn
in der ältesten aller Begegnungen.

Heute ist ein unbewegter, düsterer Tag. Ich schaue in mich hinein und sehe verschlossene Türen. Schon versuche ich, mir offene Räume herbeizuphantasieren. Manchmal gelingt mir das. Heute schaffe ich es nicht.

27. Juni
Ich glaube, keiner von uns geht umher, ohne einen Stein auf dem Herzen zu haben. Etwas fehlt, etwas ist noch nicht ganz richtig, etwas ist nicht zu verstehen oder nicht aufzuhalten – das ist der Stein. Dann gelingt uns wieder etwas, und ein Stein fällt uns vom Herzen. Aber es ist nie der letzte. Vielleicht gibt es mal einen steinfreien Tag oder auch eine steinfreie Woche, aber dann spüren wir wieder den nächsten Stein. Es scheint zum Leben dazuzugehören, an und mit den Steinen auf unserem Herzen zu arbeiten. Ich glaube, es ist die schwere, aber auch schöne Arbeit des Herz-Gewinnens, gegen alle Versteinerung.

Nichts gehört mir endgültig. Alles ist für das Feuer vorbestimmt. Darum kann ich alles mit einem Lächeln aufbewahren. So gut ich es auch schütze, die Flamme wartet schon. Danach der aufsteigende Phönix. Aber auf den wartet am vorläufigen Ende auch wieder die Flamme. Aus diesem Wissen bereite ich meine Befreiung.

Gerade spüre ich in meinem Gemüt, das den ganzen Morgen dunkel und beschwert war, wie es innerlich wieder hell wird. Ich sage zu mir selbst: »Jetzt geht die Sonne wieder auf!« und ich merke, wie zur selben Zeit das ganze Zimmer heller wird, wie gerade tatsächlich in dem Moment die Sonne hinter den Wolken vorkommt. Ich stehe auf und tanze.

28. Juni
Wieviel Energie doch in mein Tagebuchschreiben fließt! Es ist eine tägliche Arbeit der Bewußtwerdung.

Clinton ist zufrieden (I am pleased . . .) mit dem Resultat des Bombardements von Bagdad. Es tut ihm leid, daß dabei einige Zivilisten umgekommen sind. Und das wegen eines *vereitelten* Anschlags auf Bush. Gewalt und Gegengewalt haben das Sagen. General Powell, den man auch schon vom Golfkrieg kennt, redet mit der ganzen Unbewußtheit von Tausenden von Befehlshabern vor ihm. Wie mühsam lernen wir aus unserer eigenen Geschichte.

Ich erlebe viel beschwerte Zeit in den letzten Wochen und frage mich manchmal, ob die Schwere nur mit mir zu tun hat, oder ob ich jemand anderem damit irgendeine Last abnehme, ohne es zu wissen. Lebe ich etwas von der Wirklichkeit der Stellvertretung, die für mich auch zu den Lebensgesetzen gehört?

Noch bis vor kurzem hatte ich Schwierigkeiten, mit gewissen Frauen eine Freundschaft einzugehen, besonders mit starken Frauen, die ihre Selbständigkeit stark leben. Und obwohl sich mir einige dieser starken Frauen schon vor Jahren bewußt zuwandten, fühlte ich mich unsicher und hielt mich zurück. Dabei sehe ich mich auch als starke Frau, aber es zu sehen und es tatsächlich zu leben ist zweierlei. In der Zeit hier ist etwas in mir gewachsen. Ich spüre meine zunehmende Sicherheit und wage jetzt mehr.

29. Juni

Ich habe wieder eine neue Schriftstellerin entdeckt. Das ist ein Fest, weil es selten ist, daß ich jemanden finde, der/die mir wirklich gefällt. Es ist eine Amerikanerin: Mary Oliver. Sie hat 1984 den Pulitzer-Preis gewonnen. Ich wundere mich, daß ich nicht schon längst auf sie gestoßen bin, aber Lyrik gibt es in den Buchhandlungen immer so wenig. Ich freue mich an ihrer Ehrlichkeit und Bildhaftigkeit, die nicht auf Kosten einer Erdverbundenheit geschrieben wird. Sie ist keine ausgesprochene Naturlyrikerin, aber viele ihrer stärksten Metaphern stammen aus der natürlichen Welt. Es gibt eine Art Naturlyrik in Nordamerika, die es in Europa nicht gibt. Aus vielen Texten spricht eine Verbundenheit mit der Natur, die gepaart ist mit einer Ehrfurcht vor dieser Natur in all ihrer Wildheit. Es ist eine primitive Verbundenheit (eins von Mary Olivers Bücher heißt »American Primitive«) mit den Kräften der Natur, die oft als heilend gesehen werden. Manchmal kommt es zu einer mystischen Vereinigung mit der Natur, bei der dann meistens die Natur wichtiger ist als der Mensch, der sich mit ihr vereinigt. Auch wenn ich auf deutsch schreibe, sehe ich mich in der Tradition dieser Schriftsteller. Ein Gedicht von Mary Oliver in meiner Übersetzung:

Wild Geese
You do not have to be good.
You do not have to walk around on your knees
for a hundred miles through the desert, repenting.
You only have to let the soft animal of your body
love what it loves.
Tell me about despair, yours, and I will tell you mine.
Meanwhile the world goes on.
Meanwhile the sun and the clear pebbles of the rain
are moving across the landscapes,
over the prairies and the deep trees,
the mountains and the rivers.
Meanwhile the wild geese, high in the clean blue air,
are heading home again.
Whoever you are, no matter how lonely,
the world offers itself to your imagination,
calls to you like the wild geese, harsh and exciting –
over and over announcing your place
in the family of things.

Wilde Gänse
Du mußt nicht gut sein.
Du brauchst nicht auf deinen Knien zu laufen,
hundert Meilen weit durch die Wüste, büßend.
Du brauchst nur das weiche Tier deines Körpers
lieben zu lassen, was es liebt.
Erzähl mir von Verzweiflung, von deiner,
und ich werde dir von meiner erzählen.
In der Zwischenzeit geht die Welt weiter.
In der Zwischenzeit bewegen sich die Sonne
und die klaren Kiesel des Regens
durch die Landschaften,
über die Prärie und die tiefen Bäume,
die Berge und die Flüsse.
In der Zwischenzeit bewegen sich
die wilden Gänse heimwärts,
hoch oben in der sauberen blauen Luft.
Wer du auch bist, ganz gleich wie einsam,
die Welt bietet sich deiner Fantasie an,
ruft nach dir wie die wilden Gänse,
rauh und erregend –
und meldet immer wieder, daß du einen Platz hast
in der Familie der Dinge.

Olaf, ein Leser aus Berlin, ruft an, weil er in den Neuerscheinungen für den Herbst nichts von mir entdeckt hat. Er macht sich Sorgen und fragt mich, ob ich aufhöre zu schreiben. Ich verneine. Er wartet auf jedes neue Buch. Am besten hat ihm »Zerbrechlich wie ein Mensch« gefallen. Ich sage ihm, daß, je anspruchsvoller ein Buch ist, es sich um so schlechter verkauft, und irgendwann ist es dann nicht mehr möglich, so ein Buch zu veröffentlichen.

Ich mag das stille, ruhige Miteinander bei dieser Beerdigung. In der gelassenen Weise ist mir innerlich wohl und weit. Ich kannte den 45jährigen R. nicht, nur seine Frau, und hatte früher nur in Berichten von ihm gehört. Heute habe ich das Empfinden, etwas verpaßt zu haben, weil ich ihn nicht gekannt habe.

30. Juni

Es ist 20 Uhr, und ich sitze im Orpheum, einer Konzerthalle in Vancouver, und warte auf den Auftritt von Leonard Cohen, dessen Platten ich seit fast dreißig Jahren höre, den ich aber noch nie live gehört habe. Ich bin gespannt und fühle mich wie ein kleiner Junge vor einem großen Ereignis. Cohen auf der Bühne zu erleben wird auch eine Art Begegnung sein. Seine Fähigkeit, mit Worten umzugehen und das dann noch in Musik umzusetzen, hat mich schon oft begeistert. Jetzt will ich sehen, wie das ganze von dem Menschen getragen und vorgetragen wird. Gerade geht das Licht aus.

Drei Stunden später. Er beginnt mit »Dance me to the end of love«. Durch die vielen Wiederholungen, unterstrichen von einer wunderbaren Geige, schafft er einen fast tranceartigen Zustand. Am Anfang wirkt er seltsam steif in seiner Körperhaltung. Gestört haben mich immer wieder seine Zwischenbemerkungen: Da wirkt er so nordamerikanisch – dieses Bedürfnis, Witze zu machen, auch auf Kosten der Werte anderer. Ich habe beobachtet, daß mir die Musik gefallen hat und natürlich auch so manche Passage im Text, aber so richtig berührt hat mich eigentlich kein Lied. Ich muß lernen zu trennen: zwischen seiner Fähigkeit, mit Worten umzugehen (er ist ein wunderbarer Wortschmied), und seinem Charakter, seiner fehlenden Ernsthaftigkeit. Läßt sich überhaupt Substanz in einem Konzert vor zweitausend Menschen herüberbringen? Ich weiß, daß ich weiter suchen muß, wenn ich im Bereich der Popmusik jemanden finden will, dem es gelingt, das Älterwerden auch musikalisch irgendwie auszudrücken.

Ich komme so gern in eine Ehe oder feste Beziehung, wenn beide sich auf mich freuen und ich mich auf beide freuen kann. Mir fällt es schwer in einem Haus, das von zwei Menschen gestaltet worden ist und bewohnt und beseelt wird, mich nur einem der beiden zuzuwenden. Ich fühle mich dann wie ein Verräter an dem anderen. Es ist mir, als wenn ich noch zu der Trennung beitrage, wenn ich Offensichtliches nicht anzuerkennen scheine. Ich weiß, solch ein gegenseitiges Interesse zu dritt ist nicht immer da, aber es ist schön, wenn ich es erleben kann. Heute bin ich in Hannover bei Annelies und Gustav, und ich bin den beiden dankbar, daß sie zueinander stehen und an ihrer Ehe gearbeitet haben.

Juli

1. Juli
Nachtrag zu dem Cohen-Konzert gestern. Vielleicht hat mich am meisten gestört, daß Cohen im Grunde genau das macht, was in ganz Nordamerika zu einem Hauptmerkmal der Kultur geworden ist: Alles, auch das Ernsteste, ist nur Spiel. Das Leben ist ein Spiel. Das mag man im Rahmen einer ästhetischen Vorlesung so sagen und sehen, aber für zwei Drittel der Menschheit ist es kein Spiel, sondern ein bitterer Überlebenskampf. Und nicht nur für die, auch hier gibt es viele Menschen, die ungeheuer kämpfen, um leben zu können. Was soll dann dieses Verspieltsein, dieses Kokettieren mit dem Herben, Schweren?

Canada-Day. Heute vor 126 Jahren wurde Kanada ein Staat. Ein schöner Tag heute. Ich mache mir einige wichtige Notizen zu dem Roman, an dem ich arbeite, und lese einen ganzen Roman von Paul Auster. Abends sehe ich mir eine etwas patriotische Sendung im Fernsehen an über Menschen, alles Sänger/innen, die ihre Liebe zu Kanada gestalten. Eigentlich geht es nicht so um die Liebe zu der Nationalität, wie zu dem Land, zur Landschaft, und darin finde ich mich wieder. So verstehe ich auch den Begriff Heimat.

Vor sechs Jahren begegneten wir einander zum ersten Mal. Wir waren fremd miteinander. Ich sah in ihm den Mann, der sich durch mich bedroht fühlt. Viel ist inzwischen gewachsen. Heute zeigt er mir, wie er tanzt. Ich sehe ihn das erste Mal, so zart, so zugänglich und so stark. Wir sind in den sechs Jahren zueinander hin gewachsen.

2. Juli
Immer wieder gehen meine Gedanken zu Julian, der Hauptfigur in dem Roman, an dem ich jetzt arbeite. Immer mehr gewinnt er Ge-

stalt in mir und beginnt zu leben. Nun kommt die schwere Arbeit, ihn auch durch Worte für andere so sichtbar zu machen. Heute bin ich zuversichtlich, daß es mir gelingen wird.

Nichts weiter wollen die meisten Menschen, als nur aus dem Wirrwarr einen Sinn und eine begreifbare Ordnung zu machen. Wie einfach ist das doch und gerade dadurch wie nobel. Und nichts zerstört dieses Unternehmen so wie der Zynismus. Er ist der oberste Feind, aus dem die Zerstörung entsteht.

Manchmal habe ich das Empfinden, so wichtig zu sein, daß eigentlich die ganze Schöpfung davon abhängt, daß ich meinen Beitrag gebe. Es ist ganz wichtig, daß ich in mir die Konflikte löse, die die Schöpfung in sich trägt. Die Schöpfung selbst scheint mich mitten in die Spannung des Konflikts gestellt zu haben, damit ich ihn ausgleiche und mit meinem Durchhalten überwinde. Gerade wenn ich Gefahr laufe, ausgelöscht zu werden, dann will ich aufstehen, den Widerständen trotzen und sagen: »Ich bin!« Das ist mein Beitrag zur Erlösung der Welt.

3. Juli
Aus was bastelst du dir die Flügel, mit denen du dich über das Alltägliche erheben kannst?

Er fühlte sich beschmutzt, als er von jemandem umarmt und gedrückt wurde, der nicht bei und in seiner Handlung war und der mit seinen Augen während der Umarmung schon Kontakt mit jemand anderem aufnahm.

Alles ist eine Entstehung. Meistens gilt es nur, sie nicht zu stören. Das ist oft das Beste, was wir tun können. So ist es auch beim Schreiben – ich will nicht zu viel erfinden, sondern es entstehen lassen.

Ich rufe Waltraud an, während ich das Match zwischen Steffi Graf und Jana Nowotna um den Wimbledon-Titel sehe. Waltraud guckt auch, und gemeinsam, sie an ihrem Fernseher in Deutschland und ich an meinem hier, sehen wir die letzten Punkte, mit denen Steffi Graf gewinnt. Auch so überbrücken wir den Abstand zwischen uns beiden.

Eine Szene, wie man sie manchmal im Film sieht. Ich fahre heute in das Dorf, in dem ich aufgewachsen bin, esse mein Brot unter der großen Eiche, wo ich noch vor der Mitte des zwanzigsten Jahrhunderts oft spielte. Jetzt kaufe ich mir Kirschen an dem Berghang, den ich damals an so vielen Sommertagen mühsam hochstieg, zur Schule in der Nachbarstadt. Ganz allein ging ich oft durch den Wald über den Berg und sang fromme Lieder, um meine Angst zu vertreiben. Als scheues Kind versuchte ich damals unter den Bäumen vorsichtig einige Kirschen aufzulesen. Ich hätte nicht gewagt, sie direkt vom Baum zu pflücken. Einmal schrie mich der Besitzer an und forderte mich auf, die Kirschen wieder fallen zu lassen. Jetzt sitze ich da in der prallen Sonne im letzten Jahrzehnt des zwanzigsten Jahrhunderts, in meinem gemütlichen Auto mit einer Kiste voll Kirschen, die ich von einem freundlichen Mann erstanden habe. Die Eiche ist noch größer, und aus dem scheuen Kind ist eine erwachsene Frau geworden.

4. Juli

Immer wieder das Glücksgefühl, schreiben zu können, zu dürfen, zu wollen, so intensiv zu wollen, daß es manchmal eine Art Wollust ist. Auch nach dreißig Jahren fasziniert mich die Sprache immer noch ungeheuer. Über sie werden ganze Welten betretbar und wirklich.

Wieviel unseres Lebens besteht aus Handlungen, aus Narrativem und wieviel aus Sein, aus Deskriptivem? Das ist eine Frage, die mich in letzter Zeit viel beschäftigt im Zusammenhang mit dem Roman, an dem ich arbeite. Es gibt viele Romane, die erzählen und erzählen und in denen gehandelt wird, dramatisch und spannend. Ist das mein Leben, und lebe ich in Abläufen und Erzählbarem, oder findet mein Leben immer wieder statt in dem Begreifen und Ehren des Moments, in dem überraschenden Durchblick, der nicht innerhalb einer fortlaufenden Geschichte, sondern fast punktuell geschieht? Vielleicht ist der großartig erzählende Roman die Form des neunzehnten Jahrhunderts, das wir hinter uns gelassen haben. Vielleicht sollte der Roman des zwanzigsten Jahrhunderts das Narrative weniger betonen und die freilegende Beschreibung stärker hervorheben.

Daraus ergibt sich für mich auch noch eine mögliche Schlußfolgerung für mein Leben. Vielleicht suchen wir generell zu sehr nach »Geschichten« in unserem Leben, nach einer Kontinuierlichkeit, die es entweder nicht gibt oder die wir nur durch eine Vergewaltigung der Umstände oder ihrer Deutung erreichen können. Vielleicht ist es jetzt angesagt, zu begreifen, daß der Zusammenhang, den wir manchmal fast gewaltsam herstellen, nur ein Ausdruck unserer Angst vor dem Chaos und der Zusammenhanglosigkeit ist. Diese Angst müßten wir dann lernen auszuhalten und unser Glück im Moment finden.

Schon fast mein ganzes Leben lang bemühe ich mich, mich so zu nehmen, wie ich bin, mich selbst zu lieben und dasselbe auch mit anderen zu tun. Das gelingt mir auch schon gut, bis sich jemand an meinen Fehlern stört. Dann habe ich Mühe, mich zu mögen, und dann will ich meine Fehler nicht als zu mir gehörig sehen. Dann will ich perfekt sein. So ein Unsinn! Ich will lernen, mich zu lieben, auch dann, wenn ein anderer sich an meinen Fehlern stößt. Sie erfüllen einen ganz bestimmten Zweck. Ohne sie würde eine gewisse Dynamik des Miteinanders wegfallen. Ohne Fehler würden wir nicht aneinander wachsen. Darum will ich nicht aufhören, mich zu lieben, wenn es einem anderen Menschen schwerfällt, meine Fehlerhaftigkeit anzunehmen. Dann will ich mich nicht verteidigen, nicht wehren und mich nicht aufregen.

5. Juli

Heute vor genau neun Jahren habe ich meinen Kündigungsbrief an das College geschrieben, an dem ich mehr als zehn Jahre Dozent gewesen bin. In dem Brief schrieb ich damals: »It seems that my life has developed in a way, that my resignation is an organic and logical step. Es scheint, als wenn mein Leben sich in einer Weise entwickelt hat, daß meine Kündigung ein organischer und logischer Schritt ist.« Jetzt im Rückblick sehe ich es noch immer so.

Manchmal erlebe ich Worte so direkt, als wären sie Taten. Wie unsere Vorfahren ahne ich dann wieder, daß in jedem Wort ein Zauber wohnt, der die Welt tatsächlich aufschließen kann.

Heute notiere ich mir ganz konzentriert alles, was ich mit einer Freundin erlebt habe, wo sie mir mein Leben ermöglicht und bereichert hat und wo sie mir Kraft und Unterstützung gab. Wenn ich das heute nicht bewußt tue, dann kann es passieren, daß die Enttäuschung, die zwischen uns aufgetreten ist, diese Geschenke überschattet und ich sie aus den Augen verliere. Ich will Enttäuschun-

gen zulassen. Sie sind wichtig und führen mich in ein erwachsenes Verhalten mit meinen Freunden. Ich will mir aber durch die Enttäuschungen nicht das nehmen lassen, was wir miteinander aufgebaut haben.

6. Juli

Silya ist heute nach Europa geflogen. Ihre erste große Reise allein. Sie ist genauso alt, wie Kira war, als sie ihre erste Reise allein nach Europa machte. Loslassen und nicht dran denken, was alles falsch gehen könnte in unserer verrückten Welt.

Ein jährlicher Ritus wiederholt sich heute: das Verarbeiten von Beeren. Erdbeeren, Himbeeren und rote und schwarze Johannisbeeren. Ich habe fünfzig Pfund von einem Farmer geholt und stehe bis spät in die Nacht in der Küche, aber ich genieße es und freue mich über die fertige Marmelade und die Beeren, die ich einfach einfriere, um sie später mit Eis essen zu können. Immer wieder ist das Leben in Kleinigkeiten besonders dicht.

Ich arbeite mich langsam in deine Haut hinein, und manchmal sehe ich schon aus deinen Augen hinaus. Wenn ich dann mich sehe, erschrecke ich manchmal.

Schon oft kam M. aus Würzburg mich besuchen, wie auch heute. Sie ist blühend jung, sieht kräftig und gesund aus, und bei ihrer empfindsamen Art fühle ich mich warm und wohl. Sie spricht über ihre Not, von der Dunkelheit, die immer wieder über sie kommt. Ich sehe, wie schwer sie arbeitet, wie sie nach Sinn sucht unter dem Druck, nach Hoffnung und nach vollem Leben. Ich spüre in ihrem Wesen den Schatz, der unter dem Druck entsteht. Sie entwickelt schon früh in ihrem Leben die feste und zerbrechliche Reife, das innere Leuchten, die starke Stille, und ich bin dankbar, sie zu kennen.

7. Juli

Die Türen des Herzens
Die untergehende Sonne scheint
auf eine Reihe Bücher in meinem Arbeitszimmer.
Rinser, Lenz, Botho Strauß, Stefan Zweig,

Christa Mulack, Alice Miller und Hans Bemmann
sind erleuchtet.
Der Wind hat sich fast gelegt,
nur einzelne Blätter des Ahorns
erinnern an die Gewalt der Luft.
Ich höre Autos, sehe sie aber nicht.
Weit weg ein Hupen, hoffentlich nicht
im unkontrollierbaren Ärger.

Mein Körper gehört noch zum Tag,
aber meine Seele nähert sich
schon der Nacht.
Das Meer hält sein Silber
noch lange, auch ohne Sonne,
und will heute niemand verschlucken.
Ich bin leer und wehre mich dagegen,
aber es wird vorbeigehen,
und ich werde merken, daß die Leere
aus anderer Sicht die Fülle ist.

Auf dem Schreibtisch aufgeschlagen
ein Gedicht von Mary Oliver,
in dem die Zeilen »if the doors of my heart
ever close, I am as good as dead«
gelb übermalt sind,
was sie doppelt leuchten läßt.
Und ich denke, ja,
die Türen des Herzens
darf ich nie schließen.

Waltraud: Wie geht es dir mit der Trennung, gerade auch jetzt, wo ich länger von dir weg bin?
Ulrich: Gut.
Waltraud: Denkst du, daß unsere Ehe dadurch gefährdet werden könnte?
Ulrich: Nein.
Waltraud: Warum nicht?
Ulrich: Ich weiß, daß wir uns beide ganz bewußt auf diese Trennung eingelassen haben. Keiner hat den anderen dazu gezwungen. Auch wenn sie stärker von dir ausging, weiß ich doch, daß du es so gewollt

hast, weil du dadurch etwas aufarbeiten kannst, was dich dann letztlich erfüllter in das tägliche Miteinander der Ehe zurückkommen läßt.

Waltraud: Viele Menschen würden das nicht so sehen. Sie meinen, daß man sich durch eine Trennung leicht auseinanderleben kann. Es könnte ja auch sein, daß sich der eine oder andere in jemand anderen verliebt.

Ulrich: Von diesem Ablauf handeln unzählige Filme. Und dabei wird immer der Eindruck erweckt, als wenn die Beteiligten eigentlich nichts dazutun können, und es nur an ihnen geschieht.

Waltraud: Eine Ehe mit solch einer Einstellung hat dann mit Trennung Mühe. Es fühlen sich beide den Herausforderungen ausgeliefert.

Ulrich: Es ist, als ob sie ihr Leben nicht in die Hand genommen hätten.

Waltraud: Sie machen das Schicksal oder die Umstände verantwortlich für das, was sie tun.

Kürzlich sagte mir jemand, es war ein Mann in meinem Alter, daß er so eine Trennung, wie wir sie haben, nicht ertragen könne. Er würde sich dann die Freiheit nehmen, mit einer anderen Frau zusammenzuziehen.

Ulrich: Ich weiß, daß das ein sehr gängiges Denken ist. Und ich glaube auch, daß Menschen, die so denken, dann auch erleben, daß sie nicht anders können. Es ist nötig, unser Denken umzustellen, dann werden wir auch fähig, anders zu leben.

Waltraud: Ich finde, daß die Trennung immer ein Bestandteil jeder Beziehung ist. Manche täuschen sich auf lange Zeit darüber hinweg und werden dann plötzlich mit der Notwendigkeit einer Trennung konfrontiert. Dann finden sie es schwer, damit umzugehen.

Ulrich: Trennung beginnt für mich da schon, wo wir einander nicht verstehen. Da sind wir von einander getrennt und ein Stück einsam. »That's life.« Das ist unsere Begrenzung. Ich muß lernen, damit umzugehen. Die räumliche und zeitlich längere Trennung ist dann nur noch eine Steigerung der ersten.

Waltraud: Ich denke, es ist gefährlich, wenn Menschen ständig etwas unternehmen, was sie darüber hinwegtäuscht, daß sie auch getrennt sind.

Ulrich: Die vielen »romantischen« Tätigkeiten sind sicherlich schön und können verbindend wirken, aber sie müssen uns auch gleichzei-

tig fähiger machen, allein zu sein. Sonst bauen wir uns damit eine Falle.
Waltraud: Wir verwöhnen uns selbst und einander und sind dann nicht der Herausforderung gewachsen, wenn sie kommt.
Ulrich: Aber irgendwie »brauchen« wir einander doch auch, oder?
Waltraud: Wir brauchen einander, gewiß. Aber wir ändern uns ständig und legen alte Bedürfnisse ab und merken zuzeiten, daß wir für gewisse Dinge den Partner nicht mehr brauchen.
Ulrich: Ich finde es gerade gut, daß wir das voneinander lernen können, was uns noch fehlt und was der andere gerade kann. Und so trägt der andere dazu bei, daß ich ihn nicht mehr für die Sache brauche, die ich gerade von ihm gelernt habe.
Waltraud: Dann sind wir noch fähiger, wirklich Freundschaft zu leben. Es gibt ja in einem deiner Texte die Zeile, »Weil ich dich nicht mehr brauche, kann ich dich ganz neu lieben.«
Ulrich: Der Satz »Ohne dich kann ich nicht leben« ist für mich ein Zeichen der Fehlentwicklung in einer Beziehung.

8. Juli

»Wenn man glaubt, glaubt man nicht, daß man glaubt; und wenn man nicht glaubt, glaubt man nicht, daß man nicht glaubt.« In diesem Wort von Dostojewski finde ich mich wieder. Es ist, als wenn sich das Leben immer in die Richtung ausweitet, in der ich es nicht lebe. Das, was ich im Moment nicht lebe, wirkt entweder anziehend, infragestellend oder gefährdend auf das, was ich lebe. So geschieht Entwicklung, und meine Vermutung ist, daß es letztlich nicht darum geht, etwas zu glauben oder es nicht zu glauben, sondern es geht um die Bewegung im Leben eines Menschen. Wenn ich Gott wäre, dann würde ich Menschen nicht danach beurteilen oder auch nur einteilen, ob sie etwas glauben oder nicht. Wichtig wäre für mich ihre Lebendigkeit, ihre Bewegung, ihre Entfaltung, und unwichtig und unpassend wäre jede Art von Vergleich und jede Art von Sortieren. Etwas zu glauben oder gar glauben zu müssen scheint mir wie ein Relikt (für manche eine Reliquie) einer alten Zeit, in der es um Zugehörigkeit zum rechten Glauben, zur rechten Gruppe ging. Über die Zugehörigkeit wurde ein Mensch schnell eingeordnet. Und diese Art zu urteilen und zu ordnen schieben wir auch Gott zu – er wird der große Urteiler, der große Richter, der dann sogar nach Glauben oder Unglauben richtet. Alle Revolutionen, ob sie sozialer oder religiöser Art waren, hatten das Bestreben, die festen Regeln der Zugehörigkeit in Frage zu stellen und die geschlossenen und ausgrenzenden Gruppen zu sprengen und sie zugänglich für alle zu machen.

Hörensagen
Was du nicht gelebt hast,
kennst du nur vom Hörensagen.
Was du gelebt hast,
kennst du nur in der Form,
in der du es gelebt hast.
Die anderen Formen kennst du nur
vom Hörensagen.
Dein Leben ist für die anderen
nur Hörensagen,
weil keiner es sonst lebt.

Aber dein Glück und Schmerz,
deine wunden Füße,
dein glühendes Herz,
deine Mondverlassenheit,
deine Krankheit, die wie ein Keil ...
– du weißt schon,
dein Gewimmel von Fragen,
deine Gefühle von oben bis unten,
von innen nach außen,
sie alle sind deine Heimat,
und niemand wird sie verwandeln
in Hörensagen.

In ihnen liegt deine Entfaltung.

Wir sitzen uns gegenüber auf dem Fußboden. Vier Stunden schwinden dahin wie eine. Ich vergesse den Altersunterschied und genieße die Begegnung. Wir lernten uns vor sieben Jahren kennen, als Mirjam, damals als 16jährige, für vier Monate in unserer Familie wohnte. Sie hat seitdem viel erlebt. Sie hat Kranke gepflegt, ihren Vater sterben sehen und geheiratet. Viele ihrer Fragen sind auch meine, und wir beflügeln uns gegenseitig. Eins der Themen ist Krankheit. Mirjam erzählt aus ihrer Erfahrung. Sie kennt die Zeiten, wo Krankheit und Bewußtwerdung in einem Wettrennen miteinander stehen. Wenn Bewußtwerdung entsteht, dann schwindet oft die Krankheit. Es ist die Frage, was von beiden gewinnt. Ob die Krankheit den Körper zerstört, oder ob die Bewußtwerdung die Krankheit unnötig macht.

9. Juli

Ich gebrauche meine eigene Biografie, um die Welt zu interpretieren. Ich nehme das, was ich erlebt habe, und schicke es in die Welt, und es kommt zurück mit einer Meldung über die Welt. So gebe ich den Dingen und Umständen ihre Bedeutung. Etwas anderes gibt es nicht. Leider.

Ich sehe seit einundzwanzig Jahren auf das gleiche Stück Meer vor meinem Arbeitszimmer. Ich habe seine Bewegungen beobachtet, seine Schattierungen, seine Lebendigkeit, seine Ruhe. Heute abend aber habe ich eine Bewegung gesehen, die ich in all den Jahren nie wahrgenommen habe. Trotz der Windstille bewegten sich über Kreuz laufende Wellenmuster in großer Schnelligkeit über die Oberfläche, als nähme das Meer immer wieder und fast verzweifelt Anlauf auf den Himmel. Das ganze hielt nur einige Sekunden an, als geschähe es nur für mich. Vielleicht hat es auch niemand anders gesehen. Ich denke an einen Handke-Satz, den mir Hartwig unter ein Aquarell von sich geschrieben hat und der jetzt an meiner Wand hängt: »Das Wetter ändert sich doch, das Licht wechselt, die Bewegungen – es kann keine unveränderlich hoffnungslosen Menschen geben ...«

Kira rief aus Kanada an, um mir zu sagen, »I love you, Mom!« Mehr wollte sie nicht. (Die Übersetzung »Ich liebe dich« klingt etwas anders, aber vielleicht ist das auch nur so, weil wir Deutschen uns schwerer tun, unsere Zuneigung so direkt auszudrücken.) Kurz danach meldete sich Silya ganz vergnügt aus Amsterdam. Sie fängt gerade ihre Europatour an und will morgen mit zwei »Friends« zu mir kommen. Damit fängt für mich ein neuer Abschnitt an. Ich komme durch die drei Reisenden meinem Leben in Kanada näher, bis ich dann in zehn Tagen selber hinüberfliege.

10. Juli

Im letzten Jahr habe ich einen Platz in der Wohnung entdeckt, zu dem es mich am späten Nachmittag hinzieht. Es ist die Couch im

9. Juli

Ich sehe seit 21 Jahren auf das gleiche Stück Meer vor meinem Arbeitszimmer. Ich habe seine Bewegungen beobachtet, seine Schattierungen, seine Lebendigkeit, seine Ruhe. Heute abend aber habe ich eine Bewegung gesehen, die ich in all den Jahren nie wahrgenommen habe: Trotz der Windstille bewegten sich überkreuz laufende Wellenmuster in großer Schnelligkeit über die Oberfläche, als nähme das Meer immer wieder und fast verzweifelt Anlauf auf den Himmel. Das Ganze hielt nur einige Sekunden an, als geschähe es nur für mich. Vielleicht hat es auch niemand anders gesehen. Ich denke an einen Handke-Satz, den mir Hartwig unter ein Aquarell von sich geschrieben hat und der jetzt an meiner Wand hängt. "Das Wetter ändert sich doch, das Licht wechselt, die Bewegungen – es kann keine unveränderlich, hoffnungslosen Menschen geben ..."

Wohnzimmer. Wenn ich mich auf sie lege, sehe ich durch verschiedene Fenster den Ahorn, der wie ein großer Schirm über unser Haus gespannt ist. Der Baum ist etwa dreißig Meter hoch, und sein Stamm, der sich schon nach einigen Metern über der Erde in mehrere Stämme aufteilt, wächst durch drei Etagen des Hauses hindurch und dann über das Dach hinaus in den riesigen, endlosen Himmel. Am Nachmittag steht die Sonne hinter dem Blattwerk, oder leicht nach rechts – in beiden Fällen sind die Blätter so erleuchtet, daß sie manchmal durchsichtig wirken. Wenn sie sich dann bewegen, und wir haben oft eine Brise vom Meer, dann bewegt sich dieses ganze Lichtspiel, und ein großes Flüstern entsteht, das nichts anderes berichtet, als daß das Leben vielfältig und gewaltig ist. Ich selbst spüre gerade an dieser Stelle unserer Wohnung eine sonderbare Leichtigkeit, in der manchmal alle Probleme von mir abfallen und ich in die Blätter hinein verschwinde, leicht wie der Wind, der sie bewegt. Dann fühle ich mich frei, zu werden, was ich werden will.

Waltraud und ich sagen einander am Telefon, daß wir auch etwas Angst haben, nach fünf Monaten wieder so eng miteinander zu wohnen und dabei den anderen zu enttäuschen. Aber weil wir das schon von vorneherein wissen, nehmen wir der Angst die Macht.

»Ich liebe meine Fehler!« Das habe ich mir heute aufgeschrieben und an die Wand über mein Bett gehängt. Diese Aussage ist nicht schick, nicht aufsässig oder trotzig gemeint. Durch Fehler werde ich aufmerksam für Fehlendes. Dadurch komme ich und andere mit mir in Bewegung. Und diese Bewegung ist Leben. Darum ist die Aussage über meinem Bett die erlösende Erkenntnis, daß meine Fehler in meinem Leben die notwendigen Zwischenräume oder Leerräume bilden, durch die Bewegung entsteht. So wie in der Natur die Tendenz besteht, daß sich ein Leerraum füllt. Meine Fehler gehören zu mir wie meine Nase und meine Hände. Sie definieren mich. Sie sind meine Chance, meine Herausforderung und der Ansporn zum Wachsen. Sie bilden die Räume, in denen ich Kontakt aufnehme zu meinen Mitmenschen, in denen ich mich verletzbar zeige, durch die mir deutlich wird, daß wir alle zusammengehören. Diese Zusammenhänge schwinden mir oft. Immer wieder meine ich, die Fehler dürften nicht sein. Auch durch meine Fehler erhält mein Leben Sinn.

11. Juli

Beobachte still
Beobachte still,
was sich in dir formt,
und begreife,
daß es nichts anderes ist
als die Gestalt
deiner Seele,
die nach außen drängt
in ihr Leben –
in deine Entstehung,
unermüdlich.

Ich erlebe einen jungen Ansager im Fernsehen. Er wirkt so erfrischend echt und nahbar, wie einer, der seine Arbeit spielt. Ich fühle mich wohl bei seinem Wesen. Er wirkt nicht wie ein Deutscher, der versucht, amerikanisch cool zu sein, wie ich es oft im Fernsehen sehe. Er hat sich weit weg entwickelt von den deutschen Radioansagern der vierziger Jahre, von dem geschwollenen und offiziellen, autoritären Pathos.

12. Juli
Es scheint nur wenige zeitgenössische deutsche Schriftsteller zu geben, von denen ich lernen kann, was ich lernen will. Bei den meisten finde ich einen verkappten oder direkten Zynismus, von dem ich mich fernhalten möchte. Es ist eine Art von Überheblichkeit, die sich weltanschaulich oder stilistisch äußern kann. Wie immer sie auch einherkommt: Sie verachtet den Menschen, und damit ist am Ende niemandem geholfen. Niemandem, auch nicht denen, die sich darin ausgedrückt fühlen oder die gerade diesen Schriftsteller toll finden.

I can hear the distant thunder of a million unheard souls – eine schöne Zeile aus einem neuen Lied von Peter Gabriel. (Ich kann den entfernten Donner einer Million ungehörter Seelen hören.)

Silya kommt mit einer Freundin und einem Freund in Heidelberg an. Ich genieße die Gemeinschaft mit den dreien. Erst als Stoke sich fragend und suchend an mich wendet, fällt mir auf, daß die drei mich als erfahrener und wissender ansehen. Das bin ich ja auch, vergesse es aber manchmal. Silya erlaubt mir, einen Wickel gegen ihre Erkältung zu machen, und nimmt auch meinen Rat an, gewisse Tropfen gegen ihren Husten einzunehmen. Beides ist schön: nicht mehr Mutter bedürftiger Kinder zu sein und doch das Vertrauen des Kindes zu haben, wenn es als erwachsener Mensch Hilfe braucht.

13. Juli
Die Arbeit an meinem Roman, der jetzt den Arbeitstitel »Ertrinken in der Ferne« trägt, geht gut voran. Das tägliche Pensum, das ich mir auferlegt habe, hilft mir, mich gegen gewisse Ablenkungen zu wehren. Es ist spannend zu sehen, wie sich manche Gedanken verselbständigen und mehr Raum beanspruchen. Langsam macht die äußere Handlung, die einem Krimi ähnelt, der inneren Platz. Auch wenn ich der bin, der schreibt, bin ich doch auch Beobachter, der gespannt zusieht, wie alles wird.

Gestern hat der bauende Nachbar weitere zwei Bäume, die ich vor zehn Jahren gesetzt habe, von der Stadt entfernen lassen – irgend etwas mit einem Wasseranschluß. Sie wären ihm nicht im Weg gewesen, aber ohne die Bäume ist alles noch einfacher, und er hat eine etwas geradere Einfahrt zu seiner Garage. Ich merke meinen Ärger und meine Trauer. Ich habe in meinem unteren Garten sofort zwei Löcher gegraben und die Bäume dort eingesetzt, aber ob sie die Verpflanzung jetzt im Sommer überleben, ist fraglich. Ich muß unwillkürlich an Goethes »Leiden des jungen Werther« denken und an die zentrale Rolle, die das Abhauen von Eichen für das Leben Werthers hatte. Es gehörte mit zu den Dingen, die ihm das Leben unwert machten.

Und ich, der Schwimmer
Wie so oft,
sitze ich in meinem Arbeitszimmer,
das in den Ahornästen schwebt,
und schreibe Gedichte.
Ich habe mich selbst
als Köder angeboten
und warte jetzt,
welche Wirklichkeit
anbeißen wird.

Da sind die Erlen
hinter der offenen Tür,
sie könnten näher kommen
und mich grüßen.

In einem vergessenen Viertel
meines entspannten Kopfes
tanzt ein Traum mit einer sanften Botschaft.

Auf meine Hände
legt sich ein Schatten,
den mein Herz wirft.

Über den Ozean geht
eine Frau ihren Neigungen nach
und entdeckt sie als Pflichten
an sich selbst – sie spricht,
und ich könnte ihre Worte
verschlüsselt aufzeichnen.

Oder wie die Oberfläche eines Planeten,
der sich ins Unendliche ausdehnt,
bildet die Wirklichkeit Gott
einen unbeschreiblichen Boden,
den ich beackern könnte.

Am Ende weiß ich nur,
daß ich es noch immer liebe,
das Ebben und Fluten
der Dichte des Lebens,
und ich dazwischen der Schwimmer.
Nichts anderes sind sie,
die Gedichte.

In der Art, wie Silya und ihre Freunde ihre Europareise planen, merke ich wieder den Altersunterschied zwischen uns. Sie planen sich für jeden Ort nur kurze Zeit ein. Heute sind sie in Rothenburg ob der Tauber, morgen an der Fulda, übermorgen in München und am Tag danach in Prag. Sie schaffen sich einen Überblick für ihr Leben. Später können sie sich Einzelheiten näher anschauen. Das ist, was ich jetzt gern tue. Ich lasse mir gern viel Zeit für einen Besuch, für das Kennenlernen eines Ortes oder für das Lesen eines Buches.

14. Juli

Zur Zeit beschäftigt mich die Form des Romans in unserer Zeit sehr. Ich mache mir viele Gedanken über die Form, die mir entsprechen würde. Ich spüre, daß sich viel in mir angesammelt hat, das ich in der erzählenden Form sagen möchte, und ich weiß, daß es wichtig ist, die richtige Gestalt zu finden, wenn es gut werden soll. Am meisten reizt mich ein Roman in der ersten Person, eine Art Bekenntnisroman, das Lebensbekenntnis einer fiktiven Person. Ich bin voller Pläne und Ideen und genieße es.

Jeden Tag mache ich meine Tagebucheintragungen, aber ich merke, wie ich kaum in Worte kleiden kann, was in mir ist. Ich sehe das Geschriebene an, und es ist nur ein blasses Abbild dessen, was sich so lebendig und bunt in mir tut. Ich weiß, daß die Sprache mehr hergeben kann, als ich aus ihr heraushole. Ich bin keine Schriftstellerin. Ich merke, wie angewiesen ich bin auf das Gespräch, in dem sich meine Gedanken durch die meines Gegenübers entwickeln.

15. Juli

Ich habe heute den Robert-Redford-Film »In der Mitte entspringt ein Fluß« gesehen, nach der Erzählung von Norman McLean. Der Film ist wieder ein Beispiel für die Liebe zu einer gewissen Landschaft, die ich so besonders stark unter Nordamerikanern empfinde. Ich weiß nicht, ob es das in der Weise in Deutschland, der Schweiz oder Österreich gibt. Oder irgendwo in Europa. Es ist ein Verwachsensein mit der Landschaft, mit den Hauptmerkmalen der Landschaft – hauptsächlich mit der Wildnis und Wildheit der Landschaft.

Von Ulrich kommt ein lieber Brief mit vier Gedichten für mich. Ich merke, daß ihn unser baldiges Widersehen bewegt, und mich freut das. Ich freue mich, wenn wir ganz einfach still zusammensein können.

16. Juli
Wenn er verstehen könnte, daß seine Wunden seine Begabungen sind.

Ich muß an den Kleinigkeiten festhalten, an der Würdigung des fast Unsichtbaren, trotz der großen Fehlentwicklungen in der Welt, trotz der Katastrophen und Welterschütterungen. Auch diese haben klein begonnen, haben immer mehr in sich hineingeschlungen und haben Menschen ihre Fähigkeiten, in dem Alltäglichen ihres Lebens zu verweilen, genommen.

Ich verschenke zwei von Ulrichs Büchern und gebe sie, als hätte ich sie selbst geschrieben. Nun lese ich sie beide wie zum ersten Mal und denke dabei an die Leserin und was sie wohl dabei erleben mag. Das habe ich schon öfter getan, und jedesmal verwandelt sich das Buch für mich im Gedanken an die Leserin und den Leser. Ein Buch erhält erst seine wirkliche Gestalt durch den Leser.

17. Juli
Mein jährlicher Besuch beim Vancouver Folk Festival. Tief bewegt hat mich das Ende eines Workshops, in dem drei Gruppen zusammen singen und tanzen, die sich sprachlich nicht verständigen können: eine Gruppe vn Obertonsängern aus Tuva (eine kleine Republik der alten Sowjetunion), eine Gruppe Schwarzer aus Südafrika und zwei amerikanische Gruppen. Was mich berührt ist, wie sich die einzelnen auf alle anderen einstellen und es eine Kommunikation von Seele zu Seele gibt.

Sonst berührt mich innerlich nicht viel auf dem Festival. Vielleicht geht es auch nicht in diesen Größenordnungen und in der unruhigen Abfolge, in der es ständig darum geht, möglichst viel Abwechslung zu schaffen. Das Sensible muß im kleinen Kreis geschehen. Früher habe ich mir ja immer sehr gewünscht, singen zu können. Ich hätte es lieber getan als zu schreiben, aber inzwischen blicke ich nicht mehr so neidisch in die Richtung. Zu wissen, daß sich irgendwo irgendwer Zeit nimmt, das zu lesen, was ich mir in der Stille ausgedacht habe, ist ein sehr gutes Gefühl.

Tief in uns liegt das Gefühl, daß es jemand geben muß, der unser Leben heilt, das wieder zusammensetzt, was zerbrochen ist.

M. lehrt mich eine Massage, indem sie sie mir an mir zeigt. Mit viel Geduld führt sie mir all die Handgriffe vor. Es ist eine entspannende Ganzkörpermassage. Das soll ein Mitbringsel für Ulrich sein. Wenn ich in Kanada bin, will ich mir einen Massagetisch besorgen, an dem ich unsere Freunde, die dazu Lust haben, massieren kann. Ich möchte Menschen so beschenken und werde selbst dabei beschenkt. Es ist eine Kontaktaufnahme, an der ich besonders schön finde, daß sie nicht über das Denken und Reden gehen muß. Die Kommunikation von Haut zu Haut hat etwas erfrischend Direktes.

18. Juli
Ärmer kann ein Mensch nicht sein, als wenn er nicht mehr fragen kann.

Da, wo andere Regeln herrschen als die, mit denen wir uns auskennen, sind wir gezwungen, erfinderisch zu werden und zu improvisieren. Darum macht uns die Fremde, die innere und äußere, zu reiferen Menschen. Wo wir alles überschauen und verstehen, gewöhnen wir uns schnell und beginnen uns in Wiederholungen zu bewegen.

Die Aggressivität vieler Kinder. Vielleicht ist es letztlich immer wieder, daß sie die volle Zuwendung nicht bekommen und sie sich diese darum fast erpresserisch holen müssen.

Ich suche immer noch nach einem Wort, mit dem ich das große Geheimnis, das Allumfassende, benennen kann. Das Wort Gott trifft das, was ich im Herzen sagen will, nur ab und zu. Vielleicht geht es nicht anders, als jeden Tag neu zu überlegen und ein neues Wort zu suchen so wie Geheimnis, allumfassende Kraft, Liebe und Leben, oder Sumbra, Totrana, irgendein Wort, das nicht durch millionenfachen Gebrauch und Mißbrauch leer geworden ist. Ich brauche dieses Wort, um mich zu konzentrieren und das Transzendente ansprechen zu können. Ich kann es auch ein tägliches Mantra nennen.

Das »Grüß Gott!« auf der Straße macht mich immer wieder froh. Es ist ein warmer, freundlicher Gruß. Überhaupt, daß wildfremde Menschen sich auf der Straße begrüßen, gefällt mir.

19. Juli
Die Ästhetik kann nie die Moral sein. Das Schöne an sich rettet uns nicht. Daß das Schöne diese Macht hat, ist nur ein verirrter oder verzweifelter Glaube mancher Künstler.

Mein letztes Telefonat mit Waltraud in Deutschland. Auch wenn wir uns in zwei Tagen sehen werden, bewegen uns Dinge genug, um ausgiebig über sie zu reden. Das hat mir in den vielen Jahren unserer Ehe immer wieder gefallen. Für uns beide hat das geistige und emotionale Durcharbeiten von wichtigen Dingen eine hohe Priorität. Darauf ist viel in unserer Ehe aufgebaut. Am Ende fragt mich Waltraud, was sie tragen soll, wenn ich sie von ihrem Flug abholen werde. Aber das ist für sie wichtiger als für mich – ich hole die Person *in* den Kleidern ab.

Immer wieder begegne ich Menschen, die mit ihrer Art etwas verdecken. Sie lachen laut, weil ihnen etwas peinlich ist. Sie halten ihre echten Gedanken und Gefühle zurück, weil es sonst schmerzhaft werden könnte. Wenn ich dann zurückhaltend auf sie reagiere, wundern sie sich und haben keine Ahnung, daß es mir gerade um Echtheit und Direktheit geht. Ich wünsche mir sehr dieses unverstellte Miteinandersein. In diesem Ablauf arbeite ich immer wieder schwer daran, trotzdem ins Gespräch zu kommen, dies aber zu schaffen, ohne selbst unecht zu werden.

20. Juli
Ob ein Gespräch mit jemandem für mich wie Brot wirkt, hat damit zu tun, wie bedingungslos sich mein Gegenüber (und ich natürlich auch) in das Gespräch hineingibt. Wenn es nur eine Art Erörtern von Möglichkeiten ist, ein Anprobieren von Ideen, dann ist es nicht Brot, von dem ich lebe, sondern eine Randverzierung meines Lebens – schön, aber nicht notwendig.

Ich begegne wieder dem Phänomen, daß ich plötzlich, sozusagen von einem Tag zum anderen, kein Gedicht mehr schreiben kann. Im Juli waren es bisher achtzehn Gedichte, von denen einige gut genug für ein Buch sind, aber jetzt scheint der innere Vorrat erschöpft zu sein.

Morgen fliege ich zurück nach Kanada. Ich fahre das letzte Mal mit dem Auto durch Oberkessach und begrüße einige Menschen. Die

Ortschaft erscheint mir wie eine Person, die mich aufgenommen hat und der ich mich vorsichtig genähert habe. Wie ich auch einen Menschen nur zum Teil kennenlerne, ist mir auch vom Ort noch unendlich viel verborgen geblieben. Es waren Momente der Begegnung hier und da. Ich habe einen ganz markanten Charakter wahrgenommen, der mich begleitet. Dieser ganz bestimmte Charakter des Ortes hat mir neue Türen geöffnet, ist mir ein Stück Heimat geworden und ermöglicht mir, meine Füße fester auf diese Erde zu stellen. Durch meinen Aufenthalt hier bin ich ein wenig mehr beheimatet auf dieser Erde und in diesem Land.

21. Juli
Waltraud landet heute, nach fast fünf Monaten in Deutschland. Mit einem Blumenstrauß stehe ich auf dem Flughafen und fühle mich, als wäre ich jung und frisch verliebt. Wir umarmen uns, halten uns, und dann stellt sie mir eine Frau vor, die den Flug über neben ihr saß und meine Bücher schon kannte – was für eine kleine Welt.

Seit vielen Jahren lese ich Rilke. Meine Reaktion ist meistens etwas gemischt. Ich habe Mühe mit seinem Bild des »Dichters«, mit dem Sonderstatus des Menschen, der ein Dichter ist. Allerdings weiß ich nicht, wieviel davon Rilke selbst zuzuschreiben ist und wieviel davon durch seine Verehrer entstanden ist. Andererseits aber spricht mich seine Sprache immer wieder tief an. Er faßt in knappen Worten, was ich tief empfinde, und ich fühle die Ähnlichkeit im Denken. Heute lese ich von ihm in einem Brief an Lou Andreas-Salomé: »Ich weiß, daß ich mein Leben nicht herausschneiden kann aus den Schicksalen, mit denen es verwachsen ist; aber ich muß Kraft finden, es ganz, wie es ist, mit allem, in eine Ruhe hineinzuheben, in eine Einsamkeit, in die Stille tiefer Arbeitstage.« Wunderbar. Genau das versuche ich. Darin sehe ich meine Aufgabe für diese Zeit. Das Wort »hineinzuheben« paßt besonders, weil es von der Zartheit des Unternehmens spricht. Es ist kein Gewaltakt, diese Ruhe und Einsamkeit zu finden und sie zu füllen. Auch die »Stille tiefer Arbeitstage« entspricht mir. Ich sitze an meinem Roman, an meinen Gedichten, an den Tagebucheintragungen und spüre die Stille und die Tiefe, die in diesem Mühen um das richtige Wort steckt.

Wilhard und Kristin fahren mich zum Flughafen. Sie waren da, als ich meine Zeit in Deutschland anfing, und sie sind nun da, als ich meine Zeit ohne Ulrich beende. Gemeinsam haben wir eine Entwicklung durchgemacht. Wir haben viel gesprochen, gemeinsam gegessen, gedacht, uns gefreut, haben gelacht, lange Spaziergänge gemacht. Sie gehören zu meiner Entwicklung ohne Ulrich und zu meiner Entwicklung mit ihm. Wir waren nicht zimperlich miteinander. Wir sind aufeinander zugegangen und haben einander verletzt und neu gefunden. Wir haben gelernt zu vergeben und uns selbst und einander mit unseren Fehlern zu lieben.

22. Juli
Waltraud hat mir 28 deutsche Bücher mitgebracht, die ich bestellt hatte. Was für ein Reichtum liegt vor mir! Jedes Buch ist eine Welt in sich, die Wirklichkeit einer Autorin oder eines Autors, der Versuch einer Deutung der Welt. Reiner Kunzes Tagebuch »Am Sonnenhang«, der neue Roman von Silvio Blatter »Avenue America«, Rinsers Tagebuch »Wachsender Mond«, ein Roman von der polnischen Autorin Maria Nurowska »Postscriptum für Anna und Maria«, mehrere Titel von Hartmut Lange, Erzählungen von kranken Kindern, Monographien über Munch, Frisch, Dürrenmatt, Astrid Lindgren, van Gogh, Stefan Zweig, Nansen, und dann noch ein Schwung Kinder- und Jugendbücher. Ich merke, wie lieb mir Bücher sind. Ich finde es geradezu aufregend, vor einem Bücherberg zu sitzen. Das hat sich auch nach vielen Jahren nicht geändert.

Jetzt, wo ich wieder mit Ulrich zusammen bin, merke ich, wie sehr er mir fehlte. Ich merke aber auch, daß durch die Zeit in Deutschland eine Leere in mir ausgefüllt und eine Sehnsucht gestillt worden ist.

23. Juli
Ich habe heute zusammen mit Waltraud mein neues Faltboot, das ich vor sechs Wochen bestellt hatte, abgeholt, ein rotes Boot von der Firma Feathercraft, die hier in Vancouver die Boote baut. Sie gelten jetzt bei vielen als die besten Faltboote, die man kaufen kann. Besser auch als die Boote von Klepper, die es ja schon seit Jahrzehnten gibt und von denen ich auch noch eins aus dem Jahre 1964 besitze.

Danach gehen wir einen Salat essen, sitzen in der Sonne auf Granville Island, umgeben von Segelbooten, dem Wasser, den Hochhäusern der Innenstadt mit den Bergen dahinter. Wir genießen es, miteinander zu sein, nicht am Telefon reden zu müssen, Zeit zu haben. Das Leben ist einfach geworden, und es darf so sein.

Es tut mir weh, daß unser Kater mir ausweicht. Ich bin ihm fremd geworden. Und ich hätte so gern gehabt, daß er mich erkannt hätte und mir mit Freude entgegengekommen wäre.

24. Juli
Immer wieder halten wir an, umarmen uns und ruhen beieinander aus. Wonach unsere Sehnsucht geht, ist etwas so Einfaches, daß wir Gefahr laufen, es mit zuviel zuzuschütten.

Manchmal ist nichts so kostbar, wie zu wissen, daß man an der richtigen Stelle steht und das Richtige tut. Stimmigkeit. Aber es ist nicht leicht, sich dieses »Wissen« zu erkämpfen, gegen die Bevormundung der Welt um uns.

Ich will es den Vögeln vergeben, daß sie durch unser Haus geflogen sind und in ihrer Angst, durch das viele Glas nicht mehr herauszufinden, die Kaffeedecke beschmutzt haben. Sie sollen das Recht haben, so etwas zu tun.

Mozart scheut noch immer vor mir zurück. Und sonst kam er doch immer gern zu mir. Ich will ihn langsam wiedergewinnen.

Ich bin noch nicht wirklich angekommen in unserem Haus. Ich habe das Bedürfnis, mir jeden Gegenstand im Haus neu vertraut zu machen und mich mit ihm zu verbinden. Ich stelle manches neu hin und überlege, ob ich es wirklich an dem Ort haben möchte. Ich gehe über Tag oft durch das Haus, berühre Gegenstände, lasse sie auf mich wirken, genieße den Blick auf das Wasser, sehe in die Krone des Ahorns über dem Haus und versuche so meine Rückkehr wirklicher zu machen.

25. Juli
Er war immer erst Mann. Manchmal, aber nur wenn er sich vergaß, war er Mensch. Schon Mensch zu sein erlebte er als Schwäche, er mußte dazu gar nicht erst ein schwacher Mensch sein. Sein Mannsein war sein Schild. Wenn er dem entsprach, was er innen als Mann empfand, dann war er wie ein Kontinent, den er ganz allein bewohnte. An seinen Küsten war nicht zu landen. Alles wurde abgewiesen. Seine Frau, die neben ihrem Frausein auch Mensch war, reifte ihm davon. Bald verband sie nur noch ein dünner Faden. Er

aber lebte so, als wäre alles gut. So wie es Männer können, auch wenn sie merken, daß etwas nicht stimmt. Es ist abzusehen, daß der Faden irgendwann reißt.

Ich sehe unser Holzhaus, das von außen mit rohen Zedernbrettern beschlagen ist. Es sieht aus, als sei es aus der Erde herausgewachsen. Rundherum wachsen Tannen, einige Laubbäume und Efeu. In der Garage wächst der Efeu durch den Fensterrahmen von außen nach innen. Der große Ahorn wächst durch drei Lagen Verandaböden hindurch. Im Herbst fallen die riesigen Blätter und bedecken das ganze Dach. Die Tannen vor dem Haus lassen nur wenig vom Haus sehen. Hinterm Haus ist bald alles mit Büschen und Bäumen zugewachsen. Manchmal bekomme ich eine drückende Angst, als könnte ich unter all dem Wachsen ersticken. Der Efeu, der durch die Wand hindurch in der Garage wächst, ist ein Eindringling in meinen Privatbereich. Ich will Freundschaft schließen mit der gewaltigen Natur.

26. Juli
Die Wichtigkeit des Erinnerns. Vieles ist für mich erst wirklich, wenn ich mich an es erinnere. Wenn ich es beschreibe oder es in irgendeiner Form gestalte, tritt es in eine andere Klarheit. Sonst zerrinnt mir das Gewesene und das Gegenwärtige in den Händen. Mein Schreiben ist eine Art von Festhalten, ein Schutz gegen dieses Zerrinnen. Es ist darum mehr als der Ausdruck meiner Liebe zur Sprache und zum Fabulieren. Erinnern ist der Versuch, die Zeit zu verlängern, sie hinzuziehen. Erinnern ist für das Denken, was die Perspektive für das Zeichnen ist. Erinnern stellt in einen zeitlichen Kontext, es gibt einen Vorder- und Hintergrund, aus dem das Jetzt seine Besonderheit bezieht.

Die Erzählung »Ein Porträt« geschrieben.

So leicht ist das für mich nicht, Freundschaft mit der gewaltigen Natur zu schließen, wozu ich mich gestern entschlossen habe. Es schwingen noch tiefere Empfindungen dabei mit, die ich gerne mit Ulrich besprechen möchte.
Waltraud: Ich habe das Empfinden, daß unser Garten etwas symbolisch darstellt. In ihm drückt sich unsere Beziehung aus und

auch das, was jeder von uns lebt. Der Garten war etwas in unserer Vergangenheit, wodurch manchmal unser Glück getrübt wurde, weil wir verschiedene Vorstellungen hatten, die kaum miteinander zu verbinden waren. Dadurch verlor ich oft die Freude an der Gartenarbeit.

Ulrich: Ich weiß, daß wir zwei verschiedene Konzeptionen für unseren Garten hatten. Weil wir hier direkt am Wald gebaut haben, wollte ich, daß nach dem Hausbau der Wald sozusagen wieder zurückwachsen konnte, während du gern gepflanzte Büsche und Blumen haben wolltest. Du wolltest alles kultivierter und schöner machen, während mir das Wilde gerade recht war.

Waltraud: Ich hatte dann immer das Empfinden, nur weil ich es schöner haben will, muß ich dann auch alles allein machen. Ich bat dich ab und zu um Hilfe, und du gabst sie mir auch, soweit ich darum bat, aber für die Gestaltung des Gartens und für all die anstehenden Arbeiten war ich verantwortlich. Du hast dich dadurch manchmal unter Druck gefühlt. Jetzt bin ich erstaunt, was dabei herausgekommen ist. Es ist ein Garten entstanden, der beides in sich hat. Einerseits ist er gepflegt, andererseits hat er auch das Wilde, dieses Aussehen eines Waldes.

Ulrich: Ich hatte natürlich keine große Lust, viel Energie in einen Garten zu stecken, den ich eigentlich nicht wollte. Darum war das eben manchmal schwierig. Ich finde den Garten jetzt auch schön mit den blühenden Büschen, auch wenn sie bedroht werden durch den ständig überwuchernden Wald. Von mir aus kann der Wald noch mehr übernehmen, aber ich finde den Garten auch so schön.

Waltraud: Und ich möchte jetzt gern beides haben, Büsche und Wald, und ich werde jetzt die Äste, die sich über die Rhododendren und die Hortensien hinweg ausbreiten, abschneiden, so daß die Büsche auch noch weiter zur Wirkung kommen. Und das kann ich gut erledigen. Ich freue mich sogar über diese Arbeit. Ich möchte jetzt gar nicht mehr, daß du dich dafür verantwortlich fühlst. Ich werde dich aber bitten, mir zu helfen, wenn die Äste zu dick sind.

Ulrich: Bei mir kommt noch dazu, daß ich zunehmend mehr Probleme habe, lebendige Sachen, ob das Büsche oder Bäume sind, einfach wegzuschneiden oder auszureißen, nur weil mir etwas nicht gefällt. Ich ginge gern noch mal zurück zu dem Gedanken des Symbols. Wo siehst du uns beide in dem Garten?

Waltraud: Ich höre immer wieder von dir, daß du das Leben gern an dich herankommen läßt. Du schaust, was das Leben will, beobachtest es und nimmst teil. Ich merke, wie du das Wilde genießt. Ich mag das Wilde auch, komme aber schneller an Grenzen. Ich fühle mich leicht von der Natur und ihrer Wildheit bedroht. Ich spüre, wie bei mir etwas in Unordnung kommt, wie ich überwältigt werde und mich der Natur hilflos ausgeliefert fühle. Darum muß ich das, was in der Natur auf mich zukommt, hier und da beschneiden, damit ich meinen Raum behalte.
Ulrich: Viel im Leben läuft in gewissen Regeln und Ordnungen ab. Selbstdisziplin ist etwas Wichtiges für mich, sonst würde ich die Dinge nicht schaffen, für die ich mich entscheide. Und gerade darum genieße ich das Wilde besonders, ob es die Wüste ist, abgelegene Ecken in Kanada oder unser wilder Garten ums Haus. So erkläre ich mir meine Zuneigung zu dieser Art von Wildheit.
Waltraud: Ich habe wiederum auch den Wunsch, mir in einem gewissen sicheren Rahmen Wildes zu erlauben, und ich leide, wenn ich das nicht kann. Ich glaube, darum gefällt mir das Resultat unser beider Vorstellungen so gut.
Ulrich: Ich weiß, daß es nicht nur um den Garten geht, sondern um ein ganzes Lebensgefühl.

27. Juli
Waltraud und ich arbeiten sieben Stunden an einem Stück auf unseren Holzveranden, die unter dem mehrstämmigen Ahorn liegen, der über unser Haus wacht. Mit einem power-washer, einer Maschine, die einen Wasserdruck von 15 p.s.i. (pounds per square inch) hat, reinigen wir das Holz, das von den Säften, die im Frühling von dem Ahorn tropfen, schwarze Stellen bekommen hat. Für uns beide ist es eine schöne Arbeit – wortlos, nebeneinander einer Tätigkeit nachgehen, die uns verbindet mit dem, was uns umgibt und uns Heimat ist. Manchmal ist es schöner und tiefer als ein Gespräch.

Ich habe heute mit Waltraud, Margie und ihren Kindern den Film »Free Willy« gesehen – die Geschichte einer Beziehung zwischen einem zwölfjährigen Straßenjungen und einem Killerwal, einem Orca. Besonders berührt hat mich die Szene, in der der Junge das erste Mal den Wal berührt, als er seine Hand auf den Kopf des drei Tonnen schweren Wals legte. Der Film hat mich erinnert an die Zeit vor etwa zwölf Jahren, als ich oft zum Aquarium in Vancouver ging und die Wale dort beobachtete und das Empfinden hatte, in eine Beziehung zu ihnen zu treten – unsere Augen manchmal nur um die Dicke des Glases in dem Unterwasser-Raum getrennt. Was für gewaltige, herrliche Tiere, die oft ihr gesamtes Leben in einer Gruppe verbringen, sie nie verlassen.

Wir reinigen gemeinsam die riesige Holzveranda. Schöner kann das Leben nicht werden.

28. Juli
Ich rolle die Bambusmatte hoch, die vor dem Fenster als Schutz gegen die Nachmittagssonne hängt, um mehr Licht in mein Arbeitszimmer zu lassen an diesem Novembertag mitten im Sommer. So richtig will es dieses Jahr nicht Sommer werden. Noch letzte Woche habe ich geheizt, weil es morgens so kalt war. Es ist, als brauche der Körper, die Seele, der Geist, mein ganzes Wesen den warmen Sommer. Es gehört zu dem Rhythmus, an den ich mich gewöhnt habe, sonst verliere ich die Orientierung im Jahr. Die identifizierbaren Jahreszeiten gehören zu den Zyklen, in denen ich denke, reise, schreibe und insgesamt lebe. Die Meteorologen, die langfristige Voraussagen machen, versprechen uns wenigstens einen guten Indianersommer. Ich schließe die Augen und sehe schon den September und Oktober in dem goldenen Herbstlicht, die Espenblätter wie Münzen gegen den dunkelblauen Himmel des Cariboo, die doppelt empfundene Wärme, weil sie einem im Oktober eigentlich nicht mehr zusteht.

Mozart, unser Kater, liegt hinter mir auf dem schmalen Bett in meinem Arbeitszimmer. Er schläft, während es draußen schon fast den ganzen Tag regnet. Irgendwann schiebe ich meinen Stuhl zu ihm und streichle ihn und rede flüsternd zu ihm. Ich habe festgestellt, daß ich fast nur noch mit ihm flüstere. Sein Bei-sich-Sein, so typisch für Katzen, die Stille, mit der er durch das Haus streicht (er miaut fast nie, sondern wartet meistens still auf sein Essen und auf das Öffnen der Tür), lädt mich zum Flüstern ein. Jetzt gibt es nur drei Geräusche: den Regen auf dem Dach, Mozarts Schnurren und meine Finger auf dem Computer, auf dem ich meine Beobachtungen festhalte.

Ich lese in Reiner Kunzes Tagebuch des Jahres 1992. Er schreibt, daß er als drittes Kind seiner Eltern geboren wurde, nachdem die ersten beiden bei der Geburt gestorben seien. Als seine Mutter mit ihm schwanger war, habe sie sich vor allem von Kartoffeln, Senf und Salz ernährt. Unwillkürlich kommt mir die Frage, wie diese schmale Kost wohl die Konstitution Kunzes beeinflußt hat. Vielleicht ist er gerade deshalb ein so sensibler Dichter geworden.

Zusammen mit Suzanne sehe ich ein Theaterstück, »The Wild Guys«, eine Komödie, die vieles aus der gegenwärtigen Männerbewegung anspricht. In dem Stück treten vier Männer auf, die die Entwicklung zu einer größeren Sensibilität unterschiedlich erleben, sich wehren dagegen und auch wagen, Zartes an sich heranzulassen. Ich freue mich, in dieser Zeit zu leben und selbst an den Veränderungen beteiligt zu sein.

29. Juli

Manchmal tragen wir uns mit dem Gedanken, aus diesem Haus auszuziehen, weil es, nachdem die Kinder ausgezogen sind, eigentlich für uns zwei zu groß ist. Aber im Herbst kommt Silya wieder zurück, um von hier aus zu studieren, wenigstens ein Jahr lang. Außerdem verwachse ich immer mehr mit diesem Haus, mit dem Baum, der sein grünes Dach über uns spannt, mit den Winkeln im Haus, mit den Wänden, die wir über Jahre hin gestaltet haben, mit seinem Ausblick auf das Meer und die Berge, mit den Dachfenstern, durch die der Himmel ins Haus strömt, mit seiner nächtlichen Stille.

Ich bin mit Ulrich und Suzanne bei Leonard Cohen. Seine Texte und Ideen haben mich viele Jahre begleitet. Ich bin fasziniert von seiner Art, mit Worten umzugehen. Ich mag auch, wie er singt, fast gesprochen, als könnte er nicht singen. Suzanne fragt mich zu Hause, ob ich Leonard attraktiv erlebe. Ohne lange zu überlegen sage ich »Nein!« Ich weiß, das hat mit seinen anderen Werten zu tun. Am meisten stört mich sein »lack of compassion« – ein Mangel an Respekt und wirklicher Einfühlung. Er geht mit dem Leben um und scheint dabei nur an sich zu denken.

30. Juli

Noch eine Eintragung über Mozart, unseren Kater, und mich. Er hat sich auf meinen Schreibtisch gesetzt und erlaubt mir in all seinem Bedürfnis nach Unabhängigkeit, ihn doch zu berühren. Ich führe einen Zeigefinger unter seinem Hals entlang in einer stillen, vorhersagbaren Bewegung, um ihn nicht zu erschrecken. In seinem Vertrauen mir gegenüber entspanne ich mich selbst und finde zu einer Art somatischen Ruhe – ich werde vorübergehend nur Körper. Manchmal lebe ich mit meinem Geist auf meinem Körper wie auf einem Kontinent mit seiner Festigkeit. Das Gewicht des Körpers, die Erdgebundenheit, die Schwere sind dann wie ein Anker für den Geist.

Ich mache den Entwurf für ein Buch mit sechs Briefen, die unsere Fähigkeit zu lieben feiern. Arbeitstitel: Stärker als der Tod. Ich möchte in einer Prosa, die durch ihre Sprache leuchtet, die grundsätzliche Entscheidung für die Liebe in Worte fassen. Die sechs Briefe sollen die verschiedenen Stadien einer Beziehung erfassen, von der ersten Verliebtheit bis zum Alleinsein nach dem Tod des Partners.

Eine interessante Begegnung mit Steffa, einer Frau, die ich bewundere. Sie leitet ein Heim für Jugendliche, die extrem bindungsunfähig sind und die von ihren Eltern verlassen wurden. Manche von ihnen sind voller Zorn und werden dadurch gewalttätig. Steffa schafft es, mit ihnen Kontakt zu bekommen, von ihnen respektiert zu werden, ohne dabei Gewalt zu gebrauchen. Gemeinsam mit den Jugendlichen stellt sie Regeln auf, die diese als ihre eigenen respektieren und einhalten. Mich interessiert, woher sie diese Stärke und Fähigkeit hat. Sie erzählt, daß ihr Vater ihr hauptsächlich ein Freund war, auch dann, wenn sie lieber einen Vater gehabt hätte. So kann sie sich und andere jetzt so ernst nehmen, wie sie ernst genommen wurde. Dadurch schafft sie, was andere nicht schaffen, und sonst chancenlose Jugendliche haben bei ihr eine Chance.

31. Juli
Traumarbeit. Manche Träume sind zu träumen, fest, entschieden und mit der Kraft von Seele, Geist und Körper, weil sich durch sie das Leben ausbreitet. Und andere Träume sind loszulassen, auch mit Leib, Seele und Geist, weil sie das Leben aus der Gegenwart weglocken in ein Nie-und-nimmer-Land.

Meine Mutter hat es noch einmal gewagt, die vierhundert Kilometer von Kelowna zu Besuch zu kommen. Das erste Mal seit sechs Jahren. Wegen ihres Gesundheitszustandes und Alters, sie ist 86, hat sie es die letzten Jahre nicht mehr gewagt. Wir sitzen auf der Terrasse unter dem Ahorn und sehen aufs Meer hinaus – das hat sie sich gewünscht, diese Weite noch einmal zu erleben. Ich freue mich, ihr alles so schön zu machen, wie es geht. Immer wieder sehe ich mich in ihrer Situation – ich werde alt sein, es ist nur um die nächste Ecke, in einer Woche, in einem Monat, in einem Jahr. Es geschieht alles so schnell. Wie werde ich das Leben dann sehen? Ich versuche, mich da einzudenken, während hinter uns aus dem Wohnzimmer Pachelbel, Vivaldi und Bach uns eine zeitlose Musik anbieten.

Manchmal, am Ende eines gleichmütigen Tages, ist es schwer, mich zu erinnern, an alles was war. Der Tag hat sich bereits eingereiht in die unzähligen Tage vor ihm, hat beigetragen zu der großen Form, die wir »Vergangenheit« nennen.

Wir haben Verwandte zu Besuch. Mir geht es wieder einmal durch den Kopf, wie sich in meiner Lebenszeit das Rollenverständnis zwischen Eltern und Kindern gewandelt hat. Unsere Kinder fangen an einer anderen Stelle an als ich. Was ich mir hart erarbeitet habe, ist für sie selbstverständlich. Ich hatte bei meinem Vater den Wunsch, ihm als Freund zu begegnen und ihn mit Vornamen anzusprechen. Er konnte das nicht annehmen. Für ihn waren die Rollen der Inhalt der Beziehung. Auch für meine Schwiegermutter war es fremd, als ich sie mit Vornamen ansprechen wollte. Meinen Töchtern geht es leichter damit. Manchmal wünsche ich, ich könnte das Leben der Generation nach mir leben. Ich hoffe, daß es uns gelingt, uns immer weniger von unseren Rollen her zu verstehen und uns immer mehr als einzigartige Menschen, die sich nicht an Rollen festhalten müssen, begegnen zu können.

august

1. August

Immer wieder bekomme ich Briefe auf meine Bücher. Früher habe ich versucht, sie alle gewissenhaft zu beantworten. Inzwischen habe ich das aufgegeben und losgelassen, weil ich es nicht schaffe. Ich merke, daß ich damit ein Stück von meiner Vorstellung von mir selbst loslassen muß. Es ist mit einer Enttäuschung verbunden – es gab Dinge, die wollte ich auf eine gewisse Weise tun, und jetzt gelingt es mir nicht. Es ist, als ob mich eine Wirklichkeit einholt, die ich nicht einkalkuliert habe. Und ich kann mich in vielen Fällen nicht erklären, ich muß es einfach stehenlassen und eventuell auch mißverstanden werden.

Obwohl es ja ganz selbstverständlich ist, daß ich zu einer älteren Generation gehöre, bin ich nun doch etwas enttäuscht, daß Kira mich heute nicht eingeladen hat, mit ihr und einigen jungen Leuten Kanu fahren zu gehen. Dann fällt mir ein, daß ich ja auch hin und wieder besonders gern unter Gleichaltrigen bin. Die Trennung der Generationen kann aber auch etwas Künstliches sein. Dadurch, daß wir einander unterschiedlich behandeln, denken wir Unterschiede herbei, die gar nicht nötig sind. Vielleicht mag ich darum so gern gute Gespräche, weil bei ihnen der Altersunterschied ganz verschwinden kann. Dann begegnen wir einander mit unserem Leben und unseren Fragen an das Leben und entdecken, wie ähnlich wir einander sind.

2. August

Ich fahre mit meinen Verwandten auf einen Berg, von dem aus man Vancouver gut überschauen kann. Es ist Vollmond und ganz klar. Die Stadt leuchtet in ihrem Glanz. Ich identifiziere mich stark mit dieser Stadt und ihrem Ambiente.

Alles »Müssen« entspringt einer Ideologie und damit einer Unfreiheit. Alles echte »Wollen« entspringt der Freiheit.

Durch das Erinnern und Vergessen sortieren wir. Woher kommt dann das schlechte Gewissen, wenn wir etwas vergessen haben? Weil wir meinen, alles müsse uns wichtig sein, auch wenn es uns das nicht ist. Selbst beim Erinnern beginnen wir mit einer Ideologie – mit einer Wertung, die uns zunächst nicht berücksichtigt. Die Ideologie operiert immer wieder mit dem übergroßen »man«.

Heute probiere ich die Massage, die ich in Deutschland gelernt habe, an meinen Verwandten aus. Es ist für alle Beteiligten eine ungewohnte Form der Begegnung. Menschen, denen ich schon viele Jahre lang in anderer Weise begegnet bin, trete ich jetzt in einer neuen Weise entgegen, in der Konzentration auf den Körper. Als Massierende bin ich mir der Aufgabe bewußt, Respekt zu wahren. Ich merke, daß ich nicht nur den Körper massiere, sondern mit jeder Berührung der Haut auch die Seele des Menschen berühre. Die Person, die ich massiere, gibt sich mir buchstäblich in die Hand, vertraut sich aber auch gleichzeitig meiner Seele an. Fast unbemerkt, halb unbewußt betreten wir neues Land und finden neue Möglichkeiten der Nähe. Vorsichtig nehme ich diesen Raum wahr und lerne lieben. Ich spüre in der Zuwendung, die ich durch meine Hände ausübe, wie wir beide von einer *Energie leben. Ganz bewußt ziehe ich mich dann am Schluß aus der Nähe zurück, bleibe bei mir und erlaube dem anderen, bei sich zu bleiben.*

3. August

In einem Anfang 1992 gemeinsam veröffentlichten Bericht der amerikanischen Academy of Sciences und der Royal Society of London heißt es: »Wenn sich die gegenwärtigen Vorhersagen zum Bevölkerungswachstum als richtig erweisen und sich die menschlichen Verhaltensmuster nicht ändern, werden Wissenschaft und Technologie weder eine irreversible Umweltzerstörung noch die anhaltende Verarmung eines Großteils der Welt verhindern können.«

Ich merke, wie das an meiner »Entschiedenheit zur Hoffnung« zehrt. Zwar will ich die Hoffnung, von der ich spreche und schreibe, nicht abhängig machen von äußeren Umständen, aber es ist nicht zu leugnen, daß wir als Menschheit einen wahnsinnig gefährlichen Tanz am Abgrund entlang vollführen, bei dem wir alles verlieren können. Muß angesichts dessen meine Hoffnung ein anderes Gesicht tragen? Vielleicht liegt die Antwort darin, daß hier nur von Wissenschaft und Technologie als Rettern die Rede ist. Auf lange Sicht gesehen, liegt darin nicht die Rettung. Sie liegt darin, daß wir das Transzendente wieder entdecken.

Wenn ich das Einssein mit Freunden und Verwandten wahrnehme und betone, kann ich das Getrenntsein besser leben. Im Nachdenken über diesen Satz merke ich, wie wahr er auch andersherum ist: Wenn ich das Getrenntsein wahrnehme und betone, kann ich das Einssein besser leben. Ich habe, als ich jünger war, das Getrenntsein stärker betont und gelebt und sehe heute, wie dies nötig war, weil in meiner Kindheit vor allem in der Glaubensgemeinschaft das Einssein so stark betont wurde. So habe ich mir einen Freiraum geschaffen. Jetzt kann ich das Einssein besser zulassen. Das eine ist durch das andere möglich.

4. August

Ich fotografiere Porträts von Holger. Langsam versuche ich sein Gesicht, seine Seele zu entdecken. Seine Augen sagen viel. Immer wieder ist das Porträtieren etwas Schönes.

Mit Holger habe ich mein neues »Feathercraft«-Faltboot zum ersten Mal zusammengebaut. Ich will nicht aufgeben, immer wieder in die Natur zu gehen, weil sie eine große Lehrerin ist und ich mich in ihr in einer Weise finde wie sonst nirgends.

Heute massiere ich meine Schwiegermutter. Ich entwickele eine neue Nähe zu ihr, indem ich ihren Körper berühre. Ich übertrete eine bisher gewahrte Grenze. Ich gebe diese Massage ganz bewußt als Geschenk, als freundschaftliche Gabe, nicht als Körpertherapie. Ich sehe uns, meine Schwiegermutter und mich, als nicht auswechselbar. Ich massiere nicht irgendeinen Körper, sondern Agathe. Ich stehe ganz zu der Einmaligkeit der Begegnung.

5. August

Ich stelle fest, daß die internationale Konferenz für Chormusik, die zur Zeit in Vancouver stattfindet, von meinem früheren Lehrer geleitet wird, den ich in der neunten Klasse am Ende der Welt, in Kitimat, hatte. Ich mochte ihn gern, er war nur wenig älter als wir in der

Klasse, er hatte Humor und war doch entschieden. Ich denke gern an ihn zurück. Seno, mein Schwager, der an der Konferenz teilnimmt, trifft ihn zufällig, und Dennis Tupman erinnert sich an mich: »Oh, yes, the poet.« Ich habe damals in meiner Schulzeit schon gern geschrieben, und daran erinnert er sich offensichtlich.

Ich beobachte an mir Glücksmomente, die von nichts Spezifischem ausgelöst werden. Plötzlich bin ich einfach glücklich. Ich kann dann nicht einmal rekonstruieren, durch was das Glück ausgelöst wurde. Es ist, als wenn in mir Dinge zueinander in Beziehung treten, ohne daß ich dabei bewußt und aktiv mitwirke – als wenn noch ein anderer Mensch in mir wohnte, der alles auf seine Weise in der Hand hält.

6. August

Ich gehe zu einem Konzert, in dem fünf Chöre aus verschiedenen Ländern singen. Am besten gefällt mir wieder Tuva, sechs Männer aus der früheren Republik Tuva in der Sowjetunion. Das Fremde und Urwüchsige zieht mich an. Wenn ein Chor zu harmonisch, zu gekonnt und glatt singt, dann finde ich nicht mehr die Wirklichkeit meines Lebens darin wieder.

Ich sitze, umgeben von Verwandten, in einem Konzert mit Chören aus aller Welt. Die Welt ist heil und komplett. Ich genieße die Musik in ihren unterschiedlichen Formen. Ich fühle mich eingebettet in die Beziehungen, die über viele Jahre hin entstanden sind. Ich mag mich und merke, wie dieses Mögen eng verbunden ist mit dem Wissen, zu einer Gruppe von Menschen dazuzugehören.

Zu Hause kommt ein Telefonat von R. aus Potsdam. Sie ist hilflos in ihrem Gemütszustand. Alle Sicherheiten sind ihr geschwunden. Sie sucht nach festem Boden. Ich erinnere mich an ähnliche Zeiten, fühle mit ihr, und es gelingt mir, ihr Mut zu machen. In meinem Glück weiß ich, daß diese schweren Zeiten zu meinem Glück dazugehören.

7. August

Ich massiere meiner Mutter die Füße. Vorgestern hat Waltraud ihr eine Ganzkörpermassage auf unserem neuen Massagetisch gegeben. Durch ihre Füße wird sie mir auf eine neue Weise vertraut. Sie erzählt mir dabei, wie sie als Zweijährige einmal allein für zwei Wochen und dann für sechs Wochen im Krankenhaus in Stettin war, und ich versuche mir auszumalen, was das für ein kleines Kind bedeutet haben mag. Jetzt mit 86 Jahren und mit ihren Behinderungen wirkt sie anders als noch vor zehn Jahren. Die Abstände, die manchmal durch unsere unterschiedlichen Glaubens- und Lebenseinstellungen entstanden sind, schrumpfen, angesichts der immer stärkeren Reduktion, auf das Wesentliche.

Hartwig gelingt es, uns eine deutsche Tastatur in unseren Laptop-Computer einzuprogrammieren. Ein Erfolgserlebnis. So können wir leichter hier und in Europa sein.

Ulrich sagt heute zu mir: »Wir beide müssen aufpassen, daß wir einander nicht verlieren, wenn andere Menschen länger bei uns sind.« Ich mage diese Sensibilität an ihm. Wir merken beide, wie wir täglich Zeit brauchen, in Empfindsamkeit aufeinander zu hören und zu reagieren. In der allgemeinen Lebendigkeit, wenn Besuch da ist und viel los ist, leidet diese Empfindsamkeit manchmal.

8. August
Nach einem großen gemeinsamen Frühstück reisen unsere Verwandten ab, und wir bringen Hartwig mit Familie noch zum Flughafen. Eine große Stille zieht in unser Haus ein. Ich spüre, daß es nötig ist, wieder zu mir zurückzukommen nach einer Zeit des Miteinanders. Beides hat seinen Sinn, das Alleinsein und das Miteinandersein – eins schützt das andere vor der Leere der Einseitigkeit.

Ich lege meinen Kopf in Waltrauds Schoß und lasse mich treiben, während sie einen Fernsehfilm sieht und mir die Haare krault und gegen den Strich kämmt.

Ulrich arbeitet gern spät, am besten nach Mitternacht, wenn ich schon gern schlafe. Ihm kommen dann die besten Ideen. Mir fallen die Augen zu, schon kurz nachdem die Sonne untergeht. Ich mag die frühen Morgenstunden, weil ich mich dann in meiner vollen Kraft erlebe. Das ist seine Schlafenszeit, wenn er erst um drei Uhr ins Bett gegangen ist. Ich muß lernen, mit diesem unterschiedlichen Rhythmus noch besser umzugehen. Vielleicht werden wir in diesem Bereich nie ganz zueinander finden. Dann will ich diese Unterschiedlichkeit respektieren.

9. August

Seit Jahren nehme ich mir die inneren Krücken weg, mit denen ich manchmal leichter gelebt habe und auch jetzt noch leichter leben könnte. Ich nehme sie nicht auf, die religiösen, die philosophischen, die zwischenmenschlichen, die ideologischen Krücken. Ich will nicht die Selbsttäuschung, die Weinerlichkeit, die Flucht in die Sentimentalität und die Klischees. Aber manchmal ist es schwer. Doch an besonderen Tagen spüre ich eine Klarheit und Stärke, in der mir nichts anhängt, was ich nicht will. Gott-los, Mensch-los, Ideologielos bin ich nur noch ich im Leben, offen für Gott, Mensch, mich und das Leben.

Was sich tut, während ich den Arm hebe und zu dir hinüberblicke, ist mehr als nur ein Erkennen und Grüßen. In dem Moment wird eine Furche gezogen, ein Same in sie gelegt, zugedeckt und bewässert. Die Unendlichkeit wird unterbrochen, ein Zeichen wird gesetzt, ein Weg wird gehbar genannt.

Ich habe noch mal über meine Eintragung von gestern nachgedacht und merke dabei, daß ich von einer Vorstellung ausgegangen bin, wann »man« schlafen sollte. Das ist noch ein Überbleibsel von meiner Erziehung. Das Frühaufstehen war eine Tugend an sich und zeugte von Fleiß. Ich bin bereit, diese Vorstellung loszulassen, und entdecke gerade dann meine eigenen Möglichkeiten. Die Stunden, die ich morgens allein habe, fülle ich jetzt mit meiner stillen Zeit. Ich schreibe dann gern meine Gedanken auf, lese und tue, was mir wichtig ist. Um diesem mehr Rechnung zu tragen, habe ich mir in den letzten Wochen den Luxus erlaubt, eins der Kinderzimmer umzufunktionieren in mein »Stilles Zimmer«. Ich bin glücklich über diese Entwicklung.

Heute beschäftige ich mich in Gedanken mit Renate. Sie lebt unter dem Eindruck, sich selbst verloren zu haben. Gerade ihre dringende Suche macht sie mir so lieb. Zwischen uns läuft einiges Konfuses ab, was wir aber immer wieder klären. Ihre Situation fordert mich auf, mich klar auszudrücken, anzusprechen, was mich zu ihr hinzieht, unsere Freundschaft zu definieren und den wunden Punkt deutlich zu machen. Manchmal bin ich ihr ein Schutz, und manchmal will sie meinen Schutz nicht. Wir sind verbunden und einzeln.

10. August
Auch in meinem Kopf gibt es Länder und Landstriche ohne geographische Wirklichkeit, die ich nie besuchen werde. Ab und zu erhalte ich Nachrichten von ihnen.

Wenn ich nicht immer wieder ein Muster nachziehe, in ihm lebe, es ergründe und vertiefe, dann kann es leicht geschehen, daß ich mich langsam immer mehr in dem Muster eines anderen wiederfinde. Vielleicht waren unsere Muster einmal fast deckungsgleich oder haben einander ergänzt, aber irgendwann kommt der Moment, wo sie ganz deutlich auseinanderklaffen und wo ein jeder wählen muß.

Beim Saubermachen der Garage fällt mir auf, wie erfüllt ich bin. Ich bin tief glücklich, diese Arbeit zu tun. Sie zu schaffen und zu Ende zu bringen, was mir oft so wichtig ist, daß es mich unruhig macht, ist mir im Moment nicht wichtig.

Ein älterer Herr bietet sich an, uns am Computer zu helfen, so ganz ohne Aufforderung, einfach weil er Kontakt sucht. Ich freue mich über seine Freiheit und bin gern mit ihm.

11. August
Im Fernsehen: genetisch verändertes Gemüse. Aber die Veränderung wird nicht nur unter Pflanzen gemacht, sondern Tomaten werden mit Zellen von Fischen bearbeitet, um sie haltbarer zu machen. Alles ist erlaubt, um Ware haltbarer, verkäuflicher zu machen. Es scheint in dem Bereich wenig an langfristige Folgen gedacht zu werden. Alles wird manipulierbar. Wir greifen in etwas ein, das in Millionen Jahren entstanden ist, und verändern es, ohne uns darüber klar zu sein, was wir tun.

Nachts um halb zwei ein Anruf aus Spanien. Silya ist in Not mit ihren Weisheitszähnen. Ich rufe die Versicherung hier an, man gibt mir eine Klinik in Barcelona, Silya ruft zurück, ich empfehle ihr, bei einer Cousine, die gerade von den USA nach Barcelona gezogen ist, unterzuschlüpfen. Plötzlich bin ich verwickelt in ihr Leben weit weg.

Ich höre, daß es heute nacht einen Himmel mit Meteoriten-Schauern geben soll, einen der besten des Jahrhunderts. Die Erde geht durch den Schwanz des Swift-Tuttle Kometen, der die Erde letztes Jahr gestreift hat und der nur alle 130 Jahre in die Nähe der Erde kommt. Waltraud und ich packen eine Schaumgummimatratze und Kissen, fahren auf den Berg, an dem wir wohnen, und legen uns dort auf eine große Wiese, auf der schon andere liegen. Jeder Komet, der erscheint, wird mit Ausrufen begleitet. Es ist schön, einfach unter dem klaren Sternenhimmel zu liegen und einander nah zu sein. Wir zählen zehn Meteore in einer Stunde.

Im Fernsehen höre ich, heute sei eine besondere Nacht für Sternschnuppen. Ulrich und ich packen eine Schaumgummimatratze, und fahren um Mitternacht auf den Berg hinter unserem Haus. Zu unserer Überraschung finden wir dort lange Autoschlangen vor. Viele Menschen haben dieselbe Idee. Wir finden aber trotzdem einen einsamen Platz auf einer Wiese und sehen zehn Sternschnuppen in einer Stunde. Bei jeder Sternschnuppe bekunden die Menschen in der Nähe ihre Freude mit Jauchzen und Pfeifen. Als wir etwa zwei Stunden später gehen, sind wir froh und ausgelassen wie zwei Kinder.

12. August

In schlichter Handarbeit, Tag um Tag, wie ein Bauarbeiter, der an einem Haus arbeitet, entsteht wieder ein Buch. Gedicht stellt sich zu Gedicht. Ich reinige meinen Kopf, ich pflastere Wege, ich mache mir bewußt, ich prüfe und verwerfe, ich prüfe und nehme an, ich erhebe und vernachlässige, und daraus werden Sätze, Verse, kurze und lange Texte.

Figuren geraten in Situationen, sie reden, sie schweigen, sie handeln gegen sich selbst, vielleicht selbstlos. Und eine Erzählung oder ein Roman entsteht. Aber was will durch die Silben, die Worte, die Sätze, die gefüllten Seiten, bis zum letzten Punkt, was will heraus? Was ist es, das ich sage? Und ist das Gesagte das Gehörte?

Ich verkleide meine geheimen Vorstellungen, ich wahre das Geheimnis und schmuggle es in Text um Text ein, bis es sogar im Titel erscheint. Manchmal spielt die Sprache mit, ein andermal ist sie nicht gefügig und sperrt sich gegen jedes Biegen und Beugen. Was will ich sagen, und ist verständlich, was ich sage, und macht es einen Unterschied, ob ich es sage oder ob es ungesagt bleibt?

Der Computer, der Drucker, das geduldige Papier, der Schreibtisch. Die Traumwerkstatt, die Schmerzensschmiede.

Mitten in der Nacht denke ich an Arbeiten im Garten, die mir manchmal erscheinen, als wären sie nicht zu schaffen. Sie stehen vor mir wie riesige, unbewegliche Felsblöcke. In der Dunkelheit und Stille wächst manches ins Überdimensionale. Ich verliere den Überblick. Als dann der Morgen anbricht und ich aufstehe und die Gardinen öffne, erscheint alles klein und leicht zu schaffen. Das will ich mir merken für zukünftige Nächte.

13. August
Waltraud und ich gehen schwimmen und fahren vorher in dem Trainingsraum auf Standrädern unsere Kilometer ab. Laute, rhythmische Musik wird von der Zentrale in den Raum gepumpt. Wir singen mit, machen Geräusche dazu, bewegen uns zur Musik und spielen total verrückt und sehen ab und zu, ob jemand uns beobachtet – aber wir sind allein. Es ist herrlich, so ausgelassen zu sein. Ab und zu fragen wir uns, ob andere Ehepaare in unserem Alter auch noch so etwas machen.

Drei Sichten

Durch die Risse in der Stärke
wird eine Freiheit sichtbar,
für die es sich lohnt
alle anderen Freiheiten zu opfern.

Was auf der Hand liegt,
als könnte es wegfliegen,
das ist,
was bleiben wird.

Der Morgen
kommt vor dem Abend
und folgt ihm doch immer.
Es kehrt wieder,
was war und kommen wird –
sehen wird es nur,
wer die Augen schließt.

Ich komme gerade von einer Untersuchung vom Arzt zurück.
Ulrich sagt: Würde es schlimm für dich sein, jetzt zu sterben?

Ich: Ja, ich will noch viel leben.
Ulrich: Ja, ich auch, und mit dir.
Ich: Ich auch mit dir.
Wir umarmen einander, dabei sage ich im lustigen Ton, »und ich will dich auch nicht mehr ärgern!« Wir lösen uns aus unserer Umarmung, sehen einander an und lachen beide von Herzen.

14. August
Es gibt kein glücklicheres Zusammensein, als mit einem Menschen mit fragendem Herzen. Da hat kein Ende, was es zu besprechen gibt, da weitet sich die Landschaft im Zusammensein, da ist auch die Stille gefüllt und voller Bedeutung. Wo die Haltung des Fragens ist, stellt sich das Wunder ein, und wo sich das Wunder einstellt, da wächst das Fragen.

Kira unternimmt manches, was mir gefährlich erscheint und was ich nie getan habe. Sie geht tauchen, ist mit einem Fallschirm aus dem Flugzeug gesprungen und beginnt jetzt mit sportklettern. Im Herbst ist sie Assistentin an der Universität und wird dabei Erwachsene unterrichten. Ich fühle mich mitunter wie eine Henne, die ein Entenei ausgebrütet hat und nun zusieht, wie die Ente davonschwimmt. Ich erinnere mich, wie meine Mutter sich mit mir auch wie solch eine Henne fühlte.

Endlich kommt unser Kater Mozart zu mir, so wie er es vor einem halben Jahr tat, als ich nach Deutschland ging. Was mag wohl in der Zwischenzeit in ihm vorgegangen sein?

15. August
Ich halte das Glück mit Vorsichtigkeit fest, mit Schweigen, mit geschlossenen Augen, mit Dankbarkeit. So bleibt es vielleicht eine Minute, eine Stunde, einen Tag länger bei mir. Aber nie gehört es mir, nie habe ich ein Recht auf es. Es wählt mich, es geschieht etwas an mir, was ich nicht verstehe. Ich kann mich des Glücks nicht rühmen.

Ich denke noch weiter über Kira nach und über unsere Mutter-Tochter-Beziehung. Sie war immer ein leicht zu erziehendes Kind, und ich fühlte mich bei ihr wohl. Sie war schon immer einfühlsam und leicht zu lenken. Ich machte mir Gedanken, ob ihr die Ablösung von mir gelingen wird. Als sie vierzehn war, fing sie dann an, ihre eigenen Werte zu entwickeln, und sie probierte Dinge aus, mit denen Ulrich und ich nicht übereinstimmten. Als dann sogar die Polizei auf sie aufmerksam wurde und Ulrich gerade auf Lesereise war, mobilisierte ich alle meine Erziehungskunst, um ihr in Kraft zu begegnen, ohne dabei unsere Basis zu verletzen. Ich erinnerte mich an meine eigene Teenagerzeit, als ich mich von meinem Vater löste. Ich überlegte, welchen Respekt und welche Anerkennung ich gern von meinem Vater bekommen hätte. Zur selben Zeit sah ich meine Verantwortung, die ich für meine vierzehnjährige Tochter vor dem Gesetz und vor der Öffentlichkeit trage. Ich sah ganz klare Grenzen, die ich nicht verwischen wollte, aber ich sah auch Kiras Bemühen, sich von uns zu lösen. Ich sehe sie noch vor mir stehen, wie mein Herz sich ihr voller Liebe zuwandte und ich zur selben Zeit eine felsenfeste Position einnahm, als ich zu ihr sagte: »Kira, ich werde alles tun, was ich für notwendig halte, eine verantwortliche Mutter zu sein. Ich werde dir nur so viel Freiheit geben, wie ich jetzt für gut halte. Ich werde dich begleiten, solange ich das für nötig finde, bis ich dir wieder trauen kann. Aber bitte, höre nicht auf, deinerseits das zu tun, was du für dein Leben und deine Entwicklung wichtig findest. Ich stehe hinter dir, auch wenn ich mich fest gegen dich stelle!« Dies war der Moment, der unsere Positionen klärte. Von jetzt an war es für mich leichter. Einige Monate später, als Ulrich einmal Kira wissen ließ, daß er nicht sicher sei, ob er ihr in einer gewissen Sache trauen könne, brach sie in Tränen aus und sagte: »Ich will, daß ihr mir traut!« Dies war das Ende des schwierigen halben Jahres. Ich sehe es rückblickend als eine wichtige Zeit für unsere Familie.

Ulrich: Mich beschäftigt immer wieder die Frage, ob ein Mensch sich verändern kann. Mir scheint es eine ganz zentrale Frage für den Umgang miteinander zu sein.

Waltraud: Meinst du verändern oder sich entwickeln?
Ulrich: Wahrscheinlich beides.
Waltraud: Ich glaube, daß jeder Mensch eine Grundprägung hat, die er im Laufe seines Lebens entwickelt, oder auch nicht.
Ulrich: Das würde aber heißen, daß ein Mensch sich nicht über seine Grundprägung hinaus verändert. Dann hätten wir auch kein Recht, diese Veränderung zu erwarten, sie noch nicht einmal zu erhoffen.

Waltraud: Es kommt darauf an, was ich zur Grundprägung zähle. Vieles, was ich in der Kindheit an guten oder schlechten Angewohnheiten angenommen habe, hat zum Teil seinen Ursprung in der Grundprägung.
Ulrich: Ich denke an einen Ablauf, den ich immer wieder erlebe. Ein Mensch macht einen »Fehler«, der sehr kostspielig ist. Er macht ihm das Leben schwer. Ich denke da auch ganz besonders an Abläufe im Zwischenmenschlichen. Aber irgendwie geht es weiter, und der Mensch bekommt eine neue Chance, macht aber prompt wieder das, was ihm so viele Unannehmlichkeiten gemacht hat. Warum? Kann er oder will er sich nicht ändern?
Waltraud: Ich glaube, es gibt ganz hartnäckige Grundprägungen, die uns oft bis zum Ende unseres Lebens in irgendeiner Form anhaften. Es ist wichtig, daß wir einander das Recht einräumen, solche hartnäckigen Prägungen zu haben.
Ulrich: Aber warum gibt es denn Therapie, Seelsorge und Beratung? Geht es in diesen nicht darum, dem Menschen zu helfen, gerade diese Grundprägungen, die das Leben erschweren, abzubauen?
Waltraud: Ich denke, mich selber mit diesen Prägungen anzunehmen und zu lieben ist wichtiger und schafft eher Veränderung bei mir, als nur dagegen anzukämpfen oder sie beseitigen zu wollen. Das wirkt auch auf meine Umgebung verändernd.
Ulrich: Dann ist es nur eine Frage der Methode. Du glaubst also, daß wir uns verändern können. Wir müssen es nur richtig anfangen.
Waltraud: Ich denke, daß eine der wichtigsten Aufgaben unseres Lebens die ist, daß wir uns nicht ärgern an den Mängeln anderer. Ich glaube, davon hängt auch ab, wie sich unsere eigenen störenden Grundprägungen positiv statt negativ auswirken. Sie werden zur Gabe, statt Fluch zu sein.
Ulrich: Aber warum?
Waltraud: In Beziehung zu einem Menschen zu sein, der mir gegenüber nicht blind ist und sich doch nicht über mich ärgert, hilft mir, mich selbst ohne Ärger anzusehen und ohne Ärger auf die Mängel des anderen zu reagieren. Nichts wirkt so heilsam auf unsere Grundprägung wie dies.
Ulrich: Wie siehst du das bei uns?
Waltraud: Gerade in der Beziehung zu dir sehe ich diesen Vorgang deutlicher als in irgendeiner anderen Beziehung.
Ulrich: Habe ich mich in deinen Augen verändert in den 30 Jahren, die wir zusammen sind?

Waltraud: Du hast dich sehr verändert.
Ulrich: Aber habe ich mich grundsätzlich verändert, oder hat sich hier und da nur etwas verschoben? Ist es nur um Kleinigkeiten gegangen?
Waltraud: Ich finde es eigentlich nicht nötig, daß ein Mensch sich grundsätzlich verändert. Ich denke, wichtig ist, daß wir die Grundprägung veredeln. Daraus etwas Schönes gestalten. Negativ wird eine Grundprägung dann, wenn ich sie zu einseitig betont lebe und das Gegenteil als unerwünscht ablehne. Ja, du hast dich verändert. Du bist viel offener geworden für ganz unterschiedliche Menschen.
Ulrich: Aber ich denke, ich war schon immer recht offen. Meine Veränderung ist also nur graduell.
Waltraud: Ja, sie ist graduell, aber jeder kleine Schritt ist spürbar. Du hast am Anfang unserer Beziehung schneller geurteilt und hast dich selbst verteidigt, wenn Menschen dich angegriffen haben.
Ulrich: Du hast dich auch in mancher Hinsicht dramatisch verändert, aber ich weiß immer noch nicht genau, ob diese Veränderungen schon in deiner Art lagen und sozusagen vorprogrammiert waren, oder ob du da wirklich über deinen eigenen Schatten gesprungen bist.
Waltraud: Für mich fühlten sich manche meiner Veränderungen wirklich so an, als wenn ich über meinen eigenen Schatten springe. Dann zieht sich aber durch mein ganzes Leben hindurch ein Grundthema, das bestimmt mit meiner Grundprägung zu tun hat.
Ulrich: Du hast ja schon die Sache mit dem Annehmen der eigenen Fehler bei sich selbst und anderen angesprochen. Ich möchte noch hinzufügen, und das ist natürlich auch ein Ausdruck meiner Grundprägung, daß es ganz wichtig ist, daß wir einander zur Entwicklung und Veränderung *herausfordern.* Das ist genauso ein Liebesakt wie das Annehmen, das du erwähnt hast.
Waltraud: Das wäre ein neues großes Thema.

17. August

Jetzt
Jetzt verläßt ein Schmetterling
die Enge seines Kokons,
hebt ab in das unendliche Blau.

Jetzt fließt das Wasser in die Felder
und bewässert das sich anbahnende Gold
der Ernte.

Jetzt rauscht das Farbmeer
im Kelch der Blüte.

Jetzt wird bedingungslose Liebe gelebt,
ohne Fanfaren und Ankündigungen,
aber stärker als der Tod.

Jetzt steigt das Vertrauen auf,
wird ein Vogel,
der mit seiner Melodie
Lieder aus den Vertrauten hervorlockt.

Jetzt,
so schwer ich mich auch fühle,
und so dunkel und undurchdringlich
meine Gedanken mich auch einschließen,
leuchtet Leben.

Ich habe Ulrich nur selten körperlich leiden gesehen. Heute hat er eine starke Reaktion auf einen Wespenstich. Sein Arm ist geschwollen, und sein ganzer Körper ist in Mitleidenschaft gezogen. Sein Zustand schafft eine neue Beziehungsebene, die mir guttut, weil ich gern auch mal die Stärkere bin. Es beängstigt mich aber auch, mich neu auf ihn einstellen zu müssen.

18. August
Nach einer Zeit mit Kopfschmerzen bin ich sie fast plötzlich los, habe wieder Kraft und sehe, daß das Leben weitergeht. Immer wieder bin ich erstaunt, wie mächtig sich die körperliche Verfassung auf das ganze Leben legt und alles betrifft. Wie weit und offen das Leben sein kann, wenn man gesund ist! Ich habe gestern eine homöopathische Blutreinigungskur begonnen.

Jäten im Garten, um Waltraud zu überraschen, wenn sie wiederkommt von einem kleinen Shopping-Trip.

Das leere Haus, heute nur erfüllt mit Sonne, Licht und Wind. Ich durchschreite es und finde mich in den Dingen und in mir wieder. Aber der, den ich da vorfinde, ist auch immer ein Fremder. Auf seltsame Weise bin ich (wer ist dieses Ich?) dem, der durch Veränderungen geht (wer ist das Ich?), immer ein Stück hinterher. Vielleicht kommt daher die Fremdheit.

Ich bin bei meinem Masseur und komme ins Gespräch über Oberkessach und über das Leben auf dem Dorf. Auch er spürt Sehnsucht nach so etwas Beständigem, wie es auf dem Dorf möglich ist. Aber er lebt weit weg von seinem Geburtsort, er ist Armenier und in Istanbul geboren und hat in vielen verschiedenen Ländern Freunde zurückgelassen. Unser beider Familien leben verstreut und weit auseinander. Zu der geographischen Distanz kommen noch die unterschiedlichen Glaubensrichtungen hinzu, die die Kommunikation erschweren. Wir entdecken beide, daß wir in uns ein inneres Dorf tragen, eine Art zu sein, die das Fremdsein überbrückt. Auch leben wir schon früh mit der Realität, daß letztlich jeder allein ist und seinen Tod allein sterben muß.

19. August

Wie Maulwürfe
Wie Maulwürfe
tunneln wir aufeinander zu
durch das massige Erdreich.
In unserer Blindheit
stoßen wir einander wund und gesund.
Da, ein Lichtstrahl,
auch der macht uns blind.
Gib nicht auf.
Gib dich nicht auf.

Ich gehe unsere Straße entlang und pflücke Brombeeren zum Frühstück. Dabei treffe ich auf einen Mann, der seinen Garten bewässert. Als ich vorbeikomme, schaut er weg. Ich grüße trotzdem. Er auch. Die Stimme zu hören hat etwas Befreiendes und Einladendes an sich. Es entwaffnet.

20. August

Mehrmals sagen Waltraud und ich uns heute »Dies ist es!«. Das ist auch nach Jahren noch unsere Formel, unser ermunternder Aufruf, den Moment so voll zu ergreifen wie möglich. Ich stehe hoch auf der Leiter und suche schon fast verzweifelt die Stelle an unserem Haus, wo es durchregnet, um sie zu reparieren. Schon fast ein Jahr haben wir vergebens daran gearbeitet. *Dies ist es!* Wir sind in Eile, da hält einer von uns beiden an und sagt: Dies ist es! Ja, dies ist es wirklich. Wenn wir es jetzt nicht wahrnehmen, stehen wir plötzlich am Ende unseres Lebens und fragen: Was war das ganze eigentlich? Wir stehen in einer lockeren Umarmung in der Küche, und einer oder der andere sagt: Dies ist es! Die verschiedenen langen Trennungen in den letzten drei Jahren haben uns ganz real fühlen lassen, daß wir einander nicht immer haben und haben werden. Es ist darum ein kostbarer Moment, die Arme umeinander zu legen und es bewußt zu tun.

Einer der Luftschläuche in meinem neuen Faltboot hält nicht ganz dicht. Ich gehe zur Fabrik, und sie bauen mir einen neuen ein. Dabei zeigt mir ein Arbeiter das neue Faltboot, einen sehr kurzen, wendigen Einer, den die Firma gerade entwickelt hat. Das reicht, um in mir alle möglichen Vorstellungen wachzurufen, von Flußfahrten, von Wildnis, von Erlebnissen, die mich weit machen.

Weil mir ein gewisser Satz so gut gefällt, bringe ich ihn in der Küche auf einem Zettel am Schrank an. »Lieber mit dem Himmel im Herzen in der Hölle leben, als mit der Hölle im Herzen im Himmel sein.« – Kurz darauf finde ich unter dem Spruch einen Zusatz in Ulrichs Handschrift: »Am besten mit dem Himmel im Herzen im Himmel leben.«

21. August

Ich bin verstehbar, erfahrbar, endlich,
und doch bin ich auch unendlich,
nicht festzulegen und manchmal nur ein Ahnen,
eine transzendente Wirklichkeit,
die ich selbst nicht verstehe.

Ich sitze an einem neuen Band, in dem ich versuche, den Wert der eigenen Lebensgestaltung zu betonen. Wie wichtig ist es, mich selbst immer wieder in diese undefinierbare, unfaßbare Richtung hin offenzuhalten und mich nicht nur als verstehbar zu sehen. Manchmal brauche ich noch mehr Respekt vor mir selbst, besonders wenn es darum geht, gewisse Dinge nicht mehr mit mir machen zu lassen. Da bin ich noch nicht wach genug. Oft merke ich es erst, wenn es bereits geschehen ist.

So ist alles gewachsen. Es kann nicht ungeschehen gemacht werden. Aber wohin es führen wird, ist noch nicht festgelegt, weil niemand weiß, wie ich mich entscheiden werde. Oder du.

Ulrich steht mitten in der Nacht auf, um einen Vogel von Mozarts Krallen zu befreien. Unsere Kinder weinten, als unser Kater vor elf Jahren den ersten Vogel anbrachte. Er war noch nicht tot, und sie pflegten ihn, bis er schließlich doch starb. Wir hängten Mozart eine Glocke um, aber er lernte bald sich so vorsichtig zu bewegen, daß sie im entscheidenden Moment nicht läutete. Es liegt in seinem Wesen zu jagen.

22. August

Erinnere mich
Erinnere mich,
daß über meinem Kopf
der Himmel ist,
wolkenweiß, violett-blau
und nachtschwarz.
Ich darunter bin,
ach, so blaß.
Sei sanft in den Worten.

Ich glaube an die Übertragung von Energien, an heilende Hände. Ulrich legt mir heute segnend die Hände auf mein unruhiges Herz.

23. August
Die Verschiebung von der Ehrlichkeit zur Unehrlichkeit im Sprechen ist oft leicht wahrzunehmen – wir wissen meistens, daß wir lügen. Das Lügen im Handeln geht unerkennbarer, gradueller vor sich. Eine gewisse Bewegung entspricht nicht mehr dem, das wir wirklich meinen, aber die Bewegung ist so klein, so reflexartig, daß

wir sie nicht als Lüge wahrnehmen. Eine Bewegung zieht andere nach sich, und so legen wir uns ein zweites Handeln zu, einen zweiten Körper, der alles macht, was wir von ihm verlangen. So kann es nach Jahren dann sein, daß wir Dinge tun, Orte besuchen, Liturgien nachvollziehen, Körperbewegungen ausführen, die weit weg von unserem Herzen sind, alles ohne es zu merken. Sie sind natürlich geworden. Weil es so graduell geschehen ist, haben wir auch nicht das Empfinden, etwas zu tun, was nicht zu uns gehört. Da hinein werden wir dann an uns selbst krank, aber auch das merken wir nicht mehr und wundern uns nur über die Fremdheit der Krankheit.

Vater ist 90 und wohnt in einem Altersheim in Kalifornien, weit weg von uns vier Kindern. Dies ist nur ein Satz, ist aber Ausdruck unserer patriarchalen Zeit. Der Satz spricht von der Wunde in mir und meinen Geschwistern und von Vaters Wunde. Viele Frauen und Männer, die ich kenne, tragen dieselbe Wunde. Ich spüre schon lange den Wunsch in mir, Vater liebevoll zu begegnen. Er dagegen sprach immer von Kinderpflicht, von Schuld und vom Recht der Eltern ihren Kindern gegenüber. Ich glaube, er hatte immer die Sehnsucht, im Kreise seiner Familie alt zu werden. Er konnte seine Sehnsucht nicht als Wunsch in Worte fassen. Ich gebe noch immer nicht auf, auch nicht, wenn er stirbt. Manchmal meine ich, ich müßte die innere Stärke haben, ihn so zu nehmen, wie er ist, und die »liebe Tochter« sein. Aber ich glaube, daß ich weder ihm noch mir, noch unserer Beziehung diene. Alles hat seine Zeit, und es scheint mir, als wenn manche Dinge in diesem Leben nicht zu Ende geführt werden können. Wir brauchen im Grunde noch weitere Leben.

24. August

Ich gehe mit Waltraud und Jonathan in eine Ausstellung, in der ein Computer die Zunahme in der Weltbevölkerung anzeigt. Jede Sekunde gibt es drei zusätzliche Menschen auf der Welt. 180 in der Minute, 11 000 in der Stunde, fast eine halbe Million am Tag. Jeden Tag kommt also eine Stadt in der Größe von Bremen oder Düsseldorf zur Weltbevölkerung hinzu. Jeden Tag des Jahres, Jahr um Jahr um Jahr.

Darunter läuft ein anderer Zähler. Seit 1990, also in drei Jahren, sind von den Spezies auf der Erde fast 16 000 gänzlich ausgelöscht worden. Sie wird es nie wieder geben. Wir Menschen sind wie ein Geschwür auf der Welt.

Waltraud und ich zeigen Jonathan Vancouver, und wir merken beide, wie verwachsen wir mit dieser Stadt und ihrer Umgebung sind. Sie ist unsere Heimat, mehr als sonst ein Ort auf dem Planeten.

Ich freue mich über den Brief von Kathrin, in dem sie über ihre vielen Besuche im Zirkus schreibt, bei denen sie oft weinte, wenn sie die eingesperrten Tiere sah. Ich kann mir vorstellen, daß wir als gesamte Menschheit in den nächsten Jahrhunderten in eine tiefere Wahrnehmung der Tierwelt gelangen und Tieren größere Rechte einräumen werden.

25. August

Mir scheint, als bräuchte ich mehr und mehr Zeit der Stille für mich, um noch wirklich bei mir zu sein. Es ist, als wenn sonst ein Kontinuum verlorenginge, in dem ich lebe und aus dem ich handeln kann. Manchmal sorge ich mich dann, ob ich mich generell von Menschen abkehre. Aber ich glaube nicht – ich will nur wirklich und direkt auf Menschen zugehen können. Darum brauche ich die Stille. Es ist wieder die Frage der Balance.

Er erlaubt ihr im Gespräch einen Freiraum, den er nicht besetzt, auch nicht mit einem Wort oder mit seiner körperlichen Gegenwart. Er läßt ihr den Raum, aus dem heraus sie antworten kann, unbehelligt, ohne Angst, aus ihrer eigenen inneren Tiefe kommend. Er tut es, indem er an ihr vorbeisieht und sie weder ermuntert noch hindert. Er hat die Gabe der Konversation, ohne es zu wissen.

Es gibt unzählig viele Helden unter uns, die es wagen, in ihre unbewußten Räume einzudringen, die Depressionen ertragen, Selbstmordgedanken abwehren, jeden Tag neu Mut fassen, ihre Freunde und sich selbst nicht aufgeben, die zu sich stehen, auch wenn sie nur noch wenig Gutes an sich sehen. Renate rief heute an aus Berlin. Sie ist solch eine Heldin.

Und dann gibt es viele, die ich übersehe, die auf eine andere Weise Helden sind. Auf eine Weise, die für mich im Augenblick noch nicht wichtig ist. Ich vermute, daß ich deren Stärke noch entdecken werde. Wahrscheinlich sehe ich besonders den Mut derer, die etwas tun, was auch ich mutig finde.

26. August
Bis halb fünf morgens sitzen wir und sprechen die Kompliziertheit von Beziehungen durch. Kaum etwas fordert uns so heraus wie ein Mensch, der nicht erwachsen werden will und uns einspannt in die Sorge für ihn. Und wir lassen uns einspannen, wir sorgen uns und entmündigen den andern im Namen der Liebe.

Beim Frühstück haben wir Spaß miteinander, und Ulrich und Jonathan lesen mir jeder das Gedicht vor, das sie zuletzt geschrieben haben. Als ich meine letzte Tagebucheintragung lese, klatschen die beiden spontan. Ich finde es wichtig, daß auch gerade das Ernste eingebettet ist in etwas Leichtes, Frohes. Der ganze Tag hatte eine frohe, leichte Note.

27. August
Im Planetarium. Ein Abend mit klassischer Musik und einer Laserstrahlen-Show. Aber alles paßt nicht zusammen. Die Laserstrahlen sind zu grell, zu laut, zu schreiend. Am besten gefällt mir der simulierte Sternenhimmel. Er ist faszinierend genug in sich. Danach fahren wir mit Jonathan auf einen Berg und besehen uns Vancouver bei Nacht.

Ich hätte so gern die Freude von gestern mitgenommen in diesen neuen Tag. Sie ist nicht da. Ich muß neu Ruhe finden, mich disziplinieren und neu Freude entdecken. Jeder Tag ist ein Neubeginn. Der Gedanke ist auch wohltuend, weil ich so immer wieder eine neue Chance habe. Der Tag gestern muß mich für heute nicht festlegen.

28. August
Auch nach Jahren habe ich, wenn ich am Meer bin, noch das Bedürfnis, das Wasser zu schmecken, um mich von seinem Salzgehalt zu überzeugen. Heute war keine Ausnahme, als ich mit Waltraud und Jonathan am Howe Sound war. Ebenso wie der Salzgeschmack berührt mich auch nach dreißig Jahren noch die Landschaft des Meeres zwischen den Bergen. Howe Sound bei einfallender Dunkelheit ist Ausdruck des Geheimnisses.

Wir fahren mit unserem Besuch zum Squamish River. Auf der Suche nach dem Fluß verirren wir uns in einem Indianerreservat.

Plötzlich sind wir in einem Gebiet, in dem wir nicht gewünscht sind und in dem wir uns als Gäste erleben. Die Indianer wollen ihren Raum wahren und sind bedacht auf ihre Rechte. Der Weg zum Fluß ist uns verboten. Eine junge Indianerin gibt uns hilfreiche Auskunft.

29. August
Wenn es leichter wäre, von den Dingen ihre Weisheit zu lernen, dann würden wir vielleicht alle weise sein. Von dem Glanz rundgeschliffener Steine im Bachbett würden wir lernen, von der Aufrichtigkeit der Bäume, von dem Bogen der sich neigenden Gräser, von dem Blattgrün vor dem Himmelsblau, von den sich verändernden Schatten in der Landschaft, von den Farben der uns bekannten Stimmen, von dem Geschmack der Abendluft, von der Freiheit des Morgens. Wir würden die Augen schließen und sehen. Wir würden mit den Walen das Große Sterben lernen, wir würden an den Oberflächen vorbeifühlen und das Herz der Dinge berühren. Wir würden die Verwandlung der Farben in Töne und zurück in Farben wahrnehmen. Die Symbole würden ihren Symbolwert verlieren und wieder sie selbst werden – Dinge mit einem Anfang und einem Ende, in der Weisheit der Zeit.

Nichts ist so wichtig wie Kontakt aufzunehmen. Hören mit viel Fantasie und aus der Tiefe, wo die Worte in Bilder übergehen. Sprechen mit Überzeugung und Nachdruck aus der festen Schicht des Wesens. Und Hören wie ein Verzweiflungsakt, mit dem ganzen Innehalten und Verharren der Zuwendung. Hören, als ginge es um Erhörung. Hören mit sämtlichen Fühlern des Menschseins. Das alles auch mit sich selbst tun: Hören und sprechen und sich selbst zum Freund werden. Sich selbst meinen.

Mit Waltraud, Ortrun und Jonathan auf Mt. Seymour gewandert. Von Jahr zu Jahr werden die Wanderwege voller. Die Stille ist weg. Diese Stille regeneriert mich am besten, mehr als das Visuelle. Die Stille in der Natur ist eine andere als die Stille in einem Zimmer. Aber sie ist immer schwerer zu finden.

Manchmal kann es unter Freunden bei einem Zusammentreffen viel Unausgesprochenes geben. Dann entsteht eine Schwere. Im stillen überlege ich, was ich ansprechen will und was ich von den anderen hören möchte. Wir wagen uns alle nur vorsichtig vor. Solche Zeiten sind wertvoll. Jeder hilft auf seine Weise, an dem Beziehungsgeflecht zu arbeiten, dabei die Position des anderen so wie auch die eigene achtend. Jeder steht zu sich selbst, denkt dabei aber auch an die anderen.

30. August
Wir sind wieder ohne Gäste. Es ist wichtig für uns. Ich merke, wie notwendig die Stille und Leere im Haus wieder für mich ist. Ich widme mich Gästen meistens sehr intensiv und verliere mich dabei ein wenig. Ich weiß es, und es ist auch gut so, aber eben nur für eine gewisse Zeit.

Meine junge Nichte, Petra, hat in ihrer Wohnung einen Kleiderverkauf, so wie eine Tupper-Party. Zwölf junge Frauen sind dazu erschienen. Sie kaufen wirklich ein! Sie haben das nötige Geld und brauchen sich nicht unfrei zu fühlen, wenn sie es für Kleidung ausgeben. Ich erinnere mich, wie ich als Siebzehnjährige mit zehn Dollar Verdienst vom Babysitting durch die Geschäfte in Vancouver ging, um nach Kleidung zu suchen. Ich lief in viele Geschäfte, bis ich mich endlich für eine billige Hose und eine Bluse entschloß. Mehr konnte ich mir in dem Herbst nicht leisten. Danach würde es erstmal lange nichts weiter geben. Meine Freundinnen in der Schule hatten mehr zur Auswahl und trugen bessere Kleidung. Ich war ein Einwandererkind, und mein Vater verdiente nur wenig mit seiner Arbeit im Elektrogeschäft. Später, als ich lernte zu nähen, ging es mir besser. Und heute noch denke ich bei meinen Einkäufen, ach, das könnte ich doch viel billiger nähen. Ich finde diese Seite der Prägung von damals gut, auch wenn sie mir meine Jugend erschwert hat.

31. August
Immer wieder beschäftigt mich der Begriff »große Literatur«. Was ist es letztlich? Es gibt eine Art von Literatur, die von gewissen Kritikern geschätzt wird, die aber so abgehoben ist, daß nur wenige sie lesen. Andererseits gibt es eine lesbare Literatur, die von Millionen verschlungen wird, die aber die Welt vereinfacht darstellt und damit manchmal nur wenig beiträgt zu einem tieferen Verständnis des Lebens. Manche nennen es Kitsch. Zwischen diesen beiden Extremen befindet sich dann eine Unzahl von Kombinationen, unter anderem

das, was ich schreibe. Ich werde voraussichtlich keine Literaturpreise gewinnen, werde aber auch nicht von Millionen gelesen. Ich bin lesbar, hoffe aber, keinen Kitsch zu schreiben.

Es schwebt mir immer noch eine Art zu schreiben vor, die zwei Welten verbindet: Auf der einen Seite muß das Geschriebene so nah am Leben sein, daß es jeden angeht und es auch jeder lesen und verstehen kann; andererseits muß es aber mit einer Tiefe geschrieben sein, die wirklich etwas Neues über das Leben aussagt. Gibt es diese Verbindung? Ich werde nicht aufhören, nach ihr zu suchen.

Silya ist heute aus Europa zurückgekommen. Sie erzählt von der ständigen Belästigung durch die Männer in Italien und wie sie und ihre Freundin Christine darum Italien fluchtartig verlassen haben. Daran schließt sich ein Gespräch an über die nordamerikanische und die europäische Art zu leben. Sie ist mit unserer Kritik an der nordamerikanischen Kultur aufgewachsen und findet nun ihrerseits Europa übertrieben und verrückt – wenigstens einige Teile Europas. Ich finde ihre Sicht interessant, und am Ende kommen wir zum Schluß, daß es unmöglich ist zu verallgemeinern, weil es in jedem Land viele Ausnahmen gibt.

Mit dem Älterwerden werden Ulrich und ich uns immer ähnlicher. Was ihn früher stärker betraf, geht mir jetzt sehr nahe. Manches, womit ich früher Mühe hatte und das ich inzwischen in den Griff bekommen habe, fällt ihm jetzt schwerer. Ich brauchte oft viel Zeit für mich allein, während Ulrich auf lange Zeit mit anderen zusammen sein konnte. Ich kann jetzt gut mit anderen zusammen sein, während er mehr und mehr das Bedürfnis hat, sich zurückzuziehen. Ich erlebe diese Entwicklung als entlastend. Ich finde es wichtig, daß wir in der zweiten Lebenshälfte die Dinge üben, die wir in der ersten Lebenshälfte nicht konnten. Oft sind es genau die, die der Partner konnte und die wir von ihm oder ihr lernen können.

September

1. September
Zusammen haben wir heute die Fenster geputzt und daraus eine Feier gemacht. Immer wieder sagen wir uns gegenseitig gerade auch bei den Kleinigkeiten unseres Lebens: »Dies ist es!« Ich übe dabei, diesen Satz ganz tief in mir zu sagen, damit es nicht nur eine Sache des Verstandes und des Denkens ist, sondern eine Sache des Wesens wird.

Ich staune, daß das Leben uns unser Sterben zumutet, ganz gleich, wie wir uns darauf vorbereitet haben. Durch den Gedanken an unser eigenes Sterben können wir uns aufgewertet sehen: Wir sind fast schon Helden, denen zugemutet wird, das Sterben zu meistern. Darin behandelt das Leben uns alle gleich. Es edelt uns mit dieser Zumutung.

Die Sonne scheint hell, so richtig ein Tag zum Arbeiten im Freien. Froh und voller Energie, fange ich an, die vielen großen Fenster zu putzen. Nach kurzer Zeit kommt Ulrich dazu, und wir putzen gemeinsam, er vorneweg macht das Waschen, ich hinterher trockne sie. Ein Fensterputzfest!

2. September
Sie reagiert oft negativ auf das, was um sie herum vorgeht. Dinge sind ihr unangenehm, unpassend, ekelhaft, scheußlich und immer wieder nicht so, wie sie eigentlich sein sollten. So entsteht in ihrer Sprache ein negatives Energiefeld. Ihr Gesicht untermalt die Abneigung, die sie zweifellos fühlt. Einzeln betrachtet sind die Abneigungen, die sie äußert, so klein, so geringfügig, daß es sich kaum lohnt, darüber zu sprechen. Aber langsam fügen sie sich zusammen und werden zu einem Weltbild und dann später zu einer ganzen Welt.

Ich kenne eine Sehnsucht nach Sachlichkeit. Sachlichkeit einfach definiert als die Fähigkeit, sich dem zuzuwenden, was gerade anliegt, und nicht Worte und Handlungen nur als Chance zu gebrauchen, etwas anderes anzusprechen oder erreichen zu wollen.

Israel und die PLO stehen kurz vor einem Friedensvertrag miteinander. Ob die extremen Fraktionen auf beiden Seiten es zulassen werden, daß es Frieden gibt? Plötzlich wäre der Feind in dieser Form nicht mehr da. Eine neue Art zu leben müßte gefunden werden. Nichts ist schwerer, als sich aus alten, eingefahrenen Mustern zu lösen. Das gilt für Freund und Feind.

Ich überlege, was ich heute anziehe. Mir fällt zuerst das eine Sweatshirt ein, das ich oft trage. Es hat nur wenig gekostet, ist mir aber mehr wert als andere, teurere Kleidung, die ich im Schrank hängen habe. Das Sweatshirt gehört zu mir. Es entspricht mir.

Ulrich meint, wir könnten ja mal auf ein Jahr unser Haus an fremde Menschen vermieten. Das erlebe ich bedrängend, und mir wird unwohl dabei. Ich erlebe den Gedanken so, als wenn ich jemanden mein Kleid tragen lasse. Mein Haus ist voll von mir selbst, voll von meinem Erleben, meinen Gedanken und Ideen, meinem Wachsen, meinen Schmerzen und meiner Freude. Es ist voll von mir und erzählt von mir.

3. September

Ich beobachte schon seit langem, wie immer mehr in unserer Kultur zu einem Spiel wird. Aber nicht zu einem Spiel im positiven Sinne, also im kindlichen, wirklich spielerischen Sinn, sondern zu einer Kopie des Echten. Selbst in Dokumentarstreifen im Fernsehen wirkt es immer mehr so, als wenn die Menschen die Rollen von Schauspielern in Filmen spielen. Sie versuchen ihre alltägliche Wirklichkeit zu verleugnen. Das ganze Leben wird Fernsehen. Wir kommen nicht mehr weg von der Karikatur des Lebens. Manchmal wirkt es fast so, als wenn wir nur noch im Leid echt sein können. Und sogar da gibt es auch schon Rollen und Stile, die kopiert werden.

Und wenn wir lachen, dann wirkt es nicht so wie die echte Fähigkeit, über das Leben und die eigene Sterblichkeit zu lachen. Es wirkt eher wie eine Form von Angst vor echten Gefühlen. Es ist Sentimentalität. Im Rückblick wird Sentimentalität das Kennzeichen unserer Zeit sein. Sentimentalität, definiert als die Verwechslung von echten und anempfundenen Gefühlen.

Ich fahre an dem Kino vorbei, wo ich vor 40 Jahren den Film »Quo Vadis« gesehen habe. Ich hatte ihn mir heimlich angesehen, denn mein Vater sollte nicht davon wissen. »Ein Christ geht nicht ins Kino«, meinte er. Später erzählte ich ihm von dem Inhalt des Films und merkte, daß er sich dafür interessierte. Zu gern hätte ich mir den Film und andere gemeinsam mit ihm angesehen. Auch in späteren Jahren hätte es mir Spaß gemacht, Vater in so manches Neue in unserer Gesellschaft einzuführen, aber die Rolle, an der er festhielt, auch als wir Kinder schon erwachsen waren, hielt ihn davon ab.

4. September

Wie schwer, aber auch wie befreiend ist es, nicht über etwas zu befinden. Keine Meinung zu haben, nicht für den Rest der Welt zu denken, keine Lehre zu bilden, nicht zu urteilen, keine Einstellung zu entwickeln, sondern etwas nur anzusehen, es zu beobachten und zu erleben. Wie sich da das bereits Eingeordnete verändert!

Ich begegne einem Mann, der mir seine Gedichte zeigt. Seine negative Haltung macht mich nachdenklich. Er sieht auf das Übel, auf das Fehlende und die Fehler. Durch ihn und seine Haltung merke ich deutlich, was ich will und was ich nicht will. Aus dem Grund bin ich froh, ihm begegnet zu sein. Ich will mich bei Menschen auf das Positive konzentrieren und auf das, was geleistet wurde. Ich will auf die Motivation sehen und auf den guten Anfang, der von mir eine positive Unterstützung braucht.

5. September

Frisch und jung zu sein, wenn man jung ist, also in der Jugend, ist leicht, es kommt natürlich. Aber aus dem mittleren Alter etwas zu machen, das frisch und flexibel ist, ist ein Kunstwerk. Ich merke es mehr und mehr. Daher sind die Gefühle der Überlegenheit von Jugendlichen gegenüber dem Alter ein Ausdruck der Unwissenheit. Ich merke das jetzt mehr als früher, seitdem ich selbst an meinem Kunstwerk arbeite.

Silya zieht wieder zurück zu uns, nachdem sie ein Jahr allein gewohnt hat. Ich freue mich. Sie wird ganz für sich in der unteren Gästewohnung wohnen. Wir werden einander nun oft begegnen. Wir haben in den 21 Jahren ihres Lebens viel Schönes miteinander erlebt. In den zweieinhalb Jahren, in denen ich immer wieder in Deutschland war, ist Silya zielbewußt ihrem eigenen Leben nachgegangen. Und doch spüre ich noch immer eine Bindung zwischen uns. Ich möchte sie schützen und ihr das Leben erleichtern. Silya hat ein ganz feines Gespür für meine Regung und wehrt sich jedesmal dagegen. Ich weiß, sie wünscht sich mein Vertrauen und meinen Glauben an sie. Sie will es ohne mich schaffen. Darum versuche ich diese hartnäckige Regung in mir zurückzuhalten. Das gelingt mir manchmal und manchmal nicht so gut. Wenn ich mich allgemein zurückhalte und warte, bis sie sich mir zuwendet, kommen wir am besten klar. Ihre Rückkehr gehört noch zum Ablösungsprozeß, für sie und für mich.

6. September
Ich wache auf von einem Traum, in dem Waltraud gestorben ist. Es dauert einige Zeit, ehe ich im Halbschlaf begreife, daß sie noch lebt und einige Meter weiter im Bett liegt.

Am Abend sind wir zum 60. Geburtstag von Siegfried eingeladen und treffen dort mit vielen zusammen, die wir aus unserer Zeit von vor 25 Jahren in der Gemeinde kennen. Es ist wie eine Reise in die Vergangenheit, auch weil sich für manche von ihnen wenig geändert zu haben scheint. Ich erlebe Vertrautheit, aber auch Fremdheit, weil ich mich verändert habe und es mir nicht auf der Stirn geschrieben steht. Man ordnet mich darum ungefähr so ein wie den, der ich damals war. Irgendwie bin ich das natürlich auch noch, aber dann auch ganz resolut nicht mehr. Ich erlebe es als herausfordernde Spannung.

Wir haben einen besonders schönen Tag auf der Geburtstagsfeier meines Bruders, der heute sechzig wird. Ich begegne mehreren Menschen, die ich jahrelang nicht gesehen habe, mit denen ich eine Strecke meines Lebens gemeinsam gegangen bin. Wir sind auseinandergedriftet. Das Wiedersehen ist wie ein Öffnen einer Tür in die Vergangenheit. Ich sehe jetzt vieles anders, deute manches Geschehene anders und ahne, wie nah wir uns sein können oder auch sind. Älterwerden kann spannend sein. Immer mehr Illusionen fallen weg, und das Echte und Bleibende wird sichtbar.

7. September
Ich lege Waltraud meine Hand aufs Herz, um das so unruhig schlagende zu beruhigen und ihm Energie zufließen zu lassen. Es hat schon oft geholfen. Manchmal stelle ich mir vor, daß der Zugang zum Transzendenten so leicht sein müßte. Wie schön wäre es, wenn wir so leicht ein Wunder tun könnten und uns somit an die kosmische Energie, in deren Zusammenhang wir stehen, anschließen könnten! Aber noch sind wir nicht da, oder nur selten. Noch sind wir getrennt von dem Fluß, der uns trägt, sind verhaftet in der Materie.

Wir sitzen einander gegenüber im Restaurant und feiern unseren 28. Hochzeitstag. Wir haben das Empfinden, in unserer Ehe vor einem neuen Abschnitt zu stehen. Wieder einmal. Nachdem wir in den letzten drei Jahren viel getrennt gelebt haben, beginnt jetzt eine neue Phase des Miteinanders. Ich habe viele Vorstellungen davon, wie die neue Phase aussehen könnte. Ich will diese Vorstellungen nicht formulieren, weil ich alles offenhalten will. Wir haben uns verändert, sind reifer geworden, und an manchen Stellen tauschen wir Rollen. Ich erlebe diese Zeit wie Erfüllung und Ernte.

8. September

Pflaumen
Immer wieder ist,
wo ich stehe,
das Paradies.
Es ist nicht
zu beschreiben
und nicht zu verjagen.

Ich gebe dir
eine blaue Pflaume
von meinem Garten.
Wenn deine Zähne
in ihr gelbes Fleisch sinken,
dann weißt du,
was ich gemeint habe.

Waltraud und ich arbeiten an der letzten Fassung unserer Tagebücher. Wir spüren sehr deutlich, wenn etwas gelungen ist. Das heißt dann meistens, daß eine Formulierung Neues aufdeckt und dadurch etwas freisetzt. Es ist, als wenn wir alle Gefangene sind, die auf ihre Befreiung warten – ein Wort, ein Gedanke, ein Wortbild kann die Befreiung herbeiführen. Das ist das Wunder. Ich bin darum weiter von der Wichtigkeit von Tagebüchern dieser Art überzeugt.

Ulrich sitzt mir gegenüber, und ich erlebe, wie sich sein Gesicht verwandelt. Sein Bart verschwindet. Alle Bilder und Vorstellungen, die ich von ihm habe, schwinden. Ich sehe in ihm weder den jungen Mann, den ich kennenlernte, noch den älteren, der er jetzt ist. Er ist der Bekannte und der Unbekannte, der Alte und der Neue. Er ist der Unbeschreibbare. Ich habe ihn schon öfter so gesehen, so jung und doch so zeitlos. Ich bewundere und bestaune ihn dabei nicht. Ich erlebe mich dann eins mit ihm, ohne ihn dabei zu besitzen oder festzuhalten. Er steht dann für das ganze Leben. Es ist wie das Einbrechen einer anderen Wirklichkeit, und zur selben Zeit ist es die Wirklichkeit, in der ich lebe, in ihrer dichtesten Form. Dies sind besonders beglückende Momente.

9. September
Isreal und die PLO unterzeichnen eine Art Vertrag. Rabin spricht von dem großen historischen Ereignis. Vielleicht können jetzt beide Parteien Frieden finden. Ich hoffe, daß die Extremisten auf beiden Seiten nicht alles kaputtmachen.

Ich bekomme die Nachricht von dem Tod von William Stafford, den ich im März noch besucht habe. Er war 79. Jetzt bin ich doppelt froh, daß ich ihm noch begegnet bin. Ich übersetze einige seiner Gedichte. Beim Übersetzen empfinde ich die Originaltexte immer als besonders nah.

Why I am a Poet
My father's gravestone said, »I knew it was time.«
Our house was alive. It moved,
it had a song. The singers back home
all stood in rows along the railroad line.

When the wind came along the track
every neighbor sang. In the last
house I followed the wind – it
left the world and went on.

We knew, the wind and I, that space
ahead of us, the world like an empty room.
I looked back where the sky came down.
Some days no train would come.

Some birds didn't have a song.

Warum ich ein Dichter bin
Auf dem Grabstein meines Vaters stand,
»Ich wußte, daß es Zeit war.«
Unser Haus war lebendig. Es bewegte sich,
es hatte ein Lied. Die Sänger zu Hause
standen in Reihen entlang der Bahnlinie.

Wenn der Wind die Schienen entlangkam,
sang jeder Nachbar. Im letzten
Haus folgte ich dem Wind – er
verließ die Welt und zog weiter.

Wir, der Wind und ich, kannten den Raum
vor uns, die Welt wie ein leeres Zimmer.
Ich sah zurück, wo der Himmel herunterkam.
An manchen Tagen kam kein Zug.

Manche Vögel hatten kein Lied.

Any Journey
When God watches you walk, you are
neither straight nor crooked. The journey
stretches out, and all of its reasons
beat like a heart. Coming back, no triumph,
no regret, you fold into the curves,
left, right, and arrive. You touch
the door. The road straightens behind you.
It is now. It has all come true.

Irgendeine Reise
Wenn dich Gott beim Gehen beobachtet, bist du
weder gerade noch schief. Die Reise
dehnt sich aus und all ihre Gründe
schlagen wie ein Herz. Wenn du zurückkommst,
ohne Triumph,
ohne Bedauern, faltest du dich in die Kurven,
links, rechts, und kommst an. Du berührst
die Tür. Hinter dir wird die Straße gerade.
Es ist jetzt. Es ist alles wahr geworden.

Ich frage mich, ob ich glücklich bin, und merke, wie ich über meine Antwort erst nachdenken muß. Ich lege all die frohen und guten Momente auf eine Seite und die schweren, bedrückenden Momente auf die andere. Es scheint mir, als hielten sie sich die Waage. Dann spüre ich, daß ich mein Leben rückblickend anders sehe, daß ich die schweren Zeiten am Ende auch zu den guten zähle. Und ich entdecke, daß ich mein Leben so leben will, daß ich jeden Moment gern wiederholen würde, egal, wie schmerzvoll er war. Ich glaube, daß es im Leben gerade oft ums Durchhalten geht. Manchmal wurde mir das Leben erst dann schwer, wenn Menschen um mich das Schwere nicht annahmen und froh taten. Auch das ist das Schwere, das ich annehmen will. Ich will aber nicht die Ursache bei anderen suchen.

10. September
Waltraud: Heute hörte ich A. über ihre Eltern sprechen. Sie hat viel auszusetzen an ihnen, und oft ist dadurch ihre gegenwärtige Beziehung zu ihnen gestört. Ich habe das Empfinden, daß sie Mängel an ihnen entdeckt, die auch wirklich da sind. Ihre Reaktion jetzt scheint mir aber doch mehr zu beinhalten.
Ulrich: Ich glaube, daß Kinder beim Erwachsenwerden Kritik üben müssen, um sich von ihren Eltern zu lösen.
Waltraud: Das ist wichtig. Dann kommt noch hinzu, daß Kinder in der Zeit des Selbständigwerdens bei sich selbst Mängel entdekken und dann irgend jemanden dafür verantwortlich machen wollen. Sie gehen davon aus, daß die Eltern eigentlich perfekt sein sollten. Und merken dabei nicht, daß gerade durch die Fehler Möglichkeiten zum Wachstum geboten sind.

Ulrich: Ich glaube nicht so sehr, daß sie denken, die Eltern müßten perfekt sein, aber daß ihr Leben reibungslos ablaufen müßte. Wenn sie dann Reibungen erleben, muß dafür eine Erklärung gefunden werden. Die Eltern sind die nächstliegenden Personen, die man »beschuldigen« kann.

Waltraud: Für mich war es befreiend zu entdecken, daß meine Fehlerhaftigkeit sinnvoll ist. Wenn ich fehlerfrei wäre, hätte das Leben nicht den Sinn, den es so hat. Bei A. habe ich das Empfinden, daß sie viel Druck auf ihre Mutter legt, die wirklich ihr Bestes getan hat und auch bereit ist, mit sich sprechen zu lassen. Ich glaube, es ist jetzt wichtig für die Mutter zu sehen, daß ihre Tochter in einem Prozeß des Erwachsenwerdens steht, bei dem sie nur noch wenig mithelfen kann.

Ulrich: Die Kritik an den Eltern zu verschleppen ist gefährlich, weil Kinder damit ihrer eigenen Entwicklung im Wege stehen. Es kann ein Trick sein, selbst nicht verantwortlich für das eigene Leben zu werden.

Waltraud: Bei M., die dieselben Eltern hat, habe ich erlebt, daß sie die Verantwortung schon früh für ihr eigenes Leben übernommen hat.

Ulrich: Was denkst du, warum es einigen gelingt und anderen nicht?

Waltraud: Ich glaube, es liegt einfach oft an der Veranlagung des einzelnen. Manche Menschen kommen schon gleich mit einer inneren Stärke auf die Welt, während andere viel abhängiger sind von der verständnisvollen Begleitung der Eltern.

Ulrich: Ich denke, es hängt auch stark mit dem Weltbild zusammen, das wir in uns tragen. Menschen, die meinen, die Welt schulde ihnen etwas, haben es schwerer, Verantwortung für ihr Leben zu übernehmen. Sie bleiben in ihrer Erwartungshaltung, und wenn nichts geschieht, dann haben die anderen Schuld.

Waltraud: Verantwortung zu übernehmen ist ja auch eine anstrengende Sache. Aber nur so werden wir erwachsen. Vielleicht scheuen wir alle, ein jeder und eine jede auf die ganz eigene Weise, das Erwachsenwerden, weil es der Schritt ins eigene, ungeschützte Leben ist. Auch da, wo Kinder ihre Eltern anklagen, leben sie in gewisser Weise noch im Schutzraum der Eltern. Durch ihre Anklage stellen sie die Eltern noch über sich.

Ulrich: Darum gehört zum Erwachsenwerden auch das Hinterfragen der eigenen Eltern, aber nicht im Sinne des Findens von Fehlern, sondern um selbst weiterzukommen. Wenn Kinder ihre Eltern nicht hinterfragen, wiederholen sie deren Fehler.

Waltraud: Irgendwann ist es Zeit, daß Mutter und Tochter, oder Eltern und Kinder ganz allgemein, ihre gemeinsame Entwicklung bejahen und das erlebte Leid gemeinsam tragen, ohne Anklage und Schuldzuweisung. Nur so geht es weiter, und nur so kann eine Beziehung zwischen Erwachsenen aufgebaut werden.
Ulrich: Ohne diese Bejahung werden die Kinder nicht ganz frei, selbst wenn die Eltern sterben. Die Kinder tragen eine Haltung dem Leben gegenüber in sich, die sie gefangenhält. Es sind nicht ihre Eltern, die sie gefangenhalten.

11. September
Wir sind heute zu Sara und Chris gefahren und haben den von ihnen handgemachten Rucksack für mich abgeholt. Er ist wunderbar geworden. Ich denke, es wird mir nun leichter gelingen, die schweren Kameras auf dem Rücken in unwegsame Gegenden zu tragen, um dort zu fotografieren. Immer wieder träume ich von Bildern, die unvergeßlich sind: von Seen im Morgenlicht, von Abendhimmeln über roten Bergen, von wilden Wiesen und mäandernden Flüssen im Zwielicht. Mit meiner Kamera nehme ich dann Zwiesprache auf und komme mit dem Gespräch auf dem Film nach Hause.

Ich habe in meiner Verwandtschaft Menschen, die mutig anders leben als unsere Gesellschaft. So anders, daß ich beobachtend danebenstehe. Sie sind Aussteiger aus der Gesellschaft. Sie schicken ihre Kinder nicht zur Schule, sondern unterrichten sie selbst. Sie wohnen in einem wilden Wald und gestalten alles selbst, ohne Hilfe von außen. Ihr Ziel ist es, ganz in der Wildnis im Norden von British Columbia zu wohnen. Sie suchen einen radikal neuen Lebensstil. Ihr Weg ist nicht meiner. Ich will aber zu ihnen halten. Was das heißt, will ich immer neu verstehen lernen.

12. September
Die Luft ist heute so klar, daß es mir besonders auffällt. Am Mittag beginnt ein Wind, der die Klarheit noch vergrößert. Am Abend, lange nach Sonnenuntergang, nimmt der Himmel eine überirdische Tönung an. Waltraud und ich stehen und staunen. Auch nach einundzwanzig Jahren, die wir hier wohnen, haben wir das nicht über.

Die letzten drei kleinen Geschenkbände für den Groh-Verlag sind heute fertig geworden. Immer wieder habe ich die Bilder ausgewechselt – sie sollen die Texte nicht bebildern, sondern ihre eigene Dimension hinzufügen. Ich bin zufrieden und lasse Bilder und Texte los.

Arafat wird interviewt. Für einen Politiker ist es ungewöhnlich, wie persönlich er über Liebe und über seine eigene Ehe spricht. Er wirkt so menschlich und verletzbar und war doch jahrelang involviert in terroristische Anschläge. Ich würde gern annehmen, wie er sich jetzt darstellt, auch besonders mit seiner Hoffnung für Frieden im Nahen Osten.

13. September
»Enough of blood and tears, enough.« Genug Blut und Tränen, genug. Das sind die Worte des israelischen Premiers auf dem Rasen des Weißen Hauses in Washington, während Arafat neben ihm steht. Dann geht Arafat auf Rabin zu und streckt ihm die Hand entgegen. Ein historischer Moment, vielleicht der wichtigste seit der Gründung des israelischen Staates. Aber es ist nur ein Anfang. Es muß weitergehen. Eine Unterschrift bringt keinen Frieden.

Wir packen und bereiten den Camper vor für Ferien in den Rokkies. Wir wollen heute los. Der Camper ist erst halb gepackt, als unsere Nachbarin vorbeikommt, und wir kommen in ein Gespräch, das über zwei Stunden dauert. Als sie geht, entscheiden Ulrich und ich, nun doch erst morgen abzufahren. So möchte ich immer leben, so offen für den Moment, so gelassen und entspannt.

14. September
Wir brechen auf zu unserer Reise in die Rocky Mountains. Unterwegs halten wir in Keremeos an einem Stand neben der Straße, um Obst und Gemüse, das hier in diesem fast wüstenartigen Gebiet angebaut wird, zu kaufen. Wir freuen uns an der Buntheit des Angebotes. Gelbe leuchtende Melonen und Kürbisse, Pfeffer von Grün über Orange zu Gelb, und von Rot bis Lila, unpolierte Äpfel, noch so, wie sie am Baum hingen, Pflaumen. Dahinter die kahlen Berge und Geröllfelder. Im Auto probieren wir gleich zwei Äpfel, Jonagold und McIntosh, und gehen dann zurück, um mehr zu kaufen, so gut schmecken sie und so anders als die aus den Geschäften in der Stadt: knackiger, frischer, lebendiger.
Bei solch einem Unternehmen kommt das Kindliche in uns beiden

durch. Wir können uns an dem Geernteten freuen, an den Farben und Gerüchen, an der Anordnung. Wir hoffen, daß wir uns das immer erhalten können.

Spät abends, von unserem Campingplatz am wunderschönen Osoyoos Lake, rufen wir Kira an. Sie hat ihren ersten Einsatz als Teaching Assistent (Assistentin eines Professors an der Universität) in Psychologie hinter sich. Ich erinnere mich noch sehr gut an meine erste Stelle als Teaching Assistent. Ich war fast 24, so wie Kira. Ich habe in letzter Zeit öfter geschmunzelt: Ohne daß ich sie in die Richtung geschoben habe, hat sie auch Lust bekommen, am College zu lehren, wie ich früher.

Wir fahren durch die Gegend um den Okanagan-See im Inneren von British Columbia. Hier wächst viel Obst, aber nur an den Stellen, wo bewässert wird. Ich merke, daß sich mein Empfinden für »schön« wandelt. Ich habe viele Jahre Mühe gehabt mit den großen, unbewohnten Gegenden. Sie haben mir manchmal sogar angst gemacht. Es war, als gehöre der Mensch dort nicht hin. Ganz langsam beginnt in mir eine Liebe zu dieser Landschaft und der Wildnis Kanadas zu wachsen.

15. September
Waltraud und ich unterhalten uns gut über das Erwachsenwerden von Kindern, aber als wir unser Gespräch aufzeichnen wollen, geht die Leichtigkeit verloren. Am Ende merken wir, daß es Waltrauds Thema ist. Einen Augenblick lang fällt es mir schwer – es ist, als wenn wir nicht zueinander gefunden hätten.

Die große Weite innen
Wenn ich gerade zur Ruhe gekommen bin,
den letzten Gedanken abgegeben habe,
weil er keinen anderen mehr nach sich zog
und durchsichtig war,
dann
öffnet sich in der Stille in mir
eine Zelle
mit einem Mönch,
der schweigend fragt
und nicht schläft.

Obwohl Ulrichs Leben mein Leben über die 30 Jahre Miteinander schon stark berührt hat und seine Art zu leben mich beeinflußt hat, habe ich vieles noch nicht wirklich durch seine Augen gesehen. Das will ich jetzt noch mehr versuchen, weil ich eine tiefe Zufriedenheit erlebe, wenn ich dies wage. Ich gehe noch stärker von mir selbst weg, zu Ulrich hin, höre, was er sagt und denkt, gehe mit ihm dahin, wo er sich gern aufhält. Eigenartigerweise entfremde ich mich nicht von mir selbst, sondern finde mich neu wieder.

16. September
Es ist Eis auf unserem Campingtisch, als wir morgens aufwachen, aber in unserem kleinen »Haus« haben wir gut geschlafen. Mit großer Erwartung sehe ich diesem Tag entgegen. Wir werden aus den Bergen durch den Crowsnest-Paß in die Weite der Prärie hineinfahren. Es ist, als wenn sich ein Vorhang hebt und die große Offenheit sichtbar macht.

Ich fotografiere einen kleinen Bach, der seine silbernen Schleifen vor uns hingelegt, die Berge im Neuschnee dahinter. Ein Rancher begegnet uns und sagt uns, wir sollten aufpassen, ein Elch würde in den nächsten Minuten wahrscheinlich hier durchkommen, er habe ihn gerade ein Stück weiter über einen Zaun springen sehen. Der Elch kommt nicht, vielleicht hält ihn die Straße ab, auch wenn auf ihr kein Verkehr ist.

An zwei knallroten Pfählen in einem sonst weißen Zaun halte ich und fotografiere ihre Spiegelung im Wasser. Gerade als ich dabei bin, hält ein roter Jetta und ein blauer Pickup: Meine Schwester Ingrid, Seno, mein Schwager und Holger, ein Freund, steigen aus. Sie kommen aus der anderen Richtung, aus Edmonton, sechs Stunden nördlich von hier, aber es gibt hier nur eine Straße nach Waterton Lakes Park, wo wir uns verabredet haben.

Wir verbringen den Abend auf dem Campground am Waterton Lake. Von hier aus werden wir wandern. Es ist ein wunderbarer See, umrahmt von Bergen. Die Südspitze des Sees liegt bereits einige Kilometer in den USA. Rehe laufen zwischen den Zelten herum und sind fast zahm. Der Wind, für den Waterton bekannt ist, macht es kalt. Wir laden die andern in unseren Camper ein. Zu fünft können wir fast gemütlich sitzen.

Gerade als ich mich als letzter hinlege, höre ich ein Auto langsam an uns vorbeifahren. Es sind Klaus, mein Bruder, und Karolin, seine Frau, die aus Kelowna, dreizehn Autostunden von hier, gekommen sind. Jetzt sind wir komplett. In dieser Besetzung wollen wir einige Tage wandern.

Heute gehe ich immer wieder mal zu Ulrich, während er fotografiert. Ich will mir einen neuen Raum öffnen. Ich will lernen zu erleben, wie er erlebt. Ich will die Fotos, die er aufnimmt, durch seinen Kamerasucher anschauen und miterleben, wie er sie gestaltet. Ich will sehen, was er sieht und wie er mit dem Gesehenen umgeht. Ich brauche Mut, mich so in seine Welt hineinzubewegen. Es ist nur ein kleiner Schritt, und doch ist er schwer. Ulrich ist ein lebendiger, dynamischer Mensch. Seine Lebendigkeit ist mir oft bedrohlich gewesen, weil ich Angst hatte, von seinem Leben verschluckt zu werden – in seiner Lebendigkeit unterzugehen und dabei meine Lebendigkeit nicht zu finden. Jetzt ist die Zeit reif, mich langsam vorzuwagen und das Gemeinsame zu betonen. Ich glaube, daß ich so auch ein Stück Einsamkeit hinter mir lassen werde.

17. September
Die Sonne geht hinter den Bergen auf. Der See liegt im Schatten, was ihm eine große Tiefe gibt. Langsam wandert die Sonne auch auf unseren Campingplatz – man kann sie gebrauchen, es ist bitter kalt. Einige von uns frühstücken mit Handschuhen, und doch macht es Spaß.

Unsere erste Wanderung geht an den Goat Lake. Hin und zurück sind es sechzehn Kilometer, zum Teil durch zwanzig Zentimeter Neuschnee. Hier am Rande der Prärie und in der Prärie selbst beginnt der Winter früh – auch, wenn wir uns hier den Breitengraden nach auf der Höhe von Stuttgart befinden. Ich weihe meinen neuen Rucksack für meine Kamera ein. Er sitzt gut, und so ist es leichter, das schwere Gewicht der Kamera und Objektive zu tragen.

Zu siebt treffen wir uns mit Ulrichs Verwandten, um in den Rokkies miteinander zu wandern. Wir sind im Waterton Lakes Park. Viele Menschen besuchen Kanada, um diese Landschaft zu sehen. Hohe schneebedeckte Berge, klare grünblaue Gletscherseen, frische gesunde Luft, und Rehe am Zelt. Es ist schon kalt hier, darum sind nur wenige Menschen auf dem Campground. Wir wandern acht Kilometer zu einem Bergsee. Auf der ganzen Strecke begegnen wir nur sechs Menschen, darunter auch einem Paar aus München.

18. September
Wir machen nur leichtere Wanderungen heute. Ich fotografiere den Red Rock Canyon, zusammen mit Holger. Er möchte gern mehr über das Fotografieren lernen. Gern teile ich ihm mit, was ich weiß. Wir kennen uns zwar, aber doch bleibt noch viel zum Kennenlernen. Es ist eine vorsichtige Annäherung, die ich wertvoll finde.

Ich höre in einer öffentlichen Hütte auf dem Campingplatz einigen Weltreisenden zu. Irgendwie langweilt es mich bald, weil ich das Empfinden habe, daß sie mit ihrem Reden nur voreinander demonstrieren wollen, wo sie schon überall waren. Es ist fast wie ein Mißbrauch der Landschaften, durch die sie gereist sind.

Wir unterhalten uns immer wieder über Bären. Ingrid hat einen Zeitschriftenartikel mitgebracht, der über die grausamsten Begebenheiten berichtet. Waterton und der angrenzende Glacier Park in Montana sind bekannt für ihre Grizzlies. Ich denke dann immer wieder an Kobi, eine Bekannte, die von einem Bären angefallen wurde, der ihr große Stücke aus dem Gesäß gerissen hat und diese vor ihren Augen verspeiste. Sie hat glücklicherweise nicht das Bewußtsein verloren und konnte sich so gegen den Bären wehren, der versuchte, sie auf den Rücken zu drehen, um an ihre Weichteile zu gelangen. Sie war sechs Monate im Krankenhaus, aber mit Hautverpflanzungen hat man alles so hinbekommen, daß sie sogar wieder einen Badeanzug tragen kann. Ich gehe grundsätzlich davon aus, daß Bären Angst vor uns haben und uns darum aus dem Wege gehen.

Klaus und Seno gehen heute einen Pfad, den sie immer wieder im Neuschnee verlieren. Sie sind die einzigen, mit einer Ausnahme: Die Spuren eines Bären überqueren den Pfad ab und zu.

Dick eingemummt, mit doppelten Hosen, Mützen und Handschuhen stehen wir bei Null Grad im Wind am Frühstückstisch, und es schmeckt uns. Ingrid liest uns gruselige Geschichten vor, von Grizzly-Bären, die hier irgendwann mal Menschen angegriffen haben. Aber keiner von uns denkt daran, nicht zu wandern.

Ich stehe am See. Vor mir fotografiert sich eine kleine Familie. Ein Familienidyll! Der kleine Junge trägt einen hübschen Overall. Das ältere Mädchen trägt ein lila und aquafarbenes, vorn hochgekrempeltes Hütchen, das auf das flotte Mäntelchen und die Schuhe und Strümpfe abgestimmt ist. Der Vater trägt ähnlich bunte Farben und auch eine interessante Mütze. Die Mutter ist schick und schlank und wirft ihr wallendes Haar in den Wind. Sie freuen sich an ihrer Kleidung, aneinander, an der Natur und am Leben.

Eine kurze Zeit später fährt an mir ein Lastwagen vorbei. Auf ihm stehen etwa fünfzehn junge Menschen, Hutterer, wie ich an der Haartracht der Mädchen sehe. (Eine der größten Hutterer-Kolonien ist ganz in der Nähe.) Sie sind einheitlich gekleidet, ihre langen Haare zum Knoten gebunden. Fröhlich ziehen sie an mir vorbei. Ich spüre das spannende frohe Leben, und eine Wehmut durchfährt mich. So ähnlich war die Jugendgruppe, in der ich aufgewachsen bin. Durch die Eingrenzung eines engen Glaubens hatten wir Geborgenheit und ein Zusammengehörigkeitsgefühl, mit dem es sich zuzeiten gut leben ließ. Diese beiden Gruppen, die Hutterer und die junge Familie am See, leben wahrscheinlich mit einem unterschiedlichen Glauben. Die Hutterer-Mädchen werden sich nicht mit wallendem Haar von ihren Männern fotografieren lassen. Sie haben feste Sitten und leben mit strengen Regeln. Aber heute im Park leben sie, mit Freude am Leben, an der Natur und am Sonnenschein, genau wie auch die kleine Familie am See.

19. September

Beim Wandern passiert es mir, daß ich ein Wort wie ein Mantra immerzu wiederhole. Heute ist es Ursus Arcots Horribilis, die lateinische Bezeichnung für Grizzly. Auf dem Weg zum Bertha Lake sehen wir neben dem Pfad im Schnee frische Bärenspuren. Auf dem Pfad selbst, an einer Biegung, treffen wir Bergschafe, die verdutzt sind. Wir gehen ihnen aus dem Weg, aber sie trauen uns nicht und verschwinden im Wald. Es ist eine Mutter und ihr Junges. Wenn man so einen Bären überraschen würde ... das könnte schlecht ausgehen. Darum tragen viele Wanderer Glöckchen an ihrem Rucksack. Ein Witz hier allerdings lautet: Wie kann man den Schwarzbärenkot von dem eines Grizzlys unterscheiden? In dem Kot des Grizzlys findet man kleine Glöckchen.

Es ist kalt und regnet und schneit. Wir überlegen, ob wir nicht doch lieber nach Süden in die warme Wüste fahren.

Ich mache mir Gedanken über Familie. Wir haben Kontakt zueinander, weil wir verwandt sind. Weil wir einander kennen, unternehmen wir etwas zusammen. Früher hat mich eine gewisse Selbstverständlichkeit des Zusammengehörens gestört. Ich wollte nicht automatisch gewissen Erwartungen gerecht werden. Und andererseits habe ich in meinem Leben einige gute Freundschaften gehabt, durch die ich mich entwickeln konnte. Vielleicht ist es egal, ob ich mit jemandem verwandt oder »nur« befreundet bin – was am Ende zählt, ist der Einsatz von zwei Menschen zueinander hin, ihre Liebe und ihr Vertrauen. Ich glaube, mein Ziel ist es, allen Menschen gegenüber Freundschaft zu leben, ganz gleich, ob sie Verwandte oder Freunde sind.

20. September
Wir verlassen Waterton und fahren über Cardston zum Glacier Park in Montana. Es hat zu schneien begonnen. Wir überlegen, ob wir kurzerhand einfach in die Wüste fahren sollten, wegen des fast immer guten Wetters dort. Es ist verlockend. Aber das wären 1600 Kilometer. Es ist zu weit für ein paar Tage. Ich freue mich an dem neuen Schnee auf den gelben Espen, die den Straßenrand säumen. In East Glacier nehmen wir ein Motel für die anderen, weil sie ihr Zelt nicht im Schnee aufstellen wollen. So können wir abends auch noch gut zusammensitzen.

Heute nacht im Camper träumte ich von einem Bären, der sich schwer über mir ausbreitete. Dabei war er doch nur ein Schatten über uns. Als mir dies bewußt wurde, schlief ich ruhig weiter.

21. September
Am Morgen schneit es noch, aber der Himmel wirkt heller. Wir hoffen sehr auf Sonne und umfahren den Park im Süden. An der Westseite ist dann schon blauer Himmel zu sehen. Und als wir über den Paß von West Glacier nach St. Mary fahren, haben wir wunderbares Wetter, nur die Höhe des Passes ist noch in Wolken. Die Berge sind imposant. Als die Sonne untergeht und ich noch Goose Island, eine kleine Insel im St. Mary Lake, fotografiere, hören wir nicht weit von uns ein seltsames Gequieke. Ich kenne solche Geräusche von Bären,

aber wir bekommen keine zu sehen. Ingrid entschließt sich, nicht im Zelt zu schlafen.

Besonders fasziniert mich heute ein Bergmassiv, dessen Spitze immer wieder in den Wolken verschwindet. Der ganze Berg wird zu einem Mysterium. Oben liegt Neuschnee, und unten gibt es noch Espen in der gelben Pracht des Herbstes. An dem Berg entdecken wir Bergziegen und -schafe.

Wir begegnen einem Mann, der ein starkes selbstbewußtes Auftreten hat. Ich mache Ulrich den Vorschlag, ihn zu fotografieren. Aber schon tut es mir leid. Ich merke, daß es Ulrich nicht paßt, und er macht wahrscheinlich darum auch nur ein Bild. Ich merke jetzt, daß ich das Selbstbewußtsein des Mannes als angeberisch empfinde. Das passiert mir ab und zu – ich bin von einem Menschen beeindruckt, handle unbedacht, spüre dann aber schon bald, daß ich mich nicht auf ihn einlassen will. Ich glaube, das hat mit meiner Grundeinstellung zu tun, daß ich anderen mehr zutraue als mir selbst.

22. September
Ich bin schon vor Sonnenaufgang auf, wecke Holger, und wir beiden fahren zu der kleinen Insel, die wir gestern abend nicht mehr optimal fotografieren konnten. Es ist ein Morgenmotiv. Es ist sehr kalt, sicherlich friert es, aber das hält uns nicht ab, auf die ersten Sonnenstrahlen auf der Insel zu warten. Fast die ganze Landschaft sonst liegt noch im Dunkel. Es könnte gut genug für meinen Kalender sein – die Überlegung ist fast zu einer Meßlatte geworden.

Abends fahren wir noch etwas weiter nach Norden. Mich interessiert der Chief Mountain, ein 2767 m hoher Berg, den ich als Zehnjähriger von Lethbridge aus sehen konnte. In Lethbridge in Südalberta sind wir als Familie bei unserer Auswanderung gelandet, und an klaren Tagen konnten wir diesen quadratischen Block in den Rockies identifizieren. Er hat mich die 2½ Jahre in Lethbridge begleitet, auch aus 100 km Luftlinie Entfernung. Vielleicht war er Symbol für Fernweh, für alles, was weit weg und in der Zukunft lag. Ich habe den Berg damals nie aus der Nähe gesehen.

Als wir ihn bei Sonnenuntergang erreichen, steht er gewaltig und wie ein großer Block in der Landschaft. Im Vordergrund gibt es immer wieder gelbe Espen. An der schönsten Stelle bin ich buchstäblich ein paar Sekunden zu spät. Die Sonne verschwindet gerade von den Espen im Vordergrund. Ich komme morgen abend wieder. Das ist es mir wert.

Wir spielen ein Spiel, bei dem wir Worte raten müssen, die jemand malt. Wir sind ausgelassen und froh. Dabei sehe ich Holger, wie ich ihn bisher nicht sehen konnte. Ich sehe seine Vorsicht und sein respektvolles Verhalten noch stärker als schon zuvor.

23. September
Mit Ingrid und Holger bin ich früh auf, um Chief Mountain bei Sonnenaufgang zu fotografieren. Erst wirkt die Landschaft fast schwarzweiß, aber mit der steigenden Sonne beginnt die Farbe sich zu zeigen.

Heute wandern wir zum Iceberg Lake. Ich habe den See schon auf Bildern gesehen und hoffe, daß noch ein paar Eisberge in ihm schwimmen, weil ein Gletscher in den See hineinkalbt. Meist taut der See erst im August auf. Der acht Kilometer lange Anmarsch führt durch ideales Grizzlyhabitat. Immer wieder besprechen wir, was wir machen würden, wenn plötzlich ein Bär vor uns stünde, besonders ein Ursus Arctos Horribilis. Wir machen Witze. Man könnte nicht viel machen. Sich tot zu stellen soll das beste sein, aber gelingt einem das, wenn ein Bär einen beschnuppert?

Im Iceberg Lake schwimmen keine Eisberge, aber dafür bricht das Licht auf dramatische Weise durch die Wolken, als wir am See ankommen. In meiner Bildkomposition nehme ich ein paar schwarze Tannen vor das Silber des Sees, dahinter liegen die Muster des Gletschers im Schatten. Es wird schwer sein für den Film, diese Kontraste zu bewältigen. Wenn er es schafft, wird es gut genug für den Kalender. Der See ist zu dreiviertel umgeben von hohen Wänden, so daß die Sonne nur einen Teil des Sees erleuchtet. An diesen Wänden fällt kalte Luft herunter bis auf die Höhe des Sees und zieht Wolken mit sich. Es ist ein dramatisches Spiel von Licht und Schatten. Das ist es wert, bis auf die Knochen durchzufrieren.

Gehen, im Bewußtsein, daß die Welt ergehbar ist. Mein Ergehen hängt heute mit meinem Gehen zusammen.

Heute habe ich Mühe mit der Wanderung, weil am Anfang des Weges Warnschilder aufgestellt sind. Grizzly-Bären könnten angreifen, wenn sie plötzlich überrascht werden. Wir unterhalten uns laut, singen und treten fest auf. Ab und zu begegnen uns Menschen mit Schellen am Rucksack. Schon ein Knistern im Gebüsch oder das Fallen eines Steins läßt uns zusammenfahren.

24. September
Ich wache mit einer Erkältung auf, lasse mir Zeit, fahre dann aber zum Chief und fotografiere ihn noch einmal. Mit jedem Mal fotografiere ich mich näher an ihn heran. Ich glaube, daß ich heute morgen die besten Bilder geschossen habe. Ich bin überrascht, daß ich über diesen Berg noch einmal so direkt Verbindung mit der Zeit vor vierzig Jahren aufnehme.

Beim Fotografieren von Landschaft kommen Natur und Ästhetik zusammen. Das Natürliche ist das Schöne. Beides zusammen ist einfach nur Leben.

Nachdem die andern abgereist sind, fahren Waltraud und ich abends noch einmal auf die Paßhöhe und sehen zum ersten Mal die Berge dort oben frei von Wolken. Abends schlägt meine Erkältung richtig durch. Ich habe Fieber und Schüttelfrost, und wir nehmen uns ein Motel, um die ganze Nacht über meinen Kopf warmzuhalten. Wir wollen morgen noch eine längere Wanderung machen, und dafür will ich fit sein. Ich kämpfe immer wieder mit dem Schüttelfrost, aber ich bin froh.

Ich lese in der Autobiographie von Rosalia Wenger, einer Schweizerin. Sie schreibt: »Wenn ich mich frage, wo denn Großmutter in der Erziehung ihrer Kinder Fehler gemacht hat, so ist es, glaube ich, besonders der, daß sie ihnen nicht Ehrfurcht und Liebe für das Tier vorgelebt hat. Aus derselben Mentalität entstand die Tatsache, daß wir Kinder nie einer Tiergeburt zuschauen durften. So kam es, daß ich, obwohl auf dem Lande aufgewachsen, keine einzige Tiergeburt sah, aber dafür unzählige Male, wie Tiere geschlagen wurden.«

25. September
Mir sind meine Rollfilme ausgegangen, und ich schleppe die Großbildkamera auf der Wanderung zum Hidden Lake mit. Das Bild, das ich dann schieße, ist enttäuschend. Ich habe den Ausblick auf einem anderen Bild gesehen, das alles völlig entstellt hat. Es war mit einem extremen Weitwinkel aufgenommen worden. Ich löse mich von dem, was ich mir vorgestellt habe, und genieße das, was vor mir ist.

Ich lebe immer wieder in dem Bewußtsein, daß das, was ich sehe und beschreibe, auch hier im Tagebuch, ein Ausdruck ist für etwas Größeres, Allgemeingültiges.

Ich suche nach Filmen in Cardston und darf von einem Geschäft aus die nächste größere Stadt, Lethbridge, anrufen. Es ist noch Ortsgespräch, auch wenn es etwa 60 Kilometer entfernt ist. Neben mir kauft eine Indianerin Haarspray. Die Verkäuferin dringt in sie, ob es wirklich Haarspray für sie selbst sei, weil sie es ihr sonst nicht verkaufen dürfe. Sie müßte sonst eine Strafe von 1000 Dollar zahlen. Wegen des Alkoholgehalts wird Haarspray getrunken. Es ist die letzte Stufe des Alkoholismus.

Rollfilm gibt es weder in Cardston noch in Lethbridge. Man sagt mir, Calgary wäre die nächste Möglichkeit, 200 Kilometer entfernt.

Ein gewisser Mensch geht mir immer wieder durch den Kopf. Meine gedankliche Beschäftigung mit ihm wird nichts an seinem Leben ändern. Es scheint ein Leben ohne Aussicht zu sein. Ich spüre meine Hilflosigkeit.

Ich merke, wie mein feineres Empfinden für andere Menschen mich auch empfindsamer macht für alles, was lebt. Das Zurückschrecken eines Tieres vor mir macht mich betroffen. Die Grenze zwischen Betroffensein und gesundem Annehmen des Ablaufs der Natur. Ich habe immer Mühe damit, wenn ein Tier das andere jagt, obwohl ich weiß, so ist das Leben. Viel lieber schaue ich mir Fernsehprogramme an, in denen Fotografen Szenen in der Wildnis filmen, wo gejagte Tiere es schaffen, mit dem Leben davonzukommen. Ich weiß, das entspricht nicht der ganzen Realität, und ich stecke gewissermaßen den Kopf in den Sand. Ich will mich nicht abhärten dem Leid der Natur gegenüber. Eher gehe ich dem Gedanken nach, ob wir Gott nicht vergeben müssen für das unendli-

che Leid, was jeden Tag millionenfach abläuft. Er hat die Tiere und uns mit Schmerzempfinden geschaffen.

26. September
Wir stehen bei Frost auf, machen uns einen Tee und fahren los. Es ist schön, Zeit zu haben, um den kleinen Handlungen ihre Würde zu geben.

Immer wieder die bunte Welt der Espen. Kananaskis Country heißt das Stück von Alberta, durch das wir fahren. Wir fahren an den Skigebieten der Olympiade von 1988 vorbei.

Etwas nicht in Worten ausleben, sondern in Taten. Aber Worte können manchmal die stärksten Taten sein. Dann die Worte wagen.

Es fällt wenig auf, daß er fast nichts über sich sagt. Die meisten merken nicht, daß er ein Rätsel ist. Er will nicht gekannt werden, aber er möchte so behandelt werden, als kenne man ihn.

Endlich sehen wir auf dieser Reise unseren ersten Bären. Er schwimmt zwanzig Meter von uns entfernt durch einen schmalen Bach.

Ulrich: Mir wird von Jahr zu Jahr bewußter, wie zerstörerisch wir als Menschen unter den Tieren gehaust haben und noch hausen. Wir merzen eine Gattung nach der anderen aus. Wir halten Tiere auf die grausamste Weise, nur um sie zu verspeisen. Wir stellen furchtbare Versuche mit ihnen an, nur damit wir manches nicht durchmachen müssen. Wir opfern sie und behandeln sie wie Wesen, die weder ein Schmerzempfinden noch ein Gefühl haben.
Waltraud: Auf diese Problematik reagiere ich mit einem beschwerten Herzen, und ich fühle mich hilflos. Mein Leben ist tief betroffen, und mein ganzes Wesen sucht nach Antworten.
Ulrich: Ich glaube, daß mehr Menschen diesen Punkt erreichen müssen, sonst wird es keine allgemeine Veränderung im Umgang mit Tieren geben. Wir haben uns abgehärtet und für unsere Lebensweise allerlei Erklärungen und Rechtfertigungen gefunden. Wenn wir nicht empfindsam werden, wird es keine Veränderung geben.
Waltraud: Hast du eine Vorstellung, wie die Veränderung aussehen könnte?

Ulrich: Solange wir Tiere als Wesen betrachten, mit denen wir experimentieren können, oder als ein Stück Fleisch, das wir essen können, werden wir kaum anders mit ihnen umgehen. Ich finde es zunächst ganz wichtig, daß wir Tiere als Wesen mit einer Seele, ähnlich wie wir, sehen.

Waltraud: Einige Menschen sehen das und andere nicht. Warum wohl?

Ulrich: Ich denke, das hängt eng zusammen mit unserem Hochmut und der menschlichen Sicht des Andersartigen allgemein. Wir betrachten uns als Krone der Schöpfung, und alles andere steht dann unter uns. Und über alles, was anders ist als wir, meinen wir verfügen zu können. So haben wir mit gutem Gewissen ausbeuten und vernichten können. Wir müssen lernen, das Andersartige zu ehren und, wo immer möglich, mit ihm zu koexistieren.

Waltraud: Wir haben uns Jahrtausende lang danach gerichtet, daß wir uns die Erde untertan machen sollen. Das war Gebot.

Ulrich: Wir haben das einseitig verstanden und daraus eine Versklavung der Welt gemacht. Dabei haben wir uns herausgelöst aus der Beziehung zu der Schöpfung sonst. Wir haben uns über sie gestellt.

Waltraud: Die Zustände, in denen wir jetzt leben, sind wahrscheinlich ein Ausdruck der Herauslösung. Hast du einen Vorschlag, wie wir uns praktisch wieder hineinstellen können in die Schöpfung?

Ulrich: Ich glaube, daß es zwei Ebenen gibt, auf denen die praktischen Probleme anzugehen sind. Einmal brauchen wir ein anderes Selbstverständnis in unserer Beziehung zu Tieren. Wir müssen uns selbst als Mitgeschöpfe sehen, nicht als Herrscherspezies, selbst wenn wir meinen, es »am weitesten gebracht zu haben«. Und zum anderen müssen wir gewisse Gewohnheiten umstellen. Wenn wir uns zum Beispiel das Fleischessen abgewöhnen würden, bräuchten wir die menschen- und tierunwürdigen Tierhaltungen mit ihren Schlachthäusern nicht mehr. Das wäre ein wirklicher Fortschritt.

Waltraud: Viele Menschen sehen darin eher einen Rückschritt, weil dadurch viele Arbeitsplätze verlorengehen würden.

Ulrich: Das mag sein, aber vielleicht ist das der Preis der wachsenden Bewußtwerdung.

Waltraud: Kann es sein, daß die Umstellung neue Arbeitsplätze schaffen würde, von denen wir jetzt nichts ahnen?

Ulrich: Ganz sicher wäre das so. Es könnte sogar sein, daß es einfacher wäre, für die Ernährung der gesamten Welt zu sorgen. Dadurch könnte unsere Arbeitskraft dann in andere Richtungen eingesetzt werden. Wir wissen schon lange, daß es sehr viel aufwendiger ist, ein Kilo Fleisch zu züchten, als den entsprechenden Nährwert in Getreide oder Gemüse. Letztlich sind das nur Details. Die Frage ist, ob wir uns umstellen wollen. Wenn die Antwort »Ja« ist, dann werden wir auch Wege finden.

Waltraud: Diese Überlegungen sind noch neu. Ich glaube, wenn genug Menschen die Umstellung wirklich wollen, dann werden wir auch neue Arbeit entdecken. Ich denke, diese Bewußtwerdung kann nicht politisch durchgezogen werden. Sie muß durch das Wachsen einzelner geschehen.

Ulrich: Das ist die erste Ebene, von der ich gesprochen habe. Wir müssen in uns gehen und wirklich ansehen, was wir machen. Ich glaube, daß viel in der Welt geschieht, weil wir uns darüber keine Gedanken machen, nicht, weil wir Bösewichte sind. Wenn jeder, der Fleisch ißt, darüber nachdenken würde, was andere dafür tun müssen, daß bei ihm abends ein Kotelett in der Pfanne liegen kann, dann würden manche sich vielleicht umstellen. Tausende von Menschen tun bei ihrer Arbeit ihr Leben lang nichts anderes als Tiere zu töten, damit andere sie essen können. Das ist menschenunwürdig. Es ist Zeit, darüber neu nachzudenken und sich nicht mit billigen Erklärungen und Ausflüchten zufriedenzugeben.

Waltraud: Viele Menschen tun das auch schon. Andere sind aber einfach mit täglichen Pflichten so überlastet, daß ihnen kaum Zeit bleibt nachzudenken.

Ulrich: Wahrscheinlich geht diese Umstellung auch nur, wenn wir einen inneren Druck spüren und uns nicht mehr an dem Leid beteiligen wollen. Ich möchte zu denen gehören, die den Einsatz machen und hier Neues denken.

Waltraud: Es gibt schon viel Veränderung. Vegetarische Restaurants gibt es immer mehr, und von vielen Menschen hört man, daß sie ihren Fleischkonsum reduzieren.

Ulrich: Das finde ich auch ermutigend. Für mich hängt dieses Thema auch mit der Entwicklung des Menschen zusammen. Unsere Tierversuche, unsere kranke und kaputte Art, Haustiere zu halten, und unser Fleischkonsum sind sicherlich zum Teil ein Resultat einer fehlenden Bewußtwerdung. Je bewußter wir werden, desto weniger können wir so mit Tieren umgehen. Die Menschen der Zukunft werden keine Tiere mehr essen, so wie sie auch keinen Krieg mehr führen werden. Ich hoffe sehr, daß das nicht in allzuferner Zukunft liegt.

27. September

Einmal auf dieser Reise wollen wir das typische kanadische Reisefrühstück essen: Flapjacks mit Sirup, eine Art Eierkuchen. Wir sitzen in einem richtigen Western-Restaurant. Die Musik ist Country, an den Toiletten steht »Rooster« (Hahn) und »Chicks« (Hennen). An den Wänden sind Werkzeuge von Ranchern und Holzfällern angebracht. Wir schaffen beide unseren Pancake nicht. Er heißt »Hide-yar-plate-pancake« (Versteck-deinen-Teller-Eierkuchen), ist in der Mitte etwa drei Zentimeter dick, verdeckt den ganzen Mittagsteller und kostet 2,50 Dollar. Die meisten Gäste sind Männer, die mit selbstsicheren Schritten hereinkommen. An der Wand hängen zwei hölzerne Pferdeköpfe mit Namen Jill und Ruth. Ich beobachte mich und merke, daß ich einerseits hier zu Hause bin und dann auch wieder nicht. Es gibt eine »frontier mentality« – eine Einstellung zum Leben, die noch aus der Gründerzeit stammt. Der Westen mußte gewonnen und gezähmt werden. Überall gab es die feindliche Umwelt: die Indianer, die Kälte, die Einsamkeit, die unüberquerbaren Rocky Mountains. Da gab es wenig Zeit, um nach innen zu gehen. Die ganze Energie floß in die Eroberung und die Meisterung des Eroberten. Diese Mentalität hat sich gehalten, auch wenn die äußeren Umstände längst anders geworden sind. Das, mehr als alles andere, unterscheidet Nordamerika von Europa.

Am Nachmittag sind wir in Kelowna und feiern mit meiner Mutter ihren 87. Geburtstag.

Mit einem Ehepaar hatten wir mehrere Jahre lang viel Austausch und unternahmen manches gemeinsam. Dann trennten sich unsere Wege. Es schmerzte, und wir hatten Mühe, die Notwendigkeit der Trennung zu begreifen. Heute besuchen wir sie, als wir durch ihren Ort am See fahren. Mir wird deutlich, wie verschieden unsere Wege seit der Trennung gewesen sind, und ich sehe, wie wichtig es war, daß wir uns trennten. Und jetzt spüre ich das Zusammengehören unserer verschiedenen Wege. Ich freue mich, die beiden zu kennen. Ich glaube, wir werden uns aber auch jetzt noch nicht viel begegnen. Um das Leben eines jeden von uns liegt ein Geheimnis, das wir wahren müssen.

28. September
Ehe wir gestern nach Kelowna kamen, sind wir noch bei früheren Freunden vorbeigefahren. Wir wußten, daß sie seit zwei Jahren in einem kleinen Ort wohnen, durch den wir fahren mußten. Im Telefonbuch fanden wir ihre Adresse und auch bald sie. Vor zwanzig Jahren waren wir enge Freunde, aber dann ging unsere Entwicklung auseinander. Für uns war es nicht mehr möglich, in einer engen und immer enger werdenden religiösen Vorstellung der Welt zu leben. Damit wurden wir für sie untragbar, Abtrünnige.

Wie oft habe ich mir schon gewünscht, daß die einfachen menschlichen Beziehungen wichtiger sein könnten als die Glaubensbekenntnisse. Wie trennend ist doch immer wieder das Dogma, und wie verbindend, wenn wir ihm eine Chance geben, ist doch das gelebte Leben mit seinen Freuden, Ängsten und alltäglichen Entscheidungen.

Ich sehe heute die großen Ahornblätter auf dem Balkon, sehe die Sonne darauf scheinen, und ich freue mich daran. Das ist für mich nicht selbstverständlich. Meistens, wenn ich die Blätter sehe, denke ich daran, daß ich sie zusammenkehren sollte, besonders das Dach von ihnen befreien sollte, ehe sie die Dachrinne verstopfen oder ehe sie sich zersetzen und auf dem Balkon Flecken hinterlassen. Wenn ich mich dann doch an ihnen freue, merke ich, daß ich lebe.

29. September
Die Rückkehr in die Stadt ist immer ein kleiner Systemschock. Der Verkehr, die Unruhe, die Forderungen von außen.

Ich sortiere meine Bilder von der Reise. Es ist wieder das Gemisch von Überraschung und Enttäuschung. Immer wieder verlange ich von dem Film, daß er mehr leistet, als er kann. Und doch sind einige gut genug, Kalenderbilder zu werden.

Silya ist aus ihrem Zimmer ausgezogen, und ich will es nun übernehmen. Es ist mir noch fremd. Silya hat es zehn Jahre lang bewohnt und es zu ihrem Raum gemacht. Nun fällt es mir schwer, es mir anders als Silyas Raum vorzustellen. Jetzt gestalte ich mir darin meinen Andachtsraum. Die eine dunkle Wand streiche ich mir hell, und nun suche ich nach einem Bild für die Wand. Ich hätte gern ein Bild mit Wasser, am liebsten mit fließendem, bewegtem Wasser. Bei G. in München sah ich einen kleinen Springbrunnen in ihrem Schlafzimmer. Ich werde mir Zeit nehmen mit der Wahl eines Bildes.

30. September

Ich merke, daß es eine Anstrengung ist, achtsam zu sein. Ich hoffe, daß es mir mehr und mehr zur zweiten Natur wird, aber es ist so leicht zu dösen, abzuschalten, unaufmerksam zu sein.

Kostbare Zeit mit Silya – Momente der Kommunikation. Kira kommt zu einer Massage von Waltraud und bleibt zum warmen Essen. Ich mache zum ersten Mal Kastanien in einer salzigen Soße. Es schmeckt uns allen, wir werden öfter Kastanien servieren. Ich stelle mir manchmal vor, wie unsere Kinder später auf diese Zeit zurücksehen werden. Was werden sie sagen, an was werden sie sich erinnern? Was für eine Rolle spielen wir jetzt in ihrem Leben? Wie tragen wir bei zu ihrer Formung?

Großes Erdbeben in Indien. 6,4 auf der Richter-Skala. Was für uns hier eine Zahl ist, ist für andere Chaos. Es trifft in der Hauptsache die Armen. Schnell wird dann in mir die Frage wach: Warum die, die sowieso schon so zu kämpfen haben?

Das höchste Gericht in Kanada hat 5 zu 4 entschieden, daß ein Arzt kein Recht hat, einem Patienten, der sich selbst nicht mehr das Leben nehmen kann, beim Suizid zu helfen.

Ich habe von Menschen gelesen, die am besten zu sich finden, wenn sie sich in einen total leeren Raum zurückziehen. Es stört sie auch nicht, wenn die Wände und der Fußboden ungepflegt sind. Das möchte ich auch können. So weit bin ich aber noch nicht. Ich möchte in meinem Raum auch etwas für die Sinne finden. Mir sind harmonisch aufeinander abgestimmte Farben wichtig. Mein Andachtsraum soll zwar schlicht sein und Ruhe ausstrahlen, aber auch durch die Gegenstände darin ein Wohlbefinden in mir auslösen. Das Wohlbefinden gibt mir Vertrauen. So werde ich an manches in mir herankommen und mich und andere besser verstehen. Dieser Raum wird mehr und mehr zum Zentrum des Hauses für mich.

oktober

1. Oktober
Kira graduiert heute von der Universität mit ihrem Abschluß in Psychologie. Wir gehen zu der Zeremonie, bei der sie die Robe und einen Hut trägt. Bei den Ansprachen fällt mir wieder auf, wie konservativ und unoriginell auf der Universität gedacht wird.

Ich mag Rituale für gewisse wichtige Abläufe, habe aber Mühe, wenn diese Rituale lange Reden einschließen. Kira bekommt heute ihren B.A., lange Reden umrahmen die Feier. 350 Studenten machen ihren Abschluß. Ich glaube, ich habe heute etwas getan, wozu ich früher nicht die Freiheit gehabt hätte. Ich habe zusammen mit Silya und zwei Freundinnen von Kira laut gerufen und gepfiffen, als vor der feierlichen Versammlung Kiras Name aufgerufen wurde. Natürlich wurde ich ermutigt durch einige andere Menschen, die das gleiche taten, als ein Student, der ihnen bekannt war, angesagt wurde.

2. Oktober
Die Sonne geht in einem blauen Himmel unter. Jetzt so viel weiter nach links, nach Süden von unserem Wohnzimmerfenster aus. Der Untergang selbst ist nicht dramatisch. Erst eine halbe Stunde später beginnt die Tönung des Himmels, als hätte jemand eine getönte große Karte von unten emporgeschoben. Und noch später beginnt der Horizont zu glühen, als würde ihn jemand von unten anleuchten.

Ein Verwandter steht an unserer Tür. Er spricht von seinem Kummer in seiner Ehe. Immer wieder sagt er, jetzt sei alles aus. Die Gefühle seien alle geschwunden. Ich nehme ihn ernst, spüre aber Freude und Hoffnung, denn ich habe das Empfinden, daß etwas Neues und Reiferes bei ihnen beginnt. Ich spüre, daß beide eine neue Festigkeit leben können, gerade weil eine alte Form zu Ende geht. Als mein Verwandter uns verläßt, spricht er zwar noch von seinem Schmerz, aber er lächelt dabei.

3. Oktober

Dieser warme, sonnige Tag ist ein besonderes Geschenk. Mit Margie und ihren Kindern Alexis und Simone sind wir mit Kanu und Kajak unterwegs auf einem See. Wir reden und hören. Wir lachen. Wir stechen unsere Paddel ein, wir sehen die Sonne wandern, wir beobachten, wie sich die Reflektionen der umliegenden Berge im Wasser verschieben. Wir sehen uns an und wissen mehr, als wir wissen. Es ist möglich, in jedem Moment das ganze Leben zu finden.

Mit jedem Aufenthalt im Andachtszimmer erobere ich es mir ein Stück mehr. Es wird immer gefüllter und lebendiger. Nicht nur die Gegenstände, die ich hineingebracht habe, sondern auch das Leben, das ich darin erlebe, meine Gedanken, das Stillesein, die Freude, mein Glaube und meine Hoffnung, alles wird hier gespeichert und begegnet mir jedesmal, wenn ich diesen Raum betrete.

4. Oktober

Ich glaube, daß es Momente gibt, in denen wir uns nur durch eine Illusion vor dem Gefühl, daß unser Leben sinnlos ist, retten können. In den Momenten ist es nicht mehr möglich, daran zu glauben, daß das Gefühl der Sinnlosigkeit selbst eine Illusion sein kann.

Im Fernsehen sehe ich einen alten Mann, der kurz vor dem Sterben ist. Er wird gefragt, was er gern anders gemacht hätte in seinem Leben. Darauf sagt er: »Ich hätte mich entschuldigt!« Und dann weint er. Ich bin tief berührt, und ich höre diese Worte so, als wenn mein Vater sie sagen würde. Ich denke an all die Männer dieser Generation, die sich nicht entschuldigen durften, weil es sich nach ihrem Verständnis für einen Mann nicht ziemte. Sie durften nichts falsch machen. Sie mußten das Oberhaupt sein.

5. Oktober

Nebenan, wo gebaut wird, wird wieder einer von den Bäumen abgehauen, die ich vor neun Jahren gepflanzt habe. Es schmerzt fast körperlich. Den Nachbarn interessiert das nicht. Er muß genau da seine

Anfahrt zur Garage bauen, wo dieser Baum steht. Er braucht 750 Quadratmeter Wohnfläche für seine kleine Familie. Vielleicht hätten wir uns dagegen wehren sollen. Ich merke, wie sehr ich die Fassung verliere wegen diesem einen Baum – wegen dieser Einstellung.

Nach der Reise ist unser Camper arg verschmutzt. Ich mache ihn sauber und merke, wie mir die Arbeit Spaß macht. Eigentlich gibt es kaum Zeiten, in denen ich froher bin. So war es nicht immer mit mir. Bei der Arbeit war ich oft aufgeregt und dachte ans Fertigwerden und an all das, was noch zu tun war. Ich machte mir Sorgen, nicht alles schaffen zu können. Dabei wurde ich dann oft schlapp und geriet in Panik. Ich lerne immer mehr, im Moment zu leben und mir die Sorgen abzugewöhnen. Ich bin erstaunt, wie viel ich schaffe, wenn ich ruhig bleibe. Ich freue mich an dem, was ich im Moment tue, an den Dingen, mit denen ich umgehe. Ich habe das Empfinden, aus der Fülle zu leben.

6. Oktober
Ich bin müde und kann nicht mehr. Erst dann brauche ich das, was ich gelernt habe in den stillen Minuten, die ich unterwegs war, wenn du mich gesucht hast. Der Boden, in dem ich Wurzeln geschlagen habe, nährt mich jetzt.

Ich denke nach über meine Freundschaften und über das Verhältnis zu meinem Vater. Mit Freunden habe ich erlebt, daß sich manche meiner Wünsche, die ich lange hatte, erfüllt haben. Sie konnten manche Seiten an mir, die ich als Stärken sehe, wahrnehmen und bejahen. Ich weiß, daß diese Stärken zum Teil die Seiten an mir sind, die mein Vater nicht annehmen konnte. Heute erlebe ich mich bei diesen Freunden angenommen und stelle fest, daß ich nun auch freier bin, auf meinen Vater zuzugehen. Die verschiedenen Entwicklungen gehen Hand in Hand, eine braucht die andere.

7. Oktober
Ich beobachte bei mir eine wachsende Schüchternheit. Vielleicht ist Schüchternheit nicht das richtige Wort – es mag mehr ein starker Wunsch nach Zurückgezogenheit sein. Schüchternheit würden mir die meisten Menschen, auch die, die mich besser kennen, nicht glauben. Ich habe selbst Mühe, mir meine Schüchternheit zu glauben, aber nur weil ich ein Leben lang gespiegelt bekommen habe, daß ich

nicht schüchtern wirke. Dabei habe ich mein ganzes Leben lang immer wieder mit Schüchternheit zu kämpfen gehabt. Ich habe meine Schüchternheit beim Beantworten des Telefons erlebt oder beim Besuch eines Restaurants oder einer öffentlichen Institution. Ich fühle mich unsicher, weiß nicht genau, was ich sagen soll, erlebe mich manchmal linkisch. Aber ich habe gelernt, die verlangten Dinge trotzdem zu tun, mich selbst zu überwinden, die richtigen Worte und Gesten zu finden.

Jetzt aber wünsche ich, meiner Schüchternheit und Zurückhaltung etwas mehr Raum zu geben, sie ernster zu nehmen in einer stillen Würdigung meines Seins. Vielleicht gehört es zum Alterungsprozeß dazu, nach Jahren des Überwindens wieder zurückzukehren zu gewissen Grundeinstellungen, mit denen man im Leben angetreten ist. Im ersten Lebensdrittel leben wir das, was wir in uns als Anlage fühlen. Im zweiten Drittel, im mittleren Lebensalter also, gehen wir gegen das an, was wir in der Jugend einfach ausgelebt haben. Wir werden Herr/in über uns selbst, wir lassen uns nicht treiben, sondern nehmen die Zügel des Lebens in die Hand. Wir werden fähig, auch ein Stück gegen uns selbst zu leben. Und es könnte sein, daß wir im letzten Lebensdrittel wieder zurückkehren zu den Grundeinstellungen des ersten Drittels, aber auf einer höheren Ebene, geläuterter, bewußter, erwachsener.

Ich habe heute einen Berg Holz gehackt für den Kamin im Winter. Erlen, die bei unserem Hausbau gefällt werden mußten und nun schon zehn Jahre lang gestapelt lagen. Stämme von fast fünfzig Zentimeter Durchmesser. Manche waren nur mit einem Keil zu spalten. Was für ein Gefühl, wenn ein Scheit in zwei Teile zerfällt – ein sauberer Schnitt. Oder wenn gar ein Scheit auf dem Klotz stehen bleibt, wenn auch die Axt ihn schon in zwei Teile geschlagen hat – so senkrecht war der Schlag. Der Transfer der Kraft von den Schulter- und Armmuskeln hinein in die Axt und dann in das Holz. Holzhacken ist eine der Tätigkeiten, die an das Ursprüngliche und Urmenschliche stoßen.

Ich begrüße einen deutschen Mann an unserer Tür, den Ulrich kennengelernt hat, als ich in Deutschland war. Sie duzen sich, und ich weiß nicht, ob ich mitmache oder bei dem »Sie« bleibe. Weil wir aber in Kanada sind, biete ich ihm gleich das »Du« an. Ihm ist das recht. Gleich darauf bin ich mir nicht mehr sicher, ob das gut war.

Dieser Mann bewegt sich distanziert, wie ein Deutscher, und mir ist nun gar nicht nach dem Du. Ich spreche ihn darum nur vorsichtig an und umgehe die direkte Anrede, fühle mich dabei aber wie in einem Gefängnis. Als wir dann schließlich doch lockerer werden, er sich mir entspannt zuwendet und das »Du« gebraucht, bin ich erlöst. Oft war ich schon in einer ähnlichen Situation: Ich fühle mich linkisch und weiß nicht genau, wie ich mich bewegen soll. Ich will lernen, daß es in Ordnung ist, wenn eine gewisse Situation kompliziert und nicht eindeutig ist, und ich will mich nicht schlecht fühlen und dafür kein schlechtes Gewissen haben.

8. Oktober

Ich freue mich, daß ich heute noch frischen Mais im Geschäft finde. Im September ist das unser liebstes Gemüse. Waltraud und ich könnten ihn jeden Tag essen – nur kurz gekocht, mit etwas Butter bestrichen und dann gesalzen und gepfeffert – was für ein Genuß. Ich kaufe gleich drei Dutzend Kolben, koche sie ganz kurz und friere sie ein. Sie leuchten golden und werden uns an trüben Wintertagen wie Sonnenboten aus diesem Indianersommer grüßen.

Beim Tagebuchschreiben habe ich oft das Empfinden, daß mir die klar abgesteckten Grenzen zwischen dem Privaten und dem Öffentlichen fehlen. Ich glaube, ich mache mich manchmal verletzbarer, als mir guttut. Ich muß einiges, was ich geschrieben habe, daraufhin noch mal anschauen. Ich merke, daß dieses Überprüfen meiner Entwicklung guttut. Wenn ich manches auslasse, was ich zunächst schreiben wollte, schütze ich mich auf eine gute Weise. Manche Aussagen nicht zu machen ist auch eine Aussage.

9. Oktober

Mir wird heute deutlicher als sonst, daß ich mich immer wieder an dem Lebensweg anderer orientiere. Bis zu einem gewissen Grad ist das gut, aber ich laufe damit auch Gefahr, nicht in die letzten und feinsten Verästelungen meines ganz eigenen Weges zu finden. Es hat noch nie einen Mann, Vater, Schriftsteller, Denker, Fotografen, Partner gegeben wie mich. Niemand hat mit meiner Geschichte in einer Welt wie dieser gelebt, gedacht, gehandelt. Noch nie ist die Kombination von Anlage, Talent, Unfähigkeit, Temperament so zusammengekommen wie in mir. Darum befreit mich nichts und niemand von meinem Weg. Nur ich kann mir selbst untreu werden.

Je mehr ich denke, desto freier werde ich – ich arbeite mich gedanklich durch etwas hindurch oder aus etwas heraus. Aber gleichzeitig gerate ich durch dasselbe Denken tiefer in etwas anderes hinein. Die Klärung des einen scheint die Verfinsterung des anderen nach sich zu ziehen. Manchmal habe ich dann das Gefühl, nicht vorangekommen zu sein, und doch ist etwas Wichtiges geschehen.

Schon lange verbindet mich mit einer Freundin eine lebendige Beziehung. Es ist eine Gesprächsfreundschaft. Heute stoßen wir vor in neue Gebiete. Weil wir noch ungeübt sind in diesem neuen Gebiet, wagen wir uns langsam vor. Worte können riskant sein. Interessant ist es, daß wir jetzt gerade eine Wanderung machen und dabei ähnlich gefährliche Schritte auf Steinen machen müssen. Wir durchqueren einen starken, aber flachen Wildbach. Wir schaffen den Bach und finden auch im Gespräch zueinander, obwohl es uns scheint, als gingen wir auseinander. Wir haben eine lange Geschichte und gehen vorsichtig mit der neuen Entwicklung um. Einerseits ist mir eine lange Freundschaft so viel wert, daß ich sie nicht gefährden möchte. Andererseits wünsche ich, daß wir uns immer weiter entwickeln, gerade auch miteinander, und nicht stehenbleiben.

10. Oktober
Jeden Tag gibt es etwas zu lernen: von den Bäumen, den Wolken, dem Wind, den Tageszeiten, dem Hell und Dunkel. Nur ich stehe meinem Wachstum im Wege. Andere Hindernisse sind Illusion.

Es gibt unendlich viel, über das man schweigen kann. Vielleicht ist manchmal so mehr gesagt.

Ich muß mich immer wieder damit abfinden, daß ich viel weniger lesen kann als Ulrich. Mein Leben findet stark in mir selber statt. Mich bewegt das Gelesene tief, und ich gehe den Gedanken lange nach. Ich stehe dazu, daß ich dann oft nicht so informiert und schlagfertig bin.

11. Oktober
Nicht mehr und noch nicht. In diesem Zwischenzustand entsteht alles. Ich lerne, dieses nicht nur als Zustand, sondern als das Leben selbst zu sehen.

Öfter am Tag gehe ich zu unserem schlafenden Kater und berühre ihn so leicht, daß er kaum aufwacht und die Augen nicht aufmacht. Er schnurrt und überträgt etwas von seiner wohligen Ruhe auf mich. In seinem Fell sehe ich den Rhythmus seines Atmens.

Ulrich: Hast du das Empfinden, daß du ganz frei bist von der negativen Seite deiner religiösen Vergangenheit?
Waltraud: Ich glaube nicht, aber was meinst du genau damit?
Ulrich: Menschen mit einer religiös engen Geschichte neigen dazu, ihre Mitmenschen zu kategorisieren, sie damit zu stempeln und sich innerlich von ihnen zu trennen.
Waltraud: Und du fragst, ob ich frei bin davon?
Ulrich: Ja. Ich merke nämlich, wie lange mir meine Vergangenheit angehangen hat. Es hat Jahre gedauert, bis ich diese religiöse Sicht, die mich als Kind und Jugendlicher geprägt hat, überwunden habe. Sie hat sich auf eine subtile Weise sehr lange gehalten.
Waltraud: Kannst du ein Beispiel dafür geben?
Ulrich: Noch vor ein paar Jahren war mir bei jeder Lesung sehr bewußt, wo ich gerade sprach, ob es in einer evangelischen oder katholischen Kirche war, in einer christlichen oder in einer allgemeinen Buchhandlung. Ich konnte nicht einfach sagen, dies sind Menschen, einfach nur Menschen. Ich hatte immer das Bedürfnis, sie zu identifizieren, sie einzuordnen. Dabei habe ich manchmal gemerkt, wie mir das im Wege stand, wenn ich ihnen näherkommen wollte.
Waltraud: Dann war es nicht die Reaktion der Menschen auf dich, die bei dir diese Unfreiheit ausgelöst hat, sondern die Unfreiheit lag von vorneherein in dir.
Ulrich: Wahrscheinlich beides. Jede Gruppe hat ein Selbstverständnis und strahlt dies auch aus. Das hat mich sicherlich beeinflußt. Aber ich hatte auch ein Bild von mir. Es hatte sich mit der Erziehung in dieser Glaubensrichtung in mir gebildet. Wir gehörten einfach zu denen, die »richtig« waren, und wir wußten, was die anderen nicht wußten. Auch wenn ich das schon lange nicht mehr glaubte, gab es doch noch immer Überbleibsel davon in mir.
Waltraud: Es ist erstaunlich, wie lange diese Einstellung anhält. Ich habe es ähnlich erlebt wie du. Mit dem Kopf wußte ich früh, daß ich anderen auf Grund des Glaubens nichts voraus hatte, aber tief in mir war diese hartnäckige Einstellung weiter da. Periodisch stieß ich immer wieder mal darauf und habe mich nur langsam verändert.

Ulrich: Ja, so war es auch bei mir. In den letzten Jahren war es dann auch nicht mehr eine Diskriminierung – ich habe die einen nicht tiefer als die anderen geachtet, aber irgendwie war immer noch dieses Befinden, Feststellen und Kategorisieren da.

Waltraud: Ich denke, richtig verändern können wir diese hartnäkkige Einstellung nur, indem wir uns ganz konkret unter andersartige Menschen begeben, mit ihnen mitleben und die Welt durch ihre Augen sehen.

Ulrich: Ich würde die Frage gern noch etwas mehr zuspitzen. Ich finde es auch wichtig, wirklich mit den Mitmenschen zu sein. Nur so werden wir uns innerlich nicht absondern. Aber spürst du nicht auch ein besonderes Hingezogensein zu Menschen, die sich mit spirituellen Fragen beschäftigen und dies vielleicht schon lange getan haben?

Waltraud: Ich glaube, dies besondere Hingezogensein zu Menschen, die sich für spirituelle Fragen interessieren, werde ich immer haben. Das liegt einfach in meiner charakterlichen Veranlagung. Dabei erlebe ich aber geheimnisvolle Bezüge zu Menschen, wie sie mir ganz »zufällig« begegnen, und ich kann nicht genau sagen, was es eigentlich ist, was mich zu ihnen zieht. Es scheint einfach etwas Lebendiges in ihnen zu sein, egal, wie es sich ausdrückt.

Ulrich: Und damit kategorisieren wir wieder. Aber vielleicht geht es nicht anders. Für mich stehen spirituelle Fragen hinter allen anderen Fragen. Sie berühren den Urgrund des Menschen, und das interessiert mich. Darum interessieren mich dann auch die Menschen, die in diese Richtung gehen.

Waltraud: Etwas in mir wehrt sich noch gegen das Kategorisieren.

Ulrich: Aber du fühlst dich doch auch stärker hingezogen zu gewissen Menschen, oder?

Waltraud: Ja, das stimmt. Ich suche nach Gleichgesinnten, die mir helfen, mein Ziel zu erreichen. Wenn ich mich auch für alles interessieren könnte, so überlege ich doch, was mir wichtig ist und wofür ich meine Zeit einsetzen will.

Ulrich: Ich möchte auch dazu stehen, daß ich noch in gewisser Weise sortiere oder sogar kategorisiere. Das gehört für mich zum Menschsein. So ordne ich das viele, was auf mich einstürzt. Warum ich es tue, entscheidet, ob es lebensfördernd ist oder nicht. Früher habe ich gefragt, ob jemand Christ ist oder nicht. So möchte ich nicht kategorisieren. Das ist mir jetzt zu vordergründig. Ich bin offen für die Begegnung mit allen Menschen, aber mit denen, die sich für

Spirituelles interessieren, habe ich am meisten auszutauschen. Mich würde aber noch interessieren, warum sich in dir etwas gegen das Kategorisieren gewehrt hat.

Waltraud: Hier gehen meine Gedanken ins Mystische, und das ist immer schwer auszudrücken. Bei mystischen Gedanken geht es auch nicht mehr um das, was ich entscheide, sondern um meine Herzenseinstellung. So kann ich beides in einem: Ich kann einerseits ganz konzentriert eng auf ein Ziel ausgerichtet sein, und andererseits kann ich ein weit offenes Herz für die ganze Welt haben.

Ulrich: Diese Herzenshaltung läßt sich auch kaum in Worte kleiden. Es geht da um etwas, was paradox zu sein scheint. Aber auch wenn es nicht logisch ist und kaum auszudrücken, so kann man einem Menschen diese Herzenshaltung doch anspüren.

Waltraud: Ich denke, daß es darauf ankommt, daß ich diese Herzenshaltung im Laufe meines Lebens entwickele, erweitere und stärke. Auf dem Weg mit Gleichgesinnten ist es leicht, sie aus den Augen zu verlieren. Man konzentriert sich auf das, was man teilt, und vergißt das, was man noch nicht kennt und noch zu lernen hat. Genau da verliert man die offene Herzenshaltung.

Ulrich: Damit sind wir wieder ganz überraschend an dem Ausgang unseres Gesprächs gelandet. Alles, was uns eng macht und nicht diese Herzenshaltung der Offenheit gegenüber allem in uns zur Entfaltung bringt, trennt uns von Menschen und damit letztlich auch von uns selbst.

Waltraud: Wie geht es dir, wenn du jetzt in eine Gruppe kommst?

Ulrich: Ich lasse die Menschen auf mich wirken. Ich versuche, sie da zu verstehen, wo sie sich gerade befinden. Ich teile sie nicht mehr ein in Christen und Nicht-Christen. Ich wehre mich aber auch nicht dagegen, daß ich zu einigen einen stärkeren Kontakt finde als zu anderen. Warum dies geschieht, ist mir dabei oft noch nicht einmal klar. Ich bin stärker bereit, ein jedes Menschenleben einfach sein zu lassen und dankbar zu sein für jede tiefere Begegnung.

12. Oktober

Vielleicht würde ihn nichts so befreien wie die Entscheidung, sich nicht durch seine Denkfähigkeit zu befreien. Wenn er sich freidenkt, dann vergrößert er die Enge nur, in die ihn seine Verkopftheit treibt. Frei würde er erst dann werden, wenn er bejahen würde, gefangen zu sein und sich nicht mehr den Ausweg durch den Kopf zu genehmigen.

Manchmal fällt es mir schwer, Zeit zu haben. Dabei habe ich sie. Auch wenn ich meine, sie nicht zu haben, habe ich sie. Ich habe sie nur schon mit etwas gefüllt. Aber auch das habe ich getan.

Gewisse Dinge und Zustände scheinen weit weg von mir zu sein. Ich kann mich ihnen nur über Worte nähern. Wenn ich sie beschreibe, rücken sie näher. An glücklichen Tagen können Worte sie so nahe bringen, daß ich in ihnen aufgehe.

Gewisse körperliche Zustände lassen den Gedanken des Sterbens immer wieder in mir aufflackern, besonders im Halbschlaf. Ich merke dann, wie gern ich noch länger leben möchte.

Ein goldenes Brot
Eine Bäckerei
mit einem italienischen Namen
backt ein helles Sauerteigbrot
in unserer Stadt.
Das Brot
hat eine goldene Kruste,
jede Scheibe,
und besonders der Kanten,
ist wie eine goldene Gondel.

Manchmal sind meine Hände
nicht leer genug,
um eine Scheibe zu halten,
und mein Mund zu voll.

Es gibt eine Reihe Menschen, mit denen ich gern zusammen bin, besonders einige Frauen. Jede berührt mich auf eine andere und ganz eigene Art. Wenn ich mich als Außenseiterin und allein fühle, denke ich an einige dieser Freundinnen und bin nicht mehr allein. Wenn ich interessante Gespräche wünsche, rufe ich bei L. an. Ich denke aber auch an sie, wenn ich unruhig bin und mir mein Denken davonläuft, und werde stiller. Mit R. kann ich schöne Reisen machen und Interessantes entdecken, kann aber auch an sie denken, wenn ich Grenzen überschritten habe und an den Konsequenzen leide. Dann bin ich getröstet. Wenn ich unter meinen körperlichen Mängeln leide, denke ich an A., die ihren Stolz trotz ihrer

Leiden nicht aufgegeben hat, und ich tue es ihr nach. Mit M. kann ich lange still und froh zusammensein. Wenn mir meine Lebensaufgaben schwer erscheinen, denke ich an sie und behalte Mut zum Durchhalten. Wenn ich froh singen und Spaß haben will, unternehme ich etwas mit K. oder mit G. Wenn ich Mühe habe mit dem Älterwerden, dann denke ich an M., und ich bekomme wieder eine lebenswürdige Perspektive. Wenn ich mir einiges von der Leber reden will, denke ich an O. und M. und rufe bei ihnen an. Wenn ich Unterstützung suche in meiner Selbstfindung, rufe ich A. an. Diese und andere Frauen sind eine Wirklichkeit in meinem Leben.

13. Oktober

Ich habe bei der Lyrikerin Hilde Domin gelesen: »Ich möchte von den Dingen die ich sehe / wie von dem Blitz / gespalten werden.«

Ich bin fast fertig mit dem Artikel, um den mich ein Schweizer Publizist gebeten hat, über meinen Weg aus dem engen evangelikalen Glauben. Ich merke, daß ich keine Bitterkeit spüre über die Behandlung, die ich erlebt habe. Es war mein Weg. Als Titel habe ich gewählt »Mein Weg in die größere Weite«. Ich habe nicht so sehr das Alte abgelehnt, wie ich das Neue entdeckt und umarmt habe.

Ich bin noch spät mit Silya auf, und wir reden über die neueste Mode und die Supermodels. Es interessiert mich, was in dem Bereich geschieht, weil es ein Ausdruck unserer Gesellschaft ist. Aber ab und zu mutet es mich wie ein monströser Hohn an: Millionen verhungern unter unsäglichen Qualen auf der Erde, während für Millionen andere der letzte Schrei in der Mode wichtig ist.

Mit zunehmender Ausdauer spiele ich Tetris, das Computerspiel. Ich freue mich über meine Fortschritte. Ulrich stellt sich hinter mich und schaut mir eine Weile zu. Er hat es auch mal versucht damit, kann aber keinen Gefallen daran finden. Ich merke nach einer Weile, daß Ulrich mich gern mehr anwesend haben möchte, doch ich spiele weiter. Eine halbe Stunde später spüre ich eine Unruhe in mir, und auch ich wünsche mir, mehr anwesend zu sein. Das Spiel ist zwar faszinierend, bringt mich aber aus dem Gleichgewicht. Im Spaß sagt Ulrich: »Das Spiel ist vom Teufel, nicht von Gott.« Es war ein Witz, er rührt aber etwas Echtes in mir an.

14. Oktober
Auf seltsam überraschende Weise fiel mir heute auf, wie gut ich damit lebe, so wenig zu wissen, so unendlich viel nicht gelesen zu haben. Ich lebe und gestalte mein Leben, ohne ständig davon umgetrieben zu werden, was alles noch zu tun wäre. Ich habe meinen Frieden damit gemacht, in gewisser Weise dumm zu bleiben.

Ich habe heute eine deutsche Lesung in Kanada gemacht. Einige junge deutsche Frauen, die hier als Au-pair-Mädchen oder in einem Heim für geistig Behinderte arbeiten, hatten mich eingeladen. Es war ein schöner Abend mit Direktheit und Offenheit. Trotz all der Lesungen, die ich im Laufe meines Lebens gemacht habe, war ich auch heute vorher wieder unruhig. Wenn man Menschen einlädt, sich zu beteiligen, weiß man nie, was passieren wird. Daher kommt die Unruhe. Wie gut, sonst wäre alles vorhersagbar und langweilig.

Heute vor genau zehn Jahren führte ich mein erstes Gespräch mit dem Kreuz Verlag. Nachdem ich nicht mehr im Oncken und Brockhaus Verlag veröffentlichen durfte, bot ich meine neuen Sachen dem Kreuz Verlag an. Ich weiß noch, wie unsicher ich war. Inzwischen haben wir zusammen viele Bücher gemacht und planen weitere. Jörg Zink vermittelte die erste Begegnung.

Wir sind gemeinsam mit einigen unserer Freunde in der Arche eingeladen. Es ist ein Heim für geistig Behinderte. Mit Sabrina, einer der Mitarbeiterinnen, bekomme ich schnell Kontakt. Sie erzählt mir von ihrer Freude an ihrer Arbeit, und ich spüre sie ihr an. Sie will mich wieder einladen zu ihrer »Familie«. Ich glaube, der Kontakt mit einer zusammengestellten Familie von Behinderten und Mitarbeitern kann für mich wichtig sein.

15. Oktober
Heute habe ich erlebt, wie die Gewalt der Worte uns trennen und getrennt halten kann.
Ulrich: Was zieht dich an einem Menschen an? Kannst du das in einem Satz sagen?
Waltraud: Mich zieht ein Mensch an, der hören kann und der sagen kann, was er will, anstatt von mir zu erwarten, daß ich sein Wollen für ihn übernehme.

Ulrich: Du meinst, Menschen, die ein wirkliches Profil zeigen. Warum zieht gerade das dich an?

Waltraud: Solche Menschen wecken meine Fantasie und Unternehmungslust. Ich neige dazu, bald zu sagen, was ich will, und wenn der anderes es auch tut, wird das Miteinander schnell interessant.

Ulrich: Dir geht es wahrscheinlich dabei auch um die klare Trennung von dem anderen Menschen, weil das für dich ein eindeutigeres und klareres Miteinander ermöglicht.

Waltraud: Ja, das stimmt. Ich mag es, wenn jeder die Verantwortung für seinen Teil bald übernimmt. Wenn jeder Verantwortung dafür übernimmt, daß etwas Gemeinsames geschieht, und auch für das, was geschehen soll, dann finde ich besser Zugang zu dem, was noch unentwickelt in mir schlummert.

Ulrich: Der andere holt es dann aus dir heraus.

Waltraud: Mich ziehen Menschen an, die mich frei lassen und gleichzeitig doch in einer guten Spannung mit mir verbunden sind.

Ich würde dir jetzt auch gern die gleiche Frage stellen. Welche Menschen ziehen dich an?

Ulrich: Ich finde Menschen anziehend, die in ihrem Denken und Leben etwas von dem Geheimnis des Lebens, von seinen mystischen Seiten, widerspiegeln. Menschen, die durch ihr Leben etwas von den transzendenten Bezügen, in denen wir stehen, aufzeigen.

Waltraud: Das sind dann oft Menschen, die eine gewisse Tiefe mitbringen und meistens auch schon gelitten haben. Oder sind es auch manchmal frohe jugendliche Naturen, die etwas in Bewegung setzen?

Ulrich: Das kann beides sein. Es geht mir darum, daß ein Mensch sich dem Mysterium aussetzt, das in allem mitschwingt.

Waltraud: Kannst du etwas mehr über das Mysterium sagen?

Ulrich: Wir verstehen vieles vom Leben und sind dabei, immer mehr mit unserem Verstand zu erobern. Aber ganz wichtige Seiten des Lebens sind nicht über den Verstand zu entdecken. Wenn wir mit unserem Verstand am Ende sind, treffen wir auf die Mysterien – auf Zusammenhänge und Bezüge, die sehr wichtig sind, die wir aber nicht fassen können. Über das Sich-Öffnen in diese Richtung spreche ich.

Waltraud: Ich finde auch, daß der Verstand immer nur begrenzt das Wichtige begreift. Ich kenne das Gefühl gut, an die Grenze meines Denkvermögens zu gelangen und da zu spüren, daß es noch unendlich viel mehr gibt.

Ulrich: Du hattest gefragt, ob es meist Menschen mit Tiefe sind, die schon gelitten haben. Oft ist das natürlich so. Bei ihnen geschieht dieses Durchdringen dann auf einer tieferen Stufe. Sie sind sich des Mysteriums bewußter. Sie nehmen es in ihre Überlegungen hinein.
Waltraud: In diesen Gedanken fühle ich mich zu Hause.
Ulrich: Das hat mich auch an dir angezogen.
Waltraud: Jetzt fällt mir auch auf, daß du der Mensch bist, den ich vorhin als anziehend beschrieben habe.

16. Oktober
Margie spricht mit uns über ihre Kinder und deren Fragen. Durch die Scheidung der Eltern sind manche Fragen schon früh an sie herangetragen worden. Dazu kommen weitere Fragen durch das Fernsehen und die Schule. Viele der Computerspiele, die sie interessieren, sind gewalttätig und zeigen Helden mit Verhaltensweisen, bei denen es um Zerstörung geht. Die Kinder leiden unter dem Zustand der Welt. Sie suchen nach Halt und Grund zur Hoffnung.

Daß unsere Erde in einer Krise steht, ist offensichtlich. Es gibt Zeiten, in denen es wirklich so aussieht, als wenn es auf ein Ende zugehe. Eine Hilfe sind mir die Worte einiger Menschen, die tiefere Einsichten haben als ich. Alice Bailey, eine Seherin unserer Zeit, schreibt: »Noch nie war auf der Erde mehr Liebesenergie als heute, und sie nimmt zu.« Daran will ich glauben. Wenn ich mein Leben ansehe und früher mit heute vergleiche, dann stimmt das auch bei mir. Die Menschen, die mir nahestehen, sind reifer geworden und liebevoller.

17. Oktober
Waltraud und ich fahren über hundert Kilometer in eine Gegend nördlich von Vancouver, um unter einer Hochspannungsleitung Bäume auszugraben und für unseren Garten zu holen. Die Stadt hat uns die Erlaubnis dafür gegeben, weil sie unter Leitungen sowieso nur abgeschlagen werden. Wir wollen unseren Garten hinter dem Haus ganz voller Nadelbäume pflanzen. Sie sollen Sauerstoff für uns produzieren.

Wir finden zwei Stellen mit Zedern, Hemlock-Tannen und Föhren. Liebevoll umwickeln wir jeden Wurzelballen mit einem Sack, damit die Wurzeln den Transport besser überstehen. Unser VW-Bus ist bis unter die Decke voll. Zu Hause müssen wir sie im Dunkeln einsetzen, aber die Löcher sind schon vorbereitet, und es geht leicht. Ich bin gespannt, wie der Sofort-Wald morgen früh aussieht.

Wir fahren an der Meereseinbuchtung Howe Sound zurück. Es ist wolkig, und die Berge auf den Inseln sind nicht klar zu sehen. Auch die Lions, die zwei Berge, das Wahrzeichen von Vancouver, deren Spitzen über 1600 Meter hoch reichen, liegen in Wolken. Das gibt der Landschaft noch mehr Mysterium. Seit dreißig Jahren freue ich mich an diesem Stück Meer, an den Inseln und Bergen.

Ein besonders schöner Tag ist heute. Wir suchen nach Tannen für unseren Garten. In unserer Provinz, British Columbia, ist es erlaubt, unter den elektrischen Leitungen Bäume auszugraben. Ich kann mir kaum etwas Spannenderes und Frohmachenderes vorstellen, als in Gemeinschaft in alten Klamotten in der offenen Landschaft zu stehen und bereit zu sein anzupacken, einen gut gewachsenen Baum zu suchen, ihn liebevoll auszugraben, und ihn dann bei uns zu Hause im Garten einzusetzen.

18. Oktober

Einprägen
Es wäre wichtig,
sich das einzuprägen,
was uns tragen soll.
Es wie einen Schlüssel
tief in der Tasche zu verwahren
gegen die Verschlossenheit der Welt.

Morgens,
der erste Ton eines Vogels,
der die Seelenschwere
ins Licht hebt.
Die Wärme einer Stimme,
von der wir uns gemeint fühlen.
Die Wahrheit der fallenden Blätter,
ein einsamer Baum im Wind.

Es muß so fest in uns bestehen,
daß es zu einer inwendigen Landschaft wird,
die wir betreten können,
ganz gleich, wo wir auch sind.

Den silbernen Rand einer Wolke,
die Erschütterung der Haut
unter der sanften Berührung,
der Geruch einer Wiese nach dem Regen,
der Geschmack des Fruchtfleisches
einer reifen Zwetsche.

Einprägen
und unablässig wiederholen
in den Gefängnissen der Gewohnheit.
Einprägen,
um auf der Erinnerung
über die Tiefe zu fahren
wie auf einem Schiff.

Mir fällt auf, daß ich jetzt weniger einsam lebe als zu manchen Zeiten in vergangenen Jahren. Obwohl ich mir mehr als je Zeit zur Stille nehme und meinen inneren Raum entwickele, lebe ich doch offener und mehr nach außen gerichtet. Ich spüre den Fluß nach außen, mein Verbundensein mit anderen, nehme leichter Kontakt auf und rede entspannter mit Menschen. Aber immer wieder schweige ich auch gern gemeinsam mit anderen, ganz bewußt und kreativ. Da werde ich wach und verliere meine Müdigkeit.

19. Oktober
Unser ganzes Leben ist eine Zusammen- und Auseinandersetzung mit dem Bild, das andere von uns haben und das tief in uns Fuß gefaßt hat. Wir gehen auf es zu, wir distanzieren uns von ihm. Wir ärgern und freuen uns über das Bild. Wir versuchen, es nicht ernst zu nehmen, nicht zu glauben, nicht dem Bild entsprechend zu handeln. Wir werden wütend über das Bild und begehren dagegen auf. Immer wieder setzen wir unser eigenes Bild von uns, unser Selbstverständnis, dagegen. In all diesem Hin und Her entstehen wir und sind überraschend anders als alle Bilder von uns.

Immer wieder diese kämpferische Behauptung, etwas habe Sinn, angesichts einer zerfallenden Welt.

Ich spüre die feste Basis, auf der unsere Ehe steht. Wir schaffen es, über Verletzungen hinaus aufeinander zuzugehen und zueinander zu stehen, nicht erst zu schmollen oder sich eine Weile beleidigt zurückzuziehen. Solch eine Basis habe ich nur zu wenigen Freunden. In Freundschaften kam es an gewissen Stellen oft zum Bruch. Das waren immer die Stellen, wo unsere Bedürfnisse, die wir als Erwartungen äußerten, nicht mehr gestillt wurden. Ich möchte über diese Stellen hinausgelangen. Ich wünsche mir, daß auch Freundschaften es durch Krisen hindurch schaffen und eine Basis finden, auf der sie bestehen können. Wir müssen alle eine Ebene hinter uns lassen, die ihren Zweck erfüllt hat, und dann bereit sein, miteinander auf einer neuen, tieferen Ebene zu leben.

20. Oktober

Autoaufkleber: Of all the tings I have lost, I miss my mind the most. (Von allem, was ich verloren habe, vermisse ich meinen Verstand am meisten.)

Der amerikanische Fotograf Dewitt Jones schreibt, wie er früher oft gesagt habe: Ich glaube etwas nicht, bis ich es gesehen habe. Jetzt dreht er diesen Satz um (besonders auch als Fotograf): Ich sehe etwas nicht, bis ich es geglaubt habe. Ich merke, wie wahr dies ist. Auch als Fotograf sehe ich das um mich, was ich in mir trage, was ich glaube. Es überträgt sich. Es geht von innen nach außen. Ich sehe mit meinem Auge, was ich mit meinem Herzen sehe. Glauben: mit dem Herzen sehen.

Es ist gut, daß Ulrich, Kira, Silya und auch Margie mich ermutigt haben, meinen Geburtstag zu feiern, mal Mittelpunkt zu sein und mich zu feiern.

21. Oktober

Auf verschiedene Art erwischt es mich heute mehrmals. Am Ende des Tages bin ich ganz unten. Ich möchte mich verkriechen, das Schreiben aufgeben. Die Dinge, die falsch gelaufen sind, ziehen eine Schwere nach sich, die aus einer anderen Wirklichkeit weit weg zu kommen scheint.

Heute bekomme ich mal wieder eine Ahnung, wie ich leben könnte, wenn ich wirklich weise wäre, und ich merke, daß ich weit davon entfernt bin. Wie kann ich nur so vermessen sein, zu meinen, ich könnte ein Tagebuch veröffentlichen? Dann müßten doch andere etwas von mir lernen können. Dann fällt mir ein, wie ich von anderen Menschen lese und sie auch unfertige Menschen sind wie ich. Auch sie sind nur zum Teil weise, und gerade durch ihren unfertigen Einsatz werde ich bereichert. Durch ihre ganz individuelle Art zu leben werde ich ermutigt. Durch die Schilderung unseres alltäglichen Lebens, in dem wir uns alle ähneln, können wir einander beschenken.

22. Oktober
Als ich aufstehe, liegt schon ein Fax von meiner Lektorin auf dem Schreibtisch. Sie hat die Veränderungen, die ich an vier Erzählungen gemacht habe, so akzeptiert. Ich hoffe, daß der Erzählungsband jetzt ungefähr so zum Drucker gehen kann.

Waltraud und ich finden endlich das Loch in unserem Dach, durch das es seit einem Jahr leckt. Wir sind überglücklich – wir fühlten uns nicht wohl bei dem Gedanken, jetzt wieder für sechs Wochen nach Europa zu fahren und zu wissen, daß wieder Wasser ins Haus kommt. Ein Beispiel dafür, daß die kleinen Sachen manchmal die großen sind.

Endlich haben wir die Stelle am Haus entdeckt, wo bei starkem Regen schon über ein Jahr lang Wasser durchkommt. In zwei Räumen sind die Teppiche beschädigt. Ich habe es gerade geschafft, mich mit dem Zustand abzufinden, als wir heute das Loch entdecken. Ein freudiger Tag!

23. Oktober
Ich fühle wieder dieses Gespaltensein: Einerseits freue ich mich auf die Reise nach Europa, andererseits möchte ich mich hier gern einigeln und ganz dem Schreiben und Denken nachgehen. Bei beiden Entscheidungen würde mir etwas fehlen. Es ist nicht »richtig« zu machen. Hinter den Überlegungen spüre ich noch immer den Glauben, daß es eine Entscheidung geben muß, die endgültig richtig ist. Es scheint mir wie ein Relikt einer kindlichen Art zu denken.

In meiner stillen Zeit lese ich bei Yogananda: »Die ganze Welt besteht aus meinem größeren Selbst. Anderen zu helfen ist mir selber helfen.« Die Bewußtwerdung dieses engen Verknüpftseins von der Welt mit mir selbst erlebe ich als das Schönste des Älterwerdens. Wenn ich vor die Wahl gestellt werden würde, wieder jung und ohne dieses Bewußtsein zu leben oder alternd mit diesem Bewußtsein, würde ich gewiß das zweite wählen.

24. Oktober
An Bord einer 747 unterwegs nach Frankfurt. Ich bin seit einem Jahr nicht mehr in Deutschland gewesen, aber mir wirkt es nicht so lange her. Stärker als früher fühle ich mich mit Kanada verbunden, mit der Landschaft, den Sitten, den Gegebenheiten. Kaum sind wir an Bord unseres Lufthansa-Fluges, hören wir Deutsche in einem angeberischen Ton reden. Es gibt eine ganz spezifisch deutsche Art anzugeben. Es ist gut, das gleich zu Beginn der Reise zu erleben, dann erwarte ich nicht zuviel von Deutschland.

In der Natur gibt es keine Farben, die nicht zueinander passen. Wo sie aufeinanderzuprallen scheinen, denke ich »harmonisch«. Wenn ich es lange genug tue, passen sie zueinander.

Eben bin ich noch hellwach. Dann begegne ich einer Frau, komme kurz ins Gespräch, werde plötzlich müde und habe Mühe, ihr zuzuhören. Mir fällt auf, daß sie urteilend und mit starker Sicherheit redet, ohne mich einzuladen, zu ihren Gedanken Stellung zu nehmen. Sie will mir einfach sagen, »wie es ist«, und erwartet, daß ich ihre Meinung teile. Meine Müdigkeit ist ein Hinweis darauf, daß ich eigentlich nicht zuhören mag, wenn sie so spricht. Ich will lernen, besser mit solch einer Situation umzugehen. Statt mit meinem Stillsein den Menschen in seiner unkommunikativen Redeweise zu unterstützen, will ich mit Worten antworten, ohne verletzend zu werden. Ich will überlegen, was die Frau in ihrem Herzen sagt, und darauf eingehen. So kann ich dem Gespräch eine neue Richtung geben. Oder ich wende mich ab und gehe anderen Dingen nach. Auch das ist eine Alternative.

25. Oktober
Alles, was ich gesehen habe, hat mich verändert. Manchmal habe ich auch das Gesehene verändert. Im Wechsel zwischen diesen beiden hat sich mein Schicksal entwickelt – immer ein Stück von mir beeinflußt und mir ein Stück aus der Hand genommen.

Es ist schön, in eine eigene Wohnung in Deutschland zu kommen. Je älter ich werde, desto wichtiger scheint dies zu sein, als fühlte ich die

Fremdheit des Lebens stärker und brauchte darum ein Stück Heimat, auch wenn es nur ein kleines ist.

Wir fliegen heute nach Deutschland, diesmal wieder zusammen. Ich freue mich auf die Lesereise mit Ulrich und auf all die Bekannten in Deutschland. Ich fühle mich bevorzugt, so zwischen den beiden Kontinenten zu leben. Oft denke ich, wenn doch meine Eltern mich sehen könnten, mit welch einer Leichtigkeit ich jetzt den Ozean überfliege. Mit viel Mühe sind sie vor zweiundvierzig Jahren mit mir ausgewandert – das Fliegen war damals noch ungewöhnlich. Zehn Tage lang schaukelten wir damals in großen Schlafsälen auf dem Atlantik. Mutter hat Deutschland nie wieder gesehen. Auch eine meiner Schwestern war noch nicht wieder in Deutschland.

26. Oktober
Immer wieder bewege ich mich als Beobachter durchs Leben. Das fällt mir in den ersten Tagen in Deutschland auf – ich habe noch den Abstand des Beobachters, sogar mir selbst gegenüber. »So also bewegst du dich«, sage ich zu mir.

Ich besuche ein Ehepaar, dem man seine Liebe zu ihrem Baby anspürt. Diese Liebe hat eine Festigkeit, die sich sicherlich auf das wachsende Kind auswirken wird. Wie viele Kinder erleben nur eine vorläufige Festigkeit.

Die Ankunft in Frankfurt ist durch Jonathans Abholen eine wirkliche Ankunft. Abgeholt zu werden ist für mich ein wichtiger Teil des Reisens.

Jonathan bringt uns direkt in unsere Wohnung. Ich kenne ihn erst seit den drei Jahren meiner Zeit in Deutschland. Am Anfang war ich mir nicht sicher, welche Form unser Kontakt haben würde. Er kam mutig und direkt auf mich zu. Ich wunderte mich über seinen Glauben an sich selbst. Das war mir ungewohnt. Zur selben Zeit hatte ich Hemmungen, auf seinen Mut zu reagieren. Ein ausführlicher Briefwechsel klärte dann unsere Situation, und ich konnte für mich grundsätzlich klären, wie ich mit den Menschen in Beziehung sein wollte, die durch Ulrichs Literatur auf mich aufmerksam werden. Ich habe meine Vorstellung von Freundschaft erweitert. Ich habe die Grenzen an manchen Stellen enger und an an-

deren weiter gesteckt. Mir ist Freundschaft ein Geheimnis. Warum entsteht sie mit einem Menschen und mit einem anderen nicht?

27. Oktober

Wieviel Energie wird doch frei durch den gegenseitigen Respekt und die gegenseitige Würdigung. Wir denken oft, es komme durch das Übereinstimmen, aber ich glaube nicht, daß es so ist. Es geht um die Würdigung des anderen, um das Ernstnehmen und das innere Hören auf den anderen. Gute Gespräche im Verlag, wir denken neue Projekte an.

Im Rathaus in Künzelsau, wo ich unser Auto anmelde, sehe ich auf dem großen Wandkalender einen Text, der mit gefällt: »Wir sollen nicht aufeinander losgehen, sondern gemeinsam in uns gehen.« Ich hatte vor Jahren eine Zeit, in der ich lernen mußte, meinem Ärger Ausdruck zu geben, um mir selber überhaupt einzugestehen, daß ich jemanden ablehnte. Die Zeit war wichtig, und ich fand zu mir und begegnete anderen, die auch lebensfördernde Befreiung erlebten, indem sie ihren Ärger zuließen. In dieser gemeinsamen Entdeckung fanden wir Verstehen füreinander und Gemeinschaft. Dann kam aber wieder eine Zeit, in der ich merkte, daß ich damit aufhören konnte, und ich verbot mir, mich zu ärgern, und finde nun in neuer, tieferer Weise zu mir und zu anderen. Das, was ich heute kann, ist möglich, weil ich vor Jahren das lebte, was damals nötig war.

28. Oktober

Ich wundere mich auch heute wieder über meine Unruhe und Unsicherheit vor dieser ersten Lesung in Offenburg. Ich erlebe meine Schüchternheit wieder, diesen Hang, mich zu verkriechen, mich unsichtbar zu machen. Es ist nicht, daß ich es mir nicht zutraute oder daß ich Angst hätte, etwas zu sagen. Vielleicht ist es wegen dieser Schüchternheit, daß ich manchmal mit beiden Füßen zugleich in etwas hineinspringe und mich verletzbar mache. Vielleicht würde ich mich, wenn ich das nicht täte, sonst davonschleichen.

Die erste Lesung in Offenburg ist vorbei. Ich konnte das sagen, was ich wollte, was ich in mir spürte. Das ist nicht selbstverständlich, weil es mir nicht immer gelingt. Meine Lesungen werden geformt durch ihre Aufnahme von den Zuhörern. Immer wieder denke ich an Kleists Aufsatz »Über die allmähliche Verfertigung der Gedanken beim Reden« und an die Sätze: »Es liegt ein sonderbarer Quell der Begeisterung für denjenigen, der spricht, in einem menschlichen Antlitz, das ihm gegenübersteht. Und ein Blick, der uns einen halb ausgedrückten Gedanken schon als begriffen ankündigt, schenkt uns oft den Ausdruck für die ganze andere Hälfte desselben.« Das wußte Kleist schon vor 200 Jahren.

Einen Vortrag, der schon bis in jede Formulierung entschieden ist, kann man ohne das Mitgehen der Zuhörer halten. Aber wenn man mehr will, wenn es darum geht, etwas Neues zu sagen oder es auf eine Weise zu sagen, die durchdringt und anspricht, dann muß es zu einem Miteinander von Redner und Zuhörern kommen. Dann brauchen sie einander. Aber dann ist auch etwas möglich, was weder Redner noch Zuhörer allein hätten schaffen können.

Heute fängt Ulrichs Lesereise an, und ich begleite ihn. Wir sind in Offenburg in einem Kloster. Der Saal ist angefüllt, und ich setze mich ganz hinten hin, wie ich es am liebsten tue, weil ich dort besser die Zuhörer erlebe. Ich habe ähnliche Abende schon oft erlebt, und ich weiß, daß Ulrich es zu einem guten Kontakt mit den Lesern bringen kann, und doch warte ich an jedem Abend neu und mit Spannung, wie sich das Gespräch entwickeln wird. Jede Störung geht mir nahe. Ich möchte, daß seine Gedanken gehört werden und daß er verstanden wird. Ich hänge so stark mit drin in den Gedanken.

29. Oktober

Draußen ist Morgennebel, und ich beginne hier in dem Kloster, wo wir übernachtet haben, mit dem Frühstück, mit meinem Tagebuch und diesem Bleistift. Ich beginne bei meinen schwarzen Cordhosen, meinen neuen Schuhen, die ich gern trage, bei den Worten an und von Waltraud, bei meiner Zahnbürste und dem erfrischenden Wasser. Ich beginne bei dem, was berührbar und spürbar ist. Das ist mein Tagesanfang.

Wir sind wieder am Schauinsland, südlich von Freiburg. Ich begrüße die Bäume, die ich schon so oft fotografiert habe. Als ich meinen liebsten Baum im Sucher habe, sehe ich eine Frau mit ihrem dreijährigen Sohn. Sie sprechen Englisch. Ich spreche sie an und bitte sie, an eine gewisse Stelle im Bild zu treten. Es wird eine gute, lebendige Komposition – der Baum scheint sie von oben zu beschützen. Ich bin froh, daß ich den Mut gehabt habe, sie anzusprechen. Sie erzählt mir, daß sie Amerikanerin ist und nach Deutschland geheiratet hat. Dann schüttet sie ihr Herz aus, spricht von der schweren Operation, die ihr Sohn gerade hinter sich hat, von dem tödlichen Motorradunfall ihres Bruders, der noch nicht dreißig war. Ich kann nur zuhören und sie innerlich unterstützen.

Langsam kommt der Nebel den Berg hochgekrochen und bildet Muster in dem engen Tal. Ich versuche mit meiner Kamera diesen natürlichen und sich ständig wandelnden Kompositionen gerecht zu werden. Die Sonne geht über einem endlosen Wolkenmeer unter, und wir fahren auf Wehr zu, zur nächsten Lesung.

Ich bin in Wehr in der neuen Stadthalle. Vor Jahren habe ich in Bad Säckingen, nur ein paar Kilometer entfernt, gelesen, und die Buchhändlerin von damals ist heute auch wieder da. Sie ist Mitveranstalterin. Ich freue mich, sie wiederzusehen. Ich habe heute abend ein wunderbares Mikrofon, über das ich meinen Texten einen Ton mitgeben kann, der die Texte selbst noch stärker sprechen läßt. Die 140 Zuhörer sind so still, daß ihre Stille zu einem eigenen Beitrag am Abend wird. In der Stille tut sich die transzendente Dimension auf. Die Worte sind nur Chiffren – es geht immer um das, was hinter ihnen liegt, um das Unsagbare.

Wir essen gemeinsam mit den Mönchen Frühstück. Ich versuche mich in ihr Leben einzudenken, stelle mir vor, so wie sie hier im Kloster zu leben, so einfach, so diszipliniert und eingebunden in eine Gemeinschaft. Obwohl ich nie Diakonisse oder Nonne werden wollte, hatte das Klosterleben auf einer tieferen Ebene meines Wesens immer einen Reiz für mich. Ich glaube, es ist das Stillesein miteinander. Ich bin gern mit Menschen, mit denen ich hin und wieder ein gemeinsames Stillesein bei der Arbeit oder beim Essen leben kann.

Am Abend sind wir in Wehr. Alles ist bestens vorbereitet, und die Zuhörer sind aufnahmebereit still, man könnte eine Stecknadel fallen hören. In der Pause gehe ich zur Toilette und höre dort eine Frau zur anderen sagen: »So ein Mensch! Ein Phänomen, wirklich!« Ich weiß, was sie damit anspricht, denke aber daran, wie normal so vieles bei uns zugeht. Wie Ulrich sich ab und zu genau wie viele andere Männer verletzt zurückzieht und es mir schwer macht, mit ihm zu reden. Viele Menschen hören nicht, daß Ulrich eine Vision davon hat, wie wir leben könnten, und daß er nicht glaubt, zu jeder Zeit so einsichtig zu leben, wie er es in seinen Lesungen vorschlägt. Aber es stimmt schon, daß er hin und wieder bei Schwierigkeiten zwischen uns dadurch, daß er einen begehbaren Weg verkündigt, sich erinnert, schneller umschaltet und leichter zugänglich wird. Ich glaube aber auch, daß Ulrich dadurch, daß er so viel Zustimmung von außen bekommt, manchmal ein starkes Selbstvertrauen entwickelt, das mich neben ihm zur Selbstbehauptung herausfordert. Dies ist der Punkt, an dem ich in unserer Ehe wachse, und ich habe mich vor Jahren entschieden, diese Herausforderung anzunehmen und nicht aufzugeben, besonders dann nicht, wenn ich mich von anderen unbeachtet und darum weniger wert neben ihm fühle. Ich will nicht wetteifern mit Ulrich. Es ist meine Stärke, aus dem Verborgenen heraus zu leben, und ich will mich nicht abhängig machen von dem, was Menschen von mir halten. Seitdem ich diese Entscheidung getroffen habe, bin ich zufriedener mit mir und kann besser mit mir leben.

30. Oktober
Nebel, ab und zu kommt die Sonne durch. Die Buchen überziehen die Hänge mit ihrer Vielfarbigkeit. Es gibt Waldstücke, die so dunkel sind, daß kein Licht auf den Boden fällt. Neben der sichtbaren Welt existiert die unsichtbare, die mysteriöse, die genauso wirklich ist.

Die Lesung in Aarau, in der Schweiz, ist mittelmäßig. Durch viel Husten der Zuhörer kann ich meine Texte nicht in eine Stille stellen, und es entsteht darum nicht die Atmosphäre, in der besser gehört werden kann. Aber ich glaube, daß ich am Ende doch die meisten Gedanken vermitteln konnte. Im Nachgespräch geht es, wie so oft, um mein Verständnis des Wortes Hoffnung. Mir wird es nicht über, immer wieder zu erklären, wie ich diesen Begriff gebrauche, weil ich selbst ihn dadurch immer besser verstehe.

Wir sind in Aarau in der Schweiz. An manchen Abenden spüre ich die innere Aufgeschlossenheit und Bereitschaft der Anwesenden, zu hören. An anderen Abenden steht eine Schwere im Saal. Ich weiß dann nicht genau, ob ich meinen Gefühlen trauen kann. Was ich fühle, hat auch immer etwas mit mir zu tun und nicht nur mit den Zuhörern. Ulrich und ich hatten eine gute Fahrt und sind froh

29. Oktober

Wir essen gemeinsam mit den Mönchen Frühstück. Ich versuche mich in ihr Leben einzudenken, stelle mir vor, auch so wie sie hier im Kloster zu leben, so einfach, so diszipliniert und eingebunden in eine Gemeinschaft. Obwohl ich nie Diakonisse oder Nonne werden wollte, hatte das Klosterleben auf einer tieferen Ebene meines Wesens immer einen Reiz für mich. Ich glaube es ist das Stillesein miteinander. Ich bin gern mit Menschen, mit denen ich hin und wieder ein gemeinsames Stillesein bei der Arbeit oder beim Essen leben kann.

Am Abend sind wir in Wehr. Alles ist bestens vorbereitet und die Zuhörer sind aufnahmebereit und still, man könnte eine Stecknadel fallen hören. In der Pause gehe ich zum W.C. und höre dort eine Frau zur anderen sagen: „So ein Mensch! Ein Phänomen, wirklich!" Ich weiß was sie damit anspricht, denke aber daran, wie normal so vieles bei uns zugeht. Wie Ulrich sich ab und zu genau wie andere Männer verletzt zurückzieht, und es mir schwer macht mit ihm zu reden. Viele Menschen hören nicht, daß Ulrich eine Vision davon hat, wie wir leben können und, daß er nicht glaubt, zu jeder Zeit so einsichtig zu leben, wie er es in seinen Lesungen vorschlägt. Aber es stimmt, *bei den Veranstaltern angekommen. Als der Abend anfängt, spüre ich eine Unruhe im Saal. Die Versammlung besteht zum großen Teil aus Jugendlichen. Die andächtige Ruhe von gestern kommt nicht zustande. Ich sehe einige junge Frauen miteinander flüstern und immer wieder lachen. Ich wünsche mir, daß Ulrich innerlich damit umgehen kann. Dann kommt die Pause. Ich staune, daß fast alle bleiben und daß die Frauen, die sich gegenseitig zuflüsterten, mit Spannung am Nachgespräch teilnehmen. Und hinterher frage ich Ulrich, wie es ihm mit der Unruhe ging. Er sagt, er hätte es zwar gespürt, hätte aber auch die aufgeschlossenen Gesichter gesehen und hätte sich dann auf diese konzentriert.*

31. Oktober
Lesung in Schlieren, am Rand von Zürich. Ich bin zum dritten Mal hier in dieser Schwesternschule. Heute ist es besonders gut. Die Atmosphäre ist dicht, und die Zuhörerinnen und Zuhörer sind innerlich beteiligt. Viele von den hundert Zuhörerinnen sind ehemalige Schwesternschülerinnen. Ich glaube, daß es heute so gut war, hängt stark mit der Leiterin und ihrer inneren Vorbereitung zusammen.

Es ist schon das zweite Mal, daß ich in Schlieren in einer Krankenschwesternschule mit dabei bin. Der strahlenden Ordensschwester begegne ich bereits wie einer Freundin. Wir freuen uns, einander wiederzusehen. Es gibt Lesungen, da treffen die lebensfördernden Energien der Veranstalter in ganz besonderem Maße mit dem zusammen, was Ulrich lebt und sagt. Das spüre ich in der Lesung. Heute wird das Beste aus Ulrich herausgeholt. Das konzentrierte, verstehende Zuhören wirkt belebend auf ihn. Er sagt vieles, was ich noch nicht so deutlich gehört habe, und ich bin froh darüber.

november

1. November
Meine erste Lesung in Liechtenstein. Alles ist gut vorbereitet, und in dem kleinen Ort Schaan sind 150 Menschen gekommen. Darunter ist auch ein Psychotherapeut aus St. Gallen, der mit meinen Texten arbeitet. Das ist meistens etwas Beglückendes für mich. Ich finde es gut, wenn die Grenzen verwischt werden zwischen Literatur, Kunst, Psychologie und allgemeiner Heilkunde und das Leben ganzheitlich angegangen wird. Alles ist ja zutiefst mit allem verbunden.

Gerade hatten Ulrich und ich eine kleine Auseinandersetzung. Wir sind beide betroffen und beunruhigt. Nun soll aber in kurzer Zeit die Lesung beginnen. Ich hoffe, er schafft es, offen und frei zu sprechen und Zugang zu den Zuhörern zu finden. Bald merke ich, daß er es schafft. Er kann umschalten. Ich freue mich. Wenn er an dem Abend durch unser Uneinssein sich nur schwer mitteilen könnte, dann würde ich mir Vorwürfe machen, zu Recht oder zu Unrecht.

2. November
Lange Fahrt von Liechtenstein über Italien nach Südtirol. Ganz markant ist die Grenze zwischen dem restlichen Italien und Südtirol zu merken – man liest plötzlich deutsch auf Schildern, die Häuser sind gestrichen, und alles wirkt ordentlicher. Abends die Lesung in Neumarkt ist übervoll, man muß ein Schild an die Tür hängen und den Saal schließen. Es ist ein gutes Gefühl, vor einem so vollen Saal zu sprechen. In der Pause kommt eine Frau zu mir, die eine Stunde mit der Bahn gekommen ist und nicht mehr hereingekommen ist.

Heute haben wir eine lange Strecke zu fahren, um von Liechtenstein nach Tirol zu kommen. Langsam arbeiten wir uns durch die vielen Bergstraßen durch und kommen nach sieben Stunden Fahrt noch zeitig genug in Neumarkt an.

Während Ulrich sich schon bei der Veranstalterin vorstellt, lasse ich das Wesen und die Sprache der Menschen auf mich wirken und freue mich an der Atmosphäre der hübschen Stadt. Ich bin glücklich, auf dieser Reise dabei zu sein. Es ist ein schönes Gefühl zu wissen, wir werden am Abend erwartet, und ich mag das Ankommen. Ich gehe in der Altstadt durch die Arkaden, wo ein altes Schloß mit all den Wohnungen der Angestellten einfallsreich und geschmackvoll zu Geschäften umgebaut worden ist. Dann stelle auch ich mich bei der Veranstalterin vor und freue mich, mitten im Geschehen zu sein, auch wenn ich nichts Offizielles zu tun habe. Bei all den äußeren Erlebnissen denke ich viel darüber nach, was mein Platz in allem ist und wie ich ihn gestalten kann.

3. November
Waltraud und ich gehen mit Meinhard und Heinrich zusammen wandern. Gute Gespräche, die uns die Gegend etwas näherbringen. Abends dann die Lesung in Bruneck. Es sind sehr viel junge Leute da, weil es eine Veranstaltung eines Jugenddienstes ist. Waltraud sitzt hinten und bemerkt die Unruhe unter den Jugendlichen. Vielleicht sind meine Themen nicht so interessant für Jugendliche. Jemand fragt mich, ob mein Schreiben nicht auch Maske sei. Ich antworte, daß ich es nicht hoffe, aber daß man trotz allen Strebens nach Echtheit und Bewußtwerdung sich doch etwas vormachen könne. Der Gefahr entgehen wir bis zu unserem Lebensende nie ganz.

Der Veranstalter aus Bruneck trifft uns schon am Morgen, und er und sein Bruder führen uns auf eine Wanderung in ihrem Heimatgebiet. Ich spüre die Liebe dieser beiden Männer zu ihrer Heimat, die sie sich als Tiroler mit besonderem Einsatz erhalten haben. Ich bin angetan von ihrer einfühlsamen Art und staune über die Reife, mit der sie mir begegnen. Sie erzählen von ihrer Schulzeit im klösterlichen Internat, von der Strenge dort, und ich frage mich, ob sie gerade dadurch gereift sind.

Ein besonderes Erlebnis ist der Besuch in einem Kloster mit Heinrich, nachdem wir Ulrich und Meinhard aus den Augen verloren haben. Es ist für mich interessant, daß es wieder ein Kloster ist, das gewisse Empfindungen in mir auslöst. Ich bin berührt von der einfühlsamen Art, in der Heinrich mir das Klosterleben nahebringt.

4. November
Stadtbummel in Bruneck. Das Wetter ist schön geworden – klar und kühl. Am Nachmittag gehen wir einen Lärchenpfad wandern, den Heinrich für uns ausgesucht hat. Christine, die Buchhändlerin aus Sterzing, kommt auch mit. Der Neuschnee auf den Bergspitzen, das Orange der Lärchen, die Freunde, das einander zugewandte Gespräch, die klare, kühle Luft – es ist ein wunderbarer Tag. Dann zieht der Himmel zu, aber immer wieder gibt es Lücken in den Wolken, und als die Sonne untergeht, fällt das späte, rote Licht auf alles. Heinrich schenkt uns seinen Wanderführer, den er in jahrelanger Wanderarbeit erforscht und dann geschrieben und veröffentlicht hat. Zu dritt gehen wir mittagessen und lassen uns von Heinrich noch viel über Südtirol erzählen.

Die Lesung abends findet in einem schönen, stillen Saal statt. Es kommt die Frage, die mir ab und zu gestellt wird: Ob ich nicht zuviel schreibe und ob es dann noch so tief sein kann. Ich sehe eigentlich keine Verbindung zwischen der einen und der anderen Aussage. Entweder etwas ist gut, oder es ist es nicht. Weniger zu schreiben oder ganz lange an etwas zu schreiben macht es nicht unbedingt besser. Ob etwas gut ist oder nicht, muß letztlich die Leserin und der Leser entscheiden. Manchmal ist ja auch gerade das, was nicht bis ins Letzte sprachlich geschliffen ist, das Direktere, das den Leser tiefer berührt. Ich erwähne dabei, daß ich kritische Leser schätze, weil ich letztlich nur Bestätigung langweilig finde.

Im Vortrag erwähne ich den Mann, den wir heute morgen in unserem Hotel erlebt haben, der so besonders »cool« war. Waltraud sagt mir, daß es nicht gut sei, daß ich ihn als Beispiel nehme, besonders weil ich mich ein wenig lustig über ihn gemacht habe. Sie hat recht. Da fehlt mir manchmal das Gespür im Moment.

Ich gehe in Bruneck bummeln. Eine Frau, die mich am Tag vorher auf der Lesung kennengelernt hat, begrüßt mich. Sie fragt mich, wie es mir geht, in Ulrichs Schatten zu stehen. Sie kenne meine Situation, weil sie in ihrer Ehe eine ähnliche Position habe. Ihr Verständnis und ihre Fragen gefallen mir. Ich antworte ihr, daß ich früher oft Mühe hatte, wenn Menschen hauptsächlich Ulrich ansprachen. Dann erkannte ich aber, daß ich stark bin, wenn ich aus der Stille und Zurückgezogenheit heraus lebe und dann nicht das Empfinden habe, in Ulrichs Schatten zu stehen. Es passe zu mir, so zu leben. Sie freut sich über meine Antwort und ich auch.

Im Nachgespräch spüre ich heute den Wunsch, mich daran zu beteiligen. Ich weiß, daß Ulrich sich darüber freuen würde. Meine Schüchternheit hielt mich bisher aber immer zurück. Heute stellt mir jemand eine Frage. Ich bekomme starkes Herzklopfen, gehe aber trotzdem von meinem Sitz aus auf sie ein.

5. November
Lange Fahrt zurück nach Deutschland. Unstimmigkeiten zwischen Waltraud und mir. Ich habe das Gefühl, daß sie nicht wirklich hören will, was ich zu einer gewissen Sache zu sagen habe. Lange Strecken fahren wir still. Es ist schwer, das zu durchbrechen.

Mir fällt heute meine Schüchternheit wieder auf. Immer wieder ist es eine Überwindung, auf Menschen zuzugehen.

Auf unserer Reise kommen wir an einem Schlachthof vorbei. Auf einem Lastwagen steht eine verwirrte Kuh. Ein Mann schiebt die Tür auf und schlägt wild auf sie ein. Es ist mir, als würde er auf einen liebevollen, wehrlosen Menschen einschlagen. Den ganzen Tag geht mir dieses Bild nach.

Was mir so oft in Ulrichs Lesungen fehlte, waren mehr Männer. Es sind immer weniger Männer als Frauen, die sich auf seine Gedanken einlassen. Aber auf dieser Reise begegne ich einigen dieser Männer. Eine besondere Überraschung hier in Scheidegg ist das gute Gespräch mit einem Mann, der sich für das Thema Zerbrechlichkeit interessiert und sich später als Polizist vorstellt.

6. November
Gestern waren Arnold und Hannelore Hopf in der Lesung. Durch Zufall haben sie von dem Abend erfahren. Wir kennen uns zwar seit zwanzig Jahren, haben uns aber in letzter Zeit etwas aus den Augen verloren. Heute verbringen wir einige Stunden miteinander. Ich spüre meinen wachsenden Wunsch nach Kontinuität. In dem, was wir lange und kontinuierlich machen, entdecken wir die großen Linien und Rhythmen des Lebens. Sie zu bedenken macht uns weise.

Heute ist keine Lesung, und auf dem Wege nach Schöntal machen wir einen Abstecher zu altbekannten Freunden, die wir schon lange nicht mehr gesehen haben. Wir merken, daß wir einander viel zu sagen haben. Es gibt Zeiten im Leben, in denen man sich von Freunden wegentwickelt, durch verschiedene Interessen. Es scheint mir, als wenn das Alter, verbunden mit Reife, uns einander neu nahebringen kann.

7. November
Ein stiller, fauler Tag der Entspannung. Ganz stark spüre ich die fehlende Fantasie und Kreativität. Mir gelingt alles nur begrenzt, und dann taucht die Frage nach dem Sinn immer auf. Zum tausendsten Mal begreife ich, daß ich den Dingen und Umständen ihren Sinn geben muß und ihn nicht aus den Dingen erwarten kann. Aber wie schwer ist das zu gewissen Zeiten. Und es nur zu denken reicht nicht.

Ich finde keinen Grund, warum dieser verregnete Tag Ulrich und mir so dunkel erscheint. Wir haben viel Schönes auf der Lesereise erlebt. Aber jetzt liegt eine Schwere auf uns, wie eine dicke Wolke. Alles Denken und alle Versuche, uns von ihr zu befreien, nützen nichts. Stille sein und sie annehmen macht sie nicht leichter. Sie dauert einfach den ganzen Tag. Erst am Abend merken wir, wie sie sich auflöst.

8. November
Ein wichtiges Gespräch. Eine Annäherung. Wir waren beide in der Deutung von gewissen Abläufen gefangen und verlassen sie nun, um die Deutung des anderen besser zu verstehen. Am Ende ist alles eine Frage des Vertrauens – und Vertrauen ist eine Sache der Entscheidung. Ich muß wenigstens etwas von dem aufgeben, was ich festgehalten habe. Es ist wichtig, ab einem gewissen Punkt dem anderen das zu glauben, was er sagt, auch wenn ich es nicht spüre.

Es geht wieder weiter mit Lesungen. Heute sind wir in Mainz-Gonsenheim, ein mir fremder Ort in einem fremden Raum, aber als ich durch die Tür gehe, sehe ich bekannte Gesichter. Es sind Menschen, die mir lieb geworden sind seit meiner Zeit allein Deutschland.

9. November

In der Lesung und in dem Nachgespräch in Diez wird mir anhand einiger Fragen deutlich, daß ich unterscheiden muß zwischen zwei Arten von Zerbrechlichkeit. Eine ist zu lernen, und die andere ist zu verlernen. Sich zerbrechlich zu machen muß eine Entscheidung sein. Es darf nicht aus einer Hilflosigkeit heraus geschehen. Die Zerbrechlichkeit, die ich nicht verhindern kann, ist eine Schutzlosigkeit (ein Ei ohne Schale), die aus einem Unentwickeltsein stammt.

Während Ulrich bei der Buchhandlung reinschaut, gehe ich in Mainz bummeln und so ganz nebenbei nach einem Mantel suchen. Ich möchte gern eine Auskunft und sehe eine große, stattliche Frau, die Sicherheit, Würde und Überlegenheit ausstrahlt. Gewöhnlich spreche ich solch eine Frau nicht gern an. Aber, was soll's, ich tue es trotzdem. Ich merke, wie sie eigenartig berührt ist. Sie muß wohl selten angesprochen werden. Ich spüre ihre Abwehr, die mir gewöhnlich Angst oder »Respekt« einflößen würde. Jetzt wird mir aber ihre Unbeweglichkeit und ihre Enge bewußt. Ich verliere meinen »Respekt« und nehme sie als eine einsame Frau wahr.

Später stehe ich an der Straßenkante und schaue mich um. Plötzlich knickt mein linker Fuß scharf um und rutscht ab. Dabei falle ich hart auf mein rechtes Knie und komme auf der Straße zu liegen. Zwei Menschen helfen mir auf, und ich bedanke mich. Eben noch stand ich selbstbewußt da, und schon bin ich ein »nicht ernstzunehmendes Häufchen Unglück«. So schnell geht das. Langsam humpele ich zum Auto, schaue mir dort den Schaden an und mache mir Gedanken darüber, warum ich mich im Fallen entwürdigt fühle, wo ich doch weiß, daß niemand mich entwürdigt und ich in mir selber gleich bleibe, ob ich stehe oder falle.

10. November

Ein Morgenspaziergang durch die erwachende Stadt. Geräusche, Bilder, Gerüche. Reflexionen über das menschliche Leben auf diesem Planeten – Eroberung der Umwelt, Unterwerfung, Zerstörung, Fürsorge. Wie werden wir als Menschheit in 500 oder 1000 Jahren aussehen?

Unterwegs halten wir in Limburg an, und ich gehe in eine Kirche. Dort liegt die Bibel aufgeschlagen auf einem Altar. Ich lese den Text aus Sprüche 27: »Rühme dich nicht des morgigen Tages, denn du weißt nicht, was der Tag gebiert. Rühmen soll dich ein anderer, nicht dein eigener Mund, ein Fremder, nicht deine eigenen Lippen.« Ich kann mir einen griesgrämigen Schreiber vorstellen, dessen Beitrag darin besteht, zu vermiesen. Der sich nicht von Herzen über sich selbst freuen kann. Was daraus dann wird, nennen wir religiös. Sich nicht an sich selbst freuen zu können ist ein populäres, frommes Werk, mit dem man meint, Gott erfreuen zu können.

Lesung in Bad Nauheim. Ich bin eingeladen von dem Naturheilverein des Ortes. Ich freue mich über Einladungen dieser Art – ich bin auf meine Weise interessiert an der Gesundung des Menschen und freue mich, wenn in diesem Bereich ganzheitlich gedacht wird. Mein Thema »Zerbrechlich wie ein Mensch« richtet sich zwar zunächst an unsere seelische Gesundheit, ist aber mit der körperlichen eng verbunden. Es ist ein dichter Abend mit 200 Zuhörern. Am Anfang sagt mir der Hausmeister, daß sich hier ein »normaler Mensch hinter den Tisch setzt«, als ich mir ein Mikrofon mit Fußständer wünsche, weil ich auf dem Tisch sitze. Ich sage ihm, daß ich nicht »normal« bin.

Immer wieder kommen Menschen auf Ulrich zu, die sich freuen, ihn zu sehen, weil sie seine Bücher kennen. Manch eine Frau, ab und zu auch ein Mann, wünscht sich ein Gespräch oder möchte Ulrich gern die Hand geben. Oft möchte jemand sich auch einfach erkenntlich zeigen. Ich habe darüber nachgedacht, worin solch eine Beziehung besteht. Diese Menschen stellen sich manchmal als Fans von Ulrich vor. Aber das stimmt nicht ganz, weil sie nicht gedankenlos alles gut finden, was er schreibt. Es scheint eine geistige Ebene zu geben, auf der man nicht mehr von Fans sprechen kann. Da wird ein Autor ein vertrauter Freund. Viele Menschen haben Ulrich durch seine Bücher persönlich kennengelernt und mich auch schon ein Stück mit. In diesem Zusammenhang merke ich, daß ich mir eine Freiheit erarbeiten muß, die mir nicht natürlich gegeben ist. Wenn ich bei einer Lesung dabei bin und Menschen mich liebevoll und persönlich ansprechen, kommt in mir etwas zum Schwingen. Verhalte ich mich dann so offen, wie Ulrich das kann, beginnt für mich eine Intensität, die mich in Schwierigkeiten bringt. Ich übernehme mich dann. An diesem Punkt lerne ich jetzt, lockerer zu sein. Dies ist einer der wichtigsten Gründe, warum ich allein nach

Deutschland wollte, und warum ich auf den Lesungen dabeisein möchte. Vor Jahren habe ich mich bewußt im Hintergrund gehalten. Jetzt komme ich aus meiner Reserve heraus.

In Bad Nauheim notiere ich mir ausführlich meine Gedanken und Eindrücke über jeden Teil der Lesung, um hinterher mit Ulrich darüber zu sprechen. Ich finde es wichtig, daß er so spricht, daß die meisten Menschen ihm bei jedem Gedanken folgen können. Mir ist es lieb, wenn die Lesung den Charakter eines Vortrags verliert und mehr zum Erzählen wird. Darum schlage ich Ulrich vor, keine Punkte zu erwähnen, sein grobes Raster nicht durchscheinen zu lassen.

11. November
Begegnung mit Eva-Maria und Herbert. Es ist schön, einander zu begegnen und das zu teilen, was bei einem jeden von uns geschieht. Freudig nachdenklich stimmt mich, als Eva-Maria schon nach einigen Minuten sagt, daß sie bei Waltraud und mir eine besondere Dichte spürt. Aber ich weiß nicht, was das bedeutet. Vielleicht ist es spürbar, daß wir uns viele Gedanken über uns machen, besonders auch in der immer wieder gelebten räumlichen Trennung. Abends Lesung in Wetzlar.

Der Mantel, den ich mir heute kaufe, ist ein anderer als der, den ich mir vor zwei Wochen vorstellte. Während der Suche kam ich mir selber ein Stück näher und entdeckte, was ich zur Zeit will. Ich suchte nach einem weichen, schlichten, feinen Wollmantel. Viele, die ich anprobierte, standen mir zwar, ich wurde mir darin aber fremd. Sie waren mir zu fein. Ich würde in ihnen etwas ausdrükken, was heute nicht zu mir paßt, etwas Distanziertes. Ich würde mich darin unecht bewegen und mich zeigen, wie ich nicht bin.

Ich erinnere mich, wie ich als Kind viel gesungen habe. Mit meiner Mutter und im Kindergarten fing es an. Die Soldatenlieder sind mir tief eingeprägt. In der Schule fingen wir den Tag mit Liedern an. Bei Ausflügen sangen wir Wanderlieder. Hinterher, auch noch in Kanada, geschah es mir oft, daß ich nur ein Stichwort hörte und ich stimmte ein Lied an. Dann gab es eine Zeit, da habe ich meine Liederbücher achtlos abgegeben. Jetzt merke ich, daß die Texte mir nicht mehr so geläufig sind, habe aber Lust, sie wieder zu sin-

gen, mit allen Versen. Darum suche ich jetzt nach einem Volksliederbuch.

12. November

Nach einem langen gemeinsamen Frühstück bei Noltes sind wir unterwegs nach Hanau, wo abends die Lesung ist. Ich spüre bei der Lesung eine seltsame Fähigkeit, über die Worte hinauszugelangen. Es ist das Gefühl, vor einer weiten, offenen Landschaft zu stehen. Mir gelingen die Formulierungen, die das transportieren, was mir wichtig ist. Ich treffe den Ton. Oft frage ich mich, woran es wohl liegt, daß es an einem Abend gelingt und an einem anderen nicht. Manchmal spüre ich, daß die innere Vorbereitung des Veranstalters oder der Veranstalterin ganz viel damit zu tun hat.

In die Reihe vor mir setzt sich eine Frau und schaut mich dabei kurz prüfend an. Nach der Lesung fragt sie mich, ob ich Frau Schaffer sei. Sie hätte mich vom Foto im Journal-Interview erkannt. Dann meint sie, daß ihr meine Worte wichtig seien, und sie finde es wertvoll, wenn ich noch mehr sagen würde. In ähnlicher Weise haben mich nun schon mehrere Menschen angesprochen, und ich freue mich jedesmal über ihr Interesse, weil ich schon lange auch den Wunsch spüre, mehr zu sagen. Das ist nicht nur ein Wunsch. Ich sehe auch eine Notwendigkeit darin. Ich ahne, daß es wichtig ist, mag aber noch nicht formulieren, warum.

13. November

Samstag, ein entspannter Tag ohne Lesung. Gerda, meine Lektorin vom Groh Verlag, kommt zu Besuch zu uns, und wir lektorieren die drei neuen Bücher, die für das kommende Frühjahr vorgesehen sind. Das treffende Wort ist uns beiden wichtig. Abends haben wir noch Zeit, zusammenzusitzen und uns ganz persönlich zu unterhalten.

Manchmal denke ich, das Desinteresse gewisser Menschen an Ulrichs Literatur steht im direkten Zusammenhang damit, daß ich nichts sage. Ich fehle noch. Ich denke, es ist wichtig, daß ich eine Form finde, in der ich neben Ulrich in Stärke auftrete, und wenn es eine Stärke ist, die sich schweigend ausdrückt. Ich nehme an, daß die Anliegen mancher von Ulrich nicht angesprochen werden. Hier kann es an mir liegen, eine Brücke zu sein. Und diese Brücke wird vielleicht auch neue Kommunikationsmöglichkeiten zwischen uns beiden eröffnen.

14. November

Abends Besuch bei Freunden. Weitermachen trotz Verletzungen – diese nicht so wichtig nehmen, auch wenn man zu gewissen Zeiten nicht über sie hinaussehen konnte. Wir reden wieder viel über die Zukunft der Welt. Ab und zu trifft mich der Gedanke, daß ich an manchen Entwicklungen der Zukunft nicht mehr teilhaben werde. Das eigene Ende, das es früher nicht zu geben schien, ist jetzt sichtbarer.

Eine Frau fragt mich, ob es mir nichts ausmache, wenn sie so stark für Ulrich empfinde. Ich merke, wie ich ihren Prozeß zulassen kann. Sie ist darüber erleichtert. Für mich ist Eifersucht an dieser Stelle fast nie ein Problem. Ich sehe im Verliebtsein immer einen wichtigen Prozeß zur Bewußtwerdung und zur Selbstfindung. Ich habe das Verliebtsein seit meinem 17. Lebensjahr tief erlebt. Ich war lange heimlich verliebt. Es war in unserer Gruppe nicht Sitte, sich zu zweit zu treffen, wenn Heiraten nicht in Aussicht war. So lebte ich lange mein Geheimnis, genoß es und lernte mit dem Schmerz umzugehen. Ich wuchs dabei und bin froh, daß ich den Mann, an den ich jahrelang intensiv dachte, nicht geheiratet habe. Bevor ich Ulrich kennenlernte, verliebte ich mich noch mehrere Male, und jedes Mal wuchs ich dabei und verstand mehr über Liebe. Darum lasse ich auch anderen Frauen gern ihren Prozeß, wenn sie durch Ulrichs Worte an ihr inneres Wesen herankommen. Ulrich weiß damit umzugehen.

15. November

Lesung in Koblenz. Ich habe heute nach einem etwas mißglückten Nachgespräch das Gefühl, daß ich auswählen muß, was ich sage, um verstanden zu werden. Zuviel zu sagen ist nichts zu sagen. Ich schreibe gewisse Sachen nicht, oder noch nicht, die ich aber auch bin. Waltraud fragt mich, wie ich die Lesung fand. Ich habe es mir abgewöhnt, zu viel über einen gelaufenen Abend zu reflektieren. Er war so, wie er war. Eine ganze Reihe Zuhörer sind anschließend gekommen, um sich zu bedanken. Andere haben das, was in der Tiefe passieren kann, durch ihre Zwischenbemerkungen gefährdet. Ich aber werde meine Bewertung des Abends weder an der einen noch an der anderen Aussage festmachen. Ich will den Abend geschehen lassen. Ich kann nicht mehr als meinen Einsatz liefern und versuchen durchzudringen und verständlich zu sein.

Heute spüre ich Unruhe und Spannung in der Lesung. Im Nachgespräch werden viele kritische Fragen gestellt, und trotz des aggressiven Tons bin ich froh darüber, denn es sind zum Teil auch meine Fragen. Hierin sehe ich einen wichtigen Grund, Ulrich zu begleiten. Ich bekomme wichtige Anstöße und werde aufmerksam gemacht auf das, was bedacht werden muß.

16. November
Besuch bei Ria, einer Freundin meiner Mutter, die jetzt 85 wird. Zeitweilig ist der Altersunterschied ganz weg. Wir reden, als wären wir gleichaltrig. Wieviel von dem, was wir Altersunterschied nennen, ist eine Sache in unseren Köpfen?

Ich lese heute bei Lessing: »An allen Glaubenslehren zweifele in deinem Leben wenigstens einmal.«

Lesung in Waldbröl. Gute Vorbereitung und ein lebendiges Nachgespräch. Waltraud und ich stellen immer wieder fest, daß wir eine innere Verbundenheit zu Menschen spüren, die aus etwa dem gleichen religiösen Hintergrund stammen wie wir. Dabei muß es nicht die gleiche, jetzt gelebte Spiritualität sein, die uns verbindet. Vielleicht ist die Art, wie wir über Jahre hin das Leben angegangen sind, wie wir gelernt haben, den wichtigen Fragen nachzugehen, das Materielle nicht so wichtig zu nehmen, und wie wir gekämpft haben, uns von einer gewissen religiösen Enge zu befreien, vielleicht sind es diese Dinge, die uns verbinden, auch wenn wir sie nicht thematisieren.

Ria ist schon 85 Jahre alt und fragt mich über die Entwicklungen in meinem Leben. Ich erzähle ihr von den drei Jahren in Deutschland, und es gelingt mir, wirklich das mitzuteilen, was mir durch diese Zeit möglich geworden ist. Sie kann ein Stück davon verstehen und freut sich mit mir. Ich spüre, wie gut es tut, von einem alten Menschen gehört zu werden.

Manchmal gefällt mir an Ulrichs Lesung eine Kleinigkeit nicht. Oft habe ich ihm davon hinterher gesagt, und das war auch gut. Aber oft erkenne ich auch gerade durch solche Kleinigkeiten, was ich an mir noch verändern möchte, wo ich etwas noch vertiefen sollte. Im Zusammensein bilde ich einen Boden, auf dem Ulrich sich erfahren kann.

17. November

Wir treffen uns mit Martin Keller in Köln. Ich bespreche mit ihm eine Video-Cassette, die wir vielleicht zusammen drehen wollen. Ich versuche ihm ein Gefühl für das ganze Projekt zu geben. Geheimnis soll das Stichwort sein. Ich will an meine liebsten Stellen in der Wüste gehen und dort fotografieren, sprechen und auch einige Texte lesen und den Betrachter in das Geheimnis dieser Landschaft mit hineinnehmen. Ich freue mich an dem Austausch mit Martin, an seinem Interesse, an seiner Vorsicht, an seiner Suche. Auch hier verschwindet der Altersunterschied fast ganz, auch wenn er beinahe mein Sohn sein könnte.

Abends Lesung in Wermelskirchen. Ich höre vorher, daß die kommen werden, die meine Bücher gern haben, aber auch die, die meine Gegner sind, sind eingeladen. Ich stelle mich darauf ein. Meine Stimme hält den ganzen Vortrag durch, aber zum Nachgespräch ist sie total weg. In der Pause kann ich die nur flüsternd nach dem Namen fragen, die sich ein Buch signieren lassen wollen. Auch das Nachgespräch muß ich flüsternd bestreiten. Die Stimme tut ihren Dienst nicht mehr. Was steht dahinter?

Ulrich kennt Martin schon seit einigen Jahren. Ich begegne ihm das erste Mal. Seit meinen drei Jahren in Deutschland gehe ich ganz bewußt auf Bekanntschaften von Ulrich zu. Ich kann das jetzt und sperre mich nicht mehr. Ich freue mich, als ich merke, daß ich Martin auch als eigener Mensch wichtig bin.

Nach einer Dombesichtigung höre ich an der Tür ein lautes, kreischendes Geschrei und sehe dort eine türkische Bettlerin sitzen. Eine deutsche Frau schreit sie wild an: »Geh hier weg! Scher dich hier weg!« Eine Menschenmenge steht um sie herum. Ich spüre den Drang in mir, die deutsche Frau zur Ruhe zu bringen, weiß aber, daß ich nichts tun kann. Solch ein irrsinniges Geschrei wird auf keine Vernunft hören.

Trotz der vielen Eindrücke in Köln bin ich froh, daß ich in Wermelskirchen doch wenigstens noch zum Nachgespräch ging. Dort wartete eine Frau aus Oldenburg auf mich, und Axel Müller begegnete mir, den ich seit zehn Jahren kenne. Und auch das kurze Gespräch mit dem Veranstalter war mir wichtig. Ich mag kaum noch einen Abend verpassen.

18. November

Ich wache in der Nacht mehrmals auf und teste, ob meine Stimme wiederkommt. Nein, sie ist noch nicht zurück. Was werde ich heute abend machen? Ich mag nicht absagen. Von etwa 700 Lesungen, die ich in den letzten sechzehn Jahren gemacht habe, habe ich nur eine absagen müssen. Waltraud ruft den Buchhändler in Solingen an, wo wir heute abend sein sollen. Er hat schon gehört, wie es mir geht. Wir sagen, daß wir alles tun werden. Wir fahren zu Gudrun, und ich ruhe mich an ihrem mit Holz gefeuerten heißen Kachelofen aus, hoffe und nehme Medikamente. Ich merke, wie schwer es mir fallen würde abzusagen, zu enttäuschen. Am Nachmittag ist die Stimme sporadisch da. Vielleicht, vielleicht. In Solingen nehme ich im Hotel ein ganz heißes Bad.

Unter Wasser höre ich mein Herz klopfen – einen Moment lang habe ich Angst, es könnte aufhören zu schlagen. Die Stimme kommt weiter – ich habe jetzt Mut, in die Lesung zu gehen. Aber wie lange wird sie halten? Zwanzig Minuten vorher gehe ich mit Waltraud meine Texte durch. Sie ist bereit, die Texte zu lesen, und ich brauchte mich dann nur auf die Zwischenbemerkungen zu konzentrieren.

Der Abend geht gut. Der Buchhändler erklärt die Situation, und die hundert Zuhörer sind mir wohlwollend zugewandt. Ich spreche langsamer und bedächtiger. Zwischendurch trinke ich etwas, lutsche eine Pastille, weil die Stimme wieder etwas verschwindet, doch die Stimme reicht sogar noch für das Nachgespräch. Ich bin glücklich, daß es geklappt hat, und hoffe, daß es morgen abend auch gehen wird.

Axel kommt noch einmal zur Lesung, und ich freue mich, ihn noch mal zu sehen, und besonders, als er mir sagt, er sei wegen mir gekommen. Wie sehr ich diese Kontakte mag!

Wenn Ulrich mal körperlich schwach ist, erlebe ich meine Stärke. Ich bin oft die körperlich Schwächere. Heute hat er die Stimme verloren, und wir überlegen, ob ich die Lesung mit ihm zusammen mache, indem ich die Texte lese und er sie mit seinen Gedanken verbindet, solange die Stimme reicht. Der Gedanke reizt mich, und ich spüre Lebendigkeit dabei. Ich setze mich in die erste Reihe, bereit, mich neben ihn auf den Tisch zu setzen. Aber die Stimme hält durch, und er schafft den Abend allein.

19. November

Bei Walli und Karl-Heinz. Sie waren sechs Monate in Australien, und wir haben uns schon länger nicht gesehen. Wir tauschen aus, was inzwischen bei uns allen passiert ist. Auch hier wieder die Kontinuität.

Abends die Lesung in Düsseldorf. Ich bin von einer esoterischen Buchhandlung eingeladen – zum ersten Mal. Der Abend beginnt mit einer Lichtmeditation, bei der mir weißes Wachs auf meine schwarze Hose kleckert, so konzentriert war ich auf die Stille und das innere Licht. Ich merke, daß ich ein anderes Gefühl vor dieser Lesung habe. Aber wahrscheinlich ist das nur eine Sache meiner Einstellung – ich stelle mir vor, daß hier etwas anderes von mir erwartet wird. Erst als es mir während des Vortrags klar wird, daß die meisten wahrscheinlich meine Leser sind, so wie sonst in anderen Städten auch, gelingt es mir, zu dem zu stehen, was ich kann und bin, und mich nicht auf das zu konzentrieren, was vielleicht jemand erwarten mag. Es beschäftigt mich allerdings, wie ich hier wohl verstanden werde. Einerseits bin ich kein Esoteriker in dem Sinne, wie der Begriff von vielen verstanden wird. Andererseits will ich aber nicht so tun, als hätte ich damit nichts zu tun. Weil ich versuche, grenzenüberschreitend zu denken und zu leben, gehöre ich schon zu den Menschen, die sich in neuer Weise Gedanken machen. Das ist für mich die positive Bedeutung des Begriffs Esoterik.

Ich wünsche heute abend, daß jede Zuhörerin und jeder Zuhörer aus eigener, gut überlegter Entscheidung gekommen ist, und nicht, weil der Betreffende oder die Betreffende sich für eine Vortragsreihe angemeldet hat, zu der ich nun auch mal gehöre. Früher kamen manchmal ganze Gruppen zu meinen Lesungen, aber das war mir nicht so wertvoll wie jede und jeder einzelne jetzt, auch wenn dadurch manchmal weniger in einer Lesung sind.

Wir sind in einem Hotelzimmer, das wir uns nicht leisten würden, das uns aber von dem Veranstalter der heutigen Lesung gestellt wurde. Ich versuche mich heimisch zu machen, auch wenn mir der hohe Preis ab und zu durch den Kopf schwirrt. Aber bald freuen wir uns an dem Luxus.

Beim Nachgespräch kommen gute, anregende Gedanken. Sehr gezielt kommen wir auf Dinge zu sprechen, die Ulrich besonders interessieren. Einige der Teilnehmer locken Gedanken aus ihm hervor, die ich sonst noch nicht so gehört habe.

20. November

Morgens ist draußen ein leichtes Schneegestöber, wir besuchen noch die Buchhandlung und fahren dann nach Schöntal zurück. Wir genießen das Zurückkommen in unsere Wohnung, hier auf dem Dorf, mit dem Blick über die Felder. In der Wohnung sind wir umgeben von Dingen, die wir liebgewonnen haben. Ich spüre mehr als früher die emotionale, seelische Anspannung bei einer Lesereise. Ich gebe jeden Abend ein Stück von mir.

Ulrich: Ich merke immer wieder, wie wichtig es ist, daß ich mich abgrenze, und gleichzeitig, wie schwer ich es finde, das zu tun.
Waltraud: Ich beobachte das an dir, und mir ist diese Entwicklung in dir wichtig.
Ulrich: Wie siehst du meine Entwicklung in diesem Bereich?
Waltraud: Ich habe dich früher erlebt als jemanden, der immer da war, wenn ein Mensch etwas von ihm wünschte. Wenn jemand zu dir kommen wollte, warst du meistens mit Begeisterung bereit. Du hattest Zeit, konntest bis spät in die Nacht hinein lange Gespräche führen und am nächsten Tag weitermachen.
Ulrich: Ja, ich erinnere mich gut an die Zeit und merke auch, daß sich das in den letzten Jahren verändert.
Waltraud: Mir fällt auf, daß du viel mehr allein sein möchtest, nicht weil du weniger Energie hast, sondern einfach, weil dir die Zeit für dich allein kostbar ist.
Ulrich: Das merke ich auch. Vielleicht hat das mit dem Älterwerden zu tun. Zeit zu haben ist das Kostbarste. Ich spüre, wie viel in mir ist, dem ich nachgehen möchte. Aber ich glaube, es ist nicht nur eine Frage der Zeit. Es hat auch mit der Ruhe zu tun, aus der ich leben möchte. In Unruhe, die zu lange anhält, verliere ich mich selbst aus den Augen.
Waltraud: Oft merke ich, wie schwer es dir fällt, jemandem abzusagen.

Ulrich: Das hängt mit meinem Selbstverständnis zusammen. Ich habe gemeint, daß ein guter, interessierter, offener Mensch immer für andere dasein müßte. Gerade in dem Bereich meines Lebens habe ich darum auch oft Fehler gemacht. Ich sah mich als zu verantwortlich. Ich habe mich nicht abgegrenzt und habe meinen Mitmenschen damit manchmal ein falsches Bild von mir und von ihnen gegeben. Sie fühlten sich mir näher, als sie mir vielleicht waren.

Waltraud: Darum fanden sich dann oft Menschen ein, die diese Seite an dir genossen haben.

Ulrich: Vielleicht nicht nur genossen haben, sondern mich hier und da sogar ausgenutzt haben. Wobei sie das vielleicht gar nicht gemerkt haben. Es war einfach so. Man konnte so mit mir umgehen. Darum fällt es mir jetzt manchmal auch schwer, mich abzugrenzen, und ich überrasche manche damit, weil sie mich so nicht kennen.

Waltraud: Ich bin aber froh, daß Menschen dich jetzt so kennenlernen.

Ulrich: Ich entdecke dabei, daß ich oft jemandem nicht helfe, wenn ich so verfügbar bin. Durch meine Verfügbarkeit unterbreche ich einen Prozeß, in dem der andere stehen mag. Ich nehme ihm ab, was er allein durchstehen muß. Das so zu sehen hilft mir, die Abgrenzung besser zu leben.

Waltraud: Hast du immer noch ein schlechtes Gewissen, fühlst du dich lieblos und meinst, verfügbar sein zu müssen?

Ulrich: Manchmal schon. Ich habe da auch eine grundsätzliche Frage: Wo ist die Grenze der Abgrenzung? Wie weiß ich, wann ich bereit sein muß, etwas zu opfern, und wann ich ganz zu mir stehen muß? Es gibt ja gerade auch in der modernen Gesellschaft viele Menschen, die sich nur »abgrenzen« und die nicht bereit sind, etwas für den anderen zu tun. Die ihren Egoismus als Abgrenzung ausgeben. So will ich natürlich nicht leben.

Waltraud: Es kommt wohl immer darauf an, was zur Zeit wichtig ist. Und ich denke, manchmal tut jemand wie du seinen Mitmenschen den größten Dienst, wenn er sich zurücknimmt, auch wenn das wie Egoismus aussieht.

Ulrich: Ich merke, wenn ich mich zurücknehme, haben andere eine Chance, und das ist wichtig. Auch können manche Prozesse in mir eine größere Tiefe erreichen, ehe ich sie mit anderen teile. Mich abzugrenzen wird für mich immer wichtiger, weil ich nur so noch wirklich »da« sein kann. Ich bin dabei, diesen Balanceakt zu lernen.

21. November
Waltraud und ich sagen Geplantes ab, weil wir noch mehr Zeit für uns brauchen. Es soll nichts geschehen.

Immer stärker entdecke ich in den letzten Jahren die Leere, das Unausgefüllte. Manchmal übt es eine fast magische Anziehungskraft auf mich aus. Nichts zu tun, wenigstens einige Augenblicke lang, läßt mich das Leben stärker fühlen. Es geht dann nicht mehr um irgendwelche vordergründige Abläufe, sondern um das ganze große, gewaltige Geheimnis, das wir Leben nennen, in dem wir stehen und das wir ein Leben lang versuchen zu ergründen.

Heute ist für uns echt ein Ruhetag. Wir sind froh, die Wohnung in Deutschland zu haben. Ab und zu scheint es uns ein Luxus zu sein, diese Wohnung zu behalten, aber an solch einem Tag wie heute nicht. Wir müssen immer wieder neu überprüfen, wie wichtig die Lesereisen überhaupt sind.

Ich lese die Aufzeichnungen von Alma Mahler-Werfel. Von dem wenigen, was ich über sie gehört habe, war ich eher abgeneigt, dieses Buch zu lesen. Nun bin ich aber froh, sie ein Stück durch das Buch kennenzulernen. Sie war, so wie ich, mit einem Schriftsteller verheiratet, und ich bin erstaunt, mit was für einer Selbstverständlichkeit sie sich hinter seine Arbeit stellt und stets mit Interesse genau weiß, was er schreibt. Sie sagt aber, daß er bestimmt bis an sein Lebensende nicht anerkennen wird, wie stark sie ihr »Ich« für ihn geopfert hat.

22. November
Fahrt in die neuen Bundesländer. (Wie lange wird dieser Begriff noch gebraucht werden?) Ich beobachte mich, während wir die kleinen Orte unterwegs durchfahren – ich suche nach Veränderungen. Der erste Abend ist in Greiz.

Wiedersehen mit Freunden. Ich bin etwas unruhig vor den fünf Lesungen hier im ehemaligen Osten. Ich will nicht als der Schlaumeier aus dem Westen kommen, aber ich will auch nicht so tun, als hätte das, was ich zu sagen habe, nichts mit der Wirklichkeit hier zu tun. Als mir ein junger Mann kritisch sagt, daß das, was ich sage, hier in den neuen Bundesländern nicht gilt, kommt mir ein anderer zu Hilfe. Er meint, man könne nicht immer die Schuld auf etwas, was außerhalb von einem selbst liege, schieben. Man könne jetzt und konnte auch zu alten DDR-Zeiten echt sein und das leben, was man für recht halte. Er sagt, er finde die Aussagen in meinen Texten universell. Ich meine und hoffe das auch, aber es ist schwer für mich, das zu sagen, weil es wie eine Verteidigung aussieht.

Die Lesereise in den neuen Bundesländern fängt heute mit der Lesung in Greiz an. Ich freue mich über diesen Tag, weil wir dort bei Heidrun und Dieter Linke absteigen, die uns in den Jahren kurz vor und nach der Wende lieb geworden sind. Durch sie bekamen wir einen Bezug zu den Ost-West-Fragen. Sie gehören zu den Menschen, die sich treu geblieben sind, die bespitzelt wurden und über die nach der Wende dicke Akten vorgefunden wurden. Ich frage Dieter und Heidrun, wie denn nun die Verleumdungen und der Verrat aufgearbeitet werden. Dazu sagt Dieter: »Jetzt vergessen wir die Vergangenheit und gehen auf Neues zu! Es bringt nichts, noch anzuklagen und im Alten rumzustochern.« In der Lesung in einem schlichten Raum habe ich das Empfinden, unter Menschen zu sein, die dem Leben echt und ursprünglich begegnen. Ulrich ist halb durch mit seiner Lesung, als ein junger Mann ihn unterbricht. Er wirkt stark betroffen und scheint nicht länger auf seinen Einwänden sitzen zu wollen. Ein zweiter Mann schließt sich ihm an. Ulrich geht auf beide ein, und ich bin froh über den Ablauf des Gesprächs.

23. November
Ein schöner Morgen bei Heidrun und Dieter in der Küche. Ihre Freunde Maria und Hubert sind auch dabei. Das Gespräch geht immer wieder auf unser Bedürfnis nach Ritualen, nach Transzendenz. Ich spreche über meinen Versuch, das in mir zu finden, was ich außen suche. Das Gespräch ist tief und ungezwungen – es ereignet sich einfach. Verschwunden sind die vielen Kilometer, die uns sonst geographisch trennen. Auch daß wir in drei verschiedenen Konfessionen aufgewachsen sind, trennt uns nicht. Wir sind alle Suchende.

Nachmittags Fahrt nach Cottbus. Die Lesung ist dort fast doppelt so groß wie erwartet, und es wird ein lebendiger Abend. Wir treffen auch unsere Freunde aus Forst, und sie kommen am Ende des Abends noch mit auf unser Zimmer. Ingrid schafft es als Journalistin in den neuen Verhältnissen des Landes.

Und nun schneit es doch tatsächlich schon. Ich fahre gern durch die Schneelandschaft. Wir fragen uns, ob wir es zur Zeit bis Cottbus schaffen und ob unsere Freunde aus Forst, die ich gern wiedersehen möchte, bei Schnee dorthin kommen werden. Cottbus ist der östlichste Ort auf unserer Reise. Die Autobahn ist sehr gut, und wir kommen zügig voran. Mit dem Singen von Weihnachtsliedern haben wir so viel Spaß, daß die Zeit verfliegt.

Wir kommen, zur Freude der Pfarrfrau, noch zeitig genug an. Als wir mit der Buchhändlerin durch die beschneiten, vorweihnachtlichen Straßen zum Vortragssaal stapfen, zeigt sie uns den Weihnachtsmarkt und das riesige in Holz geschnitzte Weihnachtskarussell, in der Art, wie ich es von einer Bekannten aus Ostberlin vor vielen Jahren im Kleinformat bekommen habe. Auf meinem Karussell befanden sich Figuren aus der Weihnachtsgeschichte. Die Buchhändlerin weist darauf hin, daß hier weder die Hirten und die Weisen noch Maria und Joseph unter den Figuren zu finden sind. Statt dessen sind hauptsächlich Kinder und Figuren ohne frommen Bezug zu sehen.

Der nicht kleine Saal ist zum Platzen voll, trotz Schnees. Die Freunde aus Forst sind gekommen. Mir ist wohl. Vor mir sitzen zwei junge Mädchen. Ich nehme stark an, daß sie keine Leserinnen von Ulrichs Büchern sind. Sie wenden sich einander viel zu und kommentieren tuschelnd und belustigt Ulrichs Aussagen. Ich denke, daß sie meine Töchter sein könnten. Statt mich an ihnen zu stören, sehe ich, daß es wichtig für sie ist, einen Vortrag gefunden zu haben, den sie kritisieren können.

24. November

Frühstücksgespräch mit unseren Gastgebern im Pfarrhaus. Ich lerne, wie eng in der alten DDR die Identität und der Selbstwert des einzelnen mit der Arbeit zusammenhingen. Und jetzt bei der hohen Arbeitslosigkeit bricht für viele ihr Wertgefühl ein. Weil jemand nicht mehr arbeitet, ist er/sie nichts wert. Und nicht nur das, das Arbeitskollektiv war auch ein Stück Zuhause. Die Arbeitslosigkeit nimmt auch das.

Von Cottbus fahren wir in den verschneiten Spreewald. Die Landschaft erinnert mich an das Teufelsmoor bei Bremen. Danach fahren wir zu Renate auf ihre Studentenbude in Potsdam. Abends ist die Lesung im Bonhoeffer-Haus in Ostberlin. Auf dem Weg dorthin passieren wir auch die Stelle an der Friedrichstraße, wo früher der Grenzübergang »Checkpoint Charlie« war. Noch immer ist das ein sonderbares Gefühl für mich. Ich erinnere mich noch an die Male, als ich dort durchging. 1963 war es das erste Mal, als ich mit Lebensmitteln bepackt eine Familie, die ich nicht kannte, in Ostberlin besuchte. Später bin ich dann mehrmals mit meinen eigenen Büchern durchgegangen und habe beobachtet, wie der Grenzbeamte eine halbe Stunde in diesen Büchern las, sie mir dann wiedergab und mich durchließ. Ich erinnere mich an meine Unsicherheit und an eine stille Angst vor dem willkürlichen Staat. Und jetzt fahre ich einfach durch, es gibt keine Sperren, keine Schlagbäume, keine Panzer, keine Polizisten, keine Gewehre.

Die Lesung selbst ist ein gutes Erlebnis. Ich fühle mich schnell frei, und mir gelingt dann die Gestaltung besser. Im Nachgespräch sagt eine Frau, was ihr meine Bücher bedeutet haben, und schließt mit dem besten Satz des ganzen Abends: »Es gibt nur eine Konfession – menschlich.«

Im Nachgespräch höre ich immer wieder Beiträge, auf die ich nur schwer reagieren kann, weil ich vom Westen komme. Immer wieder höre ich von dem Druck, der von dem westlichen System ausgeht, der sich auf den Osten legt und gegen den sich viele machtlos empfinden. Ich kann immer wieder nur ermuntern, wenig von außen zu erwarten und sich das selbst zu geben, wonach man hungert. Das ist natürlich leichter gesagt als getan.

Waltraud meldet mir nach fast jeder Lesung, was sie gehört und gespürt hat. Das ist ihr Beitrag, eine möglichst sinnvolle, gefüllte Lesung zu gestalten. Heute erwähnt sie wieder, daß ich das Wort »natürlich« manchmal als Antwort auf jemanden gebrauche und den Menschen damit fast vorwurfsvoll kritisiere, als hätte er/sie das ja schon längst selbst sehen müssen. Ich merke ganz selten, daß ich es gebrauche, ich merke noch nicht einmal, daß ich diese Haltung in mir habe. Aber ich bezweifle es nicht, daß es so in mir ist. Aber ich kann es nicht abstellen, es fehlt an der inneren Reife.

Ich lerne, noch besser mit der Dankbarkeit umzugehen, die Menschen Ulrich und mir entgegenbringen. Eva-Maria Kriesel kam schon vor zwei Jahren zu einer Lesung, als ich dabei war, und teilte uns mit, wie ihr die Gedanken Ulrichs zur Hilfe geworden seien.

Sie gestaltet Figuren in Ton, und es tat ihr damals leid, daß sie keine dabeihatte, um sie uns, als Zeichen ihrer Dankbarkeit, zu schenken. Heute kommt sie zur Lesung nach Berlin und beschenkt uns reich mit ihren Arbeiten. Ich freue mich, die Figuren in unserer Wohnung in Schöntal aufstellen zu können. Sie sind mir ein Zeichen der inneren Verbundenheit mit Ulrichs Lesern.

25. November

Mit Renate am Wannsee, wo wir einen Fuchs durch den Schnee laufen sehen. Spaziergang am Heiligen See in Potsdam bei drei oder vier Grad Frost. Ich fotografiere Platanen mit ihren abstrakten Rindenmustern. Fahrt nach Magdeburg. Vor der Stadt fotografiere ich den roten Sonnenuntergang bei Gübs. Die Lesung abends ist die kleinste auf dieser Reise. Nur fünfunddreißig Zuhörer sind gekommen. Einigen spüre ich ihre Ablehnung an. Das trifft mich immer tief, und ich muß verhindern, daß ich nicht auf sie eingehe und den Abend nur abspule. Ich konzentriere mich auf die, die gern gekommen sind, unter andern eine junge Frau, die von Hannover zwei Stunden mit dem Auto angefahren ist. Ich spreche dann in erster Linie zu denen, die hören wollen, aber ganz gewinne ich meine Leichtigkeit nicht zurück. Ich versuche auch heute abend wieder ganz wach zu sein und auf das Nonverbale der Zuhörer einzugehen. Ich merke, wie schwer es mir wird, mich zu konzentrieren, wenn einige direkt vor mir immer wieder miteinander reden. Es wäre leichter, wenn ich die Zuhörer nicht so sehr einbeziehen würde in meinen Vortrag. Aber ich will nicht einfach nur einen Vortrag, eine Lesung halten. Beim Signieren gibt es dann, wie fast immer, eine Reihe guter, intensiver, wenn auch nur kurzer Begegnungen.

Von Berlin nach Magdeburg kommen wir im dichten Nebel durch rauhreifbedeckte Wälder. Anstatt mich zu ärgern, daß wir nur langsam vorankommen, genieße ich die wunderschöne weiße Landschaft.

26. November

Am Morgen bin ich nochmals in der Buchhandlung, um einige Bücher zu signieren, und komme dabei ins Gespräch mit einer Buchhändlerin. Sie sagt, sie habe mich frommer erwartet (sie meint wahrscheinlich »frömmelnder«), aber der Abend habe ihr gefallen. Ich höre das ab und zu und spüre dabei, wie der Begriff »fromm« einengend gebraucht wird. Ich sehe mich als frommen Menschen. Der Begriff kommt aus dem Mittelhochdeutschen und bedeutete damals nützlich, brauchbar, tüchtig, tapfer, und nicht abgesondert, lebensfern, wie er heute meistens gebraucht wird. Die alte Bedeutung des Wortes ist etwas Wertvolles, Kostbares für mich. Die Suche nach dem gesamten Zusammenhang, die man auch die spirituelle Suche nennen könnte, macht einen Menschen fromm – nicht das Gebrauchen von gewissen Formeln und das Einhalten von Riten. Ich bin froh über unser Gespräch, weil es mir wichtig ist, daß das Wort in seiner alten Bedeutung wieder mehr gebraucht wird. Ich möchte das Wort wieder zurückgewinnen und es mir nicht stehlen lassen von einer Gesellschaft, die es entleert gebraucht.

Reise nach Erfurt. Wir wählen wie so oft, kleine Wege, um etwas mehr von dem Land und der Landschaft zu erleben. Der Nebel ist dicht, und die immer wieder aus dem Nichts auftauchenden, bereiften Bäume wirken zauberhaft. In Buchenwäldern haftet der Schnee einseitig an den Stämmen, dazwischen immer wieder die braunen Flecken der Herbstblätter, die noch nicht abgefallen sind.

Ankunft in Erfurt. Das übliche Gespräch mit der Buchhändlerin. – Wie viele werden kommen? – Es ist schwer zu sagen. – Lassen wir uns überraschen.

Ich merke, daß ich mich gern einstelle auf vierzig oder hundertfünfzig – vielleicht ist es ein Stück Sicherheitsbedürfnis. Der Saal füllt sich buchstäblich bis zum letzten Stuhl. Nach einigen Unterbrechungen durch Zuspätkommende bin ich im Thema, in dieser Innenwelt, die zugleich auch die Außenwelt in ihrer ganzen Dichte bedeutet.

Heute habe ich zum ersten Mal nicht nur verstohlen, sondern richtig offiziell mit dem Signieren vor der Lesung begonnen. Es gefällt mir, weil es schon vor dem Vortrag die Gegenüberstellung von »Sprecher« hier und »Zuhörern« dort abbaut.

Hier in der Gegend von Magdeburg, nahe an meinem Geburtsort, erinnere ich mich an die Lieder, die mein Vater mit uns vier Kindern sang, und ich singe die alten Texte jetzt mit Ulrich neben mir. Dabei kommen viele Erinnerungen an meine Kindheit in mir hoch, Frohes und auch Lustiges. Mir fällt auf, wie positiv meine Kindheit war. Ich erlebte viel Geborgenheit bei meiner Mutter und auch bei meiner älteren Schwester, die so gern Kinder pflegte. Warum verdränge ich dieses Schöne und erinnere mich so oft an die schweren

Jahre als junges Mädchen, in denen ich mich verlassen und ausgesetzt fühlte? War es vielleicht der große Kontrast zur frühen Kindheit? Ich will mich jetzt ganz bewußt an meine Kindheit erinnern und in der tiefen Dankbarkeit leben, die dabei in mir aufsteigt.

27. November
Lange Rückfahrt über den verschneiten Harz. Rechts und links der Straße immer wieder die bereiften Bäume. Ein paar Filme füllen sich mit guten Erinnerungen.

Mehr als früher merke ich, daß es mir schwerer fällt, die vielen Eindrücke einer solchen Reise zu verarbeiten. Ich speichere sie nur und werde sie mir dann monatelang abrufen.

Waltraud: Jetzt, wo wir mit der Lesereise durch die neuen Bundesländer fertig sind, kommt mir wieder die Frage, ob der Unterschied zwischen den alten und den neuen Bundesländern wirklich so groß ist, wie viele ihn zu sehen meinen. Ich meine den Unterschied zwischen den Menschen.
Ulrich: Ich merke auch, daß ich von einem Unterschied ausgehe und ihn vielleicht nur deshalb finde. Aber wenn ich wirklich überlege, habe ich eigentlich nur selten den Unterschied bemerkt.
Waltraud: Die Fragen, die aufgeworfen werden, sind im Grunde auf beiden Seiten sehr ähnlich. Es gibt im Osten wie im Westen Menschen, die nach Beständigem und Echtem suchen.
Ulrich: So habe ich es auch empfunden. Der Unterschied ist ein äußerer und bezieht sich auf äußere Zustände. Und von denen möchte ich mich nicht abhalten lassen, zu den Menschen mit ihren Fragen und Freuden zu finden.
Waltraud: Ich habe an den Abenden immer wieder vergessen, daß wir in den neuen Bundesländern waren. Ich bin überall auf ganz lebendige Menschen gestoßen, die mich mit ihrem inneren Reichtum beschenkt haben.
Ulrich: Wir müssen immer wieder versuchen, uns in unserem Menschsein zu treffen. Ich glaube, daß es in jedem politischen und ideologischen System, in allen Veränderungen und Umwälzungen schwer ist, den bleibenden Werten nachzugehen. Die Anfechtungen sind verschieden, man versucht uns auf ganz unterschiedliche Weise zu kaufen. Aber es lassen sich immer Wege finden, echt und lebendig zu bleiben.

Waltraud: Das habe ich diese Woche auch gemerkt, trotz der Probleme, denen wir ja auch begegnet sind.

28. November
Wir entspannen uns beide, sehen fern, Waltraud spielt Tetris am Computer. Nachmittags ist Besuch da. Abends gehen wir zu Freunden. Manchmal spüre ich, daß es noch ein paralleles Universum gibt, in dem ich mich auch bewege.

Ich spreche mit einer Frau, die von ihrem Mann schon lange getrennt lebt und unglücklich darüber ist. Ihr Mann ist es auch, und trotzdem finden sie nicht zueinander. Ich glaube, daß viele Trennungen letztlich geschehen, weil Menschen Erweiterung suchen und sie auch nötig brauchen. Sie merken, daß sie ihre Liebe weniger exklusiv leben wollen und den Rahmen der einengenden Zweierbeziehung sprengen wollen. Vielleicht halten manche Trennungen dann ein Leben lang an, weil der Rahmen noch ständig Erweiterung braucht.

29. November
Ich arbeite intensiv an den Einleitungstexten zu den neuen Postkarten-Büchern. Manche Formulierungen gelingen mir.

Besuch zum Abendbrot. Manchmal ist es ungeheuer wichtig, das Verbindende zu betonen und das Trennende zu übersehen, es noch nicht einmal in sich zu erwähnen, es als Selbstverständlichkeit, der man aber nicht nachgeben muß, anzunehmen.

Ich sehe ein Gespräch über Bücher im Fernsehen. Alle Beteiligten sind sehr aufgeregt. Jeder muß schnell und ohne Pausen sprechen, damit er nicht frühzeitig unterbrochen wird. Jeder sagt seine Meinung und hört kaum auf die Meinung der anderen. Es ist wie ein Wettkampf, bei dem jeder sich vordrängt und gut dazustehen hofft. Am Ende habe ich nicht das Empfinden, daß einer vom andern gelernt hat oder auch nur Offenheit gezeigt hat. Der Zweck des Programms ist, Literatur vorzustellen. Der wird auch erfüllt. Und doch bleibt ein ungutes Gefühl in mir zurück, weil es nicht zu einer wirklichen Verständigung kam.

30. November

Lesung in Köngen bei Stuttgart. Nach den Lesungen in sonstigen Teilen Deutschlands ist es immer wieder wie eine Heimkehr, wenn ich nach Schwaben zum Lesen komme. Es ist eine besondere Art von Freundlichkeit, in der ich mich immer wieder aufgenommen fühle.

Mein erster Lesungsabend ohne Waltraud. Der Abend ist anders – nicht schlechter, nicht besser, anders. Ich spüre, daß die existentielle Aussage, indem wir zusammen erscheinen, in gewisser Weise so wesentlich ist wie die Lesung selbst. Ich rede dann nicht nur mit meinen Worten, sondern auch mit meinem Leben. Wir beide reden mit unserem Leben. Es gibt Menschen, für die nur noch diese Art von Reden wichtig ist. Vom bloßen Reden haben sie die Nase voll, weil Worte billig sind und man alles sagen kann, auch das, was man nicht lebt oder nicht bereit ist zu leben.

Immer wieder überlegen wir, was wir mit der Wohnung machen. Ich will jetzt nicht mehr auf längere Zeit ohne Ulrich in Deutschland sein. Haben wir nun noch genug Grund, sie zu behalten? Wenn wir sie auflösen, haben wir weniger Bezug zu Deutschland, dann sind wir Besucher, statt Einheimische. Die Frage ist, ob ich dann so intensiv zusammen mit Ulrich die Lesereisen machen kann. Ich tue das so gern wie nie zuvor. Ich brauche einen Ort, wo ich zwischen den Lesungen zur inneren Ruhe komme, und Ulrich auch. Meine Freude an den Begegnungen mit Menschen in Deutschland wächst. Äußerlich scheint es wie ein Luxus, eine Wohnung zu halten, die wir nur so kurze Zeit im Jahr bewohnen. Zu Zeiten solcher Überlegungen denken wir oft an die Worte Jesu: »Trachtet am ersten nach dem Reich Gottes!« Daran denke ich auch jetzt und stelle die Überlegung, ob es sich rentiert, so viel Geld für die Wohnung auszugeben, in den Hintergrund. Zuerst überlege ich, was für unser inneres Leben wichtig ist und was dazu beiträgt, daß wir das mit Kraft nach außen tragen können, was uns bewegt. Wir haben mit diesem Lebensansatz bisher gute Erfahrungen gemacht. Das nötige Geld für das Unternehmen hat sich dann eingestellt.

dezember

1. Dezember
Beim Hotelfrühstück höre ich den Sprechenden am Nebentisch zu. Sie gebrauchen die Sprache als sicheres Versteck.

Das Rauchen anderer Gäste nach dem Frühstück im Hotel stört mich mehr als früher. Ich habe meinen Körper feiner eingestellt und spüre seinen Mißbrauch (durch das Mitrauchen) schneller und stärker. Den Vergleich durchdenken in anderen Bereichen – die Vorsichtigkeit, mit der wir mit uns selbst umgehen, macht uns verletzbarer. Werden wir auch widerstandsfähiger? Zerbrechlichkeit ist wirklich Stärke, sage ich ja in der Lesung.

Aus einem nicht ganz verständlichen Grund war die Lesung heute abend in Ulm aufregend, besonders das Signieren und die Begegnungen dabei. Es gab ein dichtes Gedrängel und immer wieder persönliche Worte. Die Luft schien wie aufgeladen. Dabei ist mir immer, als ginge es eigentlich um etwas anderes als das, was geschieht – das Einwirken einer Transzendenz. Ich habe mich wohl gefühlt.

Renate hat mir in Potsdam eine Seminararbeit zum Lesen mitgegeben. Sie schreibt zwar über ein Thema, geht aber stark von ihrem eigenen Erleben aus. Der Aufsatz ist sehr subjektiv geschrieben. Ich bin erstaunt über die positive Begutachtung und daß man ihr erlaubt hat, so subjektiv zu schreiben. Ich lese die Arbeit aber gerade deswegen mit Interesse durch und werde durch ihr persönliches Erleben angeregt, über den Zustand in den neuen Bundesländern weiter nachzudenken.

2. Dezember
Ich besuche das Ulmer Münster. Diese Gegenwart einer anderen Zeit im Chorgestühl. Interessant sind die geschnitzten »heidni-

schen« Figuren. Offensichtlich war die Kirche nicht der einzige Geldgeber beim Bau des Münsters. Neben den Sibyllen ist auch Seneca vertreten. Ich beobachte mich in diesen alten Bauten. Ich möchte zurück in die Zeit – ich versuche sie mir gegenwärtig zu machen.

Am Eingang zum Münster steht etwas Literatur, unter anderem auch ein Beziehungsheft von Wilhard Becker mit meinen Fotos.

Ich lese in einem Gedicht von Peter Härtling die Zeilen:

»Die Gewalt, sage ich mir,
hält unserer Liebe
nicht stand.«

Diese Überzeugung muß in uns fest, so fest wie ein Berg, sein. Wir müssen sie ausstrahlen, ausatmen und insgesamt sein, sonst wird die Gewalt es uns nicht glauben und uns vergewaltigen.

Abends Lesung in Bad Schussenried. Ich fühle mich wohl, und mir gelingt, das zu sagen, was mir wichtig erscheint. Das Nachgespräch ist recht einseitig. Zum ersten Mal auf dieser Reise geht es fast ausschließlich um religiöse dogmatische Fragen – immer wieder um die Richtigkeit und nicht um die Lebendigkeit. Wenn man als Außenseiter dieser Diskussion zuhören würde, könnte man meinen, daß der Mensch für die Religion geschaffen ist, nicht umgekehrt.

Aber ich freue mich über die Freunde, die dort sind. Antonie, Heide, Ursula, und Lydia ist auch noch mal gekommen. Auch wenn wir uns so selten sehen und immer nur kurz, verbindet uns die gemeinsame Suche, dieses Unterwegssein und das Wissen voneinander. Eine jede und ein jeder auf ihre/seine Weise hilft mit, daß die positive Energie wächst.

Ich bin im Gespräch mit Mirjam, und sie erzählt mir von einigen theologischen Büchern. Ich höre gern, wenn sie mir über die Bücher berichtet. Ich finde die Gedanken gut und kann sie nachvollziehen. Mir ist aber das gegenwärtige Geschehen mit Mirjam wichtiger. Ich höre, wie sie die Gedanken verarbeitet. Ich bin fasziniert von ihrer Begeisterung, und ich werde durch ihr Interesse angeregt, mit ihr gemeinsam weiterzudenken. Ich sage ihr dann mit etwas Hemmung, daß ich oft theologische Sachbücher zur Hand nehme, mir aber beim Lesen bald die Augen zufallen. Ich habe mich oft in meinem Leben gequält, sie trotzdem zu lesen. Mirjam kann meine Andersartigkeit gut vertragen, weil wir eine lebendige Basis haben, auf der wir einander begegnen.

3. Dezember

Gute Gespräche am Frühstückstisch mit dem Pfarrer und seiner Frau, so daß ich später als geplant aufbreche. Bücher signieren in der Buchhandlung, dann die Fahrt zum Schauinsland. Es ist wie die Fahrt zu einem geliebten Menschen – ich erinnere mich noch, als ich als junger Mann zu einer Begegnung mit Waltraud fuhr. Vorfreude, Spannung, Aufgeregtheit. Wie wird es sein, diese Bäume wiederzusehen? Ich sehe die Bäume innerlich vor mir. Endlich komme ich an. Es ist dichter Nebel, ich sehe nur ein paar Schritte weit, aber ich weiß genau, wo die Bäume stehen, und kann durch den Nebel gehen und treffe genau auf sie. Leider sind sie nicht bereift und nicht beschneit. Aber ich fotografiere sie trotzdem.

Abends Lesung in Freudenstadt. Zu Anfang fällt es mir seltsam schwer, aber nach einiger Zeit nehmen mich die Gedanken mit in ihre eigene Wirklichkeit.

Nach der Lesung gehen einige noch zu einem Ehepaar privat. Der Hausherr, ich schätze ihn auf siebzig, erzählt von der Begegnung seines Regiments mit den früheren Feinden, dem russischen Regiment. Achtzig deutsche begegnen hundert russischen Soldaten, jetzt nach fünfzig Jahren. Sie arbeiten den Krieg auf und formulieren, daß sie jeweils für ihr Vaterland gekämpft haben, und ehren einander. Auch das ist eine Form von Verletzbarkeit.

Ich werde öfter angesprochen auf meinen Entschluß, nun wieder beständiger mit Ulrich zusammenzuwohnen. Oft höre ich in den Fragen, daß man meint, unsere Trennung wäre durch Zwistigkeiten gekommen. Ein Mann meint, mir sei wohl nun aufgegangen, daß es sich in Kanada besser leben läßt als in Deutschland. Ein anderer meint, ich würde nun einsehen, daß das Leben mit Ulrich gar nicht so schlecht sei oder daß ich ihn nun erst schätzen würde. Alle diese Aussagen treffen nicht zu. Ich versuche ihnen zu sagen, welche Überlegungen mich bewegen. Ich bin nach Deutschland gegangen, getrennt von Ulrich, weil ich hier etwas mit ganz gewissen Menschen an einem ganz gewissen Ort erarbeiten wollte. Ich erlebe hier eine Möglichkeit, mich zu entwickeln und meine Stärken zu entdecken, wie ich es in Kanada nicht konnte. Ich bin nicht von etwas weg-, sondern auf etwas zugegangen – auf die Möglichkeit eines gemeinsamen und erweiterten Lebens zu. Ulrich steht dabei zu mir. Auch er will diese Erweiterung für mich. Diese Trennung war ein gemeinsames Unternehmen. Es war wie das Bauen eines gemeinsamen Projektes.

4. Dezember
Rückfahrt über Calw. Ich besuche das Hesse-Museum. Ich erlebe noch einmal die Trauer, die über Hesses Leben gelegen zu haben scheint.

Rückkehr zu Waltraud und unserer Wohnung in Oberkessach. Wir freuen uns aneinander. Es sind immer wieder die kleinen Dinge, die uns glücklich machen. Ich spüre, daß wir uns in zwei Richtungen entwickelt haben. Einerseits haben wir höhere Ansprüche, was Echtheit angeht. Wir wollen unser Leben nicht verplempern. Alles wird immer kostbarer. Andererseits erfüllt uns das ganz Elementare – dieses so einfach Zugehen aufeinander, das Wahrnehmen der simplen Dinge, die Freude am Reflektieren gerade gemachter Erfahrungen.

Hier in Deutschland bin ich mit vielen Menschen in Kontakt gekommen, die auf ganz unterschiedliche Weise dazu beigetragen haben, daß ich mich entwickeln konnte. Ich will nicht den Fehler machen, mein Glück nur wenigen zu verdanken. Viele sind ganz direkt daran beteiligt, daß ich in einer größeren Weite leben kann, auch wenn ihr Beitrag vielleicht nur ein kleiner war. Ich denke oft, daß ich keine Selbstkenntnis hätte, wenn ich allein auf diesem Globus leben würde. Ich wüßte dann nicht, daß ich ein Mensch bin. Ich könnte nicht einmal »ich« sagen.

Ich lese wieder in Alma Mahler-Werfels Autobiographie. Sie hat lange mit Franz Werfel unverheiratet gelebt. In der Zeit ist sie oft allein verreist und hatte ein volles Leben. 1929 heiratete sie Franz Werfel. Bald danach schreibt sie: »Und es ist also unmöglich, daß ich einfach erkläre, daß ich allein eine Reise machen will? Ja, natürlich, denn es geht gegen den Begriff der Ehe!« Ihre Not entstand nicht durch die Einstellung ihres Mannes, sondern durch die Ansichten der Menschen um sie herum. Ich nehme an, daß der Be-

griff der Ehe im ersten Teil unseres Jahrhunderts noch enger gefaßt war als heute, und doch sind wir noch nicht viel weiter, wenn ich an die vielen ähnlichen Reaktionen denke, die ich in den letzten drei Jahren erlebt habe. Viele Menschen haben mich unterstützt und sich an meinem Mut gestärkt. Aber noch mehr Menschen hatten Bedenken und meinten, unsere Ehe würde jetzt geschieden, oder Ulrich würde sich nun eine andere Frau suchen.

5. Dezember

Ich merke, wie müde ich bin. Ich habe das Gefühl, daß ich den ganzen Tag schlafen könnte. Das seelische Sich-Hineingeben ist nicht meßbar – mich würde sonst interessieren, wieviel eine Lesung, das Signieren und das Nachgespräch mit seinen dichten Fragen an Energie kostet.

Abends bei M. und G. Ein tiefes Glückserlebnis, weil alles sehr still zugeht. Manchmal flüstern wir sogar, ohne ersichtlichen Grund. Jeder wahrt die Freiheit und Würde des andern. Besonders beglükkend ist es, zu hören, daß M. und G. etwas Schönes miteinander in ihrer Beziehung erlebt haben – eine Überraschung, daß mehr möglich ist, als sie beide dachten. Das gehört zur hohen Schule der Ehe, sich immer wieder offenzuhalten für neue Entwicklungen, auch wenn man schon lange verheiratet ist und meint, einander zu kennen.

Ich habe keinmal an diesem langen Abend das Gefühl, daß einer von uns vieren nicht im Gespräch ist. Wie so oft bei Ehepaaren, ist bei einem Thema einer involviert, der andere draußen, und bei einem anderen Gespräch ist es umgekehrt. Heute abend haben wir alle einen Platz.

Wir sind bei guten Freunden zu Besuch, und ich spüre ihr gutes Einvernehmen. Sie haben wichtige Entscheidungen füreinander getroffen und gehen bewußt aufeinander zu. Und ich spüre, wie ich auch durch ihre festen Entscheidungen beschenkt werde. Mit jedem Schritt, den sie beide konsequent aufeinander zugehen und mit dem sie sich dafür entscheiden, in ihrer Beziehung Freundschaft zu leben, machen sie auch einen Schritt auf uns zu. Sie schaffen die Möglichkeit zu einer größeren Offenheit auch mit uns. Die größere Bindung schafft den Boden für einen größeren Raum.

6. Dezember
Ich lasse die ganze Lesereise an mir vorbeiziehen. Was geschieht auf den vielen Stops? Ist es etwas Bleibendes, auch wenn es nur etwas Kleines ist?

Bei manchen Menschen wirkt die Tragik ihres Lebens klein, weil sie sie nicht ernst nehmen. Für mich wächst dadurch ihre Tragik.

Ich merke, daß ich manchmal manches unterlasse, weil ich in zehn oder zwanzig Jahren sterben könnte. Natürlich ist es sinnvoll, daß ich manches nicht mehr einplane. Ich richte mich zum Beispiel nicht so ein, als würde ich eine Familie gründen. Aber es gibt vieles, was ich jetzt genauso gut kann wie früher, als ich jünger war. Es kann aber leicht vorkommen, daß ich etwas unterlasse, nur weil andere Menschen in meinem Alter das nicht mehr tun. Ich erinnere mich an die Zeit in der Jugendgruppe in der Baptistengemeinde. Es hatte sich eingebürgert, daß junge Leute ab einem gewissen Alter nicht mehr kamen, nur weil sie meinten, zu alt zu sein, nicht, weil sie keinen Spaß mehr an der Gruppe hatten. Sie blieben allein und langweilten sich. Die Jüngeren in der Gruppe vermißten ihren Beitrag, kamen aber nicht darauf, ihnen Mut zu machen, doch wieder zu kommen. Was »man« tut war wichtig. Zum Glück gab es auch andere, die sich nicht an Normen hielten. Daran erinnere ich mich, wenn ich jetzt meine spontanen Wünsche unterdrücke, nur weil andere das tun. Ich will ganz in meiner Gegenwart leben. Auch wenn ich morgen sterbe, will ich mir heute noch einen Teppich legen lassen.

7. Dezember
Ich stelle meine Lesung für den letzten Abend um und füge neue Texte hinzu. Vielleicht gibt es eine Form, die besser transportiert, was ich versuche zu sagen. Vor der Lesung in Wiesloch bin ich unruhig, weil eine ganze Reihe Freunde da sein werden. Am Anfang bin ich darum auch unsicher und brauche einige Minuten, bis ich drin bin. Am meisten hilft es mir, wenn ich mit den Händen reden kann. Es ist, als wenn ich erst aus der Enge meines Körpers heraus muß. Ich fühle mich eingeschnürt und richte mich nach den Schnüren, bis ich sie, mit meinen Armen fuchtelnd, überwinde. 180 Zuhörer waren zeitweilig sehr still. Da fallen die Worte in die Stille, und es macht mir Freude, zu lesen und zu sprechen.

Aber auch das macht müde – das habe ich in früheren Jahren weniger gemerkt.

Auf der Fahrt zurück von der Lesung beginnt es dicht zu schneien, und Graupelschauer fallen. Auch wenn ich fahren muß, liebe ich das. Mir hat es noch nie zu viel geschneit.

Kleidung ist immer wieder ein Thema. Ich kleide mich gern gut, aber wenn ich schlichter gekleideten Menschen begegne, passe ich mich gern an. Ich lese heute in Alma Mahler-Werfels Aufzeichnungen, wie sie über eine Begegnung mit der Dichterin Paula Grogger schreibt: »Für mich war sie ein faszinierendes Bild der tiefsten Einfalt und rührend madonnenhafter Echtheit. Schön, durch Ausdruck, sitzt sie da in ihren alten schäbigen Gewändern, und ihre Haare hatte sie so ungeschickt aufgesteckt, daß man nur die dummen Enden der Zöpfe zu sehen bekam. Sie trägt das unsichtbare Königreich in sich. Meine modischen Fetzen wurden zu Hadern neben ihrer strahlenden Armseligkeit, und ich schämte mich.« Diese Scham kenne ich. Darum neige ich immer mehr zu einfacher Kleidung.

8. Dezember

Jetzt liegt die Lesereise hinter mir. Wenigstens 4000 Menschen sind dabei gewesen. Eine Reihe Fragen bewegen mich. Was ist da geschehen? Wie schnell verfliegt das, was ich gesagt habe? Wie anders ist es, ein Buch allein zu lesen oder es in Auszügen von dem Autor gelesen zu bekommen? Wie echt kann ich in Lesungen sein? Sollte ich mich aufs Schreiben konzentrieren und weniger Lesungen machen?

Mit der Post kommt ein langer freundlicher Brief von Martin Keller. Mit ihm wollte ich das Video in der Wüste machen. Der Verlag hat sich dagegen entschieden. Es ist einfach zu teuer, und wir wissen nicht, wie viele Menschen sich dafür interessieren würden. Martin versteht, klagt nicht an und macht niemandem Vorwürfe. »Gracious« würde man das in Englisch nennen. Er will sich direkt einsetzen und sehen, ob das deutsche Fernsehen so etwas finanziert.

Am Nachmittag sitze ich Stunden an den Aufsätzen für die neuen Postkartenbücher, die der Kreuz Verlag ganz kurzfristig von mir erbeten hat. Es bewegen mich viele Ideen zu den drei Themenkreisen, und doch ist es zeitaufwendig und manchmal anstrengend, die Worte richtig zu setzen.

»Der Mensch lebt nicht von Brot allein.« Das wird mir manchmal besonders deutlich. Arbeit, Spiel und gute Beziehungen erhalten mich auch. Zum Abschied sind wir bei Beckers zum Mittag. Die gut gewürzte, vegetarische Mahlzeit schmeckt uns besonders gut. Der Tisch ist einladend und liebevoll gedeckt, wie immer bei Kristin und Wilhard. Ich bin froh in unserem Miteinander und spüre den Reichtum unserer Beziehung. All das trägt dazu bei, daß die Mahlzeit ein Genuß wird. Ich lebe nicht nur von Nahrungsmitteln.

9. Dezember
Günter bringt uns zum Flughafen. Eine Fahrt durch eine ständig wechselnde Landschaft – mal schneit es beinah, dann ist wieder die Sonne da, dann regnet es. Am Flughafen geht alles gut, wir dürfen sogar kostenlos ein fünftes Gepäckstück aufgeben.

Letztlich führen alle Reisen ins eigene Herz. Das ist, was wir suchen.

Was ist es, das uns auf den eigenen Weg ruft, weg von den Wegen anderer?

Als Umwege erleben wir die Wege, die wir ablehnen.

Silya holt uns vom Flughafen ab, und fast zögernd betreten wir unser Haus wieder. Es wird einige Tage dauern, bis wir es innerlich wieder in Besitz genommen haben.

Auf dem Weg zum Flughafen sprechen wir über unsere Entwicklung und wie der Jetlag uns jetzt mehr zu schaffen macht als früher. Dabei fällt mir auf, daß wir in den Gedanken ans Älterwerden und an das Abnehmen der Kräfte leicht glauben, das Leben nehme ab. Aber das stimmt gar nicht. Wir sind gewachsen und wachsen weiter, und bei allem, was wir tun, schwingt jetzt mehr mit, und wir nehmen mehr wahr als früher. Jeder Schritt ist gefüllter. Das Leben wird stärker. Ich denke, daß wir oft weniger lebendig wirken, weil wir uns einreden, weniger lebendig zu sein.

10. Dezember
Ich kann mir vorstellen, daß es auf lange Zeit oder vielleicht nie mehr anders werden wird mit der Rezession, wie wir die wirtschaftliche Lage im Augenblick noch nennen. Sehr viele warten darauf, daß die Wirtschaft wieder einen Aufschwung erlebt und wir zu alten Wachstumszahlen zurückkehren. Aber wir sind zu nah an dem Abgrund – der Planet kann unsere Art zu leben nicht mehr verkraften. Mich interessiert das sehr, weil ich glaube, daß wir vor großen Veränderungen stehen oder schon mittendrin sind. Das, was wir immer als Selbstverständlichkeit angesehen haben, wird immer schwerer zu leben sein. Bisher hat jede neue Generation immer mehr gehabt und einen höheren Lebensstandard erreicht als die Generation davor. Das wird bei der Generation, die jetzt heranwächst, schon nicht mehr der Fall sein. Wir haben über unsere Verhältnisse gelebt. Wir haben unsere »Verbesserung« auf dem Rücken der armen Länder und durch die Ausbeutung des Planeten erreicht. Das geht nicht weiter so. Wie werden wir mit diesen Einschränkungen auskommen? Wie wird die Seele des modernen Menschen darauf reagieren, daß nicht mehr alles machbar ist? Wird es uns gelingen, mit der hohen Arbeitslosigkeit in allen entwickelten Ländern unseren Selbstwert nicht mehr über die Arbeit zu verstehen?

Bei der Turbulenz, in der sich unser Flugzeug befindet, merke ich, daß ich keine Angst vor einem Absturz oder vor dem Tod verspüre. So angstlos bin ich bisher selten geflogen.

Nach der Zollabfertigung in Kanada schiebe ich das Gepäck durch die Tür und suche nach Silya, sehe aber keine winkende Hand und höre niemanden nach mir rufen. Ich schiebe mich an der Menge vorbei dem Ausgang entgegen. Ulrich kommt hinterher. Da, plötzlich die Stimme Silyas: »Oh, there you are!« Während sie uns hilft, die Gepäckwagen zum Auto zu schieben, spüre ich ihre Freude, uns wiederzusehen, und merke, daß wir einander in der Aufregung nicht umarmt haben. Seitdem Silya vierzehn ist, sind Umarmungen seltener geworden. Aber das hat mich nicht bekümmert, weil ich ihre starke Entwicklung zur Selbständigkeit spürte. Auch erlebte ich die Distanz als gesund. Aber manchmal habe ich etwas Sehnsucht nach mehr Wärme zwischen uns.

Während der vierzig Minuten Fahrt zum Pandora Drive nehme ich diese Momente der Ankunft bewußt auf: Silya am Steuer, Ul-

rich daneben, um uns die leuchtende, weihnachtlich geschmückte Stadt, mit der ich viele Erinnernungen verknüpfe. Mit jedem Aufenthalt in Deutschland kommen mir die Leben auf beiden Kontinenten näher, und meine Erlebnisse auf beiden Seiten des Ozeans sind ein harmonischer Teil meines Wachsens und Werdens. Oberkessach und die Freunde in Deutschland leben in mir. Ich bin jetzt hier mit allem, was ich in Deutschland geworden bin. Alle Stationen meines Lebens gehören zusammen. Ich habe Zugang zu mir.

Als wir zu Hause ankommen und das Gepäck ins Haus tragen, stellt Silya sich vor mich, öffnet ihre Arme weit und sagt: »Mom, wir haben uns noch gar nicht umarmt. Am Flughafen war alles so aufgeregt.« Ich erwidere ihre Wärme und bin glücklich. Später spreche ich mit Kira am Telefon. Ich freue mich auf sie. Sie ist selbständig geworden, und ich merke, daß wir uns ganz neu eine Vertraulichkeit erarbeiten müssen. Ich war so lange weg. Kira in ihrer zarten Weise hat mich in vergangenen Jahren oft still vermißt.

11. Dezember
Ich bringe fast den ganzen Tag damit zu, Bilder meines Archivs für die neuen Postkartenbücher anzusehen. Ich merke, daß ich im Fotografieren besser geworden bin und auch höhere Ansprüche beim Auswählen stelle.

Wir sind zwar zurück, aber ein Teil von uns ist noch in Deutschland auf Lesereise – wieder das alte Gefühl des Hin- und Hergerissenseins. Immer wieder denke ich, daß wir es irgendwann einmal überwinden werden. Aber vielleicht wird das nie ganz gelingen.

Noch bevor ich die Koffer fertig ausgepackt habe, rufe ich bei Freunden an, um mich anzumelden. Es tut mir gut, zu hören, daß sie mich vermißt haben. Mein Jetlag ist die Entschuldigung, daß ich heute nicht mehr schreibe. Ich warte, bis meine Seele mich wieder eingeholt hat.

12. Dezember
Ich werde eine gewisse Schwere nicht los, und das legt sich auch auf meine Kreativität. Ich spüre eine tiefe Unfähigkeit, auch nur ein Gedicht zu schreiben. Rückblickend überrascht es mich fast, daß ich die vielen Gedichte geschrieben habe. Das war eine Art Schlafwandlerzeit, oder ist die Zeit der Armut jetzt eine schlafwandlerische Zeit?

Bei einem Gang durch das Haus entdecke ich so manche Arbeit, die gemacht werden muß. Eine der beiden Heizungen funktioniert nicht, und ich hoffe, daß der zuständige Handwerker bald Zeit für uns hat. Viel Post ist zu bewältigen. Ich muß aufpassen, daß ich nicht in den Arbeiten untergehe oder zumindest in den Gedanken an die Arbeiten. Ich denke wieder an den Satz: »Lieber mit dem Himmel im Herzen in der Hölle als mit der Hölle im Herzen im Himmel.« Ich will mir hier einen Himmel schaffen. Ich muß lernen, meine Bedenken loszulassen, und weiß auch, daß ich das kann. Aus Erfahrung weiß ich, daß ich einen Punkt der inneren Stille erreichen kann, wo ich alles mit anderen Augen sehe. Dann kann ich in mir ruhen und mich nebenbei um die Arbeit kümmern.

13. Dezember

Wie sich über mir
aber unsichtbar
die Hoffnungen von überall
zu einem Himmelsdom verbinden
und wie sie sich ebenso unter mir
zu einem Netz verflechten
und unaufhaltsam und entschieden
Leben retten,
auch meines,
das darf ich nicht vergessen.

Das ist mir schon lange nicht passiert, daß ich bei einem Kuchenteig drei wichtige Zutaten, darunter das Treibmittel und die Eier, vergessen habe. Ich stelle dies erst fest, als der Lebkuchen aus dem Ofen kommt. Er ist flach und zäh wie Leder. Ich habe lange nicht gebacken.

14. Dezember
Überall sind Macher am Werk. Dies sind Jahre des Machens, stärker als früher. Ich lese einen Schriftsteller, den ich schon lange mag. Sein neues Buch sagt mir wenig. Ob er es »gemacht« hat? Drucker und Buchbinder haben Bücher gemacht, jetzt machen auch Verleger Bücher, vielleicht auch Autoren. Bei dem »gemachten« Buch stimmen die Buchstaben noch, die Sätze sind schlüssig, die Gedanken sind klar, aber wo ist die Seele? Die Seele geht beim Machen drauf.

Ich suche in den neuen Gedichten von H. nach der Seele. Wenn die Gedichte Seele haben, dann blitzen sie gelegentlich auf und erhellen mein Leben. Das muß nicht auf jeder Seite sein, aber es ist schön, wenn es ab und zu geschieht.

Ich frage Kira nach ihrem Geschirr. Vor fünf Jahren habe ich ihr einen ganzen Satz getöpfert, alles, was man zum Essen und in der Küche gebraucht, etwa sechzig Teile. Als sie vor vier Jahren auszog, nahm sie alles mit und gebrauchte es in ihrer Wohnung. Jetzt wohnt sie in einer Wohngemeinschaft mit drei anderen Frauen. Ich sage heute zu Kira: »Es ist doch eigentlich schade, daß alle dein gutes Geschirr mit gebrauchen. Willst du es nicht lieber schonen?« Sie antwortet darauf: »Wofür, Mom, ich lebe doch jetzt. Dies ist mein Leben!« Sie hat recht.

15. Dezember

Ab und zu habe ich das Erlebnis, mich selbst dasitzen zu sehen und weit entfernt von mir zu sein. Es ist dann, als würde ich mich als ein anderer ansehen, ein Außenseiter meiner selbst.

B. ist auch mit einem Mann verheiratet, der öffentlich auftritt, und sie sagt mir, wie sie gerade während seiner öffentlichen Auftritte Seiten an ihm entdeckt, die ihr sonst verborgen bleiben. Mir fällt auf, daß ich in milderer Form bei Ulrich etwas Ähnliches erlebe, und diese Erlebnisse sind eine wichtige Grundlage für unsere Ehe. In unserem täglichen Leben ist oft keine Gelegenheit für Ulrich, das zu sagen, was er auf Lesungen so passend formuliert. Es ist für mich wichtig, ihn im Gespräch mit anderen zu erleben.

Waltraud: Ulrich, wie wichtig ist es dir, mich im Gespräch mit anderen zu erleben?

Ulrich: Für mich es sehr wichtig, dich im Gespräch mit anderen zu hören, weil durch andere etwas in dir angesprochen wird, was ich wahrscheinlich nicht anspreche. Sie locken etwas aus dir hervor.

Waltraud: Du sagst, daß es wichtig ist, aber erlebst du es auch mit mir?

Ulrich: Ja, ich erlebe es und bin immer wieder überrascht, was du in gewissen Situationen sagst. Darum ermuntere ich dich auch, mehr zu reden.

Waltraud: Was überrascht dich denn?

Ulrich: Deine manchmal ungewöhnliche Denkweise. Du hast eine

Art, etwas anzugehen und anzusehen, die oft einem Gespräch eine neue und vitale Richtung gibt.
Waltraud: Ich weiß, daß du mich mit anderen so erlebst. Erlebst du das nicht auch, wenn ich allein mit dir spreche?
Ulrich: Doch, ich erlebe das auch in unseren Gesprächen, und darüber freue ich mich auch meistens. Manchmal auch nicht, weil es mir zu ungewöhnlich ist. Ich knacke dann an deiner Andersartigkeit, aber das ist sicherlich auch gut für mich.
Waltraud: Ich habe den Eindruck, daß durch die Anwesenheit anderer Menschen etwas angesprochen wird, was wir allein nicht in der gleichen Weise ansprechen würden.
Ulrich: Zu dritt oder zu viert gibt es eine andere Dynamik im Gespräch. In einem guten, aufbauenden Gespräch spornt einer den anderen mit Ideen an.
Waltraud: Ich finde es richtig spannend, und es ist wie ein Geheimnis, wenn mehrere Menschen zusammenkommen. Sie tragen nicht nur Ideen und Gedanken zusammen, sondern auch Energie. Das, was ein jeder glaubt, mit dem ganzen Wesen glaubt, schafft eine Kraft, von der alle zehren.
Ulrich: Ich weiß, was du meinst. Genau das versuche ich manchmal auch in unseren Gesprächen zu zweit zu aktivieren. Aber bei zwei Menschen gibt es nicht soviel Buntheit und Unterschiedlichkeit.
Waltraud: Weil wir viel sprechen, ist der Vorrat an dieser intensiven Kraft manchmal erschöpft. Und es geht mir genau um diese Kraft, nicht um die Ideen. Ideen kann man noch immer haben, aber sie kommen dann im Gespräch nicht zu wirklichem Leben. Sie bleiben Ideen, trocken und leblos.
Ulrich: Darum brauchen wir die anderen so sehr. Ich glaube, daß unsere Ehe sehr viel ärmer wäre, wenn wir den Austausch mit anderen nicht gehabt hätten.
Waltraud: Darum ist es für mich auch wichtig, die Menschen kennenzulernen, die du schon kennst. Nicht, weil ich nicht ausgelassen werden will, sondern weil ich an dem Energiefeld, in dem du mit den anderen stehst, teilhaben möchte.
Ulrich: Mir geht es ähnlich.

16. Dezember
Die Postkartenbücher sind fertig. Gestern nachmittag habe ich die Fotos mit Kurier nach Deutschland geschickt, und heute nacht um eins gingen die Texte per Fax ab. Ich spüre jetzt die Freiheit, noch einmal anzukommen, zu Hause zu sein, ohne den Druck, dieses Projekt möglichst schnell fertig zu haben. Draußen scheint die Sonne, die Berge mit ihren Schneegipfeln sind zu sehen. Direkt körperlich erlebe ich das Gutsein des Lebens mit mir.

Ich wehre dich nicht ab
Ich wehre dich nicht ab.
Ich habe ein Boot geschickt,
um dich abzuholen.
Du kannst durch meine Stimmungen fahren
wie durch die Stimmungen der See.
Ich kehre mich nicht ab
von dir, wer du auch sein wirst,
wenn du heimkehrst
zu dir selbst
nach der langen Zeit
in der Fremde.

Jetzt, kurz nach Mitternacht, liegt ein dichter Nebel auf Meer und Stadt. Aber über dem Nebel steht zwanzig Kilometer entfernt die Hängebrücke leuchtend mit ihrer Lichterkette, und noch höher in der schwarzen Luft sind die Lichter von den drei Skibergen, die nah an der Stadt liegen. Die Lichter gehören seit vielen Jahren zu meinem festen Abendbild, wenn wir nicht auch im Nebel verschwinden. Ich erlebe die Kontinuität der Bilder, die mich begleiten.

Plötzlich ist mir klar, worüber ich eine neue Buchserie machen möchte. Ich notiere mir die Einzelheiten bis hinein in die Gestaltung der Bücher. Ich habe schon lange darüber nachgedacht, und heute kommt es zusammen. Ich weiß, es wird eine gute Sache werden.

Ich mag die bunten Weihnachtslichter, die jetzt überall die Häuser und Gärten schmücken. In den ersten Jahren nach unserer Einwanderung war uns die Art, wie hier Weihnachten gefeiert wird, fremd. Wir und viele Deutsche fanden diesen bunten Schmuck kit-

schig. Als ich dann mehrere Winter die tief verschneiten Häuser erlebte und die bunten Lichter um die Häuser herum in mir aufnahm, entdeckte ich Gefallen daran und freute mich darüber. Ich habe Zugang bekommen zu der Andersartigkeit der Menschen hier, und mein Leben ist dadurch reicher geworden. Manche Häuser und Gärten sind jetzt mit viel Aufwand geschmückt. Es gibt blinkende, bunte Lichter, Sprüche und weihnachtliche Figuren. Manchmal hört man auch die Musik aus Lautsprechern auf dem Dach. Da kann ein Spaziergang durch die Nachbarschaft mit Überraschungen gefüllt sein. Darum hat man in der Stadt eine Bustour eingerichtet, die Menschen an die besonders üppig und einfallsreich geschmückten Häuser führt.

17. Dezember

Ein stiller Geburtstag. Beim Arbeiten im Garten gestern habe ich mir den Rücken wieder verletzt und liege heute flach. Ich genieße das Nichts, diese Stille, aus der die Dinge entstehen. Waltraud schmückt den Weihnachtsbaum mit den neuen Strohsternen, die wir aus Deutschland mitgebracht haben. Ich forme zwei Bleche mit Vanillekipferln, dann lasse ich es, weil mir der Rücken beim Sitzen zu sehr schmerzt. Mehr Stille. Silya hat mit eine CD geschenkt – Tori Amos. Unter den zwölf Liedern ist eins, das mir besonders gefällt. Es ist die Sanftheit, die mich anzieht.

So ziehen die Dinge an mir vorbei, und doch bin ich in ihnen. Ich bin beteiligt und doch auch gleichzeitig nur Zuschauer. (Wer ist der, der dies aufschreibt?) Ich kenne dieses Gefühl auf das ganze Leben ausgedehnt. Ich kann darum verstehen, daß es Menschen gibt, bei denen das Zuschauersein einen viel größeren Raum einnimmt und die darum nicht unter ihrem Leben mit seinen Brüchen leiden – sie sehen nur zu, auch wenn sie es selbst sind, die leiden.

Margie kommt abends, und wir essen ein Stück der Geburtstagstorte, die Waltraud für mich gemacht hat. Es sind fast zwanzig Jahre, die uns mit Margie verbinden. Irgendwie ist es uns gelungen, unsere Beziehung immer wieder umzuwandeln und sie so lebendig zu halten.

Wie ein Detektiv gehe ich den Worten nach. Sie wissen mehr als ich, und ich werde es ihnen abwarten, abluchsen, abringen.

Der, der sich den sogenannten »kleinen Dingen« zuwendet, gewinnt an Gewicht, wenn ihm die großen Dinge zugänglich sind, er sie aber nicht wählt. Die Sicht, die andere für unsere Wahl haben, hängt immer damit zusammen, was wir für eine Auswahl haben. Aus dem Grund würde ich manchmal gern für einen Tag berühmt oder reich sein und gerade dann die Kleinigkeiten wählen.

Irgendwann lange nach Mitternacht
Ich halte an dieser Stunde fest,
lasse sie nicht gehen,
hänge sie vor die dunkle Nacht,
filtere meine Seele durch sie hindurch,
entspanne mich in sie hinein
und erwarte von ihr,
daß sie mir mitteilt,
wo die Mitte des Lebens
sich auftut.
So nah
scheint die Heilung
für all das Unheilbare,
was sich windet
und dreht
im blutroten Wind.

Ich schmücke den Baum und höre dabei weihnachtliche Musik. Das frühe Baumschmücken, schon eine Woche vor Weihnachten, entspricht nicht der alten deutschen Sitte, die Ulrich und ich als Kinder mitbekommen haben. Am Anfang stellten wir den Baum auch erst Heiligabend auf und gebrauchten echte Kerzen, so wie wir es von Deutschland gewohnt waren. Dann haben wir aus der alten Tradition unsere eigene entwickelt. Wir merkten, wie gemütlich es im Wohnzimmer ist, wenn es von den kleinen weißen Osramkerzen erleuchtet ist. Einige Deutsche im Land sind bei der alten Tradition geblieben, und ich bin froh, wenn ich bei ihnen hin und wieder einmal die alte Form des Lichteransteckens erleben kann. Das gibt meinem Leben Kontinuität.

Bei der weihnachtlichen Musik freue ich mich besonders an einer alten Platte mit einer Messe, wie sie in Jerusalem gestaltet wird. Die Stimmen sind natürlich, und ich merke den Beteiligten an, wie wohl sie sich beim Singen fühlen. Sie geben, was sie haben, ganz so, wie einem jeden zumute ist. Der Gottesdienst erinnert mich an den Kirchengottesdienst in Oberkessach. Das Erleben dieser Natürlichkeit läßt mich jetzt ganz bei mir sein.

18. Dezember
Manche Wege müssen wir nur gehen, weil wir Angst vor ihnen haben. Auch so kommen wir zu uns selbst.

Ich gehe zum Konzert eines Knabenchors, in dem Alexis mitsingt. Ein Teil des Abends wird von den ehemaligen Sängern bestritten, die längst ihren Stimmbruch hinter sich haben und jetzt einen Männerchor bilden. Ich merke meine Mühe mit Männerchören. Es fehlt das Zarte, Vorsichtige, Empfindsame. Gwen, die neben mir sitzt, nennt den Chor eine »Mauer«. So erlebe ich es auch. Eine Mauer von Stimmen. Selbst wenn sie leise singen, fehlt etwas – das Leise wirkt kitschig.

Zusammen mit Ulrich und einigen Freunden sitzen wir in einem Weihnachtskonzert in einer schönen alten Kirche. Es gab eine Zeit, da fiel es mir schwer, an einem Gottesdienst teilzunehmen, wenn viele der Aussagen meiner Entwicklung nicht entsprachen und ich nicht mit ihnen übereinstimmen konnte. Manchmal stand ich gerade in einem Prozeß, der mich aus einer geistigen Enge herausführte, und dann fühlte ich mich leicht bedroht von einem Denken, das mich wieder zurückzuholen schien. Darum besuchte ich viele Gottesdienste und Konzerte nicht. Jetzt sitze ich da und sehe, was mir früher mißfiel, höre auch, was noch fehlt. Und doch bin ich froh, dabeizusein. Ich freue mich, daß ich mich freuen kann.

Eine Freundin steht in der Pause des Konzerts auf, um sich die Beine zu vertreten. Sie schiebt sich in der Bank an mir vorbei. Ihr Vater tut es ihr kurz darauf nach, und als er bei mir vorbeikommt, frage ich ihn, ob er seiner Tochter folgt. Ganz fest antwortet er darauf: »Nein, meine Tochter folgt mir!« Es soll ein Witz sein, ich spüre aber seinen Ernst und daß sein ganzes Leben davon geprägt ist, die führende Rolle als Vater beibehalten zu müssen. Ich merke, daß ich ihm trotzdem zugetan bin.

19. Dezember
Wenn wir unsere Sehnsucht verlieren, beginnen wir zu sterben.

Hauskonzerte sind leider eine sehr vernachlässigte Sache. Ortrun hat sich mit sechs anderen Musikern zusammengetan, mit ihnen geübt und nun eine Reihe Freunde und Bekannte dazugeladen. Die meisten Menschen sind überfüttert mit professionellen Konzerten, mit Radio und Fernsehen. Hier habe ich das Empfinden mitzutun, schon einfach weil wir privat zusammenkommen. Als R. sich nach ihrer Aufführung am Klavier hinsetzt, stöhnt sie über die vielen Fehler, die ihr unterlaufen sind. »Ich habe keine gehört«, tröste ich sie. »Ich habe nur genossen!« Das erleichtert sie, und ich merke, was für ein Segen es sein kann, nicht alles mit einem kritischen Ohr zu hören. Ich singe gern und habe auch als Lehrerin mit Grundschülern viel gesungen.

Später singen wir alle, und ich merke, daß zwei unter uns kräftig und froh mitsingen, obwohl sie nur selten den »richtigen« Ton treffen. Ich freue mich darüber und lebe durch ihren Mut nun noch mehr auf. Ein gelungener Abend.

20. Dezember

Es gibt Orte der Stille,
an denen die Welt heilen kann.
Das Laute reißt auf,
die Stille schließt die Wunden.
Wäre ich eine menschgewordene Stille,
würden Menschen an mir gesunden.

Ich finde es schwer, den Gedanken an Effizienz loszulassen. Ich habe mich trainiert, die günstigste Abwicklung, den schnellsten Weg, die einfachste Art, den rationellsten und zweckmäßigsten Ablauf zu finden. Aber ich mache mich damit unruhig, weil es wahrscheinlich immer noch eine Verbesserung gibt. Auch weiß ich, daß manchmal gerade durch Umwege, Verlangsamung und Leerlauf neue Einsichten entstehen.

Heute rufe ich bei jemandem an, um mir eine Auskunft zu holen. Als er das Telefon abnimmt, habe ich vergessen was ich wollte. »Ich werde alt«, sagt man da. Ich denke noch weiter über dieses

Geschehen nach und merke, daß es mehr ist als ein Älterwerden. Mir wird hier deutlich, daß dem Freund gegenüber in mir eine starke verborgene Unruhe ist, weil zwischen uns viel Unausgesprochenes steht. Wir kennen uns schon lange und haben eine gemeinsame Geschichte. Mein Vergessen deutet darauf hin, daß ich mir mehr Gedanken machen sollte über meine Beziehung zu ihm. Vielleicht sollte ich versuchen, das Unausgesprochene anzusprechen. Ich hatte diese Unruhe auch schon, als ich noch jünger war. Damals konnte ich mich leichter damit abfinden, wenn ich mit knappen Worten Unausgesprochenes überspielte. Inzwischen ist vieles in mir gereift, und meine Möglichkeiten zur Verständigung sind besser entwickelt. Darum will ich diese Vergeßlichkeit als Zeichen dafür nehmen, daß etwas aus dem Hintergrund nach vorn gerückt werden will.

21. Dezember

Mit Waltraud und Margie sehe ich mir den Spielfilm »Das Piano« von Jane Campion an. Im Frühjahr hat er die goldene Palme in Cannes gewonnen, das erste Mal in der Geschichte von Cannes, daß der höchste Preis einer Frau gegeben wurde. Der Film hat wunderbare Szenen: die blau gefilterte Landschaft von Neuseeland, die wie eine Unterwasserlandschaft wirkt, in der die stumme Frau zu ertrinken scheint, die tanzende Tochter am Strand, während die Mutter vor den Wellen des rauschenden Meers Klavier spielt, das Gesicht der Hauptdarstellerin, das herb ist und gerade darum eine ganz eigene Schönheit hat. Aber immer wieder fehlt mir die Subtilität. Alles läuft am Ende mit zu wenig Mysterium ab. Vielleicht sagt das mehr über mich und meine Bedürfnisse aus als über den Film. Es ist auch wieder ein Film, der die Leidenschaft nicht untersucht und hinterfragt, sondern sie nur einfach mit einer gewissen Bewunderung darstellt. Das ist mir heute zu wenig.

Heute fange ich heimlich an, einen Schal für Ulrich zu stricken, den ich ihm unfertig als Versprechen zu Weihnachten schenken will. Mir gefällt das Erholsame an der Beschäftigung. Ich habe früher viel gestrickt, dann aber damit aufgehört, weil es gute gestrickte Kleidung zu kaufen gab. Dadurch ist mir aber auch etwas verlorengegangen, denn wo jemand strickt, ist es meistens gemütlich.

22. Dezember
Ich wundere mich manchmal, wie lichterloh ich innerlich brenne. Innerlich geschieht so viel, daß ich nicht weiß, welcher Sache oder welchem Gedanken ich zuerst folgen sollte. Ich könnte dem nachgehen oder jenem, ich könnte mich der Sache widmen oder jener, und jedes würde eine Welt für sich öffnen. Manchmal denke ich, daß es mit zunehmendem Alter weniger werden wird – der Mut wird sinken, die Realität wird mich einholen, die Leidenschaft versiegen. Es gibt dafür ja auch genug Beispiele von Menschen, die mitten im Leben aufgehört haben zu leben – die jetzt nur noch ihre Zeit abzusitzen scheinen. Es scheint eine Funktion des Alterns zu sein. Aber ich wehre mich dagegen und glaube, daß gerade mit dem zunehmenden Alter dieses Feuer eine ganz neue Qualität gewinnen wird. Die Leidenschaft wird sich mit Tiefe paaren. Das Geheimnis wird wachsen. Ich merke, wie manches jetzt erst wirklich spannend wird. Ich werde mein Innenleben verteidigen gegen alle Angriffe der Gewöhnung und Abstumpfung. Ich freue mich an der Wärme dieses inneren Feuers, das irgendwann, irgendwo angezündet wurde.

Ich fahre zu meinem Bruder. Er erzählt mir über Vater, der jetzt in einem Pflegeheim in San Diego ist. Ich spüre wieder die Distanz zu meinem Vater und bin darüber traurig. Ich überlege, ob ich ihn besuchen sollte. Er hat meinen Lebensweg nie verstanden. Das muß ich annehmen. Die Herausforderung für mich besteht darin, daß ich meinen Weg gehe, auch wenn mein Vater ihn nicht gut findet. An dieser Herausforderung kann ich eine innere Größe entwickeln – ohne Sentimentalität und ohne Unterwürfigkeit. Ich will lernen, innerlich eine Verbindung zu Vater aufzunehmen, ihm zugetan zu sein, ihm meine Anerkennung zu zeigen und ihm auch Zartheit zu vermitteln.

23. Dezember
Ich wünsche mir die Unruhe, aus der Dinge entstehen. Und dann die Ruhe, diese Dinge entstehen zu lassen.

Hildegard erzählt mir, daß sie vorgestern mit Krista, ihrer Tochter, auf den Berg hinter unseren Häusern gelaufen ist, um dort in einem Kreis von großen Steinen die Wintersonnenwende zu feiern. Sie hatten Thorin, ihren Labrador, mitgenommen und eine Trommel. Als sie dort oben ankamen, gesellte sich nach einiger Zeit ein Coyote zu ihnen, der sie aus nur zwanzig Metern beobachtete und keine Angst zeigte, trotz Trommel und Thorin. Was für ein wunderbares Erlebnis in einem Park in der Stadt.

Alles ist in guter Ordnung. Die Geschenke liegen unterm Baum, das Haus ist sauber, und für die Weihnachtsfeier ist alles bereit. Als die Kinder kleiner waren, schaffte ich es kaum, bis kurz vor der Heiligabendfeier das letzte Geschenk zu packen.

Das Einpacken der Geschenke haben wir uns in diesem Jahr erleichtert. Der Haufen Geschenkpapier nach dem Auspacken machte uns allen in den vergangenen Jahren zu schaffen. Uns störte die Verschwendung. So nähte ich uns in diesem Jahr vielerlei Säcke aus Stoff mit weihnachtlichen Motiven und in verschiedenen Größen. Mir gefällt diese neue Art des Verpackens gut.

24. Dezember

»Die Menschheit befindet sich in einer Krise, deren katastrophaler Höhepunkt wahrscheinlich noch vor uns liegt.« So schrieb vor kurzem Carl Friedrich von Weizsäcker. Ich glaube, daß der Weg aus dieser Krise nur über das neue Begreifen von Transzendenz möglich ist, und dieses muß auf einer möglichst breiten Basis geschehen. Wir begegnen immer wieder unserer eigenen Unzulänglichkeit – die Systeme, denen wir uns anvertraut haben, scheinen uns nicht mehr aus dieser Krise zu retten. Sie scheinen alle auf ihre Weise zu versagen – die bekannten politischen, philosophischen und religiösen Richtungen. Sogar die Appelle werden kaum noch gehört, oder wenn wir sie hören, nehmen wir sie nicht mehr ernst. Wir sind auch Appell-müde.

Ich sehe die Lösung, und es wird eine komplizierte sein, in den zwei Worten Mysterium und Transzendenz. Wir müssen begreifen, daß wir eingefügt sind in etwas, das viel größer ist als wir und als wir denken können. Wir müssen das über uns Hinausgehende wieder ernst nehmen. Dabei geht es nicht um ein Zurückgehen in alte religiöse Formen und Inhalte. Das ist für viele nicht mehr möglich, weil das Alte vielleicht noch zu vordergründig war oder nur lebbar schien, wenn man zu denken aufhörte. Das Transzendente steht nicht im Widerspruch zu unserem Denken. Es so zu sehen ist kurzsichtig. Vielmehr ist es seine logische Konsequenz. Irgendwo hört alles Denken auf – es trifft auf das Undenkbare, das nicht mehr mit den üblichen Formen Greifbare. Es weitet sich ins Transzendente aus. Das Transzendente gehört darum genauso zu unserem Leben, wie das naturwissenschaftlich Erfaßbare. Das zweite Wort ist Mysterium. Unsere ganze Existenz ist in ein Mysterium eingetaucht, und man kann die ganzen Unternehmungen des Menschen durch die Jahrtausende als einen Versuch sehen, aus diesem Mysterium schlau zu werden. In den letzten Jahrhunderten haben wir im Westen uns auf eine sehr enge Bahn des Untersuchens dieses Mysteriums begeben. Wir haben die naturwissenschaftliche Methode als die einzige wahre deklariert und wundern uns jetzt, daß uns entscheidende Bereiche des Lebens ganz unzugänglich geblieben sind. Wir sind nicht nur die Naturwissenschaften naturwissenschaftlich angegangen, sondern auch die Philosophie, die Sozialwissenschaften und die Religion sind dieser Art zu denken zum Opfer gefallen. Vielleicht haben die Menschen, die vor 800 Jahren gelebt haben, einen tieferen Einblick in manches gehabt als wir, weil sie sich nicht darauf reduziert haben, die Welt auf nur eine Weise zu sehen.

Es ist, als wenn eine Handvoll Kinder in einer Großstadt allein gelassen wird, abgeschnitten vom Rest der Welt. Sie sind umgeben von vielem, das sie nicht verstehen. Erst als sie feststellen, daß sie zu etwas viel Größerem gehören, erklärt sich ihre Welt, und sie lernen damit umzugehen.

Heute abend sind wir vier ganz unter uns in der Kleinfamilie. Silya kommt um achtzehn Uhr von der Arbeit, Kira eine halbe Stunde später. Wir umarmen einander zärtlich und legen eine weihnachtliche Musik auf. Bis jetzt haben Kira und Silya ohne Unterbrechung jeden Heiligabend in ihrem Leben mit Ulrich und mir gemeinsam gefeiert. Meistens waren auch Freunde dabei. Diese Tradition liegt tief in uns, und ich möchte sie nicht missen. Es gab Zeiten in meinem Leben, in denen ich mich gegen Traditionen wehrte, Heiligabend fiel aber eigenartigerweise nie darunter. Das mag an meinen positiven Kindheitserlebnissen liegen.

Wir haben Heiligabend meistens in irgendeiner Form die Weihnachtsgeschichte gelesen oder erzählt. Als die Kinder älter wurden und nicht sicher waren, was sie glauben wollten oder konnten, ließen wir sie aus. Heute ist mir danach, sie wieder zu lesen. Ich frage Kira und Silya, ob es ihnen recht ist, wenn ich sie lese. »Ja«, meinen beide, aber mehr in dem Ton, »Wenn es sein muß«. Ich lese sie vor, und es ist gut so.

25. Dezember

In deiner Angst
In deiner Angst
kann ich nicht mehr,
als meine Hand auf dich legen
und mit ihr
die Wege nachzeichnen,
die uns schon lange begleiten,
ein Stück hinter uns,
ein Stück vor uns.

Vielleicht gelingt es,
uns in diese Wege zu betten
und den Moment zu beten
wie eine Formel,
die wir vor langer Zeit
gewählt haben
und in der sich immer
Angst und Glück
vorsichtig ineinander bewegen.
Das ist die Gestalt meiner Liebe.
So bin ich da.

Ich bin glücklich, wenn ich nicht mehr das Große in meinem Schreiben will, sondern mich an das Kleine und Einfache halte. Und dann merke, daß alles in dem Kleinen enthalten ist. Meine Gedichte werden darum leichter, aber vielleicht nicht immer verständlicher.

In meiner Vorstellung ist Weihnachten ein Tag, an dem man mit vielen Menschen zusammenkommt, spielt und gute und üppige Mahlzeiten ißt. So ist es aber heute nicht. Ulrich und ich sind allein. Unsere Töchter sind mit Freunden zusammen. So war es schon ab und zu in den vergangenen Jahren. Heute merke ich aber, daß ich Kira und Silya vermisse und mich von ihnen verlassen fühle. Komischerweise macht mich das nicht total traurig. In den letzten Jahren hatte ich stark das Bedürfnis, von ihnen frei zu sein und nicht mehr gebraucht zu werden. Jetzt brauchen sie mich nicht mehr, und ich kann mir sogar den Schmerz des Verlassenseins erlauben. Eine neue Basis der Beziehung tut sich mir auf. In dem

Gefühl des Verlassenseins gehe ich still durch den Tag. Wir lesen und sprechen miteinander. Ich mache einige Anrufe, und mir ist wohl. Am Abend legt mir Ulrich ein neues Gedicht auf den Tisch. Das macht mich froh. Wir schmiegen uns aneinander und sind still in uns gekehrt.

26. Dezember

Langsam, langsamer
Manchmal öffnet jetzt die Zeit
ihre Weisheit.
Nichts eilt mehr wie früher,
und so landen die Vögel
mit Legenden im Schnabel,
der Fluß folgt seinen Schleifen
und spült Wahrheiten ans Ufer,
und ich höre die Dinge,
die so langsam ticken,
daß der Eilige an ihnen vorbeiläuft
und sie nicht hört.
Die Ewigkeit baut sich ein Nest
in der Zeit, die ich habe.
Ich erzwinge die Verwandlungen nicht,
sondern atme sie ein und aus,
wie mich.

Das ist nun heute ein Weihnachtstag, wie ich ihn mir vorstelle, mit den Kindern und Freunden! Was wir gestern vermißten, haben wir heute.

27. Dezember
Manchmal nimmt mich eins meiner Gedichte, das ich gerade schreibe, so fest auf, daß ich meine, in einer Landschaft zu sein, die ich liebe. Da ist dann die Weite, in der ich laufen kann, bis ich außer Puste bin – um mich der Horizont, den ich gerade erschreibe, erdenke, erträume. Und Intimes gibt es in dieser Landschaft – der unaussprechliche Wert von Nähe zu Dingen und Menschen. Da leuchtet dann eine Pflanze auf, die Rinde eines Baumes, die wie eine Landkarte wirkt, ein Kästchen mit Kostbarkeiten, ein Mensch mit ausgestrecktem Arm und zeigendem Zeigefinger, der hinausweist in

die Ewigkeit, über die ich nichts zu sagen weiß. In der Landschaft begegne ich auch mir, wie ich war, wie ich bin, wie ich sein werde.

Nur das Unfertige ist wirklich fertig. Alles Fertige wartet nur darauf, sich im nächsten Moment wieder aufzutun und uns erneut auf die Reise zu schicken. Das Unfertige in seiner Unvollkommenheit und Vorläufigkeit ist so fertig, wie die Welt, die wir kennen. Wir brauchen nicht darüber zu erschrecken und nicht auf den Moment zu warten, wo die Illusion wieder deutlich wird.

Kira hat sich den Beckenknochen gebrochen und benachrichtigt uns erst spät am Abend. Ich hätte gern früher davon gewußt, bin aber auch froh, daß sie so sachlich und vernünftig mit dem Unfall umgeht. Ich spüre ihre Selbständigkeit, und doch muß ich mich noch damit abfinden, daß sie in solch einer Situation ganz ohne mich auskommt.

Ich arrangiere manche Möbelstücke neu, jetzt, wo Kiras und Silyas Zimmer frei sind. Ich war in den letzten drei Jahren nur wenig hier und merke, daß ich mir das Haus neu vertraut machen möchte. Ich lebe stark mit meiner Umgebung und brauche Bezug zu den Möbeln, dem Teppich, den Vasen und Pflanzen und den Bildern an der Wand. Das, was in den drei Jahren in mir geworden ist, will ich nun um mich herum ausdrücken.

28. Dezember

Vielleicht ist es notwendig, einen Vorrat an Stille in uns anzulegen. In den Nächten, wo wir wach liegen, an langen Abenden, die wir allein verbringen, bei Spaziergängen über Felder und durch leere Wälder, da können wir uns auffüllen mit Stille, mit der Ruhe, die ein Innenraum in uns schafft. Er hüllt uns in eine Sicherheit, weil Stille auch Kraft ist. Wir werden uns dann nicht mehr so schnell in der Hektik verlieren. In der Stille spüren wir uns selbst deutlicher.

Ich kaufe eine schöne blühende Pflanze und besuche Kira in ihrer Wohngemeinschaft. Ihr Strahlen, als sie mich sieht, berührt mich wohltuend. Sie hat sich ihre Wohnung geschmackvoll und praktisch eingerichtet, und ich merke, wie gern sie mir ihren Raum zeigt. Zwischen uns ist in den Jahren, seitdem sie ausgezogen ist, ein gefüllter Abstand gewachsen, der uns beide bereichert.

Ulrich gibt mir einen Brief einer Leserin, der er und auch ich in den letzten zwei Jahren zweimal begegnet sind. Sie schreibt über ihre Entwicklung und über ihr Erleben mit Ulrichs Büchern. Sie berichtet, wie sie innerlich eine dramatische Veränderung durchmacht, echter wird und mehr und mehr fragt: »Was will ich?« Erstaunlicherweise bekommt sie keine Eheschwierigkeiten. Sie schreibt weiter, daß sie nach außen hin ruhig bleibt, Neues in sich reifen läßt, ohne ihre Gedanken mit jemandem zu besprechen oder darüber zu diskutieren. Sie erklärt nicht, warum sie so oft an ihrem Schreibtisch sitzt, spricht auch nicht darüber, was sie an Ulrichs Texten so fasziniert, und begründet keine ihrer Handlungen mit »Schaffer schreibt auch . . .« oder »Lies mal da . . .« . . . »Das hat mich davor bewahrt, Dinge verteidigen zu müssen, deren ich mir selbst noch nicht sicher war«, schreibt sie. Ich freue mich über ihren Mut, so allein und still ihren Weg zu gehen, ohne Erwartungen an die Menschen, die ihr nahe sind. Eine kluge und starke Frau.

29. Dezember
Heute, mehrere Stunden lang, spüre ich, wie nah ich dran bin an einer Form von Erleuchtung, die durch Worte erreichbar ist. Die Zeilen fügen sich zusammen, und immer wieder fasse ich es beinah. Ich fühle die Einsicht, sie durchwandert mich als Anwesenheit, als Ahnung, als Vision.

Silya hat uns zu Weihnachten ein musikalisches Windspiel geschenkt. Es hängt draußen vor dem Küchenfenster. Es besteht aus einer Reihe Metallröhren, die sich im Wind bewegen und wundersame Töne von sich geben. Heute ist Wind, und ich höre ab und zu die sanfte Musik neben dem Geräusch des Regens auf dem Dach.

Ich überrasche dich mit einem Bild
Ich werde nicht müde, dich zu suchen.
Doch, ich werde müde
und nehme dich dann so,
wie ich dich gestern nahm,
mit dem gestrigen Glück
und der Konfusion des 28. Dezember 1993,
die nicht größer war
als die anderer Tage.
Weil ich dich heute nicht suche,

verliere ich einen Tag,
aber ich werde ihn wieder aufholen,
vielleicht morgen schon,
wenn ich dich, knapp vor dem Ende des Jahres,
mit einem Bild von dir überrasche,
in dem sogar du dich suchen mußt.

Spielen kann erholsam sein. Beim Computerspiel erlebe ich zu Anfang Entspannung, spiele dann weiter, bis ich schließlich abschalte und merke, daß ich unfroh bin über die Zeitvergeudung. So gehe ich heute kurz nach dem Abschalten wieder zurück an den Computer und lösche das Spiel von der Festplatte. Ich will mich nicht von dieser Art Entspannung verführen lassen und suche mir etwas anderes, was mich wirklich entspannt, Briefe schreiben, zum Beispiel.

30. Dezember
Ich verliere den halben Tag an Kopfschmerzen und Übelkeit, wie ich sie schon lange nicht gehabt habe. Dabei wird dann auch das in mir angegriffen, was sonst problemlos Bestand hat. So denke ich heute an meine Lesungen und merke, wie unangenehm mir der Gedanke ist. Ich mag mich oft nicht, wenn ich etwas öffentlich behaupte, weil ich dabei so sicher und unverletzbar wirke. Aber wie mache ich es anders? Vielleicht fehlt etwas ganz Wichtiges noch in mir – eine Art von Demut, die sich in Unsicherheit ausdrückt. Aber wie sage ich dann Dinge, an die ich mit meinem ganzen Wesen glaube und die mir sehr wichtig sind? Ich weiß darauf keine Antwort. In diesen Momenten möchte ich mich dann verkriechen. Aber ist das die Antwort? Vielleicht steckt hinter dieser Selbstbefragung der stille Anspruch, alles »richtig« machen zu wollen.

Beim Durchsehen meiner Gedichte aus diesem Jahr traf ich auf eins, in dem ich einen möglichen Titel für einen neuen Gedichtband fand. »Wir sind einander Brot«, oder als Frage formuliert: »Können wir einander Brot sein?«

Gerade habe ich einen Flug nach San Diego gebucht, um meinen Vater zu besuchen. Ich rief bei ihm im Heim an und erfuhr, daß er sich auf mich freut. Ich war lange nicht bei ihm, obwohl ich viel an ihn gedacht habe. Er gehört zu den wichtigsten Männern in meinem Leben.

Alles, was ich aus den drei Jahren in Deutschland mitgenommen habe, steht mir jetzt zur Verfügung. Ich habe mehr Selbstvertrauen, mehr Selbstkenntnis und mehr Kontaktfähigkeit entwikkelt. Und während ich nun wieder in der alten Umgebung in Kanada lebe, stehen mir die neu entwickelten Stärken zur Verfügung. Die will ich mit nach San Diego nehmen.

31. Dezember
Ich bekomme einen Brief, in dem mir gemeldet wird, daß eine Reihe meiner Texte in Schulbüchern abgedruckt werden. Ich habe gemischte Gefühle. Wie werden die Schüler damit umgehen? Werden sie sich mit den Texten quälen, oder werden sie sich ausgedrückt fühlen und die Texte gern lesen?

Mit einer draufgängerischen Seele
Wenn wir
die Tür nach einem vergangenen Tag,
nach einem dunklen Monat
und einem unverständlichen Jahr
zufallen lassen könnten,
ohne Verkrampfung und ohne Verzweiflung,
wenn wir
von uns selbst nicht mehr erwarten würden,
alles endgültig und richtig und bestens
zu bewältigen,
sondern in unseren Fehlern
unser Menschsein bejahen,
wenn wir
die Schönheit der Umwege
und den tiefen Sinn des Verlorengehens
mit unserem Wesen begreifen könnten,
wenn wir jedes Ende
als einen Anfang verstehen könnten
und nicht als einen Weltuntergang,

wir wären Pfeile,
die schon im Flug
ihr Ziel in sich spüren,
wir wären Blumen,
die sich von ihrer Entfaltung

nicht abhalten lassen,
wir würden leben,
nicht nur in Raten
(als bezahlten wir eine geheime Schuld),
nicht nur verhalten und wie zur Probe,
sondern mit aufgekrempelten Ärmeln,
mit einer draufgängerischen Seele
und einem offenen Geist,
und der nächste Tag und das nächste Jahr
wären weniger eine Probe,
wie eine Feier des ungeahnten,
unglaublichen und einzigartigen Lebens.

Ich wache auf und spüre Freude. Ich habe sie nicht geplant. Ich gehe durch unser Schlafzimmer und sehe die neu eingerichteten Dinge, die neu gestalteten Wände, und bleibe eine Weile stehen, schaue und nehme in mir auf, was ich sehe. Mir ist wohl, und ich spüre den Bezug zu den Dingen um mich, sehe die Halsketten am Brett, die Tücher an der Wand, und ich freue mich auf die verschiedenen Möglichkeiten des Kleidens. Ich schaue auf die Fotos von Freunden an der Wand, und mir ist warm und gemütlich. Ich weiß, ich bin wieder ganz hier, breite mich hier aus, gestalte meine begrenzte Weite und entdecke neue Sicherheit.

Ulrich Schaffer als Erzähler:

Von der kuriosen Begebenheit bis zur Science-fiction: Ulrich Schaffers Kurzgeschichten zeigen die überraschenden Schöpfungen eines originellen und lyrischen Erzählers.

Ulrich Schaffer
Einsam, nachts
Geschichten
192 Seiten, Hardcover
mit Schutzumschlag

Eine Landschaft, die Rätsel aufgibt und zugleich die Welt erschließt.

Die wunderbaren Fotos in diesem Bildband stammen alle vom »Colorado Plateau« und dokumentieren die große Liebe des Autors und Fotografen zu dieser Landschaft. Er schreibt über seine Reise: »In einer mir fremden Landschaft entdecke ich neue Seiten an mir, die hellen und die dunklen. Ich merke, wie sehr ich an etwas hänge, wenn ich es nicht mehr habe. Oder wie ich mit meiner Sehnsucht umgehe, wenn ich sie für Momente durch die Schönheit der Welt gestillt erlebe.«

Ulrich Schaffer
Geheimnisvolle Zusammenhänge
96 Seiten, mit 40 farbigen Abbildungen,
Hardcover

EDITION SCHAFFER im Kreuz Verlag

Orte des Lebens bewohnbar machen.

Ein Tagebuch und zugleich ein Meditationsbuch: Gedanken und Gedichte des beliebten Autors lassen überraschende und tiefgründige Leuchtspuren der Seele aufscheinen. Wer Ulrich Schaffer und auch sich selbst besser kennenlernen will, findet hier Anstöße und Ermutigungen, mit seinen inneren Landschaften vertraut zu werden.

Ulrich Schaffer
Geographie des Herzens
Vorläufige Einsichten
192 Seiten, Paperback

»Gerade jetzt wird meine Zukunft geboren.«

(Ulrich Schaffer)

Die Zukunft eines jeden Menschen wächst aus der Spannung zwischen seiner Zerbrechlichkeit und Widerstandskraft. Diese beiden Pole, die nur scheinbar ein Gegensatz sind, hat Ulrich Schaffer zum Thema seines Gedichtbandes gemacht. Verstärkt wird die Wirkung der Texte durch die eigens für dieses Buch geschaffenen Radierungen der Künsterlin Jadwiga Filipczyk.

Ulrich Schaffer
Zerbrechlich wie ein Mensch
Texte und Radierungen von
Jadwiga Filipczyk
96 Seiten, Paperback

EDITION SCHAFFER im Kreuz Verlag

Wachstumsgedanken:

»Dies ist ein Buch über Wachstum in seinen vielen Formen. Nichts hat mich in den letzten Jahren so fasziniert wie die Frage: Was könnte es heißen, wirklich erwachsen und reif zu werden? Ich möchte herausfordern, über das Mittelmäßige hinauswachsen, Neuland betreten. Auch in meiner Fotografie fühle ich mich angezogen von wachsenden Dingen, besonders von Bäumen, und so konnte ich meine Wachstumsgedanken auch fotografisch gestalten.« Ulrich Schaffer

Nichts ist sprachlos. Hören ist alles.

Ulrich Schaffer behandelt das Thema Selbsttreue ohne Furcht und doch mit dem nötigen Einfühlungsvermögen. Dabei geht es ihm um die Entscheidung, das eigene Leben verantwortlich zu leben. Schaffer ermuntert dazu, sich selbst als wertvoll zu schätzen und sich von der Fremdbestimmung frei zu machen. Zusammen mit der Musik erschließt sich ein meditatives Hörerlebnis.

26, 178, 79+80, 82